教員採用試験 **PassLine**突破シリーズ**❽**

生徒指導提要
パスライン

〔2022年12月改訂版〕

時事通信出版局／編

本書の使い方

●本書の特徴

　文部科学省『生徒指導提要』（2022年12月）は，小学校から高等学校段階までの生徒指導の理論・考え方や実際の指導方法等について，時代の変化に即して網羅的にまとめ，生徒指導の実践に際し教職員間や学校間で共通理解を図り，組織的・体系的な生徒指導を進めることができるよう，生徒指導に関する学校・教職員向けの基本書です。教員採用試験では，教職教養の頻出領域でもあり，また，論作文，面接試験でもその知識を活用しながら回答を組み立てていくのに重要な資料の一つです。

　生徒指導に関する資料，問題，最新データを収録した本書を，試験直前までお手元に置いて活用してください。

●本書の構成

　本書は全体を3編構成としており，第1編では『生徒指導提要』の全文を掲載し，重要語句を直接書き込みながら覚えていくことができるよう編集しました。重要な語句をその文字数分の空欄（　　　　）にして，直接書き込めるようにしています。空欄に入る語句は，すぐ右横に青文字で配置しています。

　第2編では，過去の教員採用試験で実際に出題された問題を収録しました。書き込みながら，覚えた重要語句や，その内容が理解できているかどうかを繰り返しチェックしてください。

　そして，第3編では，文部科学省「令和4年度　児童生徒の問題行動・不登校等生徒指導上の諸課題に関する調査結果について」（2023年10月）のデータから，筆記試験対策，論作文，面接対策でも役立つ資料を抜粋して掲載しました。

CONTENTS　　　目　次

本書の使い方　2

目　次　3〜8

【生徒指導提要編】

第Ⅰ部　生徒指導の基本的な進め方

第1章　生徒指導の基礎 ……………………………………………………9

1.1　生徒指導の意義 …………………………………………………9

1.1.1　生徒指導の定義と目的／1.1.2　生徒指導の実践上の視点／1.1.3　生徒指導の連関性

1.2　生徒指導の構造 …………………………………………………13

1.2.1　2軸3類4層構造／1.2.2　発達支持的生徒指導／1.2.3　課題予防的生徒指導：課題未然防止教育／1.2.4　課題予防的生徒指導：課題早期発見対応／1.2.5　困難課題対応的生徒指導

1.3　生徒指導の方法 …………………………………………………17

1.3.1　児童生徒理解／1.3.2　集団指導と個別指導／1.3.3　ガイダンスとカウンセリング／1.3.4　チーム支援による組織的対応

1.4　生徒指導の基盤 …………………………………………………21

1.4.1　教職員集団の同僚性／1.4.2　生徒指導マネジメント／1.4.3　家庭や地域の参画

1.5　生徒指導の取組上の留意点 …………………………………………23

1.5.1　児童生徒の権利の理解／1.5.2　ICTの活用／1.5.3　幼児教育との接続／1.5.4　社会的自立に向けた取組

第2章　生徒指導と教育課程 ……………………………………………28

2.1　児童生徒の発達を支える教育課程 …………………………………28

2.1.1　学習指導要領「総則」と生徒指導／2.1.2　学習指導と生徒指導／2.1.3　学級・ホームルーム経営と生徒指導／2.1.4　教育課程編成上の留意点

2.2　教科の指導と生徒指導 …………………………………………31

2.2.1　個に応じた指導の充実／2.2.2　児童生徒理解を基盤とした教科の指導／2.2.3　教科の指導と生徒指導の一体化

2.3　道徳科を要とした道徳教育における生徒指導 ………………………34

2.3.1　道徳教育と生徒指導の相互関係／2.3.2　道徳の授業と生徒指導／2.3.3　道徳科と他の教育活動との関連の充実と生徒指導

2.4　総合的な学習（探究）の時間における生徒指導 ……………………37

2.4.1　総合的な学習（探究）の時間と生徒指導／2.4.2　総合的な学習（探究）の時間で協働的に取り組むことと生徒指導／2.4.3　総合的な学習（探究）の時間において自

己の（在り方）生き方を考えることと生徒指導

　2.5　特別活動における生徒指導 ……………………………………………………39

　　2.5.1　特別活動と生徒指導／2.5.2　特別活動の各活動・学校行事の目標と生徒指導／

　　2.5.3　学級・ホームルーム活動と生徒指導／2.5.4　児童会・生徒会活動、クラブ活動

　　と生徒指導／2.5.5　学校行事と生徒指導

第3章　チーム学校による生徒指導体制 ………………………………………………49

　3.1　チーム学校における学校組織 ………………………………………………………49

　　3.1.1　チーム学校とは／3.1.2　チーム学校として機能する学校組織

　3.2　生徒指導体制 ……………………………………………………………………………52

　　3.2.1　生徒指導部と生徒指導主事の役割／3.2.2　学年・校務分掌を横断する生徒指導

　　体制／3.2.3　生徒指導のための教職員の研修／3.2.4　生徒指導の年間指導計画

　3.3　教育相談体制 ……………………………………………………………………………57

　　3.3.1　教育相談の基本的な考え方と活動の体制／3.3.2　教育相談活動の全校的展開／

　　3.3.3　教育相談のための教職員の研修／3.3.4　教育相談活動の年間計画

　3.4　生徒指導と教育相談が一体となったチーム支援 ……………………………………63

　　3.4.1　生徒指導と教育相談／3.4.2　生徒指導と教育相談が一体となったチーム支援の

　　実際

　3.5　危機管理体制 ……………………………………………………………………………69

　　3.5.1　学校危機とは／3.5.2　学校危機への介入

　3.6　生徒指導に関する法制度等の運用体制 ………………………………………………72

　　3.6.1　校則の運用・見直し／3.6.2　懲戒と体罰、不適切な指導／3.6.3　出席停止制

　　度の趣旨と運用

　3.7　学校・家庭・関係機関等との連携・協働 ……………………………………………77

　　3.7.1　連携・協働の場としての学校の意義と役割／3.7.2　学校と家庭、地域との連

　　携・協働／3.7.3　学校と関係機関との連携・協働

第Ⅱ部　個別の課題に対する生徒指導

第4章　いじめ ……………………………………………………………………………………85

　4.1　いじめ防止対策推進法等 ………………………………………………………………85

　　4.1.1　法の成立までの経緯／4.1.2　法の目的といじめの定義／4.1.3　国の基本方針

　　の策定／4.1.4　いじめの重大事態

　4.2　いじめの防止等の対策のための組織と計画 …………………………………………88

　　4.2.1　組織の設置／4.2.2　組織の役割／4.2.3　実効的な組織体制／4.2.4　年間指導

　　計画

　4.3　いじめに関する生徒指導の重層的支援構造 …………………………………………91

　　4.3.1　いじめ防止につながる発達支持的生徒指導／4.3.2　いじめの未然防止教育／

　　4.3.3　いじめの早期発見対応／4.3.4　重大事態に発展させない困難課題対応的生徒指

　　導の実際

　4.4　関係機関等との連携体制 ………………………………………………………………98

　　4.4.1　関係者の連携・協働によるいじめ対応／4.4.2　保護者・地域の人々との連携

第5章　暴力行為･･100

5.1　暴力行為に関する対応指針等･･･100

　5.1.1　暴力行為のない学校づくりについて／5.1.2　問題行動を起こす児童生徒に対する指導について

5.2　学校の組織体制と計画･･101

　5.2.1　全校的な指導体制の必要性／5.2.2　生徒指導の目標・方針の明確化／5.2.3　全校的な指導体制の確立／5.2.4　取組の評価及び体制等の改善

5.3　暴力行為に関する生徒指導の重層的支援構造･････････････････････････････103

　5.3.1　暴力行為の防止につながる発達支持的生徒指導／5.3.2　暴力行為の未然防止教育／5.3.3　暴力行為の前兆行動の早期発見・早期対応／5.3.4　暴力行為が発生した場合の対応

5.4　関係機関等との連携体制･･106

　5.4.1　関係機関等との連携の重要性／5.4.2　発達支持的生徒指導や未然防止教育における連携／5.4.3　早期発見・早期対応における連携／5.4.4　発生した暴力行為への対応における連携

第6章　少年非行･･109

6.1　少年法・児童福祉法等･･109

　6.1.1　少年法の非行／6.1.2　少年補導の対象となる不良行為／6.1.3　児童福祉法の要保護児童

6.2　少年非行への視点･･111

　6.2.1　初発年齢の早い非行／6.2.2　低年齢から繰り返される非行／6.2.3　思春期・青年期の非行

6.3　少年非行への対応の基本･･･114

　6.3.1　正確な事実の特定／6.3.2　児童生徒からの聴き取り／6.3.3　本人や関係者の言い分の聴き取りと記録／6.3.4　非行の背景を考えた指導／6.3.5　被害者を念頭においた指導／6.3.6　非行の未然防止及び早期発見・早期対応の視点／6.3.7　非行防止につながる発達支持的生徒指導の考え方

6.4　関係機関等との連携体制･･118

　6.4.1　児童相談所や市町村などの福祉機関との連携／6.4.2　警察との連携／6.4.3　保護処分と司法関係機関

6.5　喫煙・飲酒・薬物乱用･･119

　6.5.1　喫煙・飲酒・薬物乱用の現状／6.5.2　喫煙・飲酒・薬物乱用防止に関する未然防止教育／6.5.3　喫煙・飲酒・薬物乱用防止に関する早期発見・対応／6.5.4　警察や医療機関などの関係機関との連携

第7章　児童虐待･･122

7.1　児童福祉法・児童虐待の防止等に関する法律等･････････････････････････122

　7.1.1　児童虐待防止法成立までの経緯／7.1.2　児童虐待の定義／7.1.3　学校に求められる役割／7.1.4　福祉による児童虐待への介入と支援

7.2　学校の体制･･･124

　7.2.1　児童虐待対応のねらい／7.2.2　校内における対応の基本的姿勢

　7.3　児童虐待の課題予防的生徒指導 ··· 125
　　7.3.1　児童虐待の未然防止／7.3.2　親権者等による体罰の禁止規定
　7.4　児童虐待の発見 ·· 126
　　7.4.1　児童虐待の影響／7.4.2　児童虐待に類似する枠組み
　7.5　児童虐待の通告 ·· 128
　　7.5.1　児童虐待防止法による通告／7.5.2　通告と同時に行う配慮
　7.6　関係機関との連携体制 ·· 130
　　7.6.1　虐待対応に関する校内体制とアセスメント／7.6.2　児童虐待についての関係機関との連携／7.6.3　関係機関への情報提供

第8章　自殺 ·· 135
　8.1　自殺対策基本法等 ··· 135
　　8.1.1　自殺対策基本法の成立と改正までの経緯／8.1.2　法の下での学校における自殺予防の取組
　8.2　自殺予防のための学校の組織体制と計画 ·· 136
　　8.2.1　自殺予防のための教育相談体制の構築／8.2.2　自殺のリスクマネジメントとクライシスマネジメント／8.2.3　自殺予防の3段階に応じた学校の取組／8.2.4　児童生徒の自殺の原因・動機から考える取組の方向性
　8.3　自殺予防に関する生徒指導の重層的支援構造 ··································· 139
　　8.3.1　自殺予防につながる発達支持的生徒指導／8.3.2　自殺の未然防止教育の展開／8.3.3　自殺の危険の高まった児童生徒の早期発見・早期対応／8.3.4　自殺行動が生じた場合の困難課題対応的生徒指導の実際
　8.4　関係機関等との連携に基づく自殺予防の体制 ··································· 147
　　8.4.1　保護者との連携／8.4.2　医療機関，福祉機関との連携・協働／8.4.3　ICTを利活用した自殺予防体制

第9章　中途退学 ·· 149
　9.1　中途退学の関連法規と基本方針 ··· 149
　　9.1.1　関連法規／9.1.2　基本方針
　9.2　中途退学の理解 ·· 150
　　9.2.1　中途退学の要因／9.2.2　中途退学がもたらすものと対策
　9.3　中途退学の未然防止と組織体制 ··· 151
　　9.3.1　新入生対応における中学校との連携／9.3.2　高校生活への適応を支える校内体制／9.3.3　教科指導上の留意点／9.3.4　キャリア教育（進路指導）における未然防止機能
　9.4　中途退学に至る予兆の早期発見・対応 ··· 153
　　9.4.1　生活の問題／9.4.2　学業の問題／9.4.3　進路の問題
　9.5　中途退学者の指導と関係機関との連携体制 ······································ 154
　　9.5.1　中途退学者の進学や就職における関係機関／9.5.2　その他利用可能な関係機関

第10章　不登校 ··· 157
　10.1　不登校に関する関連法規・基本指針 ·· 157
　　10.1.1　不登校に関する基本指針の変遷／10.1.2　教育機会確保法／10.1.3　不登校児

童生徒への支援の方向性／10.1.4　支援の目標

10.2　不登校対応に求められる学校の組織体制と計画 ……………………………… 160

10.2.1　教育相談体制の充実／10.2.2　教育相談を支える教職員の連携・協働／10.2.3　校種を越えての情報連携

10.3　不登校に関する生徒指導の重層的支援構造 …………………………………… 162

10.3.1　不登校対策につながる発達支持的生徒指導／10.3.2　不登校対策としての課題未然防止教育／10.3.3　不登校対策における課題早期発見対応／10.3.4　不登校児童生徒支援としての困難課題対応的生徒指導

10.4　関係機関等との連携体制 ……………………………………………………… 168

10.4.1　関係機関の役割／10.4.2　学校と関係機関の連携における留意点

第11章　インターネット・携帯電話に関わる問題 ……………………………… 170

11.1　関連法規・基本方針等 ………………………………………………………… 170

11.1.1　インターネット環境整備法／11.1.2　出会い系サイト規制法／11.1.3　プロバイダ責任制限法／11.1.4　その他の法律等

11.2　インターネット問題への組織的取組 ………………………………………… 172

11.2.1　指導・啓発における留意事項／11.2.2　組織的取組

11.3　インターネットをめぐる課題に対する重層的支援構造 …………………… 174

11.3.1　前提としての方針確認／11.3.2　インターネット問題の未然防止／11.3.3　インターネット問題の早期発見／11.3.4　インターネット問題への適切かつ迅速な対処

11.4　関係機関等との連携体制 ……………………………………………………… 179

11.4.1　保護者との連携／11.4.2　関係機関との連携と相談窓口の周知

第12章　性に関する課題 …………………………………………………………… 180

12.1　性犯罪・性暴力対策の強化の方針 …………………………………………… 180

12.1.1　性同一性障害者の性別の取扱いの特例に関する法律／12.1.2　学校における性に関する指導

12.2　性に関する課題の早期発見・対応 …………………………………………… 181

12.2.1　早期発見と早期対応の基本／12.2.2　養護教諭と他の教職員との連携／12.2.3　実効性のある組織体制の確立／12.2.4　地域ぐるみの援助

12.3　性犯罪・性暴力に関する生徒指導の重層的支援構造 …………………… 182

12.3.1　「生命（いのち）の安全教育」による未然防止教育の展開／12.3.2　性的被害者への対応／12.3.3　性的被害者の心身のケア

12.4　「性的マイノリティ」に関する課題と対応 ………………………………… 186

12.4.1　「性的マイノリティ」に関する理解と学校における対応／12.4.2　「性的マイノリティ」に関する学校外における連携・協働

第13章　多様な背景を持つ児童生徒への生徒指導 ……………………………… 190

13.1　発達障害に関する理解と対応 ………………………………………………… 190

13.1.1　障害者差別解消法と合理的配慮／13.1.2　発達障害に関する理解／13.1.3　発達障害に関する課題／13.1.4　学校における組織的な対応／13.1.5　関係機関との連携

13.2　精神疾患に関する理解と対応 ………………………………………………… 194

13.2.1　精神疾患に関する基本的構えと対応／13.2.2　主な精神疾患の例

13.3　健康課題に関する理解と対応 ……………………………………………… 197
　　13.3.1　健康課題に関連した基本法規等／13.3.2　健康課題への対応／13.3.3　生徒指導における健康課題への対応と関わり／13.3.4　健康課題に関する関係機関との連携
13.4　支援を要する家庭状況 …………………………………………………… 199
　　13.4.1　家庭の養育機能と行政の役割／13.4.2　学校が行う家庭への支援／13.4.3　特に行政が積極的に支援を行うもの／13.4.4　経済的困難を抱える場合／13.4.5　児童生徒の家庭での過重な負担についての支援／13.4.6　社会的養護の対象である児童生徒／13.4.7　外国人児童生徒等

【過去問チャレンジ編】
第1章　生徒指導の基礎 ……………………………………………………………… 206
第2章　生徒指導と教育課程 ………………………………………………………… 225
第3章　チーム学校による生徒指導体制 …………………………………………… 225
第4章　いじめ ………………………………………………………………………… 229
第5章　暴力行為 ……………………………………………………………………… 232
第7章　児童虐待 ……………………………………………………………………… 233
第10章　不登校 ……………………………………………………………………… 234
第12章　性に関する課題 …………………………………………………………… 237
第13章　多様な背景を持つ児童生徒への生徒指導 ……………………………… 237

【資料編】　文部科学省「令和4年度　児童生徒の問題行動・不登校等生徒指導上の諸課題に関する調査結果について」（2023年10月）……………………………………… 239

〔生徒指導提要編〕

第Ⅰ部　生徒指導の基本的な進め方

第1章　生徒指導の基礎

1.1　生徒指導の意義

1.1.1　生徒指導の定義と目的

⑴　生徒指導の定義

　学校教育の目的は、「¹　　　　　　を目指し、平和で民主的な国家及び社会の²　　　と
して必要な資質を備えた心身ともに健康な国民の育成」（³　　　　　第1条）を期する
ことであり、また、「個人の価値を尊重して、その能力を伸ばし、創造性を培い、⁴
　　　　　　を養う」（同法第2条第2号）ことが目標の一つとして掲げられていま
す。この学校教育の目的や⁵　　　　　に寄与する生徒指導を定義すると、次のようにな
ります。

> #### 生徒指導の定義
>
> 生徒指導とは、児童生徒が、社会の中で自分らしく生きることができる存在へと、自
> 発的・主体的に成長や発達する過程を支える⁶　　　　　のことである。なお、生徒指
> 導上の課題に対応するために、必要に応じて⁷　　　　　を行う。

　生徒指導は、児童生徒が自身を⁸　　　　　として認め、自己に内在している⁹
　　　　　に自ら気付き、引き出し、伸ばすと同時に、社会生活で必要となる社会的資質・
能力を身に付けることを¹⁰　　　　　（機能）です。したがって、生徒指導は学校の教
育目標を達成する上で重要な機能を果たすものであり、¹¹　　　　　と並んで学校教育に
おいて重要な意義を持つものと言えます。

⑵　生徒指導の目的

　生徒指導の目的は、¹²　　　　　の内外を問わず、学校が提供する全ての教育活動の中
で児童生徒の人格が尊重され、¹³　　　　　とよさや可能性[*1]の伸長を児童生徒¹⁴　　　が
図りながら、多様な社会的資質・能力を獲得し、自らの資質・能力を適切に行使して
¹⁵　　　　　を果たすべく、自己の幸福と¹⁶　　　　　を児童生徒自らが追求することを支
えるところに求められます[*2]。

1 人格の完成

2 形成者

3 教育基本法

4 自主及び自律の精神

5 目標達成

6 教育活動

7 指導や援助

8 個性的存在

9 よさや可能性

10 支える働き

11 学習指導

12 教育課程

13 個性の発見

14 自ら

15 自己実現

16 社会の発展

[*1]　「「令和の日本型学校教育」の構築を目指して〜全ての子供たちの可能性を引き出す、個別最適な学びと、協働的な学びの実現〜
（答申）」中央教育審議会（令和3年）の答申では、令和の日本型学校教育において、児童生徒の個別最適な学びの実現に向けて、
児童生徒のよい点や可能性を伸ばし、これまで以上に児童生徒の成長やつまずき、悩み等の理解に努め、個々の興味・関心・意
欲等を踏まえてきめ細かく支援することが大切であると指摘されている。

[*2]　本書では、児童生徒に対して、①特定の課題を想定しない場合は「支える」若しくは「支持する」、②特定の課題を想定した指
導や援助の場合は「指導する」、「援助する」若しくは「指導・援助」、又は③上記の①②を包括的に示す場合は「支援する」と表
記する。なお、特別支援教育は、障害のある幼児児童生徒の自立や社会参加に向けた主体的な取組を支援するという視点に立ち、
幼児児童生徒一人一人の教育的ニーズを把握し、その持てる力を高め、生活や学習上の困難を改善又は克服するため、適切な指
導及び必要な支援を行うものであることから、13.1においては「指導や支援」という表記を使用している。

生徒指導の目的

生徒指導は、児童生徒一人一人の個性の発見と ¹⁷　　　　　　の伸長と社会的資質・能力の ¹⁸　　　　　と同時に、自己の幸福追求と社会に受け入れられる自己実現を支えることを目的とする。

17 よさや可能性
18 発達を支える

生徒指導において発達を支えるとは、児童生徒の心理面（自信・¹⁹　　　　　等）の発達のみならず、学習面（興味・関心・学習意欲等）、社会面（人間関係・²⁰　　　等）、進路面（進路意識・将来展望等）、健康面（生活習慣・²¹　　　　　　等）の発達を含む包括的なものです。

19 自己肯定感
20 集団適応
21 メンタルヘルス

また、生徒指導の目的を達成するためには、児童生徒一人一人が自己指導能力を身に付けることが重要です。児童生徒が、深い自己理解に基づき、「何をしたいのか」、「何をするべきか」、²²　　　　に問題や課題を発見し、自己の目標を ²³　　　　して、この目標の達成のため、自発的、²⁴　　　、かつ、他者の主体性を尊重しながら、自らの行動を決断し、実行する力、すなわち、「²⁵　　　　　　」を獲得することが目指されます。

22 主体的
23 選択・設定
24 自律的
25 自己指導能力

児童生徒は、学校生活における ²⁶　　　　との関わり合いや学び合いの経験を通して、学ぶこと、生きること、働くことなどの価値や課題を見いだしていきます。その過程において、自らの生き方や人生の目標が徐々に明確になります。学校から学校への移行、学校から社会への移行においても、²⁷　　　　　　　を促す自己指導能力が重要です。

26 多様な他者
27 主体的な選択・決定

1.1.2　生徒指導の実践上の視点

これからの児童生徒は、少子高齢化社会の出現、¹　　　　等の不測の社会的危機との遭遇、²　　　　　での知識の刷新や ICT 活用能力の習得、外国の人々を含め多様な他者との共生と協働等、³　　　　や急速に進行する多様化に対応していかなければなりません。

1 災害や感染症
2 高度情報化社会
3 予測困難な変化

児童生徒の自己指導能力の獲得を支える生徒指導では、多様な教育活動を通して、児童生徒が主体的に課題に挑戦してみることや多様な他者と協働して ⁴　　　　することの重要性等を ⁵　　　ことが大切です。以下に、その際に留意する実践上の視点を示します。

4 創意工夫
5 実感する

⑴　自己存在感の感受

児童生徒の教育活動の大半は、⁶　　　型か小集団型で展開されます。そのため、集団に個が埋没してしまう危険性があります。そうならないようにするには、学校生活のあらゆる場面で、「自分も一人の人間として大切にされている」という ⁷　　　　を、児童生徒が実感することが大切です。また、ありのままの自分を肯定的に捉える ⁸　　　や、他者のために役立った、認められたという ⁹　　　　^[*3]を育むことも極めて重要です。

6 集団一斉
7 自己存在感
8 自己肯定感
9 自己有用感

[*3]　「生徒指導リーフ　Leaf.18　「自尊感情」？　それとも、「自己有用感」？」国立教育政策研究所生徒指導・進路指導研究センター（平成27年）

(2)　共感的な人間関係の育成

　学級経営・ホームルーム経営（以下「学級・ホームルーム経営」という。）の焦点は、教職員と児童生徒、児童生徒同士の[10]　　　　　　　　から始まる生活集団を、どのようにして認め合い・励まし合い・支え合える[11]　　　　　　に変えていくのかということに置かれます。失敗を恐れない、間違いやできないことを笑わない、むしろ、なぜそう思ったのか、どうすればできるようになるのかを皆で考える[12]　　　　　　学級・ホームルームづくりが生徒指導の土台となります。そのためには、[13]　　　　　　を尊重し、相手の立場に立って考え、行動できる相互扶助的で[14]　　　　　　をいかに早期に創りあげるかが重要となります。

10 選択できない出会い
11 学習集団
12 支持的で創造的な
13 自他の個性
14 共感的な人間関係

(3)　自己決定の場の提供

　児童生徒が自己指導能力を獲得するには、授業場面で[15]　　　　　を述べる、観察・実験・調べ学習等を通じて[16]　　　　　を検証してレポートする等、[17]　　　　　、あるいは発表する、制作する等の体験が何より重要です。児童生徒の[18]　　　　　を広げていくために、学習指導要領が示す「主体的・対話的で深い学び」の実現に向けた[19]　　　　　を進めていくことが求められます。

15 自らの意見
16 自己の仮説
17 自ら考え、選択し、決定する
18 自己決定の場
19 授業改善

(4)　安全・安心な風土の醸成

　児童生徒一人一人が、[20]　　　　　　として尊重され、学級・ホームルームで安全かつ安心して教育を受けられるように[21]　　　　　必要があります。他者の人格や人権をおとしめる言動、いじめ、暴力行為などは、決して許されるものではありません。お互いの個性や[22]　　　　　を認め合い、安心して授業や学校生活が送れるような風土を、教職員の支援の下で、児童生徒自らがつくり上げるようにすることが大切です。そのためには、教職員による児童生徒への配慮に欠けた言動、暴言や体罰等が[23]　　　　　ことは言うまでもありません。

20 個性的な存在
21 配慮する
22 多様性
23 許されない

1.1.3　生徒指導の連関性

(1)　生徒指導とキャリア教育

　生徒指導と同様に、児童生徒の[1]　　　　　　を支える教育活動としてキャリア教育があります。生徒指導を進める上で、両者の相互作用を理解して、一体となった取組を行うことが大切です。

　小・中学校学習指導要領の総則において、キャリア教育について「児童（生徒）が、学ぶことと自己の将来とのつながりを見通しながら、[2]　　　　　　に向けて必要な基盤となる資質・能力を身に付けていくことができるよう、[3]　　　　　を要としつつ各教科等の特質に応じて、キャリア教育の充実を図ること。」と示されています。キャリア教育を学校教育全体で進めるという前提の下、これまでの教科の学びや[4]　　　　　等を振り返るなど、教育活動全体の取組を自己の将来や社会につなげていくことが求められています。

　進路指導については、「その中で、生徒が自らの生き方を考え主体的に進路を選択することができるよう、学校の教育活動全体を通じ、[5]　　　　　　な進路指導を行うこと。」（中学校）とあります。つまり、[6]　　　　　の中に進路指導が包含されており、高等学校の学習指導要領にも同様の内容が示されています。さらに、小学校学

1 社会的自己実現
2 社会的・職業的自立
3 特別活動
4 体験活動
5 組織的かつ計画的
6 キャリア教育

習指導要領第6章、中学校及び高等学校学習指導要領第5章の⁷　　　　の学級活動・ホームルーム活動（以下「学級・ホームルーム活動」という。）の内容項目(3)が「一人一人の⁸　　　と自己実現」となっており、小・中・高を通じたキャリア教育の⁹　　の重要性が指摘されています（→2.5.3 学級・ホームルーム活動と生徒指導）。

いじめや暴力行為などの生徒指導上の課題への対応においては、児童生徒の反省だけでは再発防止力は弱く、自他の人生への影響を考えること、¹⁰　　　　を見つめること、自己の内面の変化を¹¹　　　こと及び将来の夢や進路目標を明確にすることが重要です。したがって、生徒指導とキャリア教育は、¹²　　　　　と言えます。

7 特別活動

8 キャリア形成

9 積み重ね

10 自己の生き方

11 振り返る

12 深い関係にある

(2) 生徒指導と教育相談

教育相談は、生徒指導から独立した教育活動ではなく、¹³　　　　　として位置付けられるものであり、その中心的役割を担うものと言えます。教育相談の特質と、生徒指導の関係は以下のとおりです。

13 生徒指導の一環

① 個別性・多様性・複雑性に対応する教育相談

教育相談とは、一人一人の児童生徒の教育上の諸課題について、本人又は¹⁴などにその望ましい在り方について¹⁵　　　　ものと理解されてきました。¹⁶　　　　　には、個別相談やグループ相談などがありますが、児童生徒の個別性を重視しているため、主に¹⁷に焦点を当てて、面接や¹⁸　　　　（演習）を通して個の内面の変容を図ることを目指しています。それに対して、生徒指導は主に¹⁹に焦点を当て、学校行事や体験活動などにおいて、集団としての成果や発展を目指し、集団に支えられた²⁰　　　を図ります。

また、社会の急激な変化とともに、児童生徒の発達上の²¹　　　や家庭環境の²²　　　も増しています。例えば、深刻ないじめ被害のある児童生徒や長期の不登校児童生徒への対応、障害のある児童生徒等、²³　　　　や支援を要する児童生徒への対応、児童虐待や家庭の貧困、家族内の²⁴　　　、保護者に精神疾患などがある児童生徒への対応、性同一性障害や²⁵　　　　　に係る児童生徒への対応などが求められます。その意味では、生徒指導における教育相談は、現代の児童生徒の²⁶　　　　　に対応する生徒指導の中心的な教育活動だと言えます。

14 保護者

15 助言をする

16 教育相談

17 個

18 エクササイズ

19 集団

20 個の変容

21 多様性

22 複雑性

23 特別な配慮

24 葛藤

25 性的指向・性自認

26 個別性・多様性・複雑性

② 生徒指導と教育相談が一体となったチーム支援

教育相談は、どちらかといえば事後の²⁷　　　に重点が置かれていましたが、不登校、いじめや暴力行為等の問題行動、²⁸　　　、児童虐待等については、生徒指導と教育相談が一体となって、「事案が発生してからのみではなく、²⁹　　　、早期発見、早期支援・対応、さらには、事案が発生した時点から事案の³⁰　　　、再発防止まで一貫した支援[*4]」に重点をおいた³¹　　　　　をつくることが求められています。

27 個別対応

28 子供の貧困

29 未然防止

30 改善・回復

31 チーム支援体制

[*4] 「児童生徒の教育相談の充実について〜学校の教育力を高める組織的な教育相談体制づくり〜（報告）」教育相談等に関する調査研究協力者会議（平成29年）。また、学校教育法施行規則の一部を改正する省令の施行（平成29年）により、スクールカウンセラーとスクールソーシャルワーカーの職務内容が規定された。スクールカウンセラーは、心理に関する高度な専門的知見を有する者として、スクールソーシャルワーカーは、児童生徒の最善の利益を保障するため、ソーシャルワークの価値・知識・技術を基盤とする福祉の専門性を有する者として、校長の指揮監督の下、不登校、いじめや暴力行為等の問題行動、子供の貧困、児童虐待等の未然防止、早期発見、支援・対応等を、教職員と連携して行うことが明記された。

1.2 生徒指導の構造

1.2.1 2軸3類4層構造

生徒指導は、児童生徒の課題への対応を時間軸や対象、課題性の高低という観点から類別することで、構造化することができます。生徒指導の分類を示すと、図1のようになります。

図1 生徒指導の分類

⑴ 生徒指導の2軸

児童生徒の課題への対応の時間軸に着目すると、図1の右端のように2分されます。

① 常態的・先行的（プロアクティブ）生徒指導

日常の生徒指導を基盤とする ¹ 　　　　　 生徒指導（→1.2.2 発達支持的生徒指導）と組織的・計画的な ² 　　　　　 教育（→1.2.3 課題予防的生徒指導：課題未然防止教育）は、積極的な先手型の常態的・先行的（³ 　　　　　）生徒指導と言えます[*5]。

② 即応的・継続的（リアクティブ）生徒指導

課題の予兆的段階や初期状態における指導・援助を行う ⁴ 　　　　　 対応（→1.2.4 課題予防的生徒指導：課題早期発見対応）と、深刻な課題への切れ目のない指導・援助を行う ⁵ 　　　　　 生徒指導（→1.2.5 困難課題対応的生徒指導）は、事後対応型の即応的・継続的（⁶ 　　　　　）生徒指導と言えます。

1 発達支持的
2 課題未然防止
3 プロアクティブ

4 課題早期発見

5 困難課題対応的
6 リアクティブ

⑵ 生徒指導の3類

生徒指導の課題性（「高い」・「低い」）と課題への対応の種類から分類すると、図1のように以下の3類になります。

① 発達支持的生徒指導

⁷ 　　　　　 の発達を支えます。

② 課題予防的生徒指導

⁸ 　　　　　 を対象とした課題の未然防止教育と、課題の ⁹ 　　　　　 が見られる一部の児童生徒を対象とした課題の早期発見と対応を含みます。

7 全ての児童生徒

8 全ての児童生徒

9 前兆行動

[*5] 「「令和の日本型学校教育」の構築を目指して～全ての子供たちの可能性を引き出す、個別最適な学びと、協働的な学びの実現～（答申）」において、「児童生徒の問題行動の発生を未然に防止するために、成長を促す指導等の積極的な生徒指導の充実…（略）…を図るとともに…」と示されている。（第II部各論2．9年間を見通した新時代の義務教育の在り方について⑹いじめの重大事態、虐待事案等に適切に対応するための方策）

③ 困難課題対応的生徒指導

深刻な課題を抱えている ¹⁰　　　　　　　　　への指導・援助を行います。

10特定の児童生徒

(3) 生徒指導の4層

図2は、図1の2軸3類に加えて、生徒指導の対象となる児童生徒の範囲から、全ての児童生徒を対象とした第1層「¹¹　　　　　生徒指導」と第2層「課題予防的生徒指導：¹²　　　　　」、一部の児童生徒を対象とした第3層「課題予防的生徒指導：¹³　　　　　」、そして、特定の生徒を対象とした第4層「¹⁴　　　　　生徒指導」の4層から成る生徒指導の重層的支援構造[*6]を示したものです。以下で、具体的に各層について説明します。

11発達支持的

12課題未然防止教育

13課題早期発見対応

14困難課題対応的

図2　生徒指導の重層的支援構造

1.2.2　発達支持的生徒指導

発達支持的生徒指導は、特定の課題を意識することなく、¹　　　　　　　を対象に、学校の教育目標の実現に向けて、教育課程内外の ²　　　　　　において進められる生徒指導の基盤となるものです。発達支持的というのは、児童生徒に向き合う際の基本的な立ち位置を示しています。すなわち、あくまでも児童生徒が自発的・主体的に³　　　　　　　　が尊重され、その発達の過程を学校や教職員がいかに支えていくかという視点に立っています。すなわち、教職員は、児童生徒の「個性の発見と ⁴　　　　　　と社会的資質・能力の発達を支える」ように働きかけます。

発達支持的生徒指導では、日々の教職員の児童生徒への挨拶、⁵　　　、励まし、賞賛、対話、及び、授業や行事等を通した ⁶　　　　　　　が大切になります。例えば、自己理解力や ⁷　　　、コミュニケーション力、⁸　　　、思いやり、共感性、人間関係形成力、協働性、目標達成力、課題解決力などを含む ⁹

1全ての児童生徒

2全ての教育活動

3自らを発達させていくこと

4よさや可能性の伸長

5声かけ

6個と集団への働きかけ

7自己効力感

8他者理解力

9社会的資質・能力

[*6]　従来の『生徒指導提要』（平成22年）では、①成長を促す指導（全ての児童生徒を対象に、個性を伸ばすことや、自身の成長に対する意欲を高めることをねらいとしたもの）、②予防的な指導（一部の児童生徒を対象に、深刻な問題に発展しないように、初期段階で諸課題を解決することをねらいとしたもの）、③課題解決的な指導（深刻な問題行動や悩みを抱え、なおかつその悩みに対するストレスに適切に対処できないような特別に支援を必要とする児童生徒の課題解決をねらいとしたもの）の3層構造であったが、今回はこの構造（3階建て）を発展させ①の成長を促す指導が、第1層「発達支持的生徒指導」と第2層「課題予防的生徒指導：課題未然防止教育」に分けられた。

の育成や、自己の将来をデザインするキャリア教育など、教員だけではなく 10 （以下「SC」という。）等の協力も得ながら、共生社会の一員となるための市民性教育・人権教育等の推進などの 11 教育活動を通して、全ての児童生徒の発達を支える働きかけを行います。このような働きかけを、12 と関連付けて行うことも重要です。意図的に、各教科、「特別の教科 道徳」（以下「道徳科」という。）、総合的な学習（探究）の時間、特別活動等と密接に関連させて取組を進める場合もあります。

10スクールカウンセラー

11日常的な

12学習指導

1.2.3 課題予防的生徒指導：課題未然防止教育

課題予防的生徒指導は、1 と課題早期発見対応から構成されます。課題未然防止教育は、2 を対象に、生徒指導の諸課題の未然防止をねらいとした、3 な教育プログラムの実施です。

具体的には、いじめ防止教育、4 教育を含む自殺予防教育、薬物乱用防止教育、5 教育、非行防止教室等が該当します。生徒指導部を中心に、SC等の専門家等の協力も得ながら、6 に位置付け、実践することが重要です。

1 課題未然防止教育

2 全ての児童生徒

3 意図的・組織的・系統的

4 SOS の出し方

5 情報モラル

6 年間指導計画

1.2.4 課題予防的生徒指導：課題早期発見対応

課題早期発見対応では、課題の予兆行動が見られたり、問題行動のリスクが高まったりするなど、7 を対象に、深刻な問題に発展しないように、8 で諸課題を発見し、対応します。例えば、ある時期に成績が急落する、遅刻・早退・欠席が増える、身だしなみに変化が生じたりする児童生徒に対して、いじめや不登校、自殺などの 9 に至らないように、早期に教育相談や 10 などを行い、実態に応じて迅速に対応します。

特に、早期発見では、いじめアンケートのような質問紙に基づく 11 や、SC やスクールソーシャルワーカー[*7]（以下「SSW」という。）を交えたスクリーニング会議によって気になる児童生徒を早期に見いだして、12 につなげます。

また、早期対応では、主に、学級・ホームルーム担任が生徒指導主事等と協力して、機動的に課題解決を行う 13 で対応することとなります。しかし、問題によっては、生徒指導主事や生徒指導担当、14 [*8]（教育相談担当主任等）や教育相談担当、学年主任、特別支援教育コーディネーター、養護教諭、SC、15 等の教職員が協働して 16 を編成し、組織的なチーム支援によって早期に対応することが望まれます[*9]。

7 気になる一部の児童生徒

8 初期の段階

9 深刻な事態

10家庭訪問

11スクリーニングテスト

12指導・援助

13機動的連携型支援チーム

14教育相談コーディネーター

15 SSW

16校内連携型支援チーム

1.2.5 困難課題対応的生徒指導

いじめ、不登校、少年非行、児童虐待など特別な指導・援助を必要とする 1

1 特定の児童生徒

[*7] 各学校等へ配置される SC は、公認心理師や臨床心理士、精神科医及び児童生徒の心理に関して高度に専門的な知識及び経験を有する者等の中から各自治体が選考している。また、各学校等へ配置される SSW は、社会福祉士や精神保健福祉士等及び福祉や教育の分野において専門的な知識及び経験を有する者等の中から各自治体が選考している。

[*8] 教育相談コーディネーターは、全ての学校に配置されているとは限らない。また、学校により名称も様々で、教育相談主任、教育相談担当と呼ばれている場合もある。本書では、それらを総称して、教育相談コーディネーターと表記する。

[*9] 一人の児童生徒に対して、一つの支援チームを編成する。学級・ホームルーム担任に生徒指導主事や学年主任、教育相談コーディネーター等を加えた最小のチームが、機動的に課題解決を行う機動的連携型支援チームである。それに対して、校内の校務分掌や学年を超えた支援チームは、校内連携型支援チームである。さらに、学校と関係機関等で構成されるネットワーク型支援チームがある。（→3.4.2生徒指導と教育相談が一体となったチーム支援の実際「図6支援チームの形態」）

を対象に、校内の教職員（教員、SC、SSW等）だけでなく、校外の教育委員会等（小中高等学校又は特別支援学校を設置する国公立大学法人、学校法人、大学を設置する地方公共団体の長及び学校設置会社を含む。）、警察、病院、児童相談所、NPO等の関係機関との連携・協働による課題対応を行うのが、 2　　　　　　　　　生徒指導です。困難課題対応的生徒指導においては、学級・ホームルーム担任による個別の支援や学校単独では対応が困難な場合に、 3　　　　　　　　や教育相談コーディネーターを中心にした校内連携型支援チームを編成したり、校外の専門家を有する関係機関と連携・協働した 4　　　　　　　　　　　　　　　を編成したりして対応します。

児童生徒の背景には、児童生徒の個人の性格や社会性、学習障害・注意欠陥多動性障害・自閉症などの 5　　　　　[*10]といった個人的要因、児童虐待・家庭内暴力・家庭内の葛藤・経済的困難などの 6　　　　　　　、また、友人間での人間関係に関する要因など、様々な要因が絡んでいます。学校として、このような課題の背景を十分に理解した上で、課題に応じて管理職、生徒指導主事、学級・ホームルーム担任、 7　　　　　、SC、SSW等の専門家で構成される校内連携型支援チームや、関係機関等との連携・協働によるネットワーク型支援チームを編成して、 8　　　　　　　　　　な指導・援助を行うことが求められます。

生徒指導と言うと、課題が起き始めたことを認知したらすぐに対応する（即応的）、あるいは、困難な課題に対して組織的に粘り強く取り組む（継続的）というイメージが今も根強く残っています。しかし、いじめの重大事態や暴力行為の増加、自殺の増加などの喫緊の課題に対して、起きてからどう対応するかという以上に、 9　　　　　　　　　　　　　という点に注力することが大切です。

いじめを例にすると、いじめの疑いのある段階からの発見やいじめを認知した段階で迅速な対処を行う 10　　　　　　、そして、いじめ解消に向けた 11　　　　　　　　が重要であることは言うまでもありませんが、SNSによるいじめなど、教職員に見えにくいいじめへの対応の難しさを考えると、全ての児童生徒を対象に 12　　　　　　　を行うことが求められます。 13　　　　　を高める観点から、例えば、国語の授業で他人を傷つけない言語表現を学習する。あるいは、市民性教育の観点から、ネットでの誹謗中傷的書き込みの他者への影響等を、 14　　　　や特別活動等で学習する。こうした取組は、教職員が日常的に児童生徒に働きかける発達支持的生徒指導（ 15　　　　）と言えます。同時に、いじめが起きないように積極的にいじめに関する課題未然防止教育（ 16　　　　）を、児童会・生徒会と協力して展開することも大切です。

17　　　　　　　を対象にした、人を傷つけない言語表現の学習、情報モラル教育、法教育といった 18　　　　　生徒指導は、児童生徒の実態と合ったものであれば、いじめの抑止効果を持つことが期待されます。また、 19　　　　　生徒指導（課題早期発見対応）や 20　　　　　生徒指導を通して、起こった事象を 21　　　　　　の課題として留めずに、学級・ホームルーム、学年、学校、家庭、地域の課題として視点を広げて捉えることによって、 22　　　　　　に通じる指導の在り方が見えてきます。

このように、発達支持的生徒指導や課題予防的生徒指導（ 23　　　　　　　　　）の在り方を改善していくことが、生徒指導上の諸課題の未然防止や再発防止につながり、課題早期発見対応や困難課題対応的生徒指導を広い視点から捉え直すことが、 24

2　困難課題対応的

3　生徒指導主事

4　ネットワーク型支援チーム

5　発達障害

6　家庭的要因

7　養護教諭

8　計画的・組織的・継続的

9　どうすれば起きないようになるのか

10　課題早期発見対応

11　困難課題対応的生徒指導

12　前向きな取組

13　人権意識

14　道徳科

15　常態的

16　先行的

17　全ての児童生徒

18　発達支持的

19　課題予防的

20　困難課題対応的

21　特定の児童生徒

22　全ての児童生徒

23　課題未然防止教育

24　発達支持的

[*10]　DSM-5（アメリカ精神医学会の診断基準DSM-5「精神疾患の診断・統計マニュアル第5版」）においては、発達障害は、知的障害（知的能力障害）、コミュニケーション障害、自閉スペクトラム症（ASD）、ADHD（注意欠如・多動症）、学習障害（限局性学習症、LD）、発達性協調運動障害、チック症の7つに分けられている。

生徒指導につながるという円環的な関係にあると言えます。その意味からも、これからの生徒指導においては、特に [25] 　　　　　　　　（プロアクティブ）な生徒指導の創意工夫が一層必要になると考えられます。

25常態的・先行的

1.3　生徒指導の方法

1.3.1　児童生徒理解

　生徒指導に共通する方法として、児童生徒理解及び集団指導と個別指導の方法原理があります。まず、児童生徒理解について、考えてみましょう。

⑴　複雑な心理・人間関係の理解

　生徒指導の基本と言えるのは、教職員の児童生徒理解です。しかし、経験のある教職員であっても、児童生徒一人一人の家庭環境、生育歴、能力・適性、興味・関心等を把握することは非常に難しいことです。また、授業や部活動などで、日常的に児童生徒に接していても、児童生徒の [1] 　　　や児童生徒相互の [2] 　　　を把握することは容易ではありません。さらに、スマートフォンやインターネットの発達によって、教職員の目の行き届かない仮想空間で、不特定多数の人と交流するなど、思春期の多感な時期にいる中学生や高校生の [3] 　　　や [4] 　　　を理解するのは困難を極めます。したがって、いじめや児童虐待の未然防止においては、教職員の [5] 　　　　　の深さが鍵となります。

1 感情の動き
2 人間関係

3 複雑な心理
4 人間関係
5 児童生徒理解

⑵　観察力と専門的・客観的・共感的理解

　児童生徒理解においては、児童生徒を [6] 　　　のみならず、学習面、社会面、 [7] 　　、進路面、家庭面から [8] 　　　に理解していくことが重要です。また、学級・ホームルーム担任の日頃のきめ細かい観察力が、指導・援助の成否を大きく左右します。また、学年担当、教科担任、部活動等の顧問等による [9] 　　　　　　　からの児童生徒理解に加えて、養護教諭、SC、SSW の [10] 　　な立場からの児童生徒理解を行うことが大切です。この他、生活実態調査、いじめアンケート調査等の調査データに基づく [11] 　　　な理解も有効です。特に、教育相談では、児童生徒の声を、受容・傾聴し、相手の立場に寄り添って理解しようとする [12] 　　　　　が重要になります。

6 心理面
7 健康面
8 総合的
9 複眼的な広い視野
10専門的
11客観的

12共感的理解

⑶　児童生徒、保護者と教職員の相互理解の重要性

　的確な児童生徒理解を行うためには、児童生徒、保護者と教職員がお互いに理解を深めることが大切です。児童生徒や保護者が、教職員に対して、信頼感を抱かず、心を閉ざした状態では、広く深い [13] 　　　　　はできません。児童生徒や保護者に対して、教職員が積極的に、生徒指導の方針や意味などについて伝え、 [14] 　して、教職員や学校側の考えについての [15] 　　　必要があります。例えば、授業や行事等で教職員が [16] 　　　をする、あるいは、定期的な学級・ホームルーム通信を発行することなどを通して、児童生徒や保護者に教職員や学校に対する理解を促進することが大切です。

13児童生徒理解
14発信
15理解を図る
16自己開示

1.3.2　集団指導と個別指導

　集団指導と個別指導は、集団に支えられて [1] が育ち、 [2] が集団を発展させるという相互作用により、児童生徒の力を最大限に伸ばし、児童生徒が社会で [3] ために必要な力を身に付けることができるようにするという指導原理に基づいて行われます。そのためには、教職員は児童生徒を十分に理解するとともに、教職員間で指導についての [4] ことが必要です。

(1)　集団指導

　集団指導では、社会の一員としての [5] 、他者との協調性、集団の目標達成に貢献する態度の育成を図ります。児童生徒は役割分担の過程で、各役割の重要性を学びながら、協調性を身に付けることができます。自らも [6] であることを自覚し、互いが支え合う社会の仕組みを理解するとともに、集団において、自分が [7] であることを実感します。指導においては、あらゆる場面において、児童生徒が人として [8] で互いに理解し信頼した上で、集団の目標に向かって励まし合いながら成長できる集団をつくることが大切です。そのために、教職員には、一人一人の児童生徒が

① 安心して生活できる
② 個性を発揮できる
③ [9] を持てる
④ 集団に貢献できる役割を持てる
⑤ [10] を持つことができる
⑥ 集団での存在感を実感できる
⑦ 他の児童生徒と [11] を築ける
⑧ 自己肯定感・ [12] を培うことができる
⑨ [13] を味わうことができる

ことを基盤とした集団づくりを行うように工夫することが求められます。

(2)　個別指導

　個別指導には、集団から離れて行う指導と、集団指導の場面においても個に配慮することの二つの概念があります。

　授業など集団で一斉に活動をしている場合において、個別の児童生徒の状況に応じて配慮することも [14] と捉えられます。また、集団に適応できない場合など、課題への対応を求める場合には、集団から離れて行う個別指導の方がより効果的に児童生徒の力を伸ばす場合も少なくありません。『「 [15] 」の構築を目指して～全ての子供たちの可能性を引き出す、個別最適な学びと、協働的な学びの実現～（答申）』において指摘されているように、「生徒指導上の課題の増加、外国人児童生徒数の増加、通常の学級に在籍する障害のある児童生徒、子供の貧困の問題等により多様化する子供たち」への対応も含め、 [16] 生徒指導が求められています。さらに今後、個の課題や家庭・学校環境に応じた、 [17] 生徒指導を行うことが大切となります。

1　個
2　個の成長
3　自立する
4　共通理解を図る
5　自覚と責任
6　集団の形成者
7　大切な存在
8　平等な立場
9　自己決定の機会
10　達成感・成就感
11　好ましい人間関係
12　自己有用感
13　自己実現の喜び
14　個別指導
15　令和の日本型学校教育
16　誰一人取り残さない
17　適切かつ切れ目のない

1.3.3 ガイダンスとカウンセリング

　生徒指導の集団指導と個別指導に関連して、学習指導要領の第1章「総則」（小学校・中学校は第4、高等学校は第5款）で新設された「児童（生徒）の発達の支援」（以下、括弧内は、中学校と高等学校での表記）の「1　児童（生徒）の発達を支える指導の充実」の「(1)　学級経営（高等学校はホームルーム経営）の充実」において、以下のようにガイダンスとカウンセリングの双方による支援の重要性が明記されました。

> 学習や生活の基盤として、教師と児童（生徒）との ¹ 　　　　　　 及び児童（生徒）相互の ² 　　　　　　　　　 を育てるため、日頃から学級経営の充実を図ること。また、主に集団の場面で必要な指導や援助を行うガイダンスと、個々の児童（生徒）の多様な実態を踏まえ、一人一人が抱える課題に個別に対応した指導を行う ³ 　　　　　　　　　 の双方により、児童（生徒）の発達を支援すること。

1 信頼関係

2 よりよい人間関係

3 カウンセリング

　生徒指導上の課題としては、小学校入学後に、うまく集団になじめない、学級が落ち着かないなどの ⁴ 　　　　　　 や、小学校から中学校に移行した際に、不登校児童生徒数や暴力行為の発生件数が増加するなどの ⁵ 　　　　　 が見られます。また、人間関係で多くの児童生徒が悩みを持ち、学習面の不安だけでなく、心理面や進路面での不安や悩みを抱えることも少なくありません。そのような課題に対しては、教職員が児童生徒や学級・ホームルームの実態に応じて、⁶ 　　　　　 という観点から、学校生活への適応やよりよい人間関係の形成、学習活動や進路等における ⁷ 　　　　　　 及び自己の生き方などに関して、⁸ 　　　　　 に、組織的・計画的に情報提供や説明を行います。場合によっては、社会性の発達を支援するプログラム（ソーシャル・スキル・トレーニングや ⁹ 　　　　　　　 [*11]等）などを実施します。

4 小1プロブレム

5 中1ギャップ

6 ガイダンス

7 主体的な取組や選択

8 全ての児童生徒

9 ソーシャル・エモーショナル・ラーニング

　また、カウンセリングという観点からは、児童生徒一人一人の生活や人間関係などに関する悩みや迷いなどを受け止め、自己の可能性や適性についての ¹⁰ 　　　 ように働きかけたり、適切な情報を提供したりしながら、児童生徒が ¹¹ 　　　 で選択、決定することができるようにするための相談・助言等を個別に行います。

10 自覚を深める

11 自らの意志と責任

　ガイダンスとカウンセリングは、教員、SC、SSW等が協働して行う生徒指導において、児童生徒の ¹² 　　　 の変容を促し、一人一人の発達を支える働きかけの両輪[*12]として捉えることができます。

12 行動や意識

1.3.4 チーム支援による組織的対応

　深刻化、多様化、低年齢化する生徒指導の諸課題を解決するためには、前述のように、学級・ホームルーム担任が一人で問題を抱え込まずに生徒指導主事等と協力して、¹ 　　　　　　　　　 で対応することが求められます。また、対応が難しい場合は、生徒指導主事や教育相談コーディネーター、学年主任、養護教諭、SC、SSW等校内

1 機動的連携型支援チーム

[*11]　ソーシャル・エモーショナル・ラーニング（SEL：社会性と情動の学習）は、自己の捉え方と他者との関わり方を基盤として、社会性（対人関係）に関するスキル、態度、価値観を身につける学習であり、社会性と情動に関する心理教育プログラムの総称である。

[*12]　『小学校学習指導要領（平成29年告示）解説特別活動編』第4章の第2節の3「ガイダンスとカウンセリングの趣旨を踏まえた指導を図る」、『中学校学習指導要領（平成29年告示）解説特別活動編』第3章の第1節の3(6)「ガイダンスの趣旨を踏まえた指導」、『高等学校学習指導要領（平成30年告示）解説特別活動編』第3章の第1節の3(6)「ガイダンスの趣旨を踏まえた指導」を参照）

の教職員が連携・協働した [2]   による組織的対応が重要となります。さらに、深刻な課題は、校外の関係機関等との連携・協働に基づく [3]   による地域の社会資源を活用した組織的対応が必要になります。課題早期発見対応や困難課題対応的生徒指導においては、チームによる指導・援助に基づく組織的対応によって、[4]   を図り、再発防止を徹底することが重要です。また、発達支持的生徒指導や課題未然防止教育においても、チームを編成して [5]   で取組を進めることが求められます。

(1) チーム支援の特色

チーム支援の特色として、次の2点が挙げられます。

第一は、生徒指導上の課題に取り組んでいる [6]   に対して、保護者、学校内の複数の教職員、関係機関の専門家、地域の人々等が、アセスメント[*13]に基づいて、支援チームを編成して、課題予防的生徒指導や [7]   を行います。

第二に、チーム支援のプロセスは、①チーム支援の判断と [8]   の実施、②課題の明確化と目標の共有、③ [9]   の作成、④支援チームによる実践、⑤点検・評価に基づくチーム支援の終結・継続と捉えることができます。

(2) チーム支援の留意点

チーム支援においては、児童生徒の学習情報、健康情報、家庭情報等極めて慎重な取扱いを要する個人情報を扱います。そのため、[10]   等に注意をしなければなりません。以下は、チーム支援のみならず、生徒指導全般にも共通する留意事項です。

① 合意形成と目標の共通理解

チーム支援に関して、保護者や児童生徒と事前に、「何のために」「どのように進めるのか」「情報をどう扱い、共有するのか」という点に関して、[11]   を図ります。

② 守秘義務と説明責任

参加するメンバーは、個人情報を含めチーム支援において知り得た情報を守秘しなければなりません。[12]   （集団守秘義務）が重要です。学校や教職員は、保護者や地域社会に対して、説明責任を有し、[13]   に応えることも求められます。特に、当該児童生徒の保護者の [14]   が大切です。

③ 記録保持と情報セキュリティ

会議録、各種調査票、チーム支援計画シート、教育相談記録等を、的確に作成し、[15]   ことが必要です。これらの情報資産については、自治体が定める [16]   に準拠して慎重に取り扱うことが求められます。

右欄：

2 校内連携型支援チーム

3 ネットワーク型支援チーム

4 早期の課題解決

5 学校全体

6 児童生徒一人一人

7 困難課題対応的生徒指導

8 アセスメント

9 チーム支援計画

10 守秘義務や説明責任

11 合意形成や共通理解

12 チーム内守秘義務

13 情報公開請求

14 知る権利への配慮

15 規定の期間保持する

16 教育情報セキュリティポリシー

[*13] チーム支援において、当該児童生徒の課題に関連する問題状況や緊急対応を要する危機の程度等の情報を収集・分析・共有し、課題解決に有効な支援仮説を立て、支援目標や方法を決定するための資料を提供するプロセスのことである。（→3.4.2 生徒指導と教育相談が一体となったチーム支援の実際）

1.4　生徒指導の基盤

1.4.1　教職員集団の同僚性

　組織的かつ効果的に生徒指導を実践するためには、教職員同士が支え合い、学び合う ¹　　　　が基盤となります。教職員や専門スタッフ等の多職種で組織される学校がチームとして実効的に機能するには、²　　　　　　　　（雰囲気）が大切です。換言すると、学級・ホームルーム担任中心の抱え込み型生徒指導から、多職種による ³　　　　　　生徒指導へと転換していく際に重要となるのは、職場の人間関係の有り様です。

1 同僚性

2 職場の組織風土

3 連携・協働型

(1)　教職員の受容的・支持的・相互扶助的な人間関係

　組織的・効果的な生徒指導を行うには、教職員が気軽に話ができる、生徒指導実践について困ったときに、同僚教員やスタッフに相談に乗ってもらえる、改善策や打開策を親身に考えてもらえる、具体的な助言や助力をしてもらえる等、⁴　　　　　　　　　　　が形成され、組織として一体的な動きをとれるかどうかが鍵となります。また、職能開発という点からも、教職員が絶えず自らの ⁵　　　　　を振り返り、教職員同士で相互に意見を交わし、学び合うことのできる同僚関係[*14]が不可欠です。

4 受容的・支持的・相互扶助的人間関係

5 生徒指導実践

(2)　教職員のメンタルヘルスの維持とセルフ・モニタリング

　生徒指導を実践する上で、教職員のメンタルヘルス[*15]の維持は重要です。生徒指導では、未経験の課題性の高い対応を迫られることがあります。自分の不安や困り感を同僚に開示できない、素直に助けてほしいといえない、努力しているが解決の糸口がみつからない、自己の実践に肯定的評価がなされない等により、強い不安感、焦燥感、閉塞感、孤立感を抱き、心理的ストレスの高い状態が継続することがあります。この状態が、常態化すると ⁶　　　　　　　　（燃え尽き症候群）のリスクが高まります。

　それに対して、受容的・支持的・相互扶助的な ⁷　　　　がある職場であれば、バーンアウトの軽減効果が期待されます。また、自分の心理状態を振り返る、⁸　　　　　　も重要です。不安や苦しみを自覚したときに、一人で抱え込まず、SC も含めて身近な教職員に相談できる職場の雰囲気や体制の整備が求められます。

6 バーンアウト

7 同僚性

8 セルフ・モニタリング

1.4.2　生徒指導マネジメント

　生徒指導を切れ目なく、効果的に実践するためには、学校評価を含む ¹　　　　　サイクルを確立することが大切です。

1 生徒指導マネジメント

[*14]　「今後の教員養成・免許制度の在り方について（答申）」中央教育審議会（平成18年）「2．教員をめぐる現状」、「5　教員の多忙化と同僚性の希薄化」において、「社会の変化への対応や保護者等からの期待の高まり等を背景として、教員の中には、多くの業務を抱え、日々子どもと接しその人格形成に関わっていくという使命を果たすことに専念できずに、多忙感を抱いたり、ストレスを感じる者が少なくない。また、教科指導や生徒指導など、教員としての本来の職務を遂行するためには、教員間の学び合いや支え合い、協働する力が重要であるが、昨今、教員の間に学校は一つの組織体であるという認識の希薄になっていることが多かったり、学校の小規模化を背景に、学年主任等が他の教員を指導する機能が低下するなど、学びの共同体としての学校の機能（同僚性）が十分発揮されていないという指摘もある。」と同僚性の希薄化を指摘している。

[*15]　「教職員のメンタルヘルス対策について（最終まとめ）」教職員のメンタルヘルス対策検討会議（平成25年）では、教職員のメンタルヘルス不調の背景に関して、「教員は、対人援助職であるために、必ずしも決まった正解がない事例が多く、終わりが見えにくく目に見える成果を実感しづらい場合も多い。それゆえ自分の行動が適切かどうかの迷いや不安を抱きながら対応していることもある。このため、自分自身の努力に対する周りからの肯定的な評価やフィードバックが得られないと燃え尽きてしまうことがある。」とバーンアウトについて言及している。

(1)　PDCA サイクルによる取組

PDCA サイクルでは、はじめに、学校の環境、児童生徒の状況、保護者や地域の人々の願い等について、調査や聴取を実施します。これに加え、各種審議会答申や世論の動向等を見据えて、「児童生徒がどのような態度や能力を身に付けるように働きかけるか」「何を生徒指導の重点とするか」等の目標を立てます。これを基に、生徒指導計画（P：[2]　　　　）を策定し、実施（D：[3]　　　　）し、点検・評価（C：[4]　　　　）を行い、次年度の改善（A：[5]　　　　）へとつなげます。

2 Plan

3 Do

4 Check

5 Action

(2)　PDCA サイクルでの留意点

PDCA サイクルの推進に当たっては、管理職のリーダーシップと、保護者の学校理解や教職員理解が不可欠です。その際の留意点は、以下のとおりです。

① 生徒指導に関する明確なビジョンの提示

校長は、組織マネジメントの観点から、学校、家庭、地域の実態に基づいて、生徒指導の目標や育成したい児童生徒像に関する[6]　　　　を学校内外で提示し、[7]　　　　することが大切です。

6 明確なビジョン

7 一体感を醸成

② モニタリングと確実な情報共有

実施段階では、管理職によるきめ細かい教職員の[8]　　　　、すなわち、モニタリングを適確に行うことが求められます。そのためには、各教職員との[9]　　　　、委員会・部会・学年会等の議事内容の理解が不可欠です。

8 動静把握

9 確実な情報共有

③ 保護者の学校理解と教職員理解

学校における生徒指導が効果を発揮するためには、保護者による学校や教職員への理解が鍵となります。そのため、学校から保護者へ積極的に情報を発信していくことが必要です。学校ホームページによる情報発信の工夫、あるいは、学級・ホームルーム担任による保護者向けの学級・ホームルーム通信、学年便り、生徒指導部や教育相談部による通信等によって、生徒指導の目標理解や協力のお願い、児童生徒の実態に関する情報共有等を図ります。保護者の[10]　　　　の深まりは、家庭や地域との連携・協働の基盤となります。

10 学校理解や教職員理解

1.4.3　家庭や地域の参画

生徒指導は、学校の中だけで完結するものではなく、家庭や地域及び関係機関等との連携・協働を緊密にし、児童生徒の健全育成という広い視野から地域全体で取り組む「[1]　　　　」として推進を図ることが重要です。具体的な方法としては、以下の２点があります。

1 社会に開かれた生徒指導

(1)　コミュニティ・スクール

第一の方法としては、コミュニティ・スクール（[2]　　　　）を活用して、地域社会総がかりで生徒指導を展開します。学校運営協議会を通じて、保護者や地域の人々等が一定の権限と責任[*16]を持って学校運営に参画する仕組みを置く学校が、[3]　　　　です。

2 学校運営協議会制度

3 コミュニティ・スクール

[*16]　学校運営協議会の主な役割として、次の３つがある。①校長が作成する学校運営の基本方針を承認する、②学校運営に関する意見を教育委員会又は校長に述べることができる、③教職員の任用に関して、教育委員会規則に定める事項について、教育委員会に意見を述べることができる。

「地方教育行政の組織及び運営に関する法律」（ ⁴ 　　　　）で、その意義や役割が規定されており、学校運営協議会の設置は教育委員会の ⁵ 　　　とされています。保護者や地域の人々等の意見を学校運営に反映させるための協議や基本方針の承認を行うことを通じて、生徒指導の ⁶ 　　　　　の共通理解、具体的な教育活動の案出、家庭と地域との連携・協働、評価と改善事項等を地域と学校が共有して ⁷ 　　　　へとつなげることが可能となります。保護者や地域の人々が学校や教育委員会に意向を伝えるとともに、学校からも保護者や地域の人々に意向を伝えることが、具体的な取組を推進する上で重要です。

4 第47条の5

5 努力義務

6 課題や重点目標

7 具体的な取組

⑵　地域学校協働活動

第二の方法として、「学校を核とした地域づくり」として、コミュニティ・スクールと一体的に取り組む ⁸ 　　　　　があります。地域学校協働活動とは、地域の高齢者・成人・学生・保護者・PTA・NPO・民間企業・団体・機関等の幅広い地域の人々等の参画を得て、地域全体で児童生徒の ⁹ 　　　　　　　活動です。

地域学校協働活動は、平成29年３月の ¹⁰ 　　　　　（第５条第２項）の改正により、法律に位置付けられました。登下校の見守り、多様な教育的ニーズのある児童生徒への学習支援、放課後や土曜日等における学習プログラムの提供、職場体験の場の提供等、学校と地域が連携・協働することによって、生徒指導を ¹¹ 　　　で行うことが可能になります。

8 地域学校協働活動

9 学びや発達を支える

10 社会教育法

11 地域社会全体

1.5　生徒指導の取組上の留意点

1.5.1　児童生徒の権利の理解

第一の留意点は、教職員の児童の権利に関する条約[*17]についての理解です。

⑴　児童の権利に関する条約

児童生徒の人権の尊重という場合に、留意すべきは、平成元年11月20日に第44回国連総会において採択された ¹ 　　　　　　　です。日本は、平成２年にこの条約に署名し、平成６年に批准し、効力が生じています。

この場合の児童とは、 ² 　　　　　　　を指します。本条約の発効を契機として、児童生徒の基本的人権に十分配慮し、一人一人を大切にした教育が行われることが求められています。生徒指導を実践する上で、児童の権利条約の ³ 　　　　を理解しておくことが不可欠です。

四つの原則とは、第一に、児童生徒に対する ⁴ 　　　　もしないこと、第二に、児童生徒にとって ⁵ 　　　　を第一に考えること、第三に、児童生徒の命や生存、発達が保障されること、第四に、児童生徒は自由に ⁶ 　　　　　　　を持っていることを指します。関連する条文の概要は、以下のとおりです。

1 児童の権利に関する条約

2 18歳未満の全ての者

3 四つの原則

4 いかなる差別

5 最もよいこと

6 自分の意見を表明する権利

[*17]　「「児童の権利に関する条約」について」文部事務次官（平成６年５月20日）では、「本条約の発効により、教育関係について特に法令等の改正の必要はないところでありますが、もとより、児童の人権に十分配慮し、一人一人を大切にした教育が行われなければならないことは極めて重要なことであり、本条約の発効を契機として、更に一層、教育の充実が図られていくことが肝要であります。このことについては、初等中等教育関係者のみならず、広く周知し、理解いただくことが大切であります。」として、周知している。

① _____ [7]

　児童又はその父母若しくは法定保護者の人種、皮膚の色、性、言語、宗教、政治的意見その他の意見、国民的、種族的若しくは社会的出身、財産、心身障害、出生又は他の地位にかかわらず、いかなる差別もなしにこの条約に定める権利を尊重し、及び確保する。（第2条）

② 児童の [8] _____

　児童に関する全ての措置をとるに当たっては、公的若しくは私的な社会福祉施設、裁判所、行政当局又は立法機関のいずれによって行われるものであっても、児童の最善の利益が主として考慮されるものとする。（第3条）

③ _____ [9] に対する権利

　生命に対する児童の固有の権利を認めるものとし、児童の生存及び発達を可能な最大限の範囲において確保する。（第6条）

④ 意見を表明する権利

　児童が自由に自己の意見を表明する権利を確保する。児童の意見は、その児童の年齢及び成熟度に従って相応に考慮される。（ [10] ）

　いじめや暴力行為は、児童生徒の人権を侵害するばかりでなく、進路や心身に重大な影響を及ぼします。教職員は、いじめの深刻化や自殺の防止を目指す上で、児童生徒の [11] _____ という当たり前の姿勢を貫くことが大切です。

　また、 [12] _____ 学校づくりは、生徒指導の基本中の基本であり、同条約の理解は、教職員、児童生徒、保護者、地域の人々等にとって必須だと言えます。

(2) こども基本法

　令和4年6月に公布された「 [13] _____ 」においては、「 [14] _____ 及び児童の権利に関する条約の精神にのっとり、次代の社会を担う全てのこどもが、生涯にわたる人格形成の基礎を築き、自立した個人としてひとしく [15] _____ ことができ、こどもの心身の状況、置かれている環境等にかかわらず、その権利の擁護が図られ、将来にわたって [16] _____ を送ることができる社会の実現を目指して、こども施策を総合的に推進すること」が目的として示されています（第1条）。併せて、以下のような本法基本理念の趣旨等について、児童の権利に関する条約とともに理解しておくことが求められます。

（基本理念の主な記載）

① 全てのこどもについて、個人として尊重され、その [17] _____ が保障されるとともに、 [18] _____ を受けることがないようにすること。（第3条第1号）

② 全てのこどもについて、適切に [19] _____ こと、その生活を保障されること、 [20] _____ こと、その健やかな成長及び発達並びにその自立が図られることその他の福祉に係る権利が等しく保障されるとともに、教育基本法の精神にのっとり [21] _____ が等しく与えられること。（第3条第2号）

③ 全てのこどもについて、その年齢及び発達の程度に応じて、自己に直接関係する [22] _____ に関して意見を表明する機会及び多様な [23] _____ が確保されること。（第3条第3号）

④ 全てのこどもについて、その年齢及び発達の程度に応じて、その意見が尊重さ

7 差別の禁止

8 最善の利益

9 生命・生存・発達

10 第12条

11 命を守る

12 安全・安心な

13 こども基本法

14 日本国憲法

15 健やかに成長する

16 幸福な生活

17 基本的人権

18 差別的取扱い

19 養育される

20 愛され保護される

21 教育を受ける機会

22 全ての事項

23 社会的活動に参画する機会

れ、その [24]　　　　　が優先して考慮されること。（第3条第4号）

1.5.2　ICT の活用

第二の留意点は、ICT を活用した生徒指導の推進です。令和の日本型学校教育の実現に向けては、[1]　　　　　　　　　　を踏まえ、今後 ICT を活用した生徒指導を推進することが大切です。ICT を活用することで、以下のような教育効果が期待されます。ただし、実践に当たっては、不断の教職員の [2]　　　　　　　　　　が必要となります。

なお、校務系データ（出欠情報、健康診断情報、保健室利用情報、テスト結果、成績情報等）と、学習系データ（学習記録データ、児童生徒アンケートデータ等）等を組み合わせることで、一人一人の児童生徒や学級・ホームルームの状況を多様な角度から、[3]　　　　　　　　　を用いて分析・検討することも可能となります。

(1)　データを用いた生徒指導と学習指導との関連付け

学習指導要領では、「学習指導と関連付けながら、[4]　　　　　の充実を図ること。」と明記されています。学習指導と生徒指導が、相関的な関係を持つことを、多くの教職員が経験的に実感しています。児童生徒の孤独感や閉塞感の背景には、勉強が分からない、授業がつまらない等、学習上のつまずきや悩みがある場合が少なくありません。分かりやすい授業、誰にも出番のある全員参加の授業が、児童生徒の自己肯定感や [5]　　　　　　　を高めます。ICT を活用することで、[6]　　　　　と生徒指導の相互作用を、データから省察することが求められます。

(2)　悩みや不安を抱える児童生徒の早期発見・対応

ICT を活用することで、児童生徒の心身の状態の変化に気付きやすくなる、あるいは、児童生徒理解の幅の広がりにつながることも考えられ、悩みや不安を抱える児童生徒の早期発見や早期対応の一助になることも期待されます。一方、ICT により得られる情報はあくまで状況把握の端緒であり、それにより支援の画一化が生じたりしないよう留意し、把握した状況から適切に対応する体制を構築しておくことが求められます。

(3)　不登校児童生徒等への支援

学校に登校できない児童生徒に対する [7]　　　　　や生徒指導という観点から、ICT を活用した支援は「[8]　　　　　　　　　　　　　　　　　」の「不登校児童生徒が行う多様な学習活動の実情を踏まえ、個々の不登校児童生徒の状況に応じた必要な支援が行われるようにすること。」（第3条第2号）という基本理念の実現方法の一つと言えます。

また、病気療養中の児童生徒については、「小・中学校等における病気療養児に対する同時双方向型授業配信を行った場合の指導要録上の出欠の取扱い等について（通知）」、「高等学校等におけるメディアを利用して行う授業に係る留意事項について（通知）」、「学校教育法施行規則の一部を改正する省令の施行について（通知）」等を参考にし、ICT を活用した通信教育やオンライン教材等を活用するなど、[9]　　　　　　　に努める必要があります。

1.5.3　幼児教育との接続

　第三の留意点は、幼児教育と小学校教育との円滑な接続です。生徒指導では、児童生徒が、[1]　　　　　　　　を実感しながら、よりよい人間関係を形成し、[2]　　　　　　　学校生活を送る中で、現在及び将来における[3]　　　　　　　　　　ことができるようにすることが求められます。こうした生徒指導の考え方に立てば、幼児期において、信頼する大人との温かな関係の中で幼児が自己を発揮しながら、他の幼児や地域の人々等との関係を深めていくことは、非常に重要です。したがって、幼児教育の成果が小学校教育へと引き継がれ、子供の発達や学びが[4]　　　　　　　　　ことが不可欠です。

　そのためには、幼稚園・保育所・認定こども園と小学校（以下「幼保小」という。）の教職員が交流体験や情報交換を通して、幼児がどのように友達のよさや自分のよさ、可能性に気付き、人に対する信頼感や思いやりの気持ちを持てるようになるのか、あるいは、現状での[5]　　　　　　　　　の課題がどこにあるのかを、[6]　　　　ことが大切です。加えて、幼保小の教職員が、後述する「幼児期の終わりまでに育ってほしい姿」を共有し、幼児教育と小学校教育の円滑な接続について協働して考えていくことが必要です。

　その際、幼保小の接続期におけるスタートカリキュラムの位置付けや役割を踏まえ、入学当初のみならずその後の小学校における生活や学習へのつながりを視野に検討する姿勢が求められます。こうした幼児教育と小学校教育の[7]　　　　　　は、小学校という新たな環境においても、児童が安心して楽しく学習や生活を送ることにつながります。

(1)　幼児期の終わりまでに育ってほしい姿

　幼児教育と小学校教育との円滑な接続を図るために、幼稚園教育要領、保育所[8]　　　　　、幼保連携型認定こども園の[9]　　　　　　　において、「幼児期の終わりまでに育ってほしい姿」が示されています。具体的には、以下の10項目です。

① 　健康な[10]
② 　自立心
③ 　[11]
④ 　[12]　　　　　　　の芽生え
⑤ 　社会生活との関わり
⑥ 　思考力の芽生え
⑦ 　自然との関わり・[13]
⑧ 　数量や図形、標識や文字等への関心・感覚
⑨ 　言葉による[14]
⑩ 　[15]

　幼児教育においては、これらの「幼児期の終わりまでに育ってほしい姿」を踏まえた指導を工夫することが大切です。小学校教育においては、幼稚園教育要領等に基づく幼児教育を通して育まれた資質・能力を踏まえた教育活動を実施し、児童が[16]に自己を発揮しながら[17]　　　　　ことが可能となるように働きかけることが求められています。幼保小の教職員が、このような姿について共通理解を図り、指導の充実

---

1 自己の存在感
2 有意義で充実した
3 自己実現を図っていく

4 連続するようにする

5 幼児教育や小学校教育
6 相互理解する

7 円滑な接続

8 保育指針
9 教育・保育要領

10 心と体

11 協同性
12 道徳性・規範意識

13 生命尊重

14 伝え合い
15 豊かな感性と表現

16 主体的
17 学びに向かう

につなげていくことが大切です。

⑵ スタートカリキュラムの工夫

小学校では、幼児期における遊びを通した総合的な学びから、各教科等における、より [18]　　　　に円滑に移行できるよう、入学当初において、生活科を中心とした合科的・関連的な指導や弾力的な時間割の設定など、指導計画の作成や指導の工夫をすることが必要です。いわゆる [19]　　　　[*18]を編成・実施することにより、自分で考え、選択・判断し、行動する [20]　　　　や他者との [21]　　　　の土台をつくることが可能になります。

18 自覚的な学び

19 スタートカリキュラム

20 自己指導能力

21 協働性

1.5.4 社会的自立に向けた取組

第四の留意点は、児童生徒の社会的自立に向けた取組です。生徒指導は、児童生徒が社会の中で自分らしく生きることができる存在となるように、[1]　　　　ことであるという点に留意し、社会的自立に向けた取組を日常の [2]　　　　を通じて実施することが求められます。

民法の改正により、[3]　　　年４月から、成年年齢が18歳に引き下げられたことから、18歳となった時点で生徒は成人となり、[4]　　　に服することがなくなります。つまり、学校教育法上の [5]　　　がなくなるということに他なりません。このように、生徒の自立が制度的に前倒しとなる部分がある一方で、[6]　　　　の増加に代表されるように、社会的自立が困難な状況にある若者の存在も課題とされています。

平成22年に施行された「子ども・若者育成支援推進法」に基づく「[7]　　　　」（令和３年４月６日子ども・若者育成支援推進本部決定）は、成年年齢引き下げ等への円滑な対応に加えて、子供・若者の生活する場として、家庭、学校、地域社会、情報通信環境（インターネット空間）及び就業（働く場）の５つを挙げ、それぞれの課題について解説しています。学校という場の課題として、児童生徒の多様化、自殺・不登校等生徒指導上の課題の深刻化、教職員の多忙化・不足、学校の減少、情報化への対応の５点を示しています。このような状況の下にあって、生徒指導は学校内で完結するものでもなく、また、卒業や中途退学、進路変更などに伴ってただちに終了するというものでもありません。日頃から児童生徒の [8]　　　　に向けた支援を行うことはもとより、生涯を見通したキャリア教育や適切な [9]　　　　を行うことも大切です。また、必要な場合には、[10]　　　　や子供・若者相談機関などにつなぐといった支援を行うことも求められます。

1 適切な働きかけを行う

2 教育活動

3 令和４

4 親権

5 保護者

6 ひきこもり

7 子供・若者育成支援推進大綱

8 社会的自立

9 進路指導

10 就労支援事業所

[*18] 「発達や学びをつなぐスタートカリキュラム　スタートカリキュラム導入・実践の手引き」国立教育政策研究所教育課程研究センター編（平成30年）

第2章　生徒指導と教育課程

2.1　児童生徒の発達を支える教育課程

学校が編成する教育課程は「学校教育の **¹** 　　　　　を達成するために、教育の内容を生徒の心身の発達に応じ、**²** 　　　　との関連において総合的に組織した各学校の **³** 　　　　」であり、各教科等の年間指導計画も教育課程の編成の一環として作成されるものです。これら教育課程に係る諸計画に基づき実施される教育活動は、**⁴** 　　　　と呼ばれます。こうした活動の多くは、いわゆる「授業」という形で行われるために、ともすれば学習指導の場というイメージが強く働き、生徒指導との関係が十分に踏まえられていないことも少なくありません。しかし、第1章でも触れたとおり、学習指導の目的を達成する上で、また生徒指導の目的を達成し、生徒指導上の諸課題を生まないためにも、教育課程における **⁵** 　　　　の働きかけが欠かせません。

したがって、教育課程の編成や実施に当たっては、**⁶** 　　　　　　　　　　を分けて考えるのではなく、相互に関連付けながら、どうすれば両者の充実を図ることができるのか、学校の教育目標を実現できるのかを探ることが重要になります。その際、学習指導要領第1章総則の「児童（生徒）の発達の支援」の中の「1　児童（生徒）の発達を支える指導の充実」に示された視点を **⁷** 　　　　ことが求められます。

1 目的や目標

2 授業時数

3 教育計画

4 教育課程内の活動

5 生徒指導

6 学習指導と生徒指導

7 具現化する

2.1.1　学習指導要領「総則」と生徒指導

学習指導要領において、「よりよい学校教育を通じて **¹** 　　　　を創る」という目標を学校と社会が共有し、それぞれの役割を果たすことができるように、「子供一人一人の発達をどのように支援するか」という児童生徒の発達を支える視点に立つことの重要性が示されました。具体的には、「**²** 　　　」に示された「①学級・ホームルーム経営の充実、②**³** 　　　　の充実、③キャリア教育の充実、④指導方法や指導体制の工夫改善による **⁴** 　　　　の充実」です[*19]。要点は、以下のとおりです。

1 よりよい社会

2 総則

3 生徒指導

4 個に応じた指導

①　学級・ホームルーム経営の充実

学習や生活の基盤として、教員と児童生徒との信頼関係及び児童生徒相互の **⁵** 　　　　を育てるため、日頃から学級・ホームルーム経営の充実を図ること。また、主に集団の場面で必要な指導や援助を行う **⁶** 　　　　と、個々の児童の多様な実態を踏まえ、一人一人が抱える課題に個別に対応した指導や援助を行う **⁷** 　　　　（→1.3.3 ガイダンスとカウンセリング）の双方により、児童生徒の発達を支援すること。

②　生徒指導の充実

児童生徒が、自己の存在感を実感しながら、よりよい人間関係を形成し、有意義で充実した学校生活を送る中で、現在及び将来における自己実現を図っていくことができるよう、**⁸** 　　　　を深め、学習指導と関連付けながら、**⁹**

5 よりよい人間関係

6 ガイダンス

7 カウンセリング

8 児童生徒理解

9 生徒指導の充実

[*19] 「小学校学習指導要領（平成29年告示）」第1章総則第4　1　児童の発達を支える指導の充実、「中学校学習指導要領（平成29年告示）」第1章総則第4　1　生徒の発達を支える指導の充実、「特別支援学校小学部・中学部学習指導要領（平成29年告示）」第1章総則第5　1　児童又は生徒の調和的な発達を支える指導の充実、「高等学校学習指導要領（平成30年告示）」第1章総則第5款1　生徒の発達を支える指導の充実、「特別支援学校学習指導要領（平成31年告示）」第1章総則第5　1　生徒の調和的な発達を支える指導の充実

を図ること。

③ キャリア教育の充実

児童生徒が、学ぶことと自己の将来とのつながりを見通しながら、[10] に向けて必要な基盤となる資質・能力を身に付けていくことができるよう、[11] を要としつつ各教科等の特質に応じて、キャリア教育の充実を図ること（→1.1.3 生徒指導の連関性）。

④ 個に応じた指導の充実

児童生徒一人一人の能力・適性、興味・関心、性格等が異なることを踏まえ、教員が個々の児童生徒の特性等を十分理解し、それに応じた指導方法の工夫や、学校の実態に応じた指導体制の工夫改善により、[12] の充実を図ること。

これらのことは、ガイダンスとカウンセリングにより、常態的・先行的（[13] ）及び[14] （リアクティブ）な活動を通して、「児童生徒一人一人の個性の発見と[15] と社会的資質・能力の発達を支えると同時に、自己の幸福追求と社会に受け入れられる[16] を支える」という生徒指導の目的を達成することにもつながります。

2.1.2 学習指導と生徒指導

学習指導要領では、知・徳・体にわたる「[1] 」のバランスの取れた育成を重視しており、学習指導と生徒指導との関連を意識しながら、日々の教育活動を充実していくことが重要です。このことは、学習指導を担う教員が同時に生徒指導の主たる担い手にもなるという[2] の特徴を最大限に発揮させることでもあります。

学習指導において、児童生徒一人一人に対する理解（[3] ）の深化を図った上で、安全・安心な学校・学級の風土を創り出す、児童生徒一人一人が[4] を感じられるようにする、教職員と児童生徒の信頼関係や児童生徒相互の[5] を進める、児童生徒の[6] を促すといった生徒指導の実践上の視点を生かすことにより、その充実を図っていくことが求められています。また、生徒指導においては、「社会の中で自分らしく生きることができる存在へと児童生徒が、自発的・主体的に成長や発達する過程を支える」という生徒指導の意義を再確認することが求められます。個別の問題行動等への対応といった課題早期発見対応及び[7] 生徒指導にとどまることなく、全ての児童生徒を対象にした[8] 教育、さらには一人一人のキャリア形成等も踏まえた発達支持的生徒指導の視点が重要になります。学習指導要領の趣旨の実現に向け、全ての子供たちが自らの可能性を発揮できるように「[9] 」と「協働的な学び」を一体的に充実していく上で、特に[10] 生徒指導の考え方を生かすことが不可欠です。

2.1.3 学級・ホームルーム経営と生徒指導

教育課程における活動は、学級・ホームルームという土台の上で実践されます。学級・ホームルームは、学校における生活集団であり、学習集団であり、生徒指導の実践集団であると捉えることができます。

学級・ホームルームは、児童生徒にとって、学習や生活など学校生活の基盤となるものです。児童生徒は、学校生活の多くの時間を学級・ホームルームで過ごすため、自己と学級・ホームルームの他の成員との個々の関係や自己と学級・ホームルーム集団

10 社会的・職業的自立

11 特別活動

12 個に応じた指導

13 プロアクティブ
14 即応的・継続的
15 よさや可能性の伸長
16 自己実現

1 生きる力

2 日本型学校教育
3 児童生徒理解
4 自己存在感
5 人間関係づくり
6 自己選択や自己決定

7 困難課題対応的
8 課題未然防止

9 個別最適な学び
10 発達支持的

との関係は、¹　　　　そのものに大きな影響を与えることとなります。教員は、個々の児童生徒が、学級・ホームルーム内でよりよい²　　　　を築き、学級・ホームルームの生活に適応し、各教科等の学習や様々な活動の効果を高めることができるように、学級・ホームルーム内での³　　　　を工夫することが求められます。

　学級・ホームルーム経営の内容は多岐にわたりますが、学級・ホームルーム集団としての質の高まりを目指したり、教員と児童生徒、児童生徒相互のよりよい人間関係を構築しようとしたりすることが中心的な内容と言えます。学級・ホームルーム担任は、学校の⁴　　　　や学級・ホームルームの実態を踏まえて作成した学級・ホームルーム経営の目標・方針に即して、必要な諸条件の整備を行い、学級・ホームルーム経営を展開します。その点において、児童生徒が自主的・実践的によりよい生活や人間関係を形成しようとして展開される⁵　　　　は、結果として児童生徒が主体となって集団の質を高めたり、より深い人間関係を形成したりすることにつながります。

　学級・ホームルーム経営は、年度当初の出会いから始まる生活づくりを通して、学級・ホームルーム集団を、⁶　　　　　　　　集団にしていくことを目指します。これは、児童生徒の⁷　　　　をつくり、失敗や間違いを通して皆で考え、支え合い、創造する集団、つまり、生徒指導の⁸　　　　を育てることでもあります。その際に、児童生徒の⁹　　　　という視点が重要になります。なぜなら、児童生徒は、それぞれが直面する課題を解決することによって自己実現し、¹⁰　　　　を育んでいくからです。学級・ホームルーム経営で行う生徒指導は、¹¹　　　　生徒指導と¹²　　　　教育を実践することに他なりません。

　学級・ホームルーム経営では、児童生徒自身が学級や学校生活、人間関係をよりよいものにするために、皆で話し合い、皆で決めて、皆で協力して実践することを通じて、学級・ホームルームの友達のよいところに気付いたり、良好な人間関係を築いたり、学級・ホームルームの雰囲気がよくなったりすることを¹³　　　　が大切です。このように学級・ホームルーム活動における¹⁴　　　　な活動を通して、学級・ホームルーム経営の充実を図ることで、学級・ホームルームにおいて、お互いを¹⁵　　　　温かい風土が醸成されます。こうした主体的な活動を通して、お互いを尊重し合い、¹⁶　　　　を発揮し合えるような学級・ホームルーム集団となることが、個々の児童生徒が¹⁷　　　　や自己肯定感などを獲得することにつながります。

　これらの実践は、学校・学年及び学級やホームルームの特性を踏まえた年間指導計画に基づいて取り組まれます。年間指導計画の中でも、特に４月の出会いの時期は大切です。この時期の体験が年間を通した¹⁸　　　　・学習集団・生徒指導の¹⁹　　　　の基盤となるからです。この時期に、学級・ホームルーム集団の中で役割を担ったり協力し合って活動したりして自己存在感を実感できるようにし、²⁰　　　　を獲得するように働きかけることが求められます。さらに、学級・ホームルーム活動における自発的、自治的な活動を中心として、教職員と児童生徒、児童生徒同士の共感的で温かな人間関係を築くことが重要です。

　また、一人一人の児童生徒が発達課題を通して自己実現するためには、児童生徒自身による規範意識を醸成することも大切です。児童生徒が²¹　　　　を身に付けることが、児童生徒にとって安全・安心な²²　　　　へとつながるからです。このような学級・ホームルームにおいてこそ、安心して自らの意見を述べたり、自己の仮説を発表したり、他者の意見や考えを共感的に受け止めたりすることが可能になります。自ら考え、選択し、決定し、発表し、実践する体験としての²³　　　　を通じて、児童

1　学校生活

2　人間関係

3　個別指導や集団指導

4　教育目標

5　特別活動

6　共に認め・励まし合い・支え合う

7　居場所

8　実践集団

9　発達を支える

10　自己指導能力

11　発達支持的

12　課題未然防止

13　実感すること

14　自発的・自治的

15　尊重し合う

16　よさや可能性

17　自己有用感

18　生活集団

19　実践集団

20　自己肯定感

21　規範意識

22　居場所づくり

23　学びの循環

生徒が主体的・自律的な選択・決定をしていく基盤となる [24]　　　　を身に付けていくことになります。

24 自己指導能力

　なお、全ての児童生徒を対象としたいじめや暴力行為等の課題の [25]　　　　は、自己指導能力を育てるとともに、自己の在り方生き方や進路に関わる教育とも言えるものです。児童生徒の社会的 [26]　　　を支える教育は、キャリア教育（進路指導）と密接に関連し、相互に作用し合うものです。そのため、キャリアを形成していく上で必要な [27]　　　　　[*20]を児童生徒が身につけることを、学級・ホームルーム経営の中に位置付けて実践することも重要です。また、学校経営の中に生徒指導の視点がしっかりと位置付けられ、それに基づいた学年の取組や学級・ホームルーム経営が [28]　　　　　に基づいて行われ、さらには個々の教職員の指導や援助が行われることが求められます。

25 未然防止教育

26 自己実現

27 基礎的・汎用的能力

28 教職員の共通理解

2.1.4　教育課程編成上の留意点

　各学校の教育課程に基づく教育活動の充実を図る上では、学校の教育目標の設定が重要となります。具体的には、[1]　　　　等の法令や学習指導要領などに基づき、児童生徒の実態や地域の状況、さらには都道府県や市町村の教育目標等も参考にしながら、[2]　　　　　を明確にすることが求められます。その上で、目標を達成できるように、あるいは、目標に少しでも近づけるように、年度の時間割や学校行事等を組み立てます。

1 教育基本法

2 学校の教育目標

　その際に大切なことは、次の三点です。

① 「この教育目標の達成に向けて協働したい」と全教職員が思えるような目標を設定すること
② 保護者や地域からの協力 [*21]が得られるように [3]　　　　に努めること
③ 教育目標に照らしながら各教科等の授業のねらいを改善したり、教育課程の実施状況を評価したりすることが可能になるような [4]　　　　　教育目標を設定すること

3 目標の共有

4 具体性のある

2.2　教科の指導と生徒指導

　教科 [*22]は、教育課程を構成する基本的な要素であり、大部分を占めています。教科には、目標や内容が設定されており、[1]　　　　　　　を踏まえたものになっています。そのため、各教科の目標の中には生徒指導の目的と重なり合うものがあります。教科指導を進めるに当たっては、教科の目標と [2]　　　のつながりを意識しながら指導を行うことが重要です。また、教科指導の大半は、学級・ホームルームを単位とした授業により進められます。授業を進めるに当たっては、個々の児童生徒の習熟の程

1 学校教育全体の目標

2 生徒指導

[*20] 「基礎的・汎用的能力」とは、キャリア教育において育成すべき力として示された「人間関係形成・社会形成能力」、「自己理解・自己管理能力」、「課題対応能力」、「キャリアプランニング能力」の４つの能力のことである。「今後の学校におけるキャリア教育・職業教育の在り方について（答申）」中央教育審議会（平成23年）。

[*21] 教育課程の編成についての基本的な方針については、家庭や地域とも共有されるよう努めることが求められている（小学校学習指導要領第１章の第２の１、中学校学習指導要領第１章の第２の１、高等学校学習指導要領第１章第２款の１）。その背景にあるのは、児童生徒に求められる資質・能力とは何かを学校と社会とが共有し、連携する「社会に開かれた教育課程」の観点である。

[*22] 教科とは、各校種の学習指導要領で示されている「各教科」を指している。具体的には、小学校及び中学校は「第２章　各教科」を、高等学校は、「第２章　各学科に共通する各教科」と「第３章　主として専門学科において開設される各教科」である。

度など、その学習状況を踏まえた ³ 　　　　　　　に取り組むとともに、児童生徒間の ⁴ 　　　　　　など、集団指導ならではの工夫をこらし、可能な範囲で生徒指導を意識した授業を行うことが大切です。

3 個に応じた指導

4 交流を図る

2.2.1　個に応じた指導の充実

　児童生徒が学習内容を確実に身に付けることができるようにするためには、児童生徒や学校の実態を考慮し、個に応じた指導[*23]を充実することが重要です。

　そのためには、学習内容の習熟の程度を把握するだけでなく、興味・関心、学習意欲や授業への参加状況、学習上のつまずきの原因の把握など、児童生徒一人一人の学習状況の ¹ 　　　　　　　　　ことが求められます。例えば、学習内容の習熟に課題がある場合には、単に学習内容が分からない場合だけでなく、特別支援教育に関連する ² 　　　　　から生じている場合も考えられます。また、児童生徒が授業で積極的に発言をしない、グループ活動で消極的な態度が見られる場合には、その背景に ³ 　　　　での悩みがある場合も考えられます。このように、児童生徒一人一人に対するきめ細かで、継続的で確かな児童生徒理解に基づく ⁴ 　　　　　　　の充実は、生徒指導の面からも不可欠です（→1.3.1 児童生徒理解）。

1 きめ細かな把握に努める

2 発達上の理由

3 友人関係

4 個に応じた指導

2.2.2　児童生徒理解を基盤とした教科の指導

(1)　児童生徒理解に関する情報の収集

　教科の指導に児童生徒理解を通じて得た情報を活かすには、¹ 　　　　　の方法を工夫する必要があります。主な方法としては、以下のようなものが考えられます。

1 情報収集

① 授業観察からの主観的情報の収集

　授業者である教員の ² 　　　　　を、メモや一定の観察記録票で収集します。学級・ホームルームの学習の雰囲気や気になる児童生徒の言動などを、担当教員個人だけでなく、同僚教員や管理職に授業観察をしてもらいメモや ³ 　　　　　で収集します。

2 主観的な情報

3 観察記録票

② 課題・テスト・各種調査・生活日誌等からの客観的情報の収集

　授業での課題、小テスト、中間・期末試験、生活実態調査、いじめアンケート調査、進路希望調査、生活日誌（生活記録ノート）などの ⁴ 　　　　　を収集します。

4 客観的な情報

③ 出欠・遅刻・早退、保健室の利用などの客観的情報の収集

　出欠・遅刻・早退、保健室の利用実態に関する客観的な情報を収集します。特に、生徒指導上の諸課題や、⁵ 　　　　　や家庭生活の状態と関連します。

5 心身の健康

④ ICT を活用した客観的情報の収集

　⁶ 　　　　　構想の下で整備された、児童生徒一人一台の ICT 端末等も活用し、児童生徒一人一人の客観的な情報を抽出して、整理しておきます。

6 GIGA スクール

[*23]　学習指導要領においては、児童生徒が、基礎的・基本的な知識及び技能の習得も含め、学習内容を確実に身に付けることができるように、児童生徒や学校の実態に応じ、個別学習やグループ別学習、繰り返し学習、学習内容の習熟の程度に応じた学習、児童生徒の興味・関心等に応じた課題学習、補充的な学習や発展的な学習などの学習活動を取り入れることや、教員間の協力による指導体制を確保することなど、指導方法や指導体制の工夫改善により、個に応じた指導の充実を図ることが求められている。

(2) チームによる分析と共通理解

　教科の授業において[7]　　　　　　を実践するには、授業に関連する[8]　　　　　　を通じて得た情報に基づいて、当該児童生徒に対する[9]　　　　　、指導目標や支援目標の設定、具体的な[10]　　　　　　　　を明確にして、関連する教職員が情報を共有をして、[11]　　　　として取り組むことが望まれます（→3.4 生徒指導と教育相談が一体となったチーム支援）。具体的には、学年会・教科部会、生徒指導部会、教育相談部会、あるいは、ケース会議などで、児童生徒一人一人、気になる児童生徒、配慮を要する児童生徒の情報を提示して、複数の教職員による多面的な意見に基づく協議を行い、授業において[12]　　　　　　　　　で実践できること、他の教職員と連携・協働して実践すること、全教職員が共通して実践した方がよいことなどを共通理解します。

7 個に応じた指導

8 児童生徒理解

9 配慮事項

10 指導方法や支援方法

11 チーム

12 学級・ホームルーム担任個人

2.2.3　教科の指導と生徒指導の一体化

　授業は全ての児童生徒を対象とした[1]　　　　　生徒指導の場となります。教科の指導と生徒指導を一体化させた授業づくりは、生徒指導の実践上の視点である、[2]　　　　の感受、[3]　　　　　　　　の育成、自己決定の場の提供、安全・安心な風土の醸成を意識した実践に他なりません。教員が[4]　　　　　　　　　の専門性を合わせもつという日本型学校教育の強みを活かした授業づくりが、児童生徒の発達を支えます。

1 発達支持的

2 自己存在感

3 共感的な人間関係

4 学習指導と生徒指導

(1)　自己存在感の感受を促進する授業づくり

　授業において、児童生徒が「自分も一人の人間として大切にされている」と感じ、自分を肯定的に捉える[5]　　　　や、認められたという[6]　　　　　を育む工夫が求められます。学習の状況等に基づく「[7]　　　　　　」や、児童生徒の興味・関心、キャリア形成の方向性等に応じた「[8]　　　　　　」により個別最適な学びを実現できるように、授業で工夫することが大切です。児童生徒の多様な学習の状況や興味・関心に柔軟に応じることにより、「どの児童生徒も[9]　　授業」、「どの児童生徒にとっても[10]　　授業」になるよう創意工夫することが必要です。なお、ICT の活用は、授業における[11]　　　　　　に役立ちます。

5 自己肯定感

6 自己有用感

7 指導の個別化

8 学習の個性化

9 分かる

10 面白い

11 個別最適な学びの実現

(2)　共感的な人間関係を育成する授業

　共感的な人間関係を育成する観点からは、授業において、互いに[12]　　　　　　　　　学習集団づくりを促進していくことが大切です。例えば、児童生徒がお互いに、自分の得意なところを発表し合う機会を提供する授業づくりや、発表や課題提出において、失敗を恐れない、間違いやできないことが笑われない、むしろ、なぜそう思ったのかという児童生徒の考えについて児童生徒同士がお互いに関心を抱き合う[13]　　　　　が求められます。このような授業を通して実現される[14]　　　　　　が育つ学習集団づくりは、いじめや非行の防止等の基盤になります。そのためには、教員が学級・ホームルームの児童生徒の多様な個性を尊重し、[15]　　　　　　　　　　　考え、行動する姿勢を率先して示すことが大切です。教員が児童生徒の間違いや不適切な言動に、どのように対応するか、児童生徒は常に関心を持っています。

12 認め合い・励まし合い・支え合える

13 授業づくり

14 共感的な人間関係

15 相手の立場に立って

(3)　自己決定の場を提供する授業づくり

　児童生徒が、授業場面で自らの意見を述べたり、観察・実験・調べ学習等において自己の仮説を検証しレポートにまとめたりすることを通して、自ら考え、選択し、決

定する力が育ちます。したがって、教員は、児童生徒に [16] 　　　　　を提供したり、児童生徒間の対話や議論の機会を設けたり、児童生徒が協力して調べ学習をする、実験する、発表する、作品を作る、演じるなどの取組を積極的に進めたりして、児童生徒の学びを促進する [17] 　　　　　[*24]としての役割を果たすことも重要です。

16 意見発表の場

17 ファシリテーター

⑷　安全・安心な「居場所づくり」に配慮した授業

授業において、児童生徒の [18] 　　が尊重され、安全かつ安心して学習できるように配慮することも不可欠です。授業は一般に学級・ホームルームの単位で行われるため、一人一人の児童生徒が [19] 　　　　　に学べるように学級・ホームルーム集団が児童生徒の「(心の) [20] 　　　　」[*25]になることが望まれます。

18 個性

19 安全・安心

20 居場所

2.3　道徳科を要とした道徳教育における生徒指導

平成 [1] 年３月、学習指導要領等の一部改正により、小学校・中学校においては、従前の「道徳の時間」が「道徳科」として新たに教育課程に位置付けられました。この背景には、いじめの問題等への対応に向けて、道徳の教材の充実や道徳の新たな枠組みによる [2] 　　　　など道徳教育の抜本的な改善充実が求められたことがあります[*26]。児童生徒が現実の困難な問題に主体的に対処できる [3] 　　　　　を身に付ける上で、道徳教育が大きな役割を果たすことに強い期待がもたれています。

1 27

2 教科化

3 実効性ある力

また、高等学校における道徳教育は、人間としての在り方生き方に関する教育として各教科等の特質に応じ学校の [4] 　　　　　を通じて、生徒が人間としての在り方生き方を主体的に探求し [5] 　　　　　を図ることができるよう、適切な指導を行うこととされています。その際、生徒が、答えが一つではない課題に誠実に向き合い、それらを自分のこととして捉え、他者と協働しながら自分の答えを見いだしていく思考力、判断力、表現力等や、これらの基になる主体性を持って多様な人々と協働して学ぶ態度を身に付けることが目指されます。このことに対応して、公民科に新たに設けられた「 [6] 」及び「倫理」、並びに特別活動が中核的な指導の場面とされています。したがって、[7] 　　　　と「児童生徒一人一人の [8] 　　　　とよさや可能性の伸長と [9] 　　　　　の発達と、同時に、自己の幸福追求と [10] 　　　　　自己実現を支える」ことを目的とする生徒指導を相互に関連させることが重要です。

4 教育活動全体

5 豊かな自己形成

6 公共

7 道徳教育

8 個性の発見

9 社会的資質・能力

10 社会に受け入れられる

2.3.1　道徳教育と生徒指導の相互関係

学校における道徳教育は、[11] 　　　　　及び学校教育法に定められた教育の根本精神に基づき、自己(人間として)の [12] 　　を考え、主体的な判断の下に行動し、[13] 　　　　人間として他者と共に [14] 　　　　　ための基盤となる [15] 　　を養うことを目標と

11 教育基本法

12 生き方

13 自立した

14 よりよく生きる

15 道徳性

[*24]　ファシリテーターとは、授業や集団活動における議論や対話の際に、グループが共通の目的を理解し、協力し、目的を達成できるように支援する人のことをいう。

[*25]　この表現は、「登校拒否(不登校)問題について－児童生徒の「心の居場所」づくりをめざして－」学校不適応対策調査研究協力者会議(平成４年３月)で最初に用いられ、「今後の不登校への対応の在り方について(報告)」不登校問題に関する調査研究協力者会議(平成15年４月)においても言及された。また、国立教育政策研究所生徒指導・進路指導センター「生徒指導リーフ２「絆づくり」と「居場所づくり」」が参考になる。

[*26]　「いじめの問題等への対応について」(第一次提言)教育再生実行会議(平成25年)

しており[*27]、16　　　を要として学校の教育活動全体を通じて行うものともされています。 16道徳科

一方、生徒指導は、「社会の中で自分らしく生きることができる存在へと児童生徒が、自発的・主体的に成長や発達する過程」を支える意図で、教育活動のあらゆる場面において行われるものです。道徳教育が道徳性の育成を直接的なねらいとしている点を除けば、道徳教育と生徒指導はいずれも児童生徒の17　　　　　　　を目指すものであり、学校の教育活動全体を通じて行うという点で共通しています。 17人格のよりよい発達

このような道徳教育と生徒指導は、以下のような点で密接な関係にあります。例えば、道徳教育において児童生徒の道徳性が養われることで、やがて児童生徒の日常生活における道徳的実践がより確かなものとなり、ひいては自己実現にもつながるため、生徒指導が目指す「社会の中で自分らしく生きることができる存在へと児童生徒が、18　　　に成長や発達」することを達成できることになります。逆に、児童生徒に対する生徒指導が徹底されれば、児童生徒は望ましい生活態度を身に付けることになり、これは道徳性を養うという道徳教育のねらいを支えることになります。したがって、道徳教育で培われた道徳性を、生きる力として日常の生活場面に具現化できるよう支援することが生徒指導の大切な働きとなります。 18自発的・主体的

2.3.2　道徳科の授業と生徒指導

道徳科の特質は、学校の教育活動全体を通じて行う道徳教育の要として、道徳的諸価値についての理解を基に、自己を見つめ、物事を（広い視野から）1　　　に考え、自己（人間として）の生き方についての2　　　　学習を通して道徳性を養うことにあります（括弧内は中学校）。 1多面的・多角的
2考えを深める

道徳科の授業では、その特質を踏まえ、生徒指導上の様々な問題に児童生徒が主体的に対処できる実効性ある力の基盤となる道徳性を身に付けることが求められており、道徳科の授業と生徒指導には以下のような3　　　　関係があります。なお、実際の指導に際しては、両者は一体的に働くものであることに十分留意する必要があります。 3相互補完

(1)　道徳科の授業の充実に資する生徒指導

①　道徳科の授業に対する学習態度の育成

教員が児童生徒理解を深め、児童生徒との信頼的な人間関係を築くとともに、児童生徒が自主的に判断・行動し、積極的に自己を生かすことができることを目指して4　　　　生徒指導の充実を図ることは、自らの生き方と関わらせながら学習を進めていく態度を身に付け、道徳科の授業を充実させることにつながります。 4発達支持的

②　道徳科の授業に資する資料の活用

発達支持的生徒指導や5　　　　生徒指導のために行った調査結果（児童生徒理解のための6　　調査など）を、道徳科の授業の導入やまとめ等で活用したり、生徒指導上の問題を題材とした教材を用いたりすることによって、児童生徒の道徳的価値についての理解を一層深めることができます。 5課題予防的
6質問紙

③　学級内の人間関係や環境の整備、望ましい道徳科授業の雰囲気の醸成

児童生徒の人間関係を深める（7　　　　生徒指導）とともに、一人一人の悩 7発達支持的

[*27]　小学校学習指導要領より（括弧内は中学校）。なお、高等学校については、次のとおり一部表現が変わるが、同趣旨である。「道徳教育は、教育基本法及び学校教育法に定められた教育の根本精神に基づき、生徒が自己探求と自己実現に努め国家・社会の一員としての自覚に基づき行為しうる発達の段階にあることを考慮し、人間としての在り方生き方を考え、主体的な判断の下に行動し、自立した人間として他者と共によりよく生きるための基盤となる道徳性を養うことを目標とする。」

みや問題を解決（ 8　　　　　　　生徒指導）したり、柔軟に教室内の座席の配置やグループの編成を弾力化（ 9　　　　　　生徒指導）したりするなどの指導によって、道徳科の授業を充実させることができます。

8 困難課題対応的
9 課題予防的

(2) 生徒指導の充実に資する道徳科の授業

① 生徒指導を進める望ましい雰囲気の醸成

道徳科の授業で児童生徒の悩みや心の揺れ、葛藤などを生きる課題として取り上げ、自己の生き方を深く考え、人間としての生き方についての自覚を深め、児童生徒の道徳的実践につながる力を育てることは、生徒指導上の悩みを持つ児童生徒を温かく包み、その指導効果を上げることにつながります。

② 道徳科の授業を生徒指導につなぐ

学習指導要領では、道徳科の授業で指導する内容として以下のようなものが示されていますが、これらの指導は、そのまま 10　　　　　生徒指導につなぐことができます。

10 発達支持的

- 自主的に判断し、11　　　　してその結果に責任を持つこと
- 12　　　や感謝の心を持つこと
- 相互理解に努めること
- 法や決まりの意義を理解し、その 13　　　　こと
- 14　　　な態度で、いじめや差別、偏見のない社会の実現に努めること
- 主体的に社会の形成に参画し、15　　　に生きる日本人としての自覚をもつこと
- 生命の尊さを理解し、かけがえのない 16　　　　を尊重すること
- 17　　　を愛護し人間の力を超えたものに対する畏敬の念を深めること　など

11 誠実に実行
12 思いやりの心
13 遵守に努める
14 公正公平
15 国際社会
16 自他の生命
17 自然

③ 道徳科の授業展開の中で生徒指導の機会を提供

道徳科の授業の学習の過程においては、教員と児童生徒及び児童生徒相互の 18　　　　　　を通した人間的な触れ合いの機会が重視されます。これらは、児童生徒相互の理解及び児童生徒と教員との相互理解を通して、互いの人間関係・信頼関係を築く 19　　　　　生徒指導にもつながります。

18 コミュニケーション
19 発達支持的

また、その場に応じた適切な話し方や受け止め方など、主体的な学習態度の形成は、20　　　　生徒指導を行う機会ともなります。

20 課題予防的

特に、道徳科の指導においては、問題解決的な学習、道徳的行為に関する体験的な学習など多様な方法を取り入れた指導の工夫が求められており、このことは児童生徒が、現実の生徒指導上の課題に主体的に対処できる 21　　　　　　を身に付けるように働きかけることにもつながります。

21 実効性ある力

2.3.3　道徳科と他の教育活動との関連の充実と生徒指導

今日、いじめをはじめとして生徒指導上の課題が 1　　　　　　　　しています。そのため、教育の現場においては、どうしてもこれらの課題対応に追われることになりがちです。しかし、このような対症療法としての生徒指導だけでは、課題対応に追われ、2　　　　　　　　　　　という教育本来の機能を十分に果たすことができず、場合によっては、より深刻な状況をもたらすことにもなりかねません。

3　　　　　　　（平成25年）の提言の中でも、「制度の改革だけでなく、本質的な問題解決に向かって歩み出さなければなりません。」と示されているように、道徳科を

1 複雑化、深刻化
2 児童生徒の健全な成長を図る
3 教育再生実行会議

要とする道徳教育と生徒指導、両者の相互の関係をさらに一歩進めて、道徳科の授業の一層の改善充実を図り、確かな道徳性の育成に支えられた⁴　　　　　生徒指導の充実が求められています。

4 発達支持的

特に、生徒指導上の課題の防止や解決につながる道徳性を養う上で、道徳教育の要となる道徳科と各教科等をはじめとする他の教育活動との関連を相互に図り、学校の教育活動全体として⁵　　　　　ことが重要です。

5 効果的に取り組む

2.4　総合的な学習（探究）の時間における生徒指導

小学校と中学校の総合的な学習の時間では、¹　　　　　　　　を働かせ、横断的・総合的な学習を行うことを通して、よりよく課題を解決し、自己の²　　　　を考えていくための資質・能力の育成が目指されています。

1 探究的な見方・考え方
2 生き方

また、高等学校の総合的な探究の時間では、³　　　　　　　を働かせ、横断的・総合的な学習を行うことを通して、自己の⁴　　　　　を考えながら、よりよく課題を発見し解決していくための資質・能力の育成が目指されています。

3 探究の見方・考え方
4 在り方生き方

つまり、総合的な学習（探究）の時間においては、他の教科等以上に、知識や技能を自ら求めていく人間像が想定されていると言えます。そうした自ら求めようとする姿勢を児童生徒に促すのは、生徒指導の定義にある「社会の中で自分らしく生きることができる存在へと児童生徒が、自発的・主体的に⁵　　　　する過程を支える」ことと重なります。

5 成長や発達

総合的な学習（探究）の時間で育成を目指す資質・能力の一つに、小学校と中学校では、⁶　　　　　に主体的・協働的に取り組むとともに、互いのよさを生かしながら、積極的に社会に参画しようとする⁷　　　こと、高等学校では、探究に主体的・協働的に取り組むとともに、⁸　　　を生かしながら、⁹　　　を創造し、よりよい社会を実現しようとする態度を養うこと、があります。

6 探究的な学習
7 態度を養う
8 互いのよさ
9 新たな価値

これも、上述の生徒指導の定義に通ずるものです（→1.1.1 生徒指導の定義と目的）。総合的な学習（探究）の時間を充実させることが、生徒指導の目標に¹⁰　　　　　に寄与することになると言えます。

10 直接又は間接

2.4.1　総合的な学習（探究）の時間と生徒指導

各学校が設定する総合的な学習（探究）の時間の目標は、各学校における¹　　　　を踏まえて設定することになります。その際、学校は地域や児童生徒の実態等に応じて、教科等の枠を超えた²　　　　　　な学習とすること及び探究的な学習や³　　　　　とすることが求められます。

1 教育目標
2 横断的・総合的
3 協働的な学習

探究的な学習を実現する探究のプロセスを意識した学習活動では、①⁴　　　　→②情報の収集→③⁵　　　　→④まとめ・表現、を発展的に繰り返していくことになります。このような学習活動を通じて、主体的に問題や課題を発見し、自己の目標を選択、設定して、この目標の達成のため、自発的、⁶　　　、かつ、他者の⁷　　　を尊重しながら、自らの行動を決断し、実行する力である「⁸　　　　　」を育むことが目指されます。

4 課題の設定
5 整理・分析
6 自律的
7 主体性
8 自己指導能力

さらに、高等学校の総合的な探究の時間では、小・中学校における総合的な学習の時間の成果を生かしつつ、探究が高度化し、自律的に行われるようにするとともに、初

等中等教育の縦のつながりにおいて総仕上げを行う学校段階として、自己の在り方生き方に照らし、自己の⁹　　　　　　　の方向性と関連付けながら、自ら課題を発見し解決していくための資質・能力を育成することが求められています。

　こうした学習活動において、教員には、児童生徒一人一人が持つ¹⁰　　　　を引き出し、¹¹　　　ように適切に支援することが必要になります。児童生徒の主体性が発揮されている場面では、児童生徒が自ら変容していく姿を¹²　　　、学習活動が停滞したり迷ったりしている場面では、¹³　　　　　　　をするように働きかけることが重要です。また、総合的な学習（探究）の時間では、容易に解決されないような複雑な問題を探究し、物事の本質を見極めようとする児童生徒の姿が見られます。そのような児童生徒の姿に積極的に¹⁴　　　　、幅広い情報を収集し、選択・判断しながら、よりよく児童生徒の学習を¹⁵　　　とともに、その主体性が発揮できるように、児童生徒の学習状況に応じて教員が¹⁶　　　　　　ことも求められます。

　これらの指導は、¹⁷　　　　生徒指導に他なりません。総合的な学習（探究）の時間を充実させることは、その目標を達成するに留まらず、¹⁸　　　　の育成にもつながり、ひいては生徒指導の充実を図ることにもつながると言えます。

　児童生徒が、自分は「何をしたいのか」、「何をするべきか」等、主体的に問題や課題を発見し、自己の目標を選択、設定して、その目標の達成のために取り組む。こうした教育活動は、生徒指導が目指す「¹⁹　　　　　　　　　」に資するものです。

2.4.2　総合的な学習（探究）の時間で協働的に取り組むことと生徒指導

　総合的な学習（探究）の時間の目標には、「主体的・協働的に取り組むとともに、互いのよさを生かしながら、積極的に¹　　　　（高等学校は、新たな価値を創造し、よりよい社会を実現）しようとする態度を養う。」と示されています。学習課題の解決に向かう学習過程においては、主体的に取り組むこと、協働的に取り組むことを重要視し、このことが、よりよい課題の解決につながると考えられています。

　これは、「児童生徒一人一人の個性の発見と²　　　　　　と社会的資質・能力の発達を支えると同時に、自己の³　　　　と社会に受け入れられる自己実現を支える」という生徒指導の目的と重なるものです。

　総合的な学習（探究）の時間で育成することを目指す資質・能力は、自ら問いを見いだし、課題を立て、⁴　　　　に向けて取り組むことを通して獲得されていきます。一方で、複雑な現代社会においては、いかなる問題についても、一人だけの力で何かを成し遂げることが困難な状況が見られることから、⁵　　　　が不可欠です。

　総合的な学習（探究）の時間に、他者と協働的に課題に取り組むことにより、学習活動が発展したり、課題への意識が高まったり、自分とは異なる⁶　　　　　があることに気付くことで解決への糸口もつかみやすくなったりします。また、地域の人々や専門家など校外の大人との交流は、児童生徒の⁷　　　　　　　　にもつながります。

　このとき、教員は、児童生徒が多様な情報を活用し、自分と異なる視点からも考え、力を合わせたり交流したりして学べるように、⁸　　　に働きかけるとともに、協働的に学ぶことを通じて個人の⁹　　　を高め、同時に集団の学習の質も高めていくことができるように、発達の段階に応じた指導や援助を行うことが大切です。すなわち、生

9　キャリア形成

10　本来の力

11　伸ばす

12　見守り

13　場に応じた指導

14　寄り添い

15　支える

16　適切な指導を行う

17　発達支持的

18　自己指導能力

19　自己指導能力の獲得

1　社会に参画

2　よさや可能性の伸長

3　幸福追求

4　よりよい解決

5　他者との協働

6　見方、考え方

7　社会参画意識の醸成

8　支持的

9　学習の質

徒指導の実践上の視点である、[10]　　　　の感受、[11]　　　な人間関係の育成、[12]　　　　の提供及び[13]　　　　　　を踏まえ、学習活動において直接的あるいは間接的に[14]　　　　ことが求められます。

10 自己存在感
11 共感的
12 自己決定の場
13 安全・安心な風土の醸成
14 支援する

2.4.3　総合的な学習（探究）の時間において自己の（在り方）生き方を考えることと生徒指導

　総合的な学習（探究）の時間では、実社会や実生活の課題を探究しながら、自己の（在り方）生き方を[1]　　　　　姿勢が一人一人の児童生徒に[2]　　　　　ことが求められています。学習活動において自己の生き方を考えることとは、

1 問い続ける
2 涵養される

① 　人や社会、自然とのかかわりにおいて自らの生活や行動について（高等学校は、「人や社会、自然との関わりにおいて、自らの生活や行動について考えて、社会や自然の一員として、人間として何をすべきか、どのようにすべきかなどを」）考えること
② 　自分にとっての学ぶことの[3]　　　　　を考えること
③ 　これら二つのことを生かしながら、学んだことを[4]　　　　　の自己の（在り方）[5]　　　　につなげて考えること

3 意味や価値
4 現在と将来
5 生き方

という三つの視点から考えることに他なりません。

　これは、生徒指導の目的にも通じるものです。児童生徒が自己を生かし、自己を模索し、自己を振り返り、自己を創る過程を支援することは、[6]　　　　　とよさや可能性の伸長を児童生徒自らが図りながら、様々な資質・能力を獲得すること、そして、自らの資質・能力を適切に行使して[7]　　　　を図りながら、自己の幸福と[8]　　　　　を児童生徒自らが追求する態度を身に付けることを目指す生徒指導の考え方と重なるものです。

6 個性の発見
7 自己実現
8 社会の発展

2.5　特別活動における生徒指導

　特別活動は「[1]　　　　　　　　　　　」ことを方法原理とし、「集団や社会の形成者としての見方・考え方を働かせ、様々な集団活動に自主的、実践的に取り組み、互いのよさや可能性を発揮しながら[2]　　　　　の生活上の課題を解決する」ことを通して、資質・能力を育む教育活動です。

　特別活動において育成を目指す資質・能力の視点は、以下の三つです。

1 なすことによって学ぶ
2 集団や自己

① 　人間関係形成
　　集団の中で、人間関係を自主的、実践的に[3]　　　　　　　　　　　　　という視点です。
② 　社会参画
　　よりよい学級・学校生活づくりなど、集団や社会に参画し様々な問題を[4]　　　　　　　　　という視点です。
③ 　自己実現
　　集団の中で、現在及び将来の自己の生活の課題を発見し、[5]

3 よりよいものへと形成する
4 主体的に解決しようとする
5 よりよく改善しようとする

視点です。

集団活動を基盤とする特別活動は、児童生徒一人一人の「個性の発見」「よさや可能性の伸長」「⁶　　　　　　　」など生徒指導の目的を実現するために、教育課程において中心的な役割を果たしています。

特別活動の指導は、個々の児童生徒の生活や集団での生活、協働的に活動する場面において、児童生徒の⁷　　　　を尊重しながら展開されるものです。児童生徒が主体となり積極的な学習活動が展開されていくためには、教員の深い児童生徒理解、教員と児童生徒との⁸　　　　を前提とした生徒指導の充実が不可欠となります。

また、特別活動における集団活動の指導に当たっては、「いじめ」や「不登校」等の⁹　　　　等も踏まえ、児童生徒一人一人を尊重し、児童生徒が¹⁰　　　　　　を発揮し、生かし、伸ばし合うなど、よりよく成長し合えるような集団活動として展開することが求められます。児童生徒が自由な¹¹　　　を行い、全員が等しく¹²　　　に関わり、役割を分担して協力するといった活動を展開する中で、所属感や連帯感、互いの心理的な結び付きなどが結果として自然に培われるよう働きかけます。このような特別活動の特質は、生徒指導の充実や学級・ホームルーム経営とも深く関わるものです。

2.5.1　特別活動と生徒指導

特別活動は、生徒指導の目的である「児童生徒一人一人の¹　　　　とよさや可能性の伸長と社会的資質・能力の発達を支える」ことに資する²　　　を通して、生徒指導の目的に直接迫る学習活動であると言えます。

特別活動の基本的な性格と生徒指導との関わりについては、次のように考えることができます。

⑴　所属する集団を、自分たちの力によって円滑に運営することを学ぶ

特別活動には、児童生徒の自発的、自治的な集団活動もあれば、教員主導の集団活動もあります。さらに、学級・ホームルーム単位で行われる活動もあれば、学級・ホームルームや学年の枠を超えた集団で行われる活動もあります。いずれの場合も³　　　　　　　が行われる集団の中で、「⁴　　　　　　学ぶ」という実践活動を通して様々なことを身に付けていくものです。

生徒指導の観点からは、特別活動の内容の特質に応じて、可能な限り児童生徒の自主性を尊重し、⁵　　を生かし、目標達成の喜びを⁶　　　　　することが大切です。特に、学校種や学年等の発達の段階に応じて、児童生徒による⁷　　　　な活動を重んじ、成就感や自信の獲得につながるような⁸　　　　に努めることが求められます。

また、児童生徒が学級・ホームルームや学校生活上の諸問題を自ら積極的に見いだし、自主的に解決できるようにするために、一人一人の思いや願いを生かし、話合いを繰り返す過程で、よりよい集団活動の方法や実践的な態度を身に付けていくことができるよう働きかけることも重要です。

---

6 社会的資質・能力の発達

7 自主性や自発性

8 信頼関係

9 未然防止

10 互いのよさや可能性

11 意見交換

12 合意形成

1 個性の発見

2 集団活動

3 教員の適切な指導

4 なすことによって

5 創意

6 味わえるように

7 自発的、自治的

8 間接的な援助

(2) **集団生活の中でよりよい人間関係を築き、それぞれが個性や自己の能力を生かし、互いの人格を尊重し合って生きることの大切さを学ぶ**

　特別活動では、多様な集団が編成され各種の集団活動が行われます。それらの集団活動では、学級・ホームルームにおいて日々生活や学習を共にする [9]　　　の児童生徒の人間関係、学級・ホームルームを離れた同年齢の人間関係、[10]　　　の集団活動を行う際の人間関係など、実に様々な人間関係の中で、児童生徒同士が協力し合って [11]　　　や生活問題の解決に取り組んだり、生活や学習への適応などに関する学習に取り組んだりします。

　多様な集団活動における協力し合う過程で互いの理解が深まり、互いを尊重し合う温かい [12]　　　が築かれ、豊かに広がっていくことにもなります。そうした集団活動の場においてこそ、児童生徒はそれぞれが個性を生かし、持てる能力を発揮して協働し、互いの人格を尊重し合って生きることの大切さを学びながら [13]　　　に向けて [14]　　　を図っていきます。

[9] 同年齢
[10] 異年齢
[11] 生活づくり
[12] 人間関係
[13] 社会的自立
[14] 人間的成長

(3) **集団としての連帯意識を高め、集団や社会の形成者としての望ましい態度や行動の在り方を学ぶ**

　個々の児童生徒がよりよく成長できるようにするためには、学級・ホームルーム集団など児童生徒の毎日の生活の基盤となる集団が望ましいものでなければなりません。この集団を構成しているのは、児童生徒一人一人です。つまり、個人と集団とは [15]　　　にあるので、児童生徒にとって望ましい学級・ホームルーム、学校などの集団をつくることが、同時に、自らの成長を [16]　　　ことにもつながります。

　したがって、特別活動では、多様な集団活動の中で児童生徒それぞれが [17]　　　を受け持ち、自己存在感を高め、自己の思いを実現する [18]　　　を十分確保するとともに、集団との関係で自己の在り方を自覚することができるように指導し、集団や社会の形成者としての [19]　　　を養うようにすることが大切です。

　また、集団や社会の形成者として生活の充実と向上のために進んで貢献していこうとする社会性の基礎となる態度や行動を身に付け、様々な場面で自己の能力をよりよく生かし自己実現を図ることができるようにすることも重要です。これは [20]　　　としての意識を高めることにもつながります。このように特別活動における [21]　　　には、生徒指導の機能が生かされる数多くの場や機会が存在しています。

[15] 相互関係
[16] 促進させる
[17] 役割
[18] 場や機会
[19] 連帯感や責任感
[20] 主権者
[21] 集団活動

2.5.2 特別活動の各活動・学校行事の目標と生徒指導

　特別活動の目標は、学級・ホームルーム活動、児童会活動・生徒会活動（以下「児童会・生徒会活動」という。）、クラブ活動（小学校のみ）、学校行事の四つの内容を総括する全体目標として、以下のように示されています。

　特別活動における「自己（人間として）の（在り方）生き方についての考えを深める」とは、実際に児童生徒が実践的な活動や体験的な活動を通し、現在及び将来にわたって [1]　　　をもって生きることや、[2]　　　と共生しながら生きていくことなどについての考えを深め、集団や社会の形成者としての望ましい [3]　　　をもてるようにすることであり、その指導においては、[4]　　　の視点を重視することも求められます。

[1] 希望や目標
[2] 多様な他者
[3] 認識
[4] キャリア教育

5 特別活動の全体目標

6 形成者

7 集団活動

8 互いのよさや可能性

9 行動の仕方

10 合意形成

11 意思決定

12 集団や社会

13 人間として

⁵

集団や社会の ⁶　　　としての見方・考え方を働かせ、様々な ⁷　　　に自主的、実践的に取り組み、⁸　　　　　　　　を発揮しながら集団や自己の生活上の課題を解決することを通して、次のとおり資質・能力を育成することを目指す。

(1) 多様な他者と協働する様々な集団活動の意義や活動を行う上で必要となることについて理解し、⁹　　　　　を身に付けるようにする。

(2) 集団や自己の生活、人間関係の課題を見いだし、解決するために話し合い、¹⁰　　　を図ったり、¹¹　　　したりすることができるようにする。

(3) 自主的、実践的な集団活動を通して身に付けたことを生かして、¹²　　　　における生活及び人間関係をよりよく形成するとともに、自己（中学校は、「¹³　　　　」）の生き方について（高等学校は、「人間としての在り方生き方について」）の考えを深め、自己実現を図ろうとする態度を養う。

(1) 特別活動の全体目標と特別活動の各活動・学校行事

特別活動の全体目標で示された資質・能力は、各活動・学校行事の次のような活動を通して児童生徒が身に付けることを目指すものです。

1 学級・ホームルーム

2 異年齢の児童生徒

3 集団活動

4 個性の伸長

5 学校行事

6 所属感や連帯感

7 公共の精神

① ¹　　　　　　　　活動

学級・ホームルームや学校での生活をよりよくするための課題を見いだし、解決するために話し合い、合意形成し、役割を分担して協力して実践したり、学級・ホームルームでの話合いを生かして自己の課題の解決及び将来の生き方を描くために意思決定して実践したりすることに、自主的、実践的に取り組むことを通して資質・能力を育成する。

② 児童会・生徒会活動

²　　　　　　　　同士で、学校生活の充実と向上を図るための諸問題の解決に向けて、計画を立て役割を分担し、協力して運営することに自主的、実践的に取り組むことを通して、資質・能力を育成する。

③ クラブ活動（小学校のみ）

異年齢の児童同士で協力し、共通の興味・関心を追求する ³　　　　　の計画を立てて運営することに自主的、実践的に取り組むことを通して、⁴　　　　を図りながら資質・能力を育成する。

④ ⁵　　　　　

全校又は学年の児童生徒で協力し、よりよい学校生活を築くための体験的な活動（高等学校は、全校若しくは学年又はそれらに準ずる集団で協力し、よりよい学校生活を築くための体験的な活動）を通して、集団への ⁶　　　　　　を深め、⁷　　　　　を養いながら資質・能力を育成する。

このように、特別活動の全体目標及び各活動・学校行事のそれぞれの目標は、生徒

指導の目指す [8]   につながる力の獲得と重なる部分が多いことから、密接な関係にあると言えます。

(2) 生徒指導が中心的に行われる場としての特別活動

特別活動において、児童生徒は、[9]   を通して、集団活動のよさや自己が社会の中で果たしている役割、自己の [10]   との関連で集団活動の価値を理解するようになります。

さらに、多様な集団活動を通して、自主的・自律的に [11]   を決断し、実行する能力の基盤となる [12]   や、集団や [13]   として主体的に参画する力、様々な場面で自己のよさや可能性を発揮し、自己実現を図る力を主体的に身に付けていきます。

このような特別活動の場において、教員は、生徒指導の観点から、特別活動の内容の特質や児童生徒の発達の段階に応じて、児童生徒による自発的、[14]   を重んじつつ、[15]   や自信の獲得につながるように適切な [16]   に努めることが求められます。

生徒指導は、児童生徒が自らを生かし自己実現できるよう支援する教育機能であり、学校の [17]   を通して推進することを基本としています。つまり、生徒指導の充実を図るためには、学校全体の [18]   が不可欠であり、生徒指導が学校全体として組織的、計画的に行われていくことが求められます。その中でも、特別活動は、各教科等の時間以上に生徒指導の機能が [19]   と捉えることができます。

したがって、特別活動は、[20]   の形成者としての見方や考え方を働かせて、よりよい生活や人間関係を築き、人間としての生き方について自覚を深め、[21]   を獲得するなど、[22]   が中心的に行われる場であると考えられます。教育課程の編成に当たっては、この点に十分配慮する必要があります。

2.5.3 学級・ホームルーム活動と生徒指導

児童生徒は、学級・ホームルーム活動における自発的、自治的な活動や、[1]   などに取り組むことを通して、集団への所属感や [2]   を高めるとともに、学級・ホームルームを安心して学習活動に励むことのできる環境として創り上げていきます。

このように児童生徒は、学級・ホームルーム活動を通して、個々の生活や学習上の課題を解決することや、[3]   についての理解を深め、教科等の学習にも主体的に取り組むことができるようになります。すなわち、学級・ホームルーム活動における自発的、自治的な活動は、学級・ホームルーム経営の充実に資するものであるとともに、学校生活の基盤づくりや、互いを尊重し合う人間関係など教科等におけるグループ学習等の協働的な学習の基盤づくりに貢献する重要な役割を担っており、[4]   生徒指導と重なるものと言えます。

(1) 学級・ホームルーム活動の活動内容と生徒指導

学級・ホームルーム活動の内容は、(1)学級・ホームルームや学校における [5]   への参画、(2)日常の生活や学習への適応と自己の成長及び [6]   、(3)一人一人のキャリア形成と [7]   の三つです。

学級・ホームルーム活動(1)は、児童生徒が学級・ホームルーム、学校生活の充実向

上のために話し合い、集団としてよりよく合意形成を図って実践する自発的、自治的な活動です。学級・ホームルームや学校への **8**　　　　　、参画意識を高めるとともに、集団や社会の一員として生活の充実向上のために進んで貢献しようとする社会性の基盤となる態度や行動を身に付け、様々な場面で自己の能力をよりよく生かし、自己実現を図ることができるようにすることが大切です。 8 所属感や連帯意識

学級・ホームルーム活動(2)及び(3)は、一人一人の児童生徒が学級・ホームルーム、学校における生活や学習などの自己の生活上の課題に気付き、学級での話合いを生かして、自分の課題に合った解決方法や **9**　　　　などを **10**　　　して実践する活動であり、児童生徒の **11**　　　の育成を目指す教育活動に他なりません。 9 実践方法
10 意思決定
11 自己指導能力

学級・ホームルーム活動及び生徒指導は、児童生徒が自らの課題を見いだし、それを改善しようとするなどの **12**　　　　の獲得を目指し、**13**　　　　の人格形成を図ることをねらいとしていると言えます。 12 自己指導能力
13 児童生徒一人一人

学級・ホームルーム活動の活動内容と生徒指導は密接な関連をもっており、このことからも学級・ホームルーム活動の時間は、生徒指導を行う **14**　　　　と言えます。児童生徒の発達の段階や、地域や学校、児童生徒の実態に応じて、指導内容が系統的になるように年間指導計画を **15**　　　し、学級・ホームルーム活動の時間に意図的・計画的に **16**　　　ことが求められます。 14 中核的な場
15 適切に設定
16 指導する

(2)　生徒指導を意識した学級・ホームルーム活動の取組

学校種や学年等の発達の段階に応じて、児童生徒が学級・ホームルームや学校生活上の諸問題を自ら **17**　　　に見いだし、**18**　　　に解決できるようにするために、一人一人の思いや願いを生かし、話合いを繰り返す過程で、**19**　　　と協働する様々な集団活動の意義や活動を行う上で必要なことを理解し、**20**　　　ことが重要です。また、いじめの背景として、学級・ホームルーム内の **21**　　　に起因する問題が多く指摘されていることから、学級・ホームルーム経営と生徒指導の関連を意識した、学級・ホームルーム活動の充実が、**22**　　　生徒指導として、いじめの未然防止[*28]の観点からも一層重要になります。加えて、学級・ホームルーム活動等で学んだ内容を、児童生徒一人一人が身に付けるためには、集団場面に続いてあるいは並行しての個別場面における指導や援助も必要になります。これらのことを踏まえ、学級・ホームルーム活動において、生徒指導を意識した取組の視点として、次の三点を挙げることができます。 17 積極的
18 自主的
19 多様な他者
20 実践的な態度を身に付けるようにする
21 人間関係
22 課題予防的

- 学級・ホームルーム活動は、児童生徒の自主的、実践的な態度や、**23**　　　が育つ場であること 23 健全な生活態度
- 学級・ホームルーム活動は、**24**　　　生徒指導を行う **25**　　　場であること 24 発達支持的
25 中核的な
- 学級・ホームルーム活動は、学業生活の充実や進路選択の **26**　　　教育活動の要の時間であること 26 能力の育成を図る

(3)　キャリア教育の要の時間としての学級・ホームルーム活動と生徒指導

将来の社会の形成者である児童生徒には、**27**　　　に向けた取組（→1.5.4 社会的自立に向けた取組）が重要となります。学級・ホームルーム活動(3)には、「社会参画 27 社会的自立

[*28]　文部科学省国立教育政策研究所（2015）「いじめの未然防止Ⅰ」『生徒指導リーフ』8、同「いじめの未然防止Ⅱ」『生徒指導リーフ』9

意識の醸成」が小・中・高等学校共に共通する内容項目として挙げられています。

これは、児童生徒が [28] として、多様な他者と協働して、集団や生活上の諸問題を解決し、よりよい生活をつくろうとする態度を身に付け、「社会の中で自分らしく生きることができる存在」へと成長・発達する過程を支える教育活動としての生徒指導と重なるものです。また、学級・ホームルーム活動が [29] の時間であることにも留意しながら、学校全体で取組を進めていくことも大切です。

学級・ホームルーム活動(3)の授業で「 [30] 」を効果的に活用し、児童生徒が、自ら、現在及び将来の生き方を考えたり、自分に自信を持ち、よさを伸ばして生活したりできるように働きかけることが求められます。そのために、学級・ホームルームでの話合いを生かして考えを深め、なりたい自分やよりよい自分に向けて意思決定した目標や実践方法について [31] できる姿勢の獲得につながる活動になるよう配慮することが重要です。

28	集団や社会の形成者
29	キャリア教育の要
30	キャリア・パスポート
31	粘り強く努力

2.5.4 児童会・生徒会活動、クラブ活動と生徒指導

児童会・生徒会活動は、全校の児童生徒で組織する [1] 活動です。児童生徒は常に全校的な視点をもってよりよい学校生活の充実と向上を目指して活動することになります。日常的に触れ合う学級集団の人間関係を超えた広い関わりの中で協力し合って学校生活上の諸問題の解決に取り組みます。

[2] では、小学校・中学校共に、児童会・生徒会活動の内容に、「児童会・生徒会の組織づくりと児童会・生徒会活動の計画や運営」が示され、児童生徒が主体的に組織づくりに参画し、計画や運営を行うことができるようにすることが求められています。また、小学校のクラブ活動は、主として [3] 以上の同好の児童による異年齢集団活動です。よりよいクラブ活動づくりに参画し、共通の興味・関心を追求する過程で互いを理解し合い、互いのよさに学び合って交流し [4] を豊かにしていきます。

1	異年齢集団
2	学習指導要領
3	第4学年
4	人間関係

(1) 児童会・生徒会活動、クラブ活動の特色と生徒指導

特別活動の内容のうち、小学校の児童会活動と中学校・高等学校の生徒会活動、小学校のクラブ活動は、それぞれのねらいや活動形態等の違いはあるものの、集団活動の基本的な性格や指導の在り方において共通の特色を有しています。それらの活動の役割や意義と生徒指導の関係については、次のように考えることができます。

① 異年齢集団活動を通して、望ましい人間関係を学ぶ [5] であること
② より大きな集団の一員として、役割を分担し合って協力し合う態度を学ぶ教育活動であること
③ 自発的、自治的な [6] を通して、自主的な態度の在り方を学ぶ教育活動であること

5	教育活動
6	実践活動

小学校における児童会活動やクラブ活動の実践の充実が、中学校、高等学校におけるよりよい実践につながっていきます。このことは、児童生徒の自発性、自主性、社会性の発達を支える生徒指導の [7] と密接に関係しています。

児童会・生徒会活動、クラブ活動における自発的、自治的な活動には、児童生徒の発達の段階に応じた活動への指導や援助が必要です。小学校において全校的な活動を

7	実践上の視点

するに当たっては、常に低学年の [8]　　　　　必要があり、多様な集団活動の実践を通して、高学年がリーダーシップや [9]　　　　　を実感できるようにします。

8 実態を考える
9 メンバーシップ

　中学校から高等学校では、自治的な能力にも広がりや深まりが出てくることから、活動内容や運営において生徒自身の自主的な活動の成果や可能性に期待することができるようになります。異年齢集団による活動の場や機会をより多く設定し充実させることにより、高学年や上級生の [10]　　　　　を育て、学校としての活力を高め、[11]　　　　　の形成等を通して学校の教育目標の実現につなげることが重要です。

10 リーダーシップ
11 学校文化

　各活動の活性化や充実には、学級やホームルームにおける指導が大きく影響するため、学級・ホームルーム活動との関連を図って指導する必要があります。学級・ホームルーム活動で、児童生徒は生活上の諸問題について積極的に話し合ったり、係活動で友達と協力し合い創意工夫を生かして学級生活の充実を図ったり、[12]　　　　　など学級内の仕事を分担・協力する活動の経験を積んだり、集会活動などを通して人間関係を深めたりします。この過程において、自発的、自治的な活動を助長するための指導や援助を適切に行うことで、児童会・生徒会活動やクラブ活動も活発になり、学校の生活もより充実した楽しいものになります。同時に、児童会・生徒会活動やクラブ活動で経験した多様な活動が学級・ホームルームや学校の生活にも生かされ、より一層充実したものになっていきます。なお、児童会・生徒会においていじめの未然防止に資する活動に取り組む場合は、「[13]　　　　　　　　」の趣旨を踏まえ、児童生徒が自主的、実践的に取り組むことができるよう支援します（→4.3.2 いじめの未然防止教育）。

12 当番活動

13 いじめ防止対策推進法

⑵　主権者意識の向上につながる児童会・生徒会活動と生徒指導

　児童生徒の権利を保障する視点や、生徒指導の目的・目標からも、児童生徒が自ら学校生活の充実・向上に向けて、[14]　　　　、協力して実践する児童会・生徒会活動は、児童生徒の [15]　　　　や [16]　　　　　　を高める上で極めて重要な活動と言えます。

14 話し合い
15 自治的能力
16 主権者としての意識

　そのための基盤となるのは学級・ホームルーム活動（2.5.3⑴）です。児童生徒にとって一番身近な社会である学級や学校の生活に目を向け、自分たちでよりよい生活や人間関係を築くことが求められます。その経験を生かして、児童会・生徒会活動及び [17]　　　　　や評議委員会、役員活動、各種専門委員会活動などにおいて、学校生活の充実と向上のための課題を児童生徒が自ら見いだし解決方法について話し合い、協力して実践したり、児童生徒が自らの [18]　　　　　を生かして活動計画を作成したりします。児童会・生徒会の一員として [19]　　　　　　などについて考え、決めたことに協力して取り組むなどの資質・能力を身に付けることが大切です。

17 代表委員会

18 発意・発想

19 自分の果たすべき役割

⑶　生徒指導との関連を踏まえた児童会・生徒会活動、クラブ活動の運営上の工夫

　児童会・生徒会活動、クラブ活動は、学校という社会的な場で多様な組織による集団活動を通して人間関係を学ぶ機会であり、生徒指導の充実に大きく貢献する教育活動です。生徒指導との関連を踏まえた運営上の工夫として、児童生徒の創意工夫を生かす指導計画の作成と改善に努めること、学級・ホームルーム活動、[20]　　　　　こと、自発的、[21]　　　　　　　、活動場所等の確保に努めることなどが挙げられます。なお、小学校のクラブ活動では、児童が自分の興味や特性を生かそうと努力することによって、失いかけた自信や自己の価値に対する信頼感を取り

20 学校行事との関連を図る

21 自治的な活動を生かす時間

戻し、問題傾向から抜け出ることができたという事例もあり、22   ことが生徒指導の充実にもつながると言えます。

22継続的な活動が行える十分な時間を確保する

2.5.5 学校行事と生徒指導

(1) 学校行事と生徒指導の関係

学校行事の目標は、「全校又は学年の児童（中学校は、「生徒」）（高等学校は、「若しくは学年又はそれらに準ずる集団」）で協力し、1   を築くための 2   を通して、集団への所属感や連帯感を深め、3   を養いながら」特別活動の全体目標に掲げられた資質・能力を育成することです。

1 よりよい学校生活
2 体験的な活動
3 公共の精神

この目標の下に、全校又は学年などを単位として、学校生活に秩序と変化を与え、学校生活の充実と発展に資する 4   を行うことを内容とする教育活動が、学校行事に他なりません。学校行事[*29]の内容は、学習指導要領では小・中・高等学校とも基本的には同様となっており、小学校における集団活動や体験活動の豊かな実践が中学校・高等学校における学校行事の充実につながります。学校行事の特質は、多くの点で生徒指導の実践上の視点を生かすことのできる教育活動であると言えます。

4 体験的な活動

学校行事の特色や役割、及び、指導の方向性として、次の3点を挙げることができます。

① 学校生活を豊かな充実したものにする体験的な教育活動であること
② 全校又は学年という大きな集団により人間関係を学ぶ教育活動であること
③ 多彩な内容を含んだ総合的、創造的な教育活動とすることが重要であること

このような、学級・ホームルームの場を超えた大きな集団の規模で行われる集団活動である学校行事では、他の学級・ホームルームや、異なる学年の児童生徒との交流、体験的な活動など、普段の学級・ホームルームでの生活や教科等の学習では経験する機会が少ない活動が行われることになります。そのことが、よりよい人間関係の構築や豊かで充実した学校生活づくりにつながります。

特に、文化的行事や 5   、遠足（中学・高等学校では旅行）・集団宿泊的行事では、全校縦割りの活動で協力し、励まし合ったり、集団宿泊活動及び自然体験学習などで寝食を共にしたりすることで、協力し合い、支え合うなどの直接体験を通して、6   に気付いたり、7   を深めたり、8   を学んだりすることが可能となります。このように生徒指導の充実を図る上で、重要な意義を持っていると考えることができます。

5 体育的行事

6 自他のよさ
7 人間関係
8 命の大切さ

(2) 生徒指導との関連を踏まえた学校行事における指導の工夫と配慮

学校行事における教員の指導については、児童生徒一人一人が受け身でなく、主体的に参加できるよう十分に配慮することが求められます。また、教科学習でつまずきがちであったり、問題行動が見られたり特別な支援を要したりする児童生徒に対しても、自分の得意とする能力や個性などを生かすことができるように配慮し、適切に役割を担うことができるようにすることも重要です。そうすることによって、学校行事への積極的な取組を促すことが期待できます。

[*29] 学校行事は次の5つの内容、(1)儀式的行事、(2)文化的行事、(3)健康安全・体育的行事、(4)遠足（中学・高等学校は、旅行）・集団宿泊的行事、(5)勤労生産・奉仕的行事、から構成される。

　このような ⁹　　　　　　に基づいた教員の ¹⁰　　　　　によって、集団生活への意欲や自信を失っている児童生徒の自己存在感や ¹¹　　　　　　を高めるとともに、自己の生き方についての考えを深め、自分の能力への自信を回復することが可能になります。したがって、特別活動を通して ¹²　　　　　生徒指導の充実を図ることは、児童生徒の「個性の発見と ¹³　　　　　と社会的資質・能力の発達を支える」という生徒指導の目的を達成することに直接つながるものであると言えるでしょう。

第3章　チーム学校による生徒指導体制

3.1　チーム学校における学校組織

3.1.1　チーム学校とは

　平成27年12月に [1]　　　　　　により「チームとしての学校の在り方と今後の改善方策について」が答申されました。本答申は、学校が抱える現代的課題に応えるために「[2]　　　　　　　　」が求められる背景として、次の3点を挙げています。

① [3]　　　　　に求められる資質・能力を育む教育課程を実現するための体制整備
② 児童生徒の抱える [4]　　　　　　した問題や課題を解決するための体制整備
③ 子供と向き合う時間の確保等（[5]　　　　　）のための体制整備

　「新しい時代に求められる資質・能力を育む教育課程を実現するための体制整備」では、「[6]　　　　　　　　」として、学校での学びと、実生活や社会生活、つまり [7]　　　とを接続させ、児童生徒自身が学ぶことに対する意義や意味を見いだすことの重要性が指摘されています。児童生徒が学校で日々学んでいることは、学校の中だけに閉じたものではなく、現実世界との関連があるということを認識することによって、将来の自己実現を展望することが可能になります。その際、図3のように地域社会の様々な人たちが学校の教育活動に参画し、適切な [8]　　　　　　[*30]　の下で教職員と協働することが求められます。

図3　チーム学校における組織イメージ

　「複雑化・多様化した課題を解決するための体制整備」は、児童生徒の [9]　　　や

1 中央教育審議会
2 チームとしての学校
3 新しい時代
4 複雑化・多様化
5 業務の適正化
6 社会に開かれた教育課程
7 現実世界
8 カリキュラム・マネジメント
9 健全な成長

[*30]　児童や学校、地域の実態を適切に把握し編成した教育課程に基づき組織的かつ計画的に各学校の教育活動（授業）の質の向上を図ること。（平成27年「中央教育審議会教育課程企画特別部会論点整理」）

発達を保障するために解決すべき喫緊の課題です。日本は、諸外国に比して、学校内の専門職として教員が占める割合が高い国です[*31]。そのことによる利点も多くありますが、児童生徒の抱える問題や課題が 10　　　　　　　しているなかで、教員の専門性をもって全ての問題や課題に対応することが、児童生徒の最善の利益の保障や達成につながるとは必ずしも言えない状況になっています。したがって、多様な専門職、あるいは、専門職という枠組みにとらわれない地域の様々な「11　　　　　　　　」が、教員とともに学校内で連携・協働する体制を形作ることが求められています。日常的に学校で活動している非正規、非常勤の職員との連携・協働は、今後ますます 12　　　　　　　と考えられます[*32]。

「子供と向き合う時間の確保等のための体制整備」は、OECD による 13　　　　　調査（TALIS）2018調査結果において、調査参加国中、日本の教員の1週間当たり勤務時間が最長であることが明らかになったことから、その是正が急務となっている課題です[*33]。児童生徒への豊かで実りある教育活動を行う上で、教員の 14　　　が十全に発揮されるように、多様な職種、さらには職種にとらわれず地域に存在する協力者との連携・協働によって、教員の 15　　　を実現することが求められます。

一方で、忘れてならないことは、日本の教員が担ってきた生徒指導に代表される児童生徒の「16　　　」な成長・発達を目指す「17　　学校教育」が、国際的に見て高く評価されていることです。平成31年1月の中央教育審議会答申「新しい時代の教育に向けた持続可能な 18　　　　　　の構築のための学校における 19　　　　　に関する総合的な方策について」において、「児童生徒の 20　　　　を助けるために必要不可欠な 21　　　　　　　」が、学校が担うべき業務として改めて明示されています。学校における「働き方改革」を実現し、教員の負担の軽減を図りつつ、生徒指導の充実を図ることは、「22　　　　学校教育」を支えるための重要な要件と言えます。

10	複雑化・多様化
11	思いやりのある大人
12	重要性を増していく
13	国際教員指導環境
14	専門性
15	負担軽減
16	全人格的
17	日本型
18	学校指導・運営体制
19	働き方改革
20	人格の形成
21	生徒指導・進路指導
22	令和の日本型

3.1.2　チーム学校として機能する学校組織

中央教育審議会答申「チームとしての学校の在り方と今後の改善方策について」（平成27年12月）において、チーム学校とは、「校長の 1　　　　　　の下、カリキュラム、日々の教育活動、学校の資源が一体的に 2　　　　　　され、教職員や学校内の多様な人材が、それぞれの専門性を生かして能力を発揮し、子供たちに必要な資質・能力を 3　　　　　　　　ことができる学校」と定義されています。そのような「チーム学校」を実現するためには、次の四つの視点が必要になります。

第一に、「教員が教育に関する専門性を共通の基盤として持ちつつ、それぞれ独自の 4　　　　　を生かし」チームとして機能すると同時に、「5　　　　　等の専門スタッフを学校の教育活動の中に位置付け」、教員と専門スタッフとの 6　　　　　　の体制を充実させることです。

第二に、「『チームとしての学校』が機能するためには、校長の 7　　　　　　が必要であり、学校の 8　　　　　　をこれまで以上に強化していくこと」が求められています。そのためには、「9　　　　の配置の促進や事務機能の強化など校長のマネジメント体制を 10　　　　　の充実を図る」ことが不可欠です。校長がリーダーシップ

1	リーダーシップ
2	マネジメント
3	確実に身に付けさせる
4	得意分野
5	心理や福祉
6	連携・協働
7	リーダーシップ
8	マネジメント機能
9	主幹教諭
10	支える仕組み

[*31]　「国際教員指導環境調査（TALIS）2018　調査結果」日本の学校は教員以外の専門スタッフが諸外国と比べて少ない（教職員総数に占める教員の割合（日：82％、米：56％、英：51％）。
[*32]　「学校における専門スタッフ等の活用に関する調査結果報告書」総務省行政評価局（令和2年5月）
[*33]　「国際教員指導環境調査（TALIS）2018　調査結果」

を発揮し、学校の ¹¹　　　を向上させていくためには「副校長の配置や、¹²　　　の複数配置、事務長の配置など、校長の権限を適切に分担する体制や校長の判断を補佐する体制の整備によって、¹³　　　もチームとして取り組むこと」が重要です。

11 教育力

12 教頭

13 管理職

　第三に、「教職員がそれぞれの力を発揮し、伸ばしていくことができるようにするためには、¹⁴　　　の充実や ¹⁵　　　の取組を進めることが重要」であり、教職員の専門性を高め、それを発揮するための環境を整備することが求められます。具体的には、教員が持てる力を発揮できるように、「¹⁶　　　や校内委員会の持ち方、業務の ¹⁷　　　の見直し、教職員の ¹⁸　　　対策等に取り組む」ことが重要です。

14 人材育成

15 業務改善

16 校務分掌

17 内容や進め方

18 メンタルヘルス

　以上の三つの視点に加え、「チーム学校」が機能するための第四の視点として、教職員間に「¹⁹　　　」（→1.4.1 教職員集団の同僚性）を形成することが挙げられます。これら四つの視点から生徒指導体制を構築することにより、「児童生徒一人一人の発達を支える取組を組織的に進める」生徒指導が可能になります。

19 同僚性

　つまり、学校がチームとして機能するためには、教職員同士（教員のみならず事務職員や学校用務員、SC、SSW 等も含む）はもとより、教職員と ²⁰　　　や地域の人々が連携・協働して教育活動を展開することが求められます。しかし、知識や経験、価値観や仕事の文化の違う者同士が関係性を築いていくのはそれほど簡単ではありません。専門性に由来するそれぞれに ²¹　　　やものの見方をお互いに理解し、考え方や感じ方の溝を埋めることが必要になります。そうでないと、教職員と多職種の専門家等との連携・協働が、かえってメンバーに ²²　　　を生じさせることにもなりかねません。したがって、学校を基盤としたチームによる連携・協働を実現するためには、教職員、多職種の専門家など、学校に関係する人々に次のような姿勢が求められます。

20 多職種の専門家

21 特有の文化

22 ストレス

①　²³
　　一人でやれることには限界があります。一人で仕事をこなさなくてはという思い込みを捨てて組織で関わることで、児童生徒理解も対応も柔軟できめ細かいものになります。

23 一人で抱え込まない

②　どんなことでも ²⁴
　　些細なことでも、学年会や校務分掌の会議、職員会議、ケース会議等に報告し、常に問題を学年全体、学校全体として共有する雰囲気を生み出すことが大切です。

24 問題を全体に投げかける

③　管理職を中心に、²⁵　　　　　　　　　ネットワークをつくる
　　トップダウンのピラミッド型組織ではなく、情報の収集と伝達を円滑に進めるための ²⁶　　　を学校の内外につくることが求められます。その際、連携した行動の核となる司令塔（²⁷　　　　　　　の役割を果たすミドルリーダー）の存在があってはじめて、役割分担に基づく対応が可能になります。学校規模、学校種、地域性などの実情に応じて、一人でなく複数の教職員（例えば、副校長・教頭、生徒指導主事、養護教諭など）が「コーディネーターチーム」として連携の核になるという方法も考えられます。

25 ミドルリーダーが機能する

26 ネットワーク

27 コーディネーター

④　²⁸　　　　　　　　　　（リフレクション）を大切にする
　　思い込みや独善を排するためには、常に自分たちの考えや行動を自己点検する必要があります。しかし、一人で内省的に振り返りを行うことには限界があります。同僚の教職員間で継続的に振り返りを行うことで自身の ²⁹　　　の特性を自覚することができ、幅広い他者との協働が可能になります。

28 同僚間での継続的な振り返り

29 認知や行動

3.2 生徒指導体制

3.2.1 生徒指導部と生徒指導主事の役割

「 [1]   」では、調和のとれた学校運営が行われるためにふさわしい校務分掌の仕組みを整えることが求められています[*34]。また、学校に必置、あるいは、置くことができる「 [2]   」に関する規則が設けられています。

学校種によって異なりますが、「学校職員充て職」の例を挙げると、 [3]   や生徒指導主事、 [4]   、学年主任、 [5]   、 [6]   、事務主任などが挙げられます。これらの主任や主事などは、管理職である校長の [7]   を受けながら、自らの役割に応じた事項を司り、 [8]   などに当たります。

このように、学校は組織として校務分掌の仕組みを有しており、教職員は、学校組織の一員として、学校に必要なそれぞれの校務を分担しています。生徒指導は、教育課程の内外を問わず、全ての [9]   を通して、全ての [10]   が、全ての [11]   を対象に行うものであるため、全ての [12]   が、その目的や役割に応じて、生徒指導に直接的、間接的に関わることになります。

⑴ 生徒指導部の役割

その中でも、特に、 [13]   [*35]を主担当とする生徒指導部（生徒指導委員会等、学校によって名称は異なります。）は、学校の生徒指導を組織的、体系的な取組として進めるための中核的な組織になります。

生徒指導部は、学校種や学校規模、地域によって異なるので一概に言えませんが、生徒指導主事（生徒指導主任・生徒指導部長等）と各学年の生徒指導担当に加えて、 [14]   や養護教諭等から構成されます。SC や SSW を生徒指導部のメンバーとして位置付けることも重要です。

また、定例の部会等には [15]   も参加することが望まれます。校長や副校長、教頭といった管理職の指導の下に、生徒指導主事を中心とするマネジメント体制を構築し、生徒指導部会を開催し、学校全体の生徒指導を推進します。

生徒指導部の主な役割としては、生徒指導の取組の企画・運営や [16]   の児童生徒への [17]   、問題行動の [18]   、関係者等への [19]   などが挙げられます。生徒指導を実効的な取組にしていくためには、生徒指導部がこれらの役割を果たしつつ、全校的な生徒指導体制を [20]   していくことが求められます。

生徒指導体制とは、学校として生徒指導の方針・基準を定め、これを年間の [21]   に組み込むとともに、事例研究などの校内研修を通じてこれを教職員間で共有し、一人一人の児童生徒に対して、 [22]   生徒指導を行うことのできる校内体制を意味します。つまり、生徒指導体制とは、生徒指導部の組織構成や取組体制だけを意味するものではなく、それらを含め、 [23]   の児童生徒を対象に全校的な指導・援助を展開する体制であることを忘れてはならないでしょう（図４）。

1 学校教育法施行規則

2 学校職員充て職

3 教務主任

4 進路指導主事

5 保健主事

6 事務長

7 監督

8 連絡・調整・指導・助言

9 教育活動

10 教職員

11 児童生徒

12 校務分掌

13 生徒指導主事

14 教育相談コーディネーター

15 管理職

16 全て

17 指導・援助

18 早期発見・対応

19 連絡・調整

20 整備・構築

21 生徒指導計画

22 一貫性のある

23 全て

[*34] 学校教育法施行規則第43条「小学校においては、調和のとれた学校運営が行われるためにふさわしい校務分掌の仕組みを整えるものとする。」

[*35] 学校教育法施行規則第70条第１項では、「中学校には、生徒指導主事を置くものとする。」とされている（高校、特別支援学校にも準用）。同規則同条第４項では、その役割について、「生徒指導主事は、校長の監督を受け、生徒指導に関する事項をつかさどり、当該事項について連絡調整及び指導、助言に当たる。」とされている。小学校については、学校教育法施行規則第47条の規定を受けて、生徒指導部、生徒指導主任等を置いている。なお、生徒指導主事は、昭和50年の学校教育法施行規則の改正による「主任の制度化」により、中学校及び高等学校に位置付けられたことに端を発する。

・学校の実態把握

・生徒指導の方針・基準の合意形成と共有

・各分掌における分担・連携・協働

図4　生徒指導の学校教育活動における位置付け

⑵　生徒指導主事の役割

　生徒指導部及び全校の [24]　　　　　　　　となる生徒指導主事には、担当する生徒指導部内の業務をラインとして処理していくだけでなく、学校の生徒指導全般にわたる業務の企画・立案・処理が職務として課せられます。生徒指導主事に求められる主な役割を具体的に示すと、次のとおりです。

[24] 生徒指導体制の要

①　 [25]　　　　　上の生徒指導の組織の中心として位置付けられ、学校における生徒指導を組織的・計画的に運営していく責任を持つ。なお、教科指導全般や特別活動において、生徒指導の視点を生かした [26]　　　　　　　を進めていくことも重要な役割である。

[25] 校務分掌

[26] カリキュラム開発

②　生徒指導を計画的・継続的に推進するため、校務の連絡・調整を図る。

③　生徒指導に関する [27]　　　　　の担当者になるとともに、生徒指導部の構成員や学級・ホームルーム担任、その他の関係する教職員に対して指導・助言を行う。

[27] 専門的事項

④　必要に応じて児童生徒や保護者、関係機関等に働きかけ、 [28]　　　　に当たる。

[28] 問題解決

上記の役割を果たしていくためには、次のような姿勢が求められます。

①　生徒指導の意義や課題を十分に [29]　　　　こと。

[29] 理解しておく

②　学校教育全般を見通す [30]　　　　を持つこと。

[30] 視野や識見

③　生徒指導上必要な資料の提示や情報交換によって、全教職員の意識を高め、共通理解を図り、全教職員が意欲的に取組に向かうように促す [31]　　こと。

[31] 指導性を発揮する

④　学校や地域の [32]　　　　し、それらを生かした指導計画を立てるとともに、創意・工夫に基づく指導・援助を展開すること。

[32] 実態を把握

⑤　変動する社会状況や児童生徒の心理を的確に把握し、それを具体的な指導・援

助の場で生かすこと。

　各学校においては、生徒指導主事の任に当たる教員に業務が集中することがないよう、全校的視点に立って人選と³³　　　　　　の業務分担を進めていくことも大切です。

　なお、小学校においては、生徒指導主事（生活指導主任と呼ばれることもあります。）が³⁴　　　　　を兼ねている場合が多いので、生徒指導主事に、副校長・教頭（若しくは教務主任等）、³⁵　　　　　を加えたチームで上記の役割を果たすことも考えられます。その際、三者間の密接な³⁶　　　　　　を図ることが求められます。

33　校務分掌組織

34　学級担任

35　養護教諭

36　情報共有と意思疎通

3.2.2　学年・校務分掌を横断する生徒指導体制

　生徒指導は、生徒指導部の取組だけで完結するものではありません。学校に関わる¹　　　　　　が担うものであり、学校全体で取り組むことが必要です。児童生徒と直接関わることが多い学級・ホームルーム担任は、学級・ホームルーム経営を充実させることはもとより、同僚間で相互に²　　　　　ことが求められます。教職員同士が³　　　　　学校環境を形成することによって、校内の情報共有やビジョンの共有、さらには生徒指導や教育相談、進路指導等の充実が図られ、結果的に児童生徒に⁴　　　　　を及ぼすことが可能になります。

1　全ての教職員

2　学び合う

3　支え合う

4　肯定的な影響

　生徒指導体制づくりにおいては、生徒指導部の取組のみに着目するのではなく、各学年や各分掌、各種委員会等がそれぞれ組織として⁵　　　　　　　　体制をつくるとともに、学年や校務分掌を⁶　　　　　　を編成し、生徒指導の取組を推進することが重要です。その際、校長・副校長・教頭等をはじめとする管理職のリーダーシップの下で、学年主任や生徒指導主事、進路指導主事、保健主事、教育相談コーディネーター、特別支援コーディネーターなどの⁷　　　　　　　による横のつながり（⁸　　　　　）が形成されることが不可欠の前提となります。

5　実効的に機能する

6　横断するチーム

7　ミドルリーダー

8　校内連携体制

　生徒指導体制づくりにおいて大切な三つの基本的な考え方を、以下に示します。

⑴　生徒指導の方針・基準の⁹

　第一に、児童生徒が身につけるべき¹⁰　　　　　　　　を含めて、生徒指導の方針・基準に一貫性を持たせ、明確にし、具体化することが求められます。学校の教育目標を達成するための各々の取組について足並みを揃えるために、各学校においては「生徒指導基本指針」あるいは「¹¹　　　　　　　　」等を作成し、教職員によって目標が異なるバラバラな実践が行われることを防止します。

9　明確化・具体化

10　基本的な生活習慣

11　生徒指導マニュアル

　方針・基準の作成に当たっては、学校や児童生徒の実態把握に基づいて¹²　　　　　を行うとともに、児童生徒や保護者、地域の人々の声にできる限り耳を傾けて¹³　　　　　　ことが重要です。実態を無視して、方針・基準だけが硬直化して運用される場合（例えば、児童生徒の実態にそぐわない厳しすぎる校則等）には、児童生徒の成長・発達にマイナスに働くことがあることに留意する必要があります。さらに、方針・基準を作成後、児童生徒と保護者、地域の人々に周知し、¹⁴　　　　　　をすること（例えば、学校のホームページに掲載する等）が大切です。

12　目標設定

13　合意形成を図る

14　理解を得る努力

⑵　全ての教職員による¹⁵

　第二に、学校の教育目標として「児童生徒がどのような力や態度を身に付けることができるように働きかけるのか」という点についての¹⁶　　　　　　 こと、そして、共

15　共通理解・共通実践

16　共通理解を図る

通理解された目標の下で、全ての教職員が、児童生徒に対して、粘り強い [17]
を行っていくことが重要です。実践に当たっては、児童生徒を取り巻く環境や発達段階を丁寧に理解した上で、全校的な取組を進めることが求められます。その際、働きかけを効果的なものにするためには、教職員と児童生徒、教職員と保護者、教職員同士の [18]　　　　　　　　　　ことが不可欠です。

17組織的な指導・援助

18信頼関係の形成に努める

19 PDCA サイクル

(3)　[19]　　　　　に基づく運営

　第三に、生徒指導体制の下で進められている取組が児童生徒にとって効果的なものとなっているかどうか、定期的に点検し、振り返りに基づいて取組を更新し続けることが重要です。上述した「[20]　　　　　　の明確化・具体化」や「[21]
による共通理解・共通実践」は、一度確定したり、確認したりしたらそれで終わりというものではありません。児童生徒や保護者、教職員の声（例えば、アンケートの回答データ等）を踏まえて、[22]　　　　　　と適切な評価・改善を行うことが求められます。

　取組の点検のために実施する児童生徒へのアンケートの内容としては、学校に対する [23]　　　　や愛着、学校への安全・安心感、教職員や学校に関わる大人との関係性、同級生や先輩・後輩との人間関係、いじめの [24]　　　　　の経験等が挙げられます。学校の環境や地域とのつながり等について点検を行う場合は、保護者を対象にアンケートを実施することも有効です。また、教職員に対しても、生徒指導の取組や職場環境（例えば、教職員同士の協力関係や学び合いの状況等）への意識について確認し、生徒指導体制を整え、充実させていく上での手がかりにすることも大切です。

20生徒指導の方針・基準

21全ての教職員

22不断の見直し

23所属意識

24被害や加害

3.2.3　生徒指導のための教職員の研修

　生徒指導体制を充実させるためには、[1]　　　　　　が、問題意識や生徒指導の方針・基準を共有し、生徒指導を着実かつ的確に [2]　　　　　　が求められます。その基盤となるのが、研修等を通した不断の [3]　　　　　です。研修は、校内研修と校外研修に大別されます。

1 全ての教職員

2 遂行すること

3 研究と修養

(1)　校内における研修

　校内における研修には、[4]　　　　が参加して組織的・計画的に行われる研修と、校務分掌に基づいて [5]　　　　　によって行われる研修があります。教職員のそれぞれが果たすべき役割や可能性などについて理解し、適切な組合せを考える必要があります。

　全教職員が参加して行う校内研修は、[6]　　　　　　　　、生徒指導の方針・基準などについての共通理解を図り、日常的な指導のための [7]　　　を形成することを目的とします。全教職員が参加して行われる研修以外にも、生徒指導を主として担当する複数の教職員（生徒指導部単独、若しくは関連する他の校務分掌と合同）によって行われる研修等があります。

4 全教職員

5 特定の教職員

6 教育理念や教育方法

7 共通基盤

(2)　校外における研修

　生徒指導に関する校外の研修は、主として [8]　　　　　　等によって主催されます。生徒指導を適切に行う資質や能力は、[9]　　の教職員に必要とされるため、初任者研修や [10]　　　　　等資質向上研修など、あらゆる段階の研修内容に盛り込まれています。

8 教育委員会

9 全て

10中堅教諭

55

　加えて、生徒指導主事や教育相談コーディネーター、進路指導主事など、校務分掌組織において [11]　　　　　　を発揮することが求められる教職員を対象とした研修も行われます。参加者個々の生徒指導の力量を高めることは当然のことですが、そのほかに、[12]　　　　　　として必要とされる資質や能力の向上を図る内容を組み込むことが重要です。

11 リーダーシップ

12 ミドルリーダー

　さらに、教職員一人一人が [13]　　　　　によって自らの資質や能力を向上させるよう努め、学び続けることが肝要です。

13 自発的意志

(3)　生徒指導に関する研修の方向性

　生徒指導を効果的に進めるには、単に問題の原因探しをするだけでなく、[14]　　　　　　　　を冷静に探究・吟味し、必要があれば、意見や取組での対立にも考慮し、バランスのとれた [15]　　　　　　を見いだそうとする姿勢が不可欠です。

14 問題の構造や本質

15 具体的な解決策

　避けなければならないのは、問題の本質を理解しようとする姿勢を失い、問題の原因を児童生徒本人や家庭のみにあると決めつけて、教職員と児童生徒は相互に影響し合うという認識を欠いてしまうことです。そうなると、信頼関係を基盤に児童生徒や保護者に働きかけることが難しくなってしまいます。そうならないように、児童生徒の行動をみるときの自分自身の視座（[16]　　　　　　　　　　）に気付くことが、教職員一人一人に求められます。あらゆる段階の研修において、「学び続ける教員」として、自己を理解し、自らの実践や体験を [17]　　　　　　　　を持ち続けるようにすることが大切です。

16 視点や認識の枠組み

17 批判的に問い直す姿勢

　また、研修の方向性として、個人の職能開発だけでなく、組織学習の視点に立つことも必要です。個人の職能開発では、教職員個人の生徒指導に関する [18]　　　　　それぞれについての改善・向上を図ることにより、学校の生徒指導力を強化することが目指されます。教職員一人一人の生徒指導上の力量形成を図ることが重要であることは言うまでもありませんが、組織学習においては、学校の [19]　　　　　に力点が置かれます。個人の職能開発だけでなく、学校が継続的に自らの組織を改善していくためには、学校が「[20]　　　　　　」へと変容していくことが求められます。

18 知識・技術・態度

19 継続的改善

20 学習する組織

　そこでは、教職員個々の生徒指導の力量形成だけでなく、学校組織として取組を振り返り、組織改善を継続できる学校の [21]　　　　　　を図ることが目指されます。また、生徒指導上の諸課題を同僚と協働して解決していくことを通して、教職員集団の認識や行動を変化させ、結果として個人の [22]　　　　　につなげていくという視点を持つことも不可欠です。

21 組織力の向上

22 力量形成

　このように、各学校において、教職員同士が継続的な振り返りを通して、学び合う文化・風土が根付くように、校内研修の一層の [23]　　　　　を図ることが求められます。

23 工夫と充実

3.2.4　生徒指導の年間指導計画

　生徒指導を全校体制で推進していくためには、年間指導計画の [1]　　　　　が重要な鍵となります。特に、児童生徒に関わる様々な [2]　　　　　などを未然に防止して、[3]　　　　　　生徒指導を実現していくためには、適正な年間指導計画を作成することが不可欠です。意図的、計画的、体系的な指導につながる [4]　　　　　　を作成・実行するには、以下のような視点に立つ必要があります。

1 整備と改善

2 問題行動

3 発達を支える

4 年間指導計画

- 課題早期発見対応ないし [5]　　　　　　　生徒指導だけでない、[6]　　　　　生徒指導及び [7]　　　　　教育に関する学校の生徒指導の目標や基本方針などを、年間指導計画の中に明確に位置付ける。
- 児童生徒が、将来、社会の中で自己実現を果たすことができる資質・態度や [8]　　　　　　　　を身に付けるように働きかけるという生徒指導の目的を踏まえて、年間指導計画の作成に当たる。
- 計画性を重視した [9]　　　　　を積み上げていく。

5 困難課題対応的

6 発達支持的

7 課題未然防止

8 自己指導能力

9 効果的な支援

　生徒指導の年間指導計画は、各学校の創意に基づいて作成されており、校種の違いや学校の実態によって、項目や形式が異なっています。しかし、計画が実効的な機能を果たすためには、全ての学校で計画の重要な柱となる、児童生徒を支え、指導・援助する「[10]　　」と「[11]　　」を明確に記す必要があります。また、年間指導計画の作成を通して、[12]　　　　との関わりを具体的に明らかにしていくことも求められます。このため、計画を [13]　　　段階から全教職員が参画し、全校体制で生徒指導に当たっていく意識を高めることが大切です。

　また、年間指導計画の中に、生徒指導に関する [14]　　　　　　　　を組み入れて、常に全教職員が組織的に取り組むことの重要性を意識することも重要です。なお、計画の中に担当部署や担当者名を明記するなど、教職員一人一人に生徒指導に対する [15]　　　を喚起するような工夫を図っていくことも求められます。

10 時期

11 内容

12 教育課程

13 作成する

14 教職員研修の機会

15 当事者意識

3.3　教育相談体制

3.3.1　教育相談の基本的な考え方と活動の体制

　教育相談の目的は、児童生徒が将来において [1]　　　　　　　　　ができるような資質・能力・態度を形成するように [2]　　　　ことであり、この点において生徒指導と教育相談は共通しています。ただ、生徒指導は [3]　　　　の一員として求められる資質や能力を身に付けるように働きかけるという発想が強く、教育相談は個人の資質や能力の伸長を援助するという発想が強い傾向があります。

　この発想の違いから、時には、毅然とした指導を重視すべきなのか、受容的な援助を重視すべきなのかという指導・援助の方法を巡る意見の違いが顕在化することもあります。しかし、[4]　　は、生徒指導の一環として位置付けられ、重要な役割を担うものであることを踏まえて、生徒指導と教育相談を一体化させて、全教職員が一致して取組を進めることが必要です。そのため、教職員には、以下のような姿勢が求められます。

1 社会的な自己実現

2 働きかける

3 集団や社会

4 教育相談

①　指導や援助の在り方を教職員の価値観や信念から考えるのではなく、[5]　　　　（アセスメント）に基づいて考えること。
②　児童生徒の状態が変われば指導・援助方法も変わることから、あらゆる場面に通用する指導や援助の方法は存在しないことを理解し、[6]　　　　　　　を目指すこと。
③　どの段階でどのような指導・援助が必要かという [7]　　　　　を持つこと。

5 児童生徒理解

6 柔軟な働きかけ

7 時間的視点

また、教育相談は、生徒指導と同様に学校内外の連携に基づくチームの活動として進められます。その際、チームの要となる[8]　　　　　　　　　　の役割が重要です。

8 教育相談コーディネーター

(1) 校内チーム

チームとして活動する際には、校長の指揮監督の下にあるメンバーで構成される校内チームが基本となります。校内チームは、目的によって二種類に分類されます。

第一は、機動的に支援を実施するために、[9]　　とコーディネーター役の教職員（教育相談コーディネーター、[10]　　　　　　　　　、養護教諭など）を中心に構成される比較的少人数の支援チームです。

9 担任

10 特別支援教育コーディネーター

第二は、児童生徒理解や支援方針についての[11]　　　　　　　ことを目的とし、教育相談コーディネーター、特別支援教育コーディネーター、養護教諭等に、SC、[12]　　　を加え、さらに、学年主任や生徒指導主事などの各分掌の主任等を含む比較的多様なメンバーで構成される支援チームです。

11 共通理解を図る

12 SSW

生徒指導部会、教育相談部会、スクリーニング会議、ケース会議などがこれに相当します。これらのチームが前者の少人数で動く支援チームの役割を尊重し、情報を共有しながら[13]　　　　を認めることで、その機動性がより高まると考えられます。

13 一定の裁量

[14]　　　生徒指導や課題未然防止教育の観点で開かれる会議に教育相談コーディネーターやSC、SSWが参加し、ニーズを検討し、必要な活動を共に考え、年間計画を立てることも重要です。

14 発達支持的

(2) 学校外の専門機関等と連携したチーム

学校外には、児童生徒の支援を目的に活動をしている団体や施設があります。その活動に関する様々な情報を把握し、地域と協力して校外の[15]　　　　　　を活かしたチーム支援を進めることも大切な視点です。

15 ネットワーク

また、緊急性の高い事態が発生し、校内だけでは対応が難しい場合には、管理職を含めたケース会議を開き、外部機関との連携の可能性を探ります。その際には、情報の齟齬によって対応にずれが生じないように、外部との連絡なども含め教育相談コーディネーターが情報を[16]　　　　　　ことが必要になります。そのためにも、教育相談コーディネーターが自由に動けるような体制を整えておくことが重要です。

16 一元的に管理する

SCやSSW、医師、警察官などは、それぞれの職能団体が定めた[17]　　や法によって守秘義務を負っています。そのことを相互に理解し、尊重することが必要です。その一方で、児童生徒の指導・援助に当たっては[18]　　　は欠かせず、[19]　　の義務が生じる場合もあることから、チームのメンバーは、守秘義務を理由にすることで支援が妨げられないように、必要な[20]　　　　　という意識を持つことが求められます。

17 倫理綱領

18 情報の共有

19 通告

20 情報共有を行う

チームを組めば、そこには必ず守秘義務が発生します。たとえ立場の違う者同士がチームを組むとしても、[21]　　　　　　　　が徹底されるならば、それぞれの立場における守秘義務を盾にしなければならないケースは減ると考えられます。したがって、チーム内での守秘義務の徹底は、良好な連携・協働を進めるための大前提と言えるでしょう。

21 チーム内での守秘義務

3.3.2 教育相談活動の全校的展開

(1) 発達支持的教育相談

「発達支持的教育相談」とは、様々な資質や能力の積極的な獲得を [1]　　　　教育相談活動です。個々の児童生徒の成長・発達の [2]　　　　　　　　と言えます。個別面談やグループ面談等の相談活動だけでなく、通常の教育活動を発達支持的教育相談の視点を意識しながら実践することも重要です。例えば、特別活動では、「望ましい人間関係の形成」、「協働的な問題解決能力の育成」などを目的とする活動が行われます。教科学習においても、[3]　　　　　　や協働的な問題解決力を身に付けることのできる学びが実施されます。こうした活動の発達支持的な側面に着目し、教育相談の考え方を意識しながら教育実践を行うことが求められます。

(2) 課題予防的教育相談： [4]

「課題予防的教育相談」は大きく二つに分類できます。第一は、[5]　　　　　　　　を対象とした、ある特定の問題や課題の [6]　　　　を目的に行われる教育相談です。第二は、ある問題や課題の兆候が見られる [7]　　　　　　　　を対象として行われる教育相談です。両者とも「課題予防的教育相談」として分類されます。前者の例としては、全ての児童生徒を対象に、いじめ防止や暴力防止のためのプログラムを、SC の協力を得ながら [8]　　　　　　と教育相談コーディネーターが協働して企画し、担任や教科担任等を中心に実践する取組などが挙げられます。

(3) 課題予防的教育相談： [9]

一方、後者の例としては、発達課題の積み残しや何らかの脆弱性を抱えた児童生徒、あるいは環境的に厳しい状態にある児童生徒を早期に見つけ出し、即応的に支援を行う場合などを挙げることができます。具体的には、次のような取組を行います。

① 早期発見の方法

早期発見の方法として、代表的なものに「丁寧な関わりと観察」や「[10]　　　　　　　」、「作品の活用」、「[11]　　　　　　　」が挙げられます。危機的な状況に置かれていても、その状況を適切に表現出来ない児童生徒も少なくありません。したがって、児童生徒が危機のサインを表出するのを待つだけではなく、教職員が [12]　　　　　危機のサインに気付こうとする姿勢を持つことが大切です。

具体的には、「丁寧な関わりと観察」を通じて、児童生徒の [13]　　　　　を的確に把握するように努めます。以下のようなサインに気付いた場合には、背後に何らかの問題が隠れている可能性を [14]　　　　　　　　ことが求められます。

- [15]　　　　　　　（成績の急激な下降等）
- [16]　　　　　　　（急に反抗的になる、遅刻・早退が多くなる、つき合う友達が変わる等）
- [17]　　　　　　　（行動の落ち着きのなさ、顔色の優れなさ、表情のこわばり等）
- [18]　　　　　　　（頭痛、下痢、頻尿、原因不明の熱等）

「定期相談」は、5 分程度の面接であっても、継続することにより、「定期相談のときに相談できる」という安心感の形成と信頼関係の構築に効果的に作用します。面接に当たっては、[19]　　　　　　　　に傾聴することを心がけ、児童生徒理

1 支援する
2 基盤をつくるもの

3 対人関係スキル

4 課題未然防止教育
5 全ての児童生徒
6 未然防止
7 特定の児童生徒

8 生徒指導主事

9 課題早期発見対応

10 定期的な面接
11 質問紙調査

12 積極的に

13 心身の変化

14 想定して対応する
15 学業成績の変化
16 言動の変化

17 態度、行動面の変化

18 身体に表れる変化

19 受容的かつ共感的

解に努めることが重要です。

「 20　　　　 」も有効です。児童生徒の日記、作文、絵などは、そのときの心理状態、自尊感情の有り様、発達の課題などに関する有益な情報を含んでいます。気になる作品等があれば、写真におさめて記録に残したり、他の教職員や SC と一緒に検討したりすることも大切です。

「質問紙調査」は、観察や面接などで見落とした児童生徒の SOS を把握するために有効な方法と言えます。観察では友人関係に問題がないと思われていた児童生徒へのいじめが発覚し、改めて質問紙調査を確認すると実は課題が示されていたというような事例も見られます。 21　　　　　　　　　質問紙調査を行うことで、より深い児童生徒理解が可能になります。

② 　早期対応の方法

「早期対応の方法」として、代表的なものに「 22　　　　　　　　 」や「リスト化と定期的な情報更新」、「 23　　　　　　 」、「グループ面談」、「関係機関を含めた学校内外の 24　　　　 による支援」が挙げられます。

「スクリーニング会議」は、教育相談コーディネーターをはじめ、生徒指導主事、特別支援教育コーディネーター、養護教諭、SC、SSW などが集まり、 25　　　　　　を見いだし、必要な支援体制を整備するために開催される会議です。

この会議では、悩みや不安を抱える児童生徒を 26　　　　　 ようにスクリーニングします。会議で取り上げることによって、児童生徒のリスク要因を理解し意識的に見守る教職員の目が増えます。欠席日数、遅刻・早退の回数、保健室の利用回数などスクリーニングにかける際の 27　　　　　 ことと、学級・ホームルーム担任以外も 28　　　　　 を認識しておくことが重要です。そうすることで、学級・ホームルーム担任の抱え込みなどによる 29　　　　　 ことができます。

「 30　　　　　　　　　　 」は、身体面、心理面、対人関係面、学習面、進路面などの領域で気になる児童生徒を 31　　　　 し、定期開催される「スクリーニング会議」で確認し、リストの情報をアップデートすることです。アップデート自体が早期発見について高い効果を持ち、何らかの問題が生じたときにも、豊富で正確な情報に基づく 32　　　　 が可能になります。その中でも特に集中的な関わりの必要性があると判断された児童生徒は、「ケース会議」に付託され、必要に応じてチーム支援が実行に移されることになります。

「個別の支援計画」[*36]は、「 33　　　　 」の対象となる援助ニーズの高い児童生徒について、 34　　　　 に基づく 35　　　　　　 を行い、具体的な支援策を明示するために作成されるものです。特定の様式はありませんが、各都道府県教育委員会等でも試作されていますので、参考にしながら各学校で使いやすいものを作成することが求められます。

「 36　　　 」は、「進路に関する悩み」や「SNS について」、「数学が分からない」などの特定のテーマで対象者を募集したり、家庭状況や、欠席日数、遅刻・

右欄註記

20作品の活用

21観察等と組み合わせた

22スクリーニング会議

23個別の支援計画

24ネットワーク型

25リスクの高い児童生徒

26広く網に掛ける

27基準を決めておく

28対象の児童生徒

29支援の遅れを防ぐ

30リスト化と定期的な情報更新

31全てリスト化

32的確な介入

33ケース会議

34アセスメント

35プランニング

36グループ面談

[*36]　ここで述べる個別の支援計画とは、特別支援教育における「個別の教育支援計画」と「個別の指導計画」とは異なるもので、援助ニーズの高い児童生徒に対して作成することが望まれるものである。なお、特別支援教育における「個別の教育支援計画」とは、障害のある幼児一人一人に必要とされる教育的ニーズを正確に把握し、長期的な視点で乳幼児期から学校卒業後までを通じて、一貫した的確な支援を行うことを目的に作成するものである。また、「個別の教育支援計画」と関連するものに「個別の指導計画」がある。特別支援教育においては、「個別の教育支援計画」と「個別の指導計画」それぞれに作成する目的や活用する方法に違いがあるため、そのことに留意しつつ、相互の関連性を図るように配慮する必要がある。

早退などのリスク要因の観点から対象者をピックアップしたりするなどして実施します。内容だけでなく、グループ面談を通じた人間関係形成が、[37]　　　　　に高い効果を持ちます。

37問題の未然防止

　「関係機関を含めた学校内外のネットワークによる支援」は、各学級に一定数いるリスクの高い状態にある児童生徒（例えば、医療的ニーズや福祉的ニーズがある、保護者が精神疾患を抱えている、虐待や不適切な養育下にあるなど）に対して、相談できる[38]　　　　　　や学校以外に安心できる居場所を見つけ、確保することを意味します。例えば、学校内においては、「[39]　　　　　　」を設定し、児童生徒が担任以外にも希望する教職員と面談できるようにし、学校内で相談できる対象者を広げられるようにする取組が考えられます。相談室・保健室・図書室・校長室等を[40]　　　とする取組をしている学校もあります。また、学校外には、学習支援、集団遊び、生活支援、食事の提供などに取り組む放課後等デイサービスや公民館、民間団体などがあります。SSW と連携して、[41]　　　　　を活用するためのネットワークを構築することも重要です。

38人的ネットワーク

39教育相談週間

40居場所

41地域の社会資源

(4)　困難課題対応的教育相談

　「困難課題対応的教育相談」は、困難な状況において苦戦している[42]　　　児童生徒、発達や適応上の[43]　　　　児童生徒などを対象とします。こうした児童生徒に対してはケース会議を開き、教育相談コーディネーターを中心に[44]　　　を行い、SC や SSW の専門性を生かしながら、教育、心理、医療、発達、福祉などの観点から[45]　　　　　を行い、長期にわたる手厚い支援を[46]　　　　　ことによって課題の解決を目指します。その際、学校外のネットワークを活用して、地域の[47]　　　　　ことが重要です。

42特定の

43課題のある

44情報収集

45アセスメント

46組織的に行う

47関係機関と連携・協働する

　なお、学級・ホームルーム担任が自らの指導力不足であるという責任を感じて追い込まれている場合も見られますので、学級・ホームルーム担任を支える観点も不可欠です。しかし、そのことは、学級・ホームルーム担任の代わりに他の教職員や専門家が全てを引き受けることではありません。あくまでも[48]　　　　　ことで、学級・ホームルーム担任としての自負心を傷付けずに、必要な役割を果たせるように支えることが目的です。

48負担軽減を図る

3.3.3　教育相談のための教職員の研修

(1)　研修の目的と内容

　教育相談研修の目的は、学校の教育相談体制を十分に機能させることです。したがって、研修を計画する段階で、誰が、何をできるようになるための研修なのかを[1]　　　　　ことが重要です。

1明確にする

　教育相談を中核で支えるのは[2]　　　　　　　　　　　です。したがって、心理学的知識や理論、カウンセリング技法、心理面に関する教育プログラムについての知識・技法だけでなく、医療・福祉・発達・司法についての[3]　　　　　を持つことが求められます。また、学級・ホームルーム担任は、発達障害や愛着などを含む心理的発達や社会的発達についての基本的な知識や学級・ホームルーム経営に生かせる理論や技法、カウンセリングの基礎技法などについての[4]　　　　　を身に付けることが望まれます。さらに、児童生徒の最も近いところにいるのは学級・ホームルーム担任であることを考えると、いじめや不登校についての基本的理解と予兆の現れ方、[5]

2教育相談コーディネーター

3基礎的知識

4基本的な理解

5スクリーニング

の方法などについての研修も必要になります。

教育相談コーディネーターや学級・ホームルーム担任などの教職員に対して、全ての児童生徒への [6]　　　　　教育相談を行うために、社会性の発達を支えるプログラム（[7]　　　　　　　　　　　等）などに関する研修や、自殺予防教育やいじめ防止プログラムなどの [8]　　　　　教育に関する研修を行うことも大切です。

6 発達支持的

7 ソーシャル・スキル・トレーニング

8 課題未然防止

(2) 研修の計画

多忙化に伴う業務の見直しによって研修時間が削減されている学校や教育委員会等が少なくありません。しかし、知識や技法の習得には一定時間の研修が必要であり、研修をしなければ教職員の力量形成は進まず、児童生徒の問題は肥大化します。研修の計画に当たっては、学校の実情に応じて取り上げる課題 [9]　　　　　　　　などして、教職員の負担を軽減する工夫が必要になります。

9 優先順位をつける

また、研修を行う場合に最も重要なことは、実際に改善につながる [10]　　　　　を学べる研修を企画することです。特に教育相談研修においては、実際の事例を取り上げて討議をしたり、演習やロールプレイを取り入れたりすることが有効です。研修の効果を実感することが、次の研修への動機付けとなります。

10 内容と方法

3.3.4 教育相談活動の年間計画

教育相談活動は、PDCA サイクルで展開されます。「[1]　　　　　　　　　　　　」がなければ、問題は繰り返されてしまうため、分析での気付きに基づいて改善案を作成します。教育相談は、予算、施設設備、人的資源（教職員、SC、SSW などからなる組織）、実践や研修に関する年間計画などによって支えられています。どの部分にどのような改善が必要なのかという観点から、改善策を考えることが重要です。

1 本質的な問題点への気付き

したがって、教育相談活動やその体制について、児童生徒、保護者、教職員に評価を依頼し、実施することが求められます。この三者の観点から得た評価を照らし合わせながら、最終的な評価を行います。

評価は問題点だけを検討することではありません。良かった点が明確になることで、教職員は実践に対する確信と効力感を持つことができます。また、たとえ課題があったとしても、それを具体的に分析することで、次に取り組むべきことが明確になり、実践の改善が促されます。

なお、教育相談は、教育相談コーディネーター、SC、SSW が個人的に実践するものでないことは、言うまでもありません。[2]　　　　　　　　　　　（課題未然防止教育・課題早期発見対応）・[3]　　　　　　　　の3類4層構造の教育相談が組織的・計画的に実践できる体制づくりが、何よりも重要です。このことを踏まえ、教育相談に関する校内組織は、学校種、学校の規模、職員構成、児童生徒の実態や地域性などを勘案し、実効的に機能する体制として構築されることが求められます。

2 発達支持・課題予防

3 困難課題対応

次に、学校の [4]　　　　　　　　の中に教育相談の全体計画を位置付け、それに基づいて年間計画を作成します。全ての児童生徒を対象とする発達支持的教育相談と課題未然防止教育は、[5]　　　　　　に位置付けることが特に重要です。

4 教育計画全体

5 年間計画

さらに、教育相談活動はチームで行う活動であり、その構成員にはそれぞれ求められる役割があります。例えば、心理面に関する教育プログラムの開発は生徒指導主事と教育相談コーディネーターが SC の協力を得ながら行い、[6]　　　　　　　　　　が実施の中心になります。不登校児童生徒への面接は SC が実施し、スケジュール調

6 学級・ホームルーム担任

整は ⁷ 　　　　　　　　　が行い、学級・ホームルーム担任は、児童生徒との信頼関係の構築や学級づくりを進めます。発達障害が背景にあれば、特別支援教育コーディネーターが担任等と協働して「⁸　　　　　　　　」^[*37]を立て、きめ細かな支援を行います。虐待の可能性があれば、学級・ホームルーム担任や養護教諭等の教職員とSSW 等が家庭や関係機関等と連携を取るなどの対応をします。このように、一つのケースや取組であっても、それぞれの立場から協力して教育相談を推進することが重要です。

7 教育相談コーディネーター

8 個別の指導計画

3.4　生徒指導と教育相談が一体となったチーム支援

3.4.1　生徒指導と教育相談

　時として、生徒指導の視点から、「教育相談は、話を聞くばかりで子供を甘やかしているのではないか」、教育相談の視点からは、「生徒指導は、きまりを押しつけるばかりで、子供の心を無視しているのではないか」というような対立的な意見が示されることもあります。また、学級・ホームルーム担任として、集団に重点を置く ¹　　　　　態度と個に重点を置く ²　　　　　　　　態度とのバランスをとるのが難しいという声が聞かれることもあります。

1 規範的・指導的

2 受容的・相談的

　先述したように、教育相談は全ての児童生徒を対象に、³　　　　　　　対応の機能を持った教育活動です。また、教育相談は ⁴　　　　　　　　　を通して気付きを促し、悩みや問題を抱えた児童生徒を ⁵　　　　働きかけです。その点において、主体的・能動的な ⁶　　　　　　　ように働きかけるという生徒指導の考え方と重なり合うものです。したがって、両者が相まってはじめて、包括的な児童生徒支援が可能になります。

3 発達支持・課題予防・困難課題

4 コミュニケーション

5 支援する

6 自己決定を支える

　児童生徒の発達上の課題や問題行動の多様化・深刻化が進む中で、今起こっていることの意味を探り今後起こり得る展開を予測し、ばらばらな理解による ⁷　　　　　を避けて、共通理解に基づく ⁸　　　　　を行うことの必要性が高まっています。そのため、学校として組織的な生徒指導を進める上で、⁹　　　　　　な理論に基づいて問題の見立てを行うアセスメント力や実際の指導場面での臨機応変で ¹⁰　　　　　　、学校内外の連携を可能にする ¹¹　　　　　　　などを備えることが求められます。

7 矛盾した対応

8 組織的対応

9 心理的・発達的

10 柔軟な対応力

11 コーディネート力

　生徒指導は児童生徒理解に始まり、¹²　　　　　に終わると言われるように、生徒指導における ¹³　　　　　（見立て）の重要性は言うまでもありません。理解の側面を抜きにした指導・援助は、働きかけの幅が狭くなり、長い目で見たときの効果が上がりにくくなります。例えば、すぐに暴力をふるう児童生徒に対する指導において、どうしてその児童生徒が暴力に訴えるのかという「理解」をせずに一方的な働きかけをしても、問題の ¹⁴　　　　　に至ることは難しいからです。児童生徒理解とは、一人一人の児童生徒に対して適切な指導・援助を計画し実践することを目指して、¹⁵　　　、心理・社会面、¹⁶　　　、家庭面の状況や環境についての情報を収集し、分析するためのプロセスを意味します。その点において、教育相談の基盤となる心理学の理論や ¹⁷　　　　　　の考え方、技法は児童生徒理解において有効な方法を提供するものと考えられます。

12 児童生徒理解

13 アセスメント

14 根本的解決

15 学習面

16 進路面

17 カウンセリング

[*37]　障害のある児童生徒など一人一人の指導目標、指導内容及び指導方法を明確にし、きめ細やかに指導するために学校が作成するものである。

3.4.2　生徒指導と教育相談が一体となったチーム支援の実際

　[1]　　　、キャリア教育、特別支援教育は、生徒指導と同様に児童生徒に対する指導・援助を行う分野として学校内の [2]　　　　に位置付けられ、それぞれに教育活動を展開しています。そのため、一人の児童生徒に対する指導・援助がお互いに独立した働きかけとして展開される場合も見受けられます。いじめや暴力行為、非行は [3]　　　、不登校は教育相談、進路については [4]　　　　　　（進路指導）、障害に関することは特別支援教育が担う、というように縦割りの意識と分業的な体制が強すぎると、 [5]　　　　　　　な課題を抱えた児童生徒への適切な指導・援助を行うことが阻害されてしまう状況も生じかねません。児童生徒一人一人への最適な指導・援助が行えるように、それぞれの分野の垣根を越えた [6]　　　　　　　をつくることが求められます。

　担任一人ではできないことも、他の教職員や多職種の専門家、関係機関が [7]　　　を組み、 [8]　　　　　　に基づいて役割分担をすることで、指導・援助の幅や可能性が飛躍的に広がります。また、学校だけでは対応しきれない部分をカバーしたり、よりよい解決の方向性を見いだしたりするためには、多職種の専門家との [9]　　　　　　です。異なる専門性に基づく発想が重ね合わさることで、新たな支援策が生み出されます。

1　教育相談
2　校務分掌
3　生徒指導
4　キャリア教育
5　複合的・重層的
6　包括的な支援体制
7　チーム
8　アセスメント
9　連携が不可欠

(1)　困難課題対応的生徒指導及び課題早期発見対応におけるチーム支援

　以下に、課題を抱えて苦戦したり、危機に陥ったりした児童生徒に対して、生徒指導と教育相談の連携を核に、 [10]　　　　　　　も視野に入れた包括的な支援を [11]　　　として展開するプロセス（図5）と留意点を示しました。その際、生徒指導主事、 [12]　　　　　　　　、特別支援教育コーディネーター、養護教諭等のコーディネーターの果たす役割が極めて重要になります。

10　多職種との協働
11　チーム
12　教育相談コーディネーター

図5　チーム支援のプロセス
（困難課題対応的生徒指導及び課題早期発見対応の場合）

① チーム支援の判断とアセスメントの実施
　課題を抱えて苦戦したり、危機に陥ったりして特別な指導・援助を必要とする児童生徒の [13]　　　について、生徒指導部や教育相談部、特別支援教育部等の校務分掌及び学年を横断した [14]　　　の必要性を検討します。
　その際、児童生徒の課題解決に向けて、 [15]　　　　　　や教育相談コーディネーター等が中心となり、関係する複数の教職員（学校配置の SC、SSW 等を含む。）

13　課題解決
14　チーム支援
15　生徒指導主事

等が参加する、アセスメントのための[16]　　　　　を開催します。当該児童生徒の課題に関連する問題状況や[17]　　　　　危機の程度等についての情報を収集・分析・共有し、課題解決に有効な[18]　　　　　を立て、支援目標や方法を決定するための資料を提供し、チーム支援の必要性と方向性について判断します。③の段階で、アセスメントに基づいて、「[19]　　　　　　　」が作成されるので、アセスメントは、チーム支援の成否の鍵を握っているといっても過言ではありません。

アセスメントには、多種多様な方法がありますが、その中でも、心理分野・精神医療分野・福祉分野等で活用されているアセスメントの方法として、[20]　　　　　（以下「BPS モデル」という。）によるアセスメントを挙げることができます。

BPS モデル[*38]（Bio-Psycho-Social Model）では、児童生徒の課題を、生物学的要因、[21]　　　　　、社会的要因の３つの観点から検討します。例えば、不登校の児童生徒の場合、「[22]　　　　　（発達特性、病気等）」、「心理学的要因（認知、感情、信念、ストレス、パーソナリティ等）」及び「[23]　　　　　（家庭や学校の環境や人間関係等）」から、実態を把握すると同時に、児童生徒自身のよさ、長所、可能性等の[24]　　　　　と、課題解決に役立つ人や機関・団体等の[25]　　　　　を探ります。

② 課題の明確化と目標の共有

ケース会議の目的は、その児童生徒や家庭に必要な[26]　　　　　は何か、どうやってそれを届けていくか、を[27]　　　　　ことです。そのためには、課題を明確化し、具体的な目標（方針）を共有した上で、それぞれの専門性や持ち味を生かした役割分担を行う必要があります。

また、指導・援助は中・長期的に継続されていくものであり、[28]　　　　　（最終到達地点）と、それを目指すスモールステップとしての[29]　　　　　が必要になります。状況に応じて、短期目標を修正したり、次のステップへと進めたりするため、ケース会議は[30]　　　　　ものであることを共通理解しておくことも大切です。

③ チーム支援計画の作成

アセスメントに基づいて、問題解決のための具体的なチームによる指導・援助の計画を作成します。「何を[31]　　　に（長期目標と短期目標）、[32]　　　が（支援担当者や支援機関）、[33]　　　（支援場所）、[34]　　　　　支援を（支援内容や方法）、いつまで行うか（[35]　　　　　）」を記載した「チーム支援計画」を作成し、支援目標を達成するための支援チームを編成します。支援チームには、以下のような形態（図６）が考えられます。

- 児童生徒や保護者と連携しつつ、学級・ホームルーム担任とコーディネーター役の教職員（生徒指導主事や[36]　　　　　、特別支援コーディネーター、学年主任等）が連携して、機動的に問題解決を行う[37]　　　　　支援チーム。
- 生徒指導主事、教育相談コーディネーター、特別支援教育コーディネーター、養護教諭、SC、SSW などがコーディネーターとなり、学年主任や関係する

margin notes:
- 16 ケース会議
- 17 緊急対応を要する
- 18 支援仮説
- 19 チーム支援計画
- 20 生物・心理・社会モデル
- 21 心理学的要因
- 22 生物学的要因
- 23 社会的要因
- 24 自助資源
- 25 支援資源
- 26 指導・援助
- 27 決定する
- 28 長期目標
- 29 短期目標
- 30 継続的に行われる
- 31 目標
- 32 誰
- 33 どこで
- 34 どのような
- 35 支援期間
- 36 教育相談コーディネーター
- 37 機動的連携型

[*38] BPS モデルを活用したアセスメントとして、『児童・生徒を支援するためのガイドブック〜不登校への適切な対応に向けて〜』東京都教育委員会（2018）がある。同書では、BPS モデルに基づき「身体・健康面」、「心理面」及び「社会・環境面」という３観点が示されている。

³⁸　　　　　　など を加えて、³⁹　　　　　　　　　　の対象となる児童生徒のスクリーニングや⁴⁰　　　　　　　　　などのために、校内の教職員の連携・協働に基づいて定期的に⁴¹　　　　　　を開催し、継続的に支援を行う⁴²　　　　　支援チーム。

- 学校、家庭と教育委員会、地域の関係機関等がそれぞれの役割や専門性を生かして連携・協働し、困難課題対応的生徒指導を継続的に行う⁴³　　　　　支援チーム（自殺、殺人、性被害、児童虐待、薬物乱用等、学校や地域に重大な混乱を招く危険性のある事態が発生した場合には、⁴⁴　　　　　　として危機対応に当たる。）。

38校務分掌主任

39課題早期発見対応

40困難課題対応的生徒指導

41ケース会議

42校内連携型

43ネットワーク型

44ネットワーク型緊急支援チーム

図6　支援チームの形態

④　チーム支援の実践

　　チーム支援計画に基づいて、チームによる指導・援助を組織的に実施します。その際の留意点として、以下のことが指摘できます。

- 定期的なチームによるケース会議の開催

　　チームによる指導・援助の実施段階では、⁴⁵　　　　　　　　が中心となって、定期的にケース会議を開催します。ケース会議では、メンバーの⁴⁶　　　　　、児童生徒や保護者の反応・変化についての⁴⁷　　　　　を行い、目標達成の⁴⁸　　　　　を把握します。特に、効果的な支援は継続・発展させ、そうでない支援は⁴⁹　　　　　する必要があります。

- 関係者間の情報共有と記録保持

　　支援対象となっている児童生徒や保護者との⁵⁰　　　　　　　が、効果的な実践や信頼関係の基盤となります。また、会議の録音や会議録、チームとしての活動記録などを、⁵¹　　　　　しておくことも必要です。

- 管理職への報告・連絡・相談

　　チーム支援の活動に関しては、管理職に⁵²　　　　　　　　をし、細やかな情報共有を行うことが求められます。管理職は、支援チームの活動状況を把握（⁵³　　　　　）し、効果について評価した上で、適時適切な⁵⁴　　　　　を行うするように心がけます。

45コーディネーター

46支援行為

47経過報告

48進捗状況

49中止・改善

50密接な情報共有

51適切に保存

52報告・連絡・相談

53モニタリング

54指示や助言

⑤　点検・評価に基づくチーム支援の終結・継続

　　チーム支援計画で設定した長期的、短期的な目標の達成状況について学期末や学年末に ⁵⁵　　　　　を行うことが必要です。チーム支援計画の目標が達成されたと判断された場合は、⁵⁶　　　　　　　　します。なお、年度を越える場合は、再度新年度にケース会議を開催してアセスメントを行い、チーム支援計画を見直して支援を継続します。その際、前年度における支援の状況（児童生徒の様子、活動記録など）についての引継ぎが、支援の ⁵⁷　　　　　　　　鍵になります。

55総括的評価

56チーム支援を終結

57継続性を担保する

　ここまでは、困難課題対応的生徒指導、及び課題早期発見対応におけるチーム支援のプロセスを示してきましたが、次に、発達支持的生徒指導及び課題未然防止教育におけるチーム支援について考えてみます。

⑵　発達支持的生徒指導及び課題未然防止教育におけるチーム支援

　　⁵⁸　　　　　　を対象とする発達支持的生徒指導及び ⁵⁹　　　　　　においても、生徒指導と教育相談の連携を核に多職種との協働に基づく取組を ⁶⁰　　　として展開することの重要性は言うまでもありません。また、生徒指導に関するどのような取組でも、学校の教育活動において成果を上げるためには、漠然と取り組むのではなく、目標を立て、それに向けて ⁶¹　　　　　　　　を辿ることが必要です。

　　以下に、⁶²　　　　　　を対象にした ⁶³　　　　　　　　及び課題未然防止教育において、⁶⁴　　　のリーダーシップの下、全校体制で取り組むチーム支援のプロセスと留意点（図7）を示しました。

58全ての児童生徒

59課題未然防止教育

60チーム

61計画的なプロセス

62全ての児童生徒

63発達支持的生徒指導

64管理職

点検・評価に基づく取組の改善・更新　　学校状況のアセスメントとチームの編成

取組の具体的展開　　取組の方向性の明確化と目標の共有

取組プランの作成

図7　チーム支援のプロセス
（発達支持的生徒指導及び課題未然防止教育の場合）

①　学校状況のアセスメントとチームの編成

　　学校や学年、学級・ホームルーム、児童生徒の全体状況の把握（⁶⁵　　　　　　）においては、個別の児童生徒理解と同様に、⁶⁶　　　　　　　　でかつ客観的な資料を得ることが重要です。例えば、自校の不登校やいじめ、暴力行為などの ⁶⁷　　　　　や生徒指導記録から問題行動の ⁶⁸　　　　　を丁寧に読み取ったり、学力テストの結果から ⁶⁹　　　　　　　　を洗い出したりすることなどが考えられます。

　　また、教職員が自分の足で地域を見て回り、登下校の交通事情や町並み・家並

65アセスメント

66多角的・多面的

67経年変化

68傾向や特徴

69学習状況の問題点

みの様子などから児童生徒の実態や地域の ⁷⁰　　　　を肌で感じ、客観的なデータと重ね合わせることも大切です。アセスメントと並行して、⁷¹　　のリーダーシップの下、取組を推進する ⁷²　　　　　　　を校務分掌や学年を横断して編成します。

② 取組の方向性の明確化と目標の共有

　得られた情報を分析して、学校や児童生徒の課題及び児童生徒の成長を支える ⁷³　　　　　などを見いだし、具体的な教育活動に結びつけます。そこで大切なことは、個人でなく、⁷⁴　　　　　　という意識です。学校の状況や児童生徒の現状を ⁷⁵　　　した上で、明確な ⁷⁶　　を設定し、教職員間で ⁷⁷　　　ことが不可欠の前提になります。

　そのためには、学校や地域の置かれている状況や児童生徒の課題と自助資源・支援資源などを教職員間で ⁷⁸　　　し、全校体制での組織的取組につなげるための ⁷⁹　　　を実施することが求められます。

③ 取組プランの作成

　取組の計画を作成するに当たっては、学校を取り巻く環境を内部環境と外部環境に区分し（内部環境：児童生徒、教職員、校内体制、施設、⁸⁰　　　　　　など、外部環境：保護者、地域住民、関係機関、⁸¹　　　　　、産業など）、それぞれの「強み」と「弱み」を洗い出し、⁸²　　　　　の方向性を探ることが重要です[*39]。

　その際、課題の原因を児童生徒の特性や家庭や地域の環境など、学校や教職員以外の原因に求めるだけでなく、自分たちが自明としている価値観や認識の枠組みを見直し、校内体制や学校組織の在り方そのものに対する ⁸³　　　を行うことも必要です。

　その上で、具体的な取組プランを作成します。既存のプログラム等を参考にする場合でも、各学校の実情に合わせて、内容の吟味や ⁸⁴　　　　を行うことが重要です。

④ 取組の具体的展開

　目標の達成に向けて様々な取組を進める上で大切なことは、⁸⁵　　　　　　を持つことです。在学期間を見据えた ⁸⁶　　な取組、学年、学期というスパンでの ⁸⁷　　　な取組、教科のある単元や一つの学校行事という ⁸⁸　　　での取組を、児童生徒の発達段階や学校・地域の実情に即して展開することが重要です。その際、児童生徒の ⁸⁹　　　　　を教職員はじめ学校に関係する人々が ⁹⁰　　　、という視点を忘れてはならないでしょう。

⑤ 点検・評価に基づく取組の改善・更新

　実際の取組においては、⁹¹　　（Plan）を立て、⁹²　　（Do）するだけでなく、その後の振り返りとしての ⁹³　　　　（Check）と、それに基づく ⁹⁴　　（Action）が重要です。実行したことを振り返り、その効果を点検・評価（⁹⁵）し、必要に応じて改善策（⁹⁶）を考え、さらに新たな計画（⁹⁷）、実践（⁹⁸）につなげるという繰り返し（⁹⁹　　　　　）が取組を充実させることになり、生徒指導の効果を上げることにつながります（→1.4.2 生徒指導マネジメント）。全校体制

注釈欄
70 雰囲気
71 校長
72 核となるチーム
73 自助資源・支援資源
74 組織で取り組む
75 的確に把握
76 目標
77 共有する
78 共通理解
79 校内研修
80 校風や伝統
81 自然・風土
82 実現可能な取組
83 問い直し
84 指導の工夫
85 時間的な展望
86 長期的
87 中期的
88 短期間
89 主体的・能動的な活動
90 支える
91 計画
92 実行
93 点検・評価
94 改善と更新
95 C
96 A
97 P
98 D
99 PDCA サイクル

[*39]　「学校組織マネジメント研修～すべての教職員のために～モデル・カリキュラム）」マネジメント研修カリキュラム等開発会議
　　　文部科学省（平成17年）

によるチーム支援の取組の改善・更新を積み重ねていくことにより、「[100] 　　　　　　　　　」が発展していきます。

今後、学校状況のアセスメントに基づく組織を活かした取組を、PDCA サイクルを意識しながら推進することが、一層求められます。

3.5　危機管理体制

3.5.1　学校危機とは

学校が [1] 　　　　　　環境であることは、児童生徒の学力向上や社会性の発達、健やかな成長や体力の増進につながる [2] 　　　　　になります。学校安全は、学校安全計画に基づき、安全教育、安全管理、組織活動の側面から、[3] 　　　　　　　の３領域に実践課題を設定し、全ての教職員で取り組むことによって実現される [4] 　　　　です。

学校では、けんか、いじめ、窃盗、暴力行為、授業中や課外活動中のけが、実験や実習中の火災といったものから、学校全体に混乱をもたらす食中毒、感染症、放火や殺傷事件、また地域全体の危機である自然災害などが発生することがあります。事件・事故や災害などによって、通常の [5] 　　　　　　　では解決することが困難で、学校の運営機能に支障をきたす事態を「[6] 　　　　」と呼びます。学校には、特別な備えや対応が求められますが、特に、児童生徒等に [7] 　　　　　　場合には、当該児童生徒及び関係者の心身の健康を回復するための必要な [8] 　　　　　　　　です。

学校危機は、学校で発生した事案だけでなく、児童生徒の個人的な事柄や地域社会における出来事からの影響を受け、緊急対応が必要になる場合もあります。学校レベルの危機は、[9] 　　　　　　　であり、教職員がその対応に当たりますが、個人レベルの危機には、虐待、帰宅後の事件・事故、家族旅行中の事故、家族の死亡、性的被害、自殺、貧困問題など、学校の管理下に含まれないものもあります。しかし、そのようなものであっても、学校は、児童生徒個人や学校での交友関係に [10] 　　　　　　を行うことが必要になります。

また、地域社会レベルの危機では、自然災害のように多くの児童生徒が類似した危機を同時に経験する場合があり、[11] 　　　　であっても安否確認や居住場所、通学路の安全の確認が必要になります。教職員個人の危機についても、児童生徒への影響が想定される場合には [12] 　　　　　　が求められます。

3.5.2　学校危機への介入

事件・事故を防止するためには、学校は、事件・事故につながる [1] 　　　　　　とともに、災害の影響を最小化するように努めなければなりません。しかし、日頃から万全な取組をしていても事件・事故が発生したり、災害の影響が及んだりする場合があります。そのような状況下では、学校は、迅速に対応し、被害の [2] 　　　、[3] 　　　　　に向けた取組を進めることが求められます。そのためには、学校として、事件・事故や災害への対応を想定した [4] 　　　　　と組織活動、外部の関係機関との連携を、[5] 　　　から築いておくことが必要です。

以下、学校危機管理の実際について、事件・事故を回避し、災害の影響を緩和する

100 チームとしての学校

1 安全で安心な
2 前提条件
3 生活安全、交通安全、災害安全
4 教育活動

5 課題解決方法
6 学校危機
7 危害が生じた
8 支援を行うことが不可欠

9 学校管理下の事案

10 配慮した対応

11 休日や夜間

12 学校としての対応

1 危険因子を除去する

2 最小化
3 早期回復
4 危機管理体制
5 平常時

ために学校が取り組む「⁶　　　　　　　　　　」と、事件・事故、災害発生直後に、被害を最小化し、早期の回復へ向けた取組である「⁷　　　　　　　　　　」に分けて説明します。

6 リスクマネジメント

7 クライシスマネジメント

(1) リスクマネジメント

リスクマネジメントは、事件・事故の発生を⁸　　　　　　し、災害の影響を回避、緩和するための取組です。⁹　　　　　では、定期的に学校の施設や設備を点検し、事件や事故につながらないように修理したり使用停止にしたり、ルールやきまりの遵守の徹底などを通して、¹⁰　　　　　　に取り組みます。また、¹¹　　　　　では、児童生徒が危険に気付いて回避したり、被害に遭わないように自ら判断したりする力を育成するための¹²　　　　　　を行います。その際、安全管理と安全教育は密接に関連させて進めていくことが大切です。

8 未然に防止

9 安全管理

10 発生の防止

11 安全教育

12 予防的な指導

例えば、安全点検の結果を安全教育の具体的な資料として活用したり、望ましくない行動を取り上げ、適切な行動の仕方を考えさせたりすることによって、進んで安全な行動が実践できるような資質・能力を身に付けるように働きかけます。

これらに加え、学校は危機への対応に備える¹³　　　　　　を整える必要があります。事件・事故、災害が潜在的で突発的な危険因子によって引き起こされ、その発生や影響を回避できなかった場合に、できる限り迅速に対応を開始し、被害を¹⁴　　　　するため、次のような事柄を想定した準備が必要になります。

13 危機管理体制

14 最小化

① 　¹⁵　　　　　　　　　　の整備

まず、児童生徒、教職員の安全を確保した上で、学校内では、現況の報告、情報の収集、会議、状況判断と意思決定、情報の伝達と共有、集会、集団管理、心のケアなどを想定しておきます。学校外の対応としては、保護者、教育委員会等、警察と消防、マスコミ、医療機関、保健所、児童相談所、臨床心理士会や公認心理師団体、周辺の学校、校区の自治会、市町村などに対し、連絡、説明、協力や支援の要請などを行うことが想定されます。

15 危機管理マニュアル

学校危機対応は¹⁶　　　の主導で進められますが、事前に作成しておいた危機管理マニュアルを基に、管理職の不在時であっても危機の内容と学校の体制に応じ、役割を分担して¹⁷　　　　　していきます。

16 管理職

17 チームで対応

② 危機対応の¹⁸　　　　

また、積極的な備えのためには、研修が必須です。事件・事故、災害発生時の学校運営を想定した研修では、学校組織の再編成、短縮授業や休校、保護者説明会、行事予定などについて協議し、記録と情報管理、マスコミ対応を含めた¹⁹　　　　　　　訓練を実施し、危機対応マニュアルや教職員間の申し合わせ事項を確認しておきます。

18 実践的研修

19 シミュレーション

心のケアの研修では、事件・事故、災害発生後の子供の反応と、それへの対応に関する²⁰　　　　　について、共通理解を図っておくことも必要です。

③ 日常の観察や²¹　　　　　等の実施

さらに、日常的な教育活動におけるリスクマネジメントの取組も重要です。学級・ホームルーム担任が朝の健康観察により児童生徒の心身の健康課題に気付き迅速に対応したり、教職員間で²²　　　への気付きを共有したり、²³　　　間で早期に対応したりすることがリスクマネジメントの実践につながります。

20 基礎的な知識

21 未然防止教育

22 リスク

23 校務分掌

また、遠足や修学旅行に向けた準備や指導、学級・ホームルーム活動における
いじめ問題などを扱った話合い、²⁴ による怒りや攻撃性の置換え練習、
²⁵ やコミュニケーションスキルの育成、児童生徒同士のトラブル
を自分たちで解決しようとする児童生徒同士による ²⁶ 、さらには、ストレス
マネジメントや SOS の出し方に関する教育を含む ²⁷ 、人権学習など
の実践も、学校危機のリスクを低減する取組になります。

24怒りの対処法

25ソーシャルスキル

26調停法
27自殺予防教育

⑵ **クライシスマネジメント**

　安全管理や安全教育による事前の取組を進めていたにもかかわらず、事件・事故が
発生したり、災害の影響が及んだりした際には、学校運営と ²⁸ に関する迅速か
つ適切な対応を行うことによって、被害を ²⁹ 必要があります。

28心のケア

29最小限にとどめる

① 初期段階の対応と早期の介入

　事件・事故・災害発生直後の初期の対応や早期の介入は、³⁰
の初期段階に当たるものです。負傷者が出た場合には、³¹ や救命救急
処置を即座に行い、救急車の要請を行うなどの対応を、日頃からの訓練を通して、
³² が行えるようにしておくことが求められます。

30クライシスマネジメント

31応急手当

32全ての教職員

- 事件・事故、災害が発生したときには、まず、児童生徒を安全な場所へ誘導
した後に点呼を実施し、場合によっては捜索を進め、被害に遭った児童生徒
の氏名や被害の程度について情報収集をします。そして、警察と消防への通
報、保護者への連絡、救急車の誘導、教職員間での情報共有と必要な指示を
行うことになります。
- ³³ は、状況や経過を見極めながら、校内連携型危機対応チームを招集し
てミーティングを開催し、事実確認、情報共有、役割分担の確認、連絡や報
告、今後の活動の進め方、外部の関係機関への支援要請などの ³⁴
必要があります。

33管理職

34判断を迅速に行う

- さらに、児童生徒が安全な場所で保護者や家族と再会できるよう手配します。
また、被害を受けた児童生徒が、³⁵ （周囲からの言葉、態度等）や
³⁶ （事実誤認、プライバシー侵害、取材等）や警察の ³⁷
に際して不快感を抱いたり、不利益な扱いを受けることで精神的負担や時間
的負担を感じてさらに傷ついたりするといった ³⁸ ための配慮を
行うことも必要になります。

35周囲の対応

36マスコミの報道

37事情聴取

38二次被害を防ぐ

- 児童生徒への対応に加えて、来校する警察や消防、保護者や近隣の住民、報
道関係者などの ³⁹ の対応も進めることが必要です。

39集団管理

② 中・長期の支援

- 危機対応を開始した後には、危機の解消に向け、当日の対応、翌日以降の対
応、1週間後、それ以降の中長期的な対応についての方策を検討していきま
す。これは、継続的な対応のなかでも、中長期の支援となります。
- 日常の学校生活が徐々に回復していくなかで、⁴⁰ の進め方について、
SC や SSW と協議し、⁴¹ を進める必要があります。
学校や学級・ホームルーム全体を対象にする対応、ニーズが類似した少人数
のグループを対象にする対応、個人を対象とした個別対応の3段階で対応し
ます。

40心のケア

41アセスメントに基づく対応

- 回復への支援については、けがなどの場合であっても、身体的な回復だけでなく、学校生活へ復帰して再適応するために、休んでいた間の友人関係など社会的側面、学校に戻ることについての不安や心配といった情緒的側面も含めて回復に向けた [42]   ことが必要になります。

③ 再発防止への取組

- 最後に、事件・事故、災害の発生直後からの被害の回復と併行して、学校は、[43]   を実施しなりればなりません。危機が継続している場合にはその被害を回避し、影響を最小化して安全を確保する取組を進めつつ、同様の被害を繰り返さないための取組を具体的に示し、[44]   が実践することが求められます。

- 事件・事故、災害の教訓を生かし、安全管理の [45]   、安全教育の強化、[46]   と一層の整備を進めます。これは、次の危機事案に備えて、教訓を生かした [47]   へ循環した対応が行われることを意味しています。

42 包括的な支援を行う

43 再発防止に向けた取組

44 全ての教職員

45 見直しと徹底

46 危機管理体制の見直し

47 リスクマネジメント

なお、防災教育を含む安全教育の更なる充実に当たっては、「文部科学省×学校安全」において示された文部科学省や都道府県等で実施されている取組や、これまでに作成された資料などを参考にすることも重要です。

3.6 生徒指導に関する法制度等の運用体制

3.6.1 校則の運用・見直し

(1) 校則の意義・位置付け

児童生徒が遵守すべき学習上、生活上の規律として定められる [1]   は、児童生徒が健全な学校生活を送り、よりよく成長・発達していくために設けられるものです。校則[*40]は、各学校が教育基本法等に沿って [2]   を実現していく過程において、児童生徒の発達段階や学校、地域の状況、時代の変化等を踏まえて、最終的には [3]   により制定されるものです。

校則の在り方は、特に法令上は規定されていないものの、これまでの判例では、[4]   において、教育目標の実現という観点から校長が定めるものとされています。また、学校教育において [5]   について適切な指導を行うことは重要であり、学校の教育目標に照らして定められる校則は、[6]   を有するものと考えられます。

校則の制定に当たっては、少数派の意見も尊重しつつ、児童生徒個人の能力や自主性を伸ばすものとなるように [7]   ことも必要です（→1.5.1 児童生徒の権利の理解）。

1 校則

2 教育目標

3 校長

4 社会通念上合理的と認められる範囲

5 社会規範の遵守

6 教育的意義

7 配慮する

(2) 校則の運用

校則に基づく指導を行うに当たっては、校則を守らせることばかりにこだわることなく、何のために設けたきまりであるのか、教職員がその背景や理由についても理解しつつ、児童生徒が自分事としてその意味を理解して [8]   ように指導

8 自主的に校則を守る

[*40] 「校則」の代わりに、「生活のきまり」、「生徒心得」などと呼ぶ学校もある。

していくことが重要です。そのため、校則の内容について、普段から学校内外の関係者が参照できるように学校のホームページ等に公開しておくことや、児童生徒がそれぞれのきまりの意義を理解し、主体的に校則を ⁹　　　ようになるために、制定した背景等についても示しておくことが ¹⁰　　　と考えられます。

9 遵守する
10 適切である

　その上で、校則に違反した場合には、行為を正すための指導にとどまるのではなく、違反に至る背景など児童生徒の ¹¹　　　や状況を把握しながら、¹²　　　ような指導となるよう留意しなければなりません。

11 個別の事情
12 内省を促す

(3) 校則の見直し

　校則を制定してから一定の期間が経過し、学校や地域の状況、社会の変化等を踏まえて、その意義を適切に説明できないような校則については、改めて学校の教育目的に照らして ¹³　　　か、現状に合う内容に変更する必要がないか、また、本当に必要なものか、¹⁴　　　ことが求められます。さらに、校則によって、教育的意義に照らしても不要に行動が制限されるなど、マイナスの影響を受けている児童生徒がいないか、いる場合にはどのような点に配慮が必要であるか、¹⁵　　　ことも重要です。

13 適切な内容
14 絶えず見直しを行う
15 検証・見直しを図る

　校則は、最終的には校長により適切に判断される事柄ですが、その内容によっては、児童生徒の学校生活に大きな影響を及ぼす場合もあることから、その在り方については、児童生徒や保護者等の学校関係者からの意見を聴取した上で定めていくことが望ましいと考えられます。また、その見直しに当たっては、児童会・生徒会や ¹⁶といった場において、校則について確認したり議論したりする機会を設けるなど、絶えず積極的に見直しを行っていくことが求められます。そのためには、校則を策定したり、見直したりする場合にどのような手続きを踏むことになるのか、その過程についても示しておくことが望まれます。

16 保護者会

　なお、校則の見直しに関して、例えば、以下のような取組により、校則に向き合う機会を設けている学校や教育委員会もあります[*41]。

① 学校における取組例
- 各学級で校則や学校生活上の規則で変更してほしいこと、見直してほしいことを議論。
- 生徒会や PTA 会議、学校評議員会において、現行の校則について、時代の要請や ¹⁷　　　の変化等を踏まえ、見直しが必要な事項について意見を聴取。
- 児童生徒や保護者との共通理解を図るため、校則をホームページに掲載するとともに、入学予定者等を対象とした説明会において、校則の内容について説明。

17 社会常識

② 教育委員会における取組例
- 校則の内容、見直し状況について実態調査を実施。
- 学校等の実態に即した運用や指導ができているか等の観点から、必要に応じて校則を見直すよう依頼。
- 校則を学校のホームページへ掲載するとともに、校則について生徒が考える機会を設けられるよう改定手続きを ¹⁸　　　など、児童生徒・保護者に周知するよう依頼。

18 明文化する

[*41]「校則の見直し等に関する取組事例について」初等中等教育局児童生徒課（令和3年6月8日）

(4) 児童生徒の参画

校則の見直しの過程に児童生徒自身が参画することは、校則の意義を理解し、自ら校則を守ろうとする意識の醸成につながります。また、校則を見直す際に児童生徒が主体的に参加し [19]　　　　ことは、学校のルールを無批判に受け入れるのではなく、自身がその根拠や影響を考え、[20]　　　　　　　　といった教育的意義を有するものとなります。

19 意見表明する

20 身近な課題を自ら解決する

3.6.2　懲戒と体罰、不適切な指導

学校における懲戒とは、児童生徒の教育上必要があると認められるときに、児童生徒を叱責したり、処罰したりすることです。[1]　は、学校における教育目的を達成するために、[2]　　　　の下に行われなければなりません。その際には、組織的に指導の方向性や役割分担を検討した上で、児童生徒の特性や心情に寄り添いながら本人や関係者の言い分を [3]　　　　とともに、それ以外にも必要な [4]　　　　などして、事実関係の確認を含めた [5]　　　　を経るようにする必要があります。指導後においても、児童生徒を一人にせず、心身の状況の変化に注意を払うことに留意するとともに、保護者等の [6]　　　　を得られるようにしていくことが重要です。

1 懲戒

2 教育的配慮

3 しっかりと聴く

4 情報を収集する

5 適正な手続き

6 理解と協力

懲戒には、児童生徒への叱責、起立、居残り、宿題や清掃当番の割当て、訓告など、児童生徒の教育を受ける地位や権利に変動をもたらす [7]　　　　、事実行為としての懲戒と呼ばれるものがあります。また、[8]　　　　といった法的効果を伴う懲戒もあります。退学は、児童生徒の教育を受ける権利を [9]　　　　であり、停学はその権利を [10]　　　　ものです。

7 法的効果を伴わない

8 退学や停学

9 奪うもの

10 一定期間停止する

懲戒は、[11]　　　第11条に規定されていますが、その手続きについて法令上の規定はありません。しかし、懲戒を争う訴訟や損害賠償請求訴訟が提起される場合もあり、学校は懲戒に関する [12]　　　をあらかじめ明確化し、児童生徒や保護者に [13]　　　し、理解と協力を得るように [14]　　　ことが求められます。

11 学校教育法

12 基準

13 周知

14 努める

学校における児童生徒への体罰は、文部科学省の調査によれば、年々減少傾向にありますが、いまもなお発生しています。体罰は、[15]　　　第11条で明確に禁止されており、懲戒と体罰に関する解釈・運用については、「体罰の禁止及び児童生徒理解に基づく指導の徹底について」（平成25年 3 月13日初等中等教育局長、スポーツ・青少年局長通知）において、以下のとおり示されています。

15 学校教育法

(1) 体罰等の禁止及び懲戒について

体罰による指導では、児童生徒に正常な [16]　　　を養うことはできず、むしろ力による解決への志向を助長することになりかねません。体罰によることなく、児童生徒の規範意識や社会性の育成を図るよう、適切に [17]　　　を行い、粘り強く [18]　　　ことが重要です。

16 倫理観

17 懲戒

18 指導する

(2) 懲戒と体罰の区別について

懲戒行為が体罰に当たるかどうかは、当該児童生徒の年齢、健康、心身の発達状況、当該行為が行われた場所的・時間的環境、懲戒の態様等の諸条件を [19]　　　に考え、[20]　　　　　　　　必要があります。これらのことを勘案して、懲戒の内容が、身体に対する侵害や肉体的苦痛を与えると判断される場合には、[21]　になります。

19 総合的かつ客観的

20 個々の事案ごとに判断する

21 体罰

⑶　正当防衛及び正当行為について

　　教職員が児童生徒による暴力行為の防衛のためにやむを得ず行った行為は、児童生徒の身体への侵害や肉体的苦痛を与えた場合であっても体罰には [22]　　　　　　。

22該当しません

⑷　体罰の防止と組織的な指導体制について

　　教育委員会等、学校、校長、教職員はそれぞれの立場で、体罰の [23]　　　　　　を徹底する必要があります。また、体罰を行った場合や他の教職員の体罰を [24]　　　　場合には、速やかに関係者に [25]　　　　　を確認し、[26]　　　　　　　　等に報告します。

23未然防止や組織的な対応
24目撃した
25事実関係
26管理職や教育委員会

⑸　部活動における不適切な指導について

　　部活動は [27]　　　　の一環であり、特定の生徒等に対して執拗かつ過度に肉体的・精神的負荷を与えることは教育的指導とは言えないことに留意し、[28]　　　　として適切に実施されなければなりません。

27学校教育
28教育活動

　　さらに、本通知においては、上記で示した児童生徒の懲戒・体罰等に関する参考事例がまとめられています。ただし、体罰かどうかの判断は、最終的には、⑵で示した諸条件や部活動に関するガイドライン[*42]を踏まえ、[29]　　　　　　　　　　必要があります。

29個々の事案ごとに判断する

> 〔不適切な指導と考えられ得る例〕
>
> • 大声で怒鳴る、ものを叩く・投げる等の威圧的、感情的な言動で指導する。
> • 児童生徒の言い分を聞かず、事実確認が不十分なまま思い込みで指導する。
> • 組織的な対応を全く考慮せず、独断で指導する。
> • 殊更に児童生徒の面前で叱責するなど、児童生徒の尊厳やプライバシーを損なうような指導を行う。
> • 児童生徒が著しく不安感や圧迫感を感じる場所で指導する。
> • 他の児童生徒に連帯責任を負わせることで、本人に必要以上の負担感や罪悪感を与える指導を行う。
> • 指導後に教室に一人にする、一人で帰らせる、保護者に連絡しないなど、適切なフォローを行わない。

　　また、たとえ身体的な侵害や、肉体的苦痛を与える行為でなくても、いたずらに注意や [30]　　　　　を繰り返すことは、児童生徒のストレスや不安感を高め、自信や意欲を喪失させるなど、児童生徒を精神的に追い詰めることにつながりかねません。教職員にとっては日常的な声掛けや指導であっても、児童生徒や個々の状況によって受け止めが異なることから、特定の児童生徒のみならず、全体への過度な叱責等に対しても、児童生徒が圧力と感じる場合もあることを考慮しなければなりません。そのため、指導を行った後には、児童生徒を一人にせず、心身の状況を観察するなど、指導後の [31]　　　　　　ことが大切です。加えて、教職員による [32]　　　　　等が不登校や自殺のきっかけになる場合もあることから、体罰や不適切な言動等が、部活動を含めた

30過度な叱責

31フォローを行う
32不適切な指導

[*42]　「運動部活動での指導のガイドライン」文部科学省（平成25年 5 月）、「運動部活動の在り方に関する総合的なガイドライン」スポーツ庁（平成30年 3 月）、「文化部活動の在り方に関する総合的なガイドライン」文化庁（平成30年12月）

学校生活全体において、³³　　　　　　　　　　　　　　　　　　　　　　ことに留意する必要があります[*43]。

　なお、「教育職員等による児童生徒性暴力等の防止等に関する法律」第3条において、児童生徒性暴力[*44]が明記されており、児童生徒性暴力等等の禁止により免許状が失効等となった場合は、免許状の再授与に厳しい制限が課されることとなります。

3.6.3　出席停止制度の趣旨と運用

(1)　出席停止の要件

　¹　　　　　　　第35条第1項では、出席停止の適用[*45]に当たって、²　　　　であること、他の児童生徒の教育に³　　　　と認められること、という二つの基本的な要件[*46]を示しています。

　また、性行不良について、「他の児童に障害、⁴　　　　又は財産上の損失を与える行為」「職員に⁵　　又は心身の苦痛を与える行為」「施設又は設備を⁶　　　　行為」「授業その他の教育活動の実施を⁷　　　行為」の四つの行為を類型として例示し、その「一又は二以上を繰り返し行う」ことを出席停止の適用の要件として規定しています。

　学校は、出席停止の適用について検討する中で、出席停止制度の趣旨と意義を踏まえ、要件に該当すると判断した場合には、出席停止を命じる⁸　　　を有する市町村⁹　　　に報告することになります。

(2)　出席停止の事前手続と適用

　学校教育法第¹⁰条第¹¹項では、出席停止を命じる場合、市町村教育委員会は、「あらかじめ保護者の意見を聴取するとともに、¹²　　　　を記載した文書を交付しなければならない」と規定しています。¹³　　　を通じて保護者の言い分も聞き、そのために出席停止の理由も文書に付記しておかなければならないということです。

　学校は、問題行動を起こす児童生徒の状況を市町村教育委員会に報告し、必要な指示や指導を受けるとともに、保護者の¹⁴　　　が得られるよう努めるなど、市町村教育委員会と十分に連携できる体制を整える必要があります。場合によっては、警察や児童相談所等の関係機関との¹⁵　　　ことも考えられます。

(3)　出席停止の措置の適用

　市町村教育委員会は、¹⁶　　　　の規定に則り、事前手続を進め出席停止の適用を決定した場合、出席停止を命じる¹⁷　　　　に対して、理由及び期間を記した文書を交付します。学校は、教育委員会の¹⁸　　　により、校長等がその場に立ち会うなどの対応を行うことが想定されます。

(4)　出席停止の期間中及び事後の対応

　学校教育法第¹⁹条第²⁰項では、市町村教育委員会は、「出席停止の期間における学習に対する支援その他の²¹　　　　　　を講ずる」と規定しています。学校は、教育

1　学校教育法
2　性行不良
3　妨げがある
4　心身の苦痛
5　傷害
6　損壊する
7　妨げる
8　権限と責任
9　教育委員会
10　35
11　2
12　理由及び期間
13　意見の聴取
14　理解と協力
15　連携を図る
16　教育委員会規則
17　児童生徒の保護者
18　指示や指導
19　35
20　4
21　教育上必要な措置
33　いかなる児童生徒に対しても決して許されない

[*43]　「池田町における自殺事案を踏まえた生徒指導上の留意事項について」児童生徒課長（平成29年10月20日）
[*44]　「教育職員等による児童生徒性暴力等の防止等に関する法律の公布について（通知）」文部科学事務次官通知（令和3年6月11日）
[*45]　「出席停止制度の運用の在り方について（通知）」初等中等教育局長（平成13年11月6日）
[*46]　出席停止について、小学校は学校教育法第35条、中学校は同法第49条（第35条を準用）に記載。

委員会の指示や指導を受けながら、当該児童生徒に対する [22]　　　　を整備し、[23]

　　　など教育上必要な措置を講じるとともに、学校や学級へ円滑に復帰することができるよう指導や援助に努めることが必要です。

　また、他の児童生徒への [24]　　　　や被害者である児童生徒への [25]　　　　にも配慮することが大切です。出席停止の期間終了後においても、保護者や関係機関との連携を強めながら、当該児童生徒に対する指導・援助を [26]　　　　ことが求められます。

22指導体制
23学習の支援
24適切な指導
25心のケア
26継続する

3.7　学校・家庭・関係機関等との連携・協働

3.7.1　連携・協働の場としての学校の意義と役割

　学校は、公立・私立を問わず、家庭や地域の人々、公立学校であれば学校の [1]

　　　である教育委員会、さらには、警察や司法、福祉、医療・保健等の様々な関係機関と連携しています。児童生徒に関わる関係機関は多岐にわたり、その [2]

などに応じて児童生徒を支援しています。教育機関である学校は、義務教育段階であれば、特定の一部の児童生徒を対象とするのではなく、全ての学齢児童生徒を対象とする広範な仕組みであり、[3]　　　であると言えます[*47]。

　全ての学齢児童生徒を対象とするからこそ、学校は、様々な不公平や [4]

　　　のための重要な意義と役割を有しており、児童生徒の [5]　　　　、最善の利益の保障や達成に係る重要なインフラであり、[6]　　　　であると捉えることができます。

　現在、「[7]　　　　　　　　　」を通じてよりよい社会をつくるという目標を学校と社会とが共有した上で、それぞれの学校において必要な教育内容を明確にしながら、社会との連携・協働によってそのような学校教育の実現を図っていくことや、複雑化・重層化した児童生徒の [8]　　　に応えること、学校の働き方改革を実現し教員の専門性を十全に生かすことが、学校には求められています。

　そのためには、学校を [9]　　　　　との連携・協働の場とすること、さらには、多職種・多機関という専門職による支援の枠組みにとらわれず、地域にある社会資源を学校に迎え入れ、社会全体で児童生徒の [10]　　　　を支えることを目指す [11]　　　　が求められています。それは、[12]　　　　、課題予防的（未然防止教育・早期発見対応）、及び [13]　　　　といった生徒指導の3類4層全てにわたるものであり、学校を多様な「思いやりのある大人」たちの [14]　　　　　　　としていくことを意味しています。

　しかし、学校を基盤とした家庭や地域、関係機関等との連携の在り方は、決して全国一律ではありません。学校種や地域によっても多様な連携の形が考えられるとともに、地域にどのような社会資源が存在するかにも左右されます。そのため、各学校は、地域の実情をよく把握した上で、家庭や地域、関係機関等と円滑な連携・協働を図るために、[15]　　　　や生徒指導マニュアル等において、地域に存在する関係機関等の役割や権限、連携方法などについて明記し、[16]　　　で共通理解しておくことが大切です。

1 設置管理者

2 目的や専門性

3 制度

4 格差の是正・解消

5 健全育成

6 セーフティネット

7 社会に開かれた教育課程

8 ニーズ

9 多職種・多機関

10 学びと育ち

11 学校改革

12 発達支持的

13 困難課題対応的

14 連携・協働の場

15 生徒指導基本方針

16 教職員間

[*47]　高校への進学率が100%に近い状況であることに鑑みると、高校段階の教育を含む初等中等教育段階の学校にはあらゆる児童生徒が在籍等、関係していると考えることができる。

3.7.2　学校と家庭、地域との連携・協働

(1)　学校と家庭

　　　　　　¹　　　　　　第10条において、「家庭教育」についての規定が示されています。そこでは「父母その他の保護者は、子の教育について ²　　　　　　　を有するものであって、生活のために必要な習慣を身に付けさせるとともに、自立心を育成し、³　　　　　　　よう努めるものとする。」と記されています。保護者は子供の教育の第一義的な責任者であり、⁴　　　　　　が子供に与える影響には大きなものがあります。

　したがって、学校教育を円滑に進めるために、学校は家庭との ⁵　　　　　　　　　　を築くことが不可欠です。保護者が学校の教育活動に積極的に参加することによって、生徒指導は効果的なものになるといっても過言ではありません。保護者との関係づくりを進めるための代表的な手段としては、学級・学年・学校だより等の通信、⁶　　　　　、PTA、三者面談、学校行事などが挙げられます。また、あらかじめ学校で保護者へ速やかに電話連絡する事項を明確化し（例えば、児童生徒が転んでけがをした、児童生徒同士のけんかがあったなど）、そのようなことが起きた場合には、躊躇せず、すぐに ⁷　　　　　ことが保護者との信頼関係の構築に寄与することになります。さらに、学校の ⁸　　　　　　　　等について、保護者と学校との間で ⁹　　　　　を持つために、学校の教育目標や校則、望まれる態度や行動、諸課題への対応方針等について、保護者に周知し、合意形成を図ることが求められます。

　しかし一方で、我が国において、¹⁰　　　　　　は増加傾向にあり、諸外国と比してそれらの家庭の ¹¹　　　　　　が高いとされていることから、保護者も支援を必要としている場合が少なくありません[*48]。そのような場合は、¹²　　と連携するなどして、学校と関係機関等で ¹³　　　　　し、児童生徒と保護者の双方への支援を検討し、実施していくことになります。

(2)　学校と地域

　学校と地域との連携・協働については、学校教育の一層の充実に向けて取組が進められてきました。現在では、その一つの動向として、¹⁴　　　　　　　　（学校運営協議会制度）と地域学校協働活動の一体的な取組による「¹⁵　　　　　　　　」が目指されています[*49]。そのために、教育委員会には、主体的・計画的にコミュニティ・スクールの導入に向けた取組を行うとともに、¹⁶　　　　　で子供の学びや成長を支え、学校と地域とのパートナーシップの下で様々に展開される ¹⁷　　　　　　の機会を提供することが求められます。

　地域学校協働活動を推進する体制が、¹⁸　　　　　　　　　　であり、学校と地域に存在する社会資源をそれぞれ緩やかに結び付け、総合化・ネットワーク化していく取組が進められています。地域学校協働活動の代表的な取組には、学びによるまちづくり・地域課題解決型学習・郷土学習、放課後子供教室、地域未来塾、家庭教育支援活動、登下校の見守り、授業の補助や部活動の支援、社会教育施設や企業等による体験活動等の出前授業などがあり、¹⁹　　　　　　に応じて展開されています。

　地域学校協働活動の取組は、生徒指導（特に ²⁰　　　　　　　　）やキャリア教育の範疇に入るものなど、多岐にわたっています。²¹　　　　　　　は、学校の学びを、

1　教育基本法
2　第一義的責任
3　心身の調和のとれた発達を図る
4　家庭教育
5　パートナーシップ
6　保護者会
7　連絡する
8　生徒指導基本方針
9　共通理解
10　ひとり親家庭
11　相対的貧困率
12　SSW
13　情報共有
14　コミュニティ・スクール
15　学校を核とした地域づくり
16　地域全体
17　地域学校協働活動
18　地域学校協働本部
19　地域の特色
20　発達支持的生徒指導
21　地域学校協働活動

[*48]　「国民生活基礎調査」厚生労働省
[*49]　「学校と地域でつくる学びの未来」文部科学省

地域での体験活動や²²＿＿＿＿を通して、現実社会と接続させ、²³＿＿＿＿

を実現していく上で、重要な連携・協働の在り方と言えるでしょう。

3.7.3 学校と関係機関との連携・協働

(1) 学校と教育委員会

① 生徒指導担当の指導主事の役割

公立学校の場合、学校と関係機関との連携・協働に関して、公立学校の設置管理者である¹＿＿＿＿[*50]の存在や果たす役割は大きなものと言えます。地方公共団体における教育行政を担う機関として、都道府県教育委員会と²＿＿＿＿が設置されています。

教育委員会の職務権限の一つに、学校の設置・管理があり、学校の経費を負担することとされていますが、この規定は、「³＿＿＿＿」、「設置者負担主義」と解されています[*51]。つまり、市町村立の学校は市町村教育委員会が、都道府県立の学校は都道府県教育委員会が⁴＿＿＿＿しています。

学校は、生徒指導に関することで教育委員会と連携・協働する場合、地域により名称は様々ですが、主に、教育委員会の「義務教育課」や「学校指導課」等の生徒指導担当の指導主事と連絡を取ることになります。⁵＿＿＿＿[*52]とは、都道府県や市町村の教育委員会に置かれる専門的職員のことで、所管する学校の生徒指導に関することだけでなく、学校の教育課程、⁶＿＿＿＿等、広く学校教育に関する専門的事項の指導に関する事務に⁷＿＿＿＿とされています。⁸＿＿は自らのリーダーシップの下で、生徒指導上の諸課題が発生した場合等に、教育委員会の生徒指導担当の指導主事と連絡を取り合い、それらの問題・諸課題の⁹＿＿＿＿ことになります。

この他にも、一部の教育委員会の生徒指導担当課などでは、特別に学校への支援体制を整備して、¹⁰＿＿＿＿や学級の荒れ等の事案に対処している場合もあります。

例えば、生徒指導担当の指導主事のコーディネートにより、SC、SSW、専ら教育行政に関与する弁護士、警察官 OB の¹¹＿＿＿＿等を学校からの求めに応じてチームで派遣し、支援を展開している場合も見られます。

② 教育支援センター（適応指導教室）

不登校の児童生徒への支援において、学校は、「教育支援センター（¹²＿＿＿＿）」（以下「教育支援センター」という。）と連携を図る場合があります。教育支援センターとは、教育委員会や首長部局に設置された、主に¹³＿＿＿＿への支援を行うための機関です。市町村教育委員会による設置が主であり、教育委員会内や学校外の場所に設置されている場合のほか、一部の地域では学校内に設置している場合もあります[*53]。「学校に登校する」という結果のみを目標とはしないものの、¹⁴＿＿＿＿に向けて、学校生活への復帰も視野に入れた支援を行うため、児童生徒の在籍校と連携しつつ、個別カウンセリングや¹⁵＿＿＿＿での

1 教育委員会

2 市町村教育委員会

3 設置者管理主義

4 設置・管理

5 指導主事

6 学習指導

7 従事すること

8 校長

9 解決に当たる

10 暴力行為

11 スクールサポーター

12 適応指導教室

13 不登校児童生徒

14 社会的自立

15 少人数グループ

[*50] 教育委員会とは、教育委員会事務局を意味する場合、教育長と４名の教育委員で構成される委員会（地方教育行政の組織及び運営に関する法律第３条）を意味する場合、それらを合わせた組織体を意味する場合がある。ここでは、主に、教育委員会事務局のことを教育委員会と表記する。

[*51] 学校教育法第５条

[*52] 地方教育行政の組織及び運営に関する法律第18条第１項、第２項、第３項

[*53] 「教育支援センター（適応指導教室）に関する実態調査結果」文部科学省（令和元年５月13日）

活動、教科指導等を組織的、計画的に行っています。

今後、 **16**　　　　　　は、通所を希望する児童生徒に対する支援だけでなく、これまでに蓄積された理論や知見、実践方法等を生かし、通所を希望しない児童生徒への **17**　　　　　や「児童生徒理解・支援シート」に基づくコンサルテーション担当等、不登校児童生徒への **18**　　　　　となることが期待されています[*54]。また、不登校児童生徒への無償の **19**　　　　　、未設置地域への設置の促進、又はそれに代わる体制整備が望まれています[*55]。

③　教育行政に係る法務相談体制の構築

現在、各都道府県や政令指定都市などに、専ら教育行政に関与する **20**　　　の配置が進められています。いじめや虐待の事案のほか、保護者や地域住民の学校や教育委員会への **21**　　　　や学校事故への対応など、法務の専門家への相談が必要な機会が生じることがあり、弁護士への期待が寄せられています。弁護士の業務には、 **22**　　　　　　　のみならず、以下のことが考えられます。

- 助言、アドバイザー業務（いじめ、保護者との関係、学校事故など）
- 代理、保護者との面談への同席など
- 研修業務（法教育、いじめ防止、個人情報を含むコンプライアンスなど）
- 出張授業（法教育、いじめ防止、消費者教育など）

学校や教育委員会においては、特に事案の初期対応の段階のみならず、予防的にも関わることのできる体制を整えておくことで、速やかな **23**　　　　、教職員の **24**　　　につながるケースが少なくないことに留意すべきです[*56]。なお、教育行政に係る法務相談体制の構築に当たっては、教育機関である学校の特徴や学校・地域の実情とともに、教育の持つ特性、特に成長過程にある子供への対応の在り方等について弁護士との間で **25**　　　　　を図っておく必要があります。

法務相談体制における学校・教育委員会・弁護士（会）の関係については、各自治体及び弁護士（会）の状況に合わせて以下のように様々な体制が取られています。地域の実情に応じて、学校が弁護士に直接相談できるのか、又は教育委員会に連絡するのか、相談の手順について各学校が理解しておくことも必要です。

- 学校の管理職又は教職員が直接弁護士に相談できる体制
- 学校の管理職又は教職員が教育委員会に相談した上で、教育委員会から弁護士に対して相談をする体制
- 教育委員会から弁護士会に対して相談し、弁護士会が案件ごとに弁護士を紹介する体制

(2)　学校と警察・司法

①　警察

警察との連携で具体的に想定される連携先は、 **26**　　　　　　　　や警察署（「生活安全」に関わる生活安全課、少年相談係など）、スクールサポーター（警察官OBなど）が挙げられます。児童生徒を加害に **27**　　　　　、被害に遭うことから **28**　　上で、警察は学校の重要なパートナーと言えます。

16教育支援センター

17訪問型支援

18支援の中核

19学習機会の確保

20弁護士

21過剰な要求

22事案発生後の対応

23課題解決

24負担軽減

25適切な共通理解

26少年サポートセンター

27向かわせず

28防ぐ

[*54]　「不登校児童生徒への支援の在り方について（通知）」文部科学省初等中等教育局長（令和元年10月25日）
[*55]　不登校児童生徒への支援の重要性に鑑み、私立学校等に在籍する児童生徒でも、教育支援センターの利用を認めるなど柔軟な運用がなされることが望ましいとされている。
[*56]　「教育行政に係る法務相談体制構築に向けた手引き（第2版）」文部科学省（令和4年3月）

学校と警察等との連携は、学校の内外で発生した非行などの [29] 行為に対処する [30] 生徒指導上の連携にとどまりません。例えば、近隣の警察署や少年サポートセンターの心理専門職、少年補導職員などと連携した全ての児童生徒を対象とする [31] [*57]、警察が実施する街頭補導に教職員も一緒に参加し、飲酒や喫煙、[32] といった本格的な非行に至る前の [33] とも言える不良行為に対する [34] 生徒指導上の連携も挙げられます。

さらに、課題予防的及び困難課題対応的生徒指導上の両方に該当する連携の取組として、それぞれの地域で開催されている「[35] 」や「補導連絡会」の取組（学校の管理職や生徒指導主事、警察署の担当者、その他の関係者らが参加し情報共有）、「学校警察連絡制度」といった警察と教育委員会等との間での協定に基づく被害や加害に関する情報提供の取組もあります。その他にも、困難課題対応的生徒指導上の連携としては、学校の荒れなどに対して、警察署に配置されている [36] 等を学校に派遣し、問題行動へ対応する場合もあります。

② 法務少年支援センター

困難な課題への対応という点では、法務省が県庁所在地などの全国52か所に設置している法務少年支援センターの協力を求めることも考えられます。法務少年支援センターは、少年矯正施設である [37] のリソースを活用して、学校関係者をはじめ、関係機関や一般の人々からの依頼に応じて、児童生徒の心理や性格面のアセスメント等を行っています。その支援の範囲は広く、非行や犯罪行為のみならず、保護者との関係、学校・職場などでのトラブル、交友関係などについても支援をしており、心理検査、問題行動の分析や指導方法等の提案、子供や保護者に対する心理相談、問題行動の背景にある考え方や行動の癖、偏りなどに目を向けたり、より良い対処方法を学んだりすることを促す教育[*58]、法教育に関する出張授業なども行っています。

[38] は、要保護児童対策地域協議会などの地域の関係機関等とのネットワークに参画していますので、学校内でのいじめや問題行動など生徒指導上の課題への対応に当たり、多機関連携の下で助言を得たり、役割分担をして支援を行ったりすることができます。

③ 保護司・更生保護サポートセンター

非行のある少年への対応に当たっては、[39] との連携も考えられます。保護司は、地域のボランティア（身分は非常勤の国家公務員）として、専門的知見を有する法務省の機関である保護観察所の [40] と協働しながら、非行や犯罪をした人の生活状況の見守り等の保護観察や、刑務所・少年院に入っている人の帰住先など出所・出院後の生活環境の調整といった立ち直りに向けた支援をしているほか、「[41] 」等の犯罪予防活動を行っています。

また、これらの保護司の活動の拠点として、全国に「更生保護サポートセンター」が設置されています。「[42] 」には、保護司が駐在しており、関係機関と連携して、非行歴のある少年等の立ち直り支援や、非行防止のための活動を行っています[*59]。また、更生保護に関わるボランティアとしては、

29 刑罰法令に抵触する
30 困難課題対応的
31 非行防止教室
32 深夜はいかい
33 予兆行動
34 課題予防的
35 学校警察連絡協議会
36 スクールサポーター
37 少年鑑別所
38 法務少年支援センター
39 保護司
40 保護観察官
41 社会を明るくする運動
42 更生保護サポートセンター

[*57] 「非行防止教室等プログラム事例集」文部科学省・警察庁（平成17年1月）
[*58] 問題の類型別のワークブックは、暴力防止、性問題行動防止、窃盗防止、薬物乱用防止、ルール及び交友の6種類がある。
[*59] 「保護司と学校との連携パンフレット」法務省ホームページ

保護司のほか BBS 会[*60]等があります。

④　その他の関係機関

　　少年法により、警察が罪を犯した少年（ 43 ）を検挙したり、 44 未満の刑罰法令に触れる行為をした 45 や、ぐ犯事由があり将来罪を犯す虞のある 46 を発見（少年法第3条第1項）したりした場合、 47 の原則の下で、司法機関である家庭裁判所に送致されることになります。なお、18歳と19歳は、「 48 」[*61]として、少年法が適用されます。また、触法少年と14歳未満のぐ犯少年については、まずは「 49 法」上の措置が優先され、児童相談所に送致された後に家庭裁判所に送致されることとなります。そして、非行事実と要保護性の両面から調査（家庭裁判所調査官による社会調査や法務省所管の少年鑑別所の法務技官（心理）による鑑別など）が行われ、家庭裁判所によって少年審判を開始するかどうかの判断が下されます。

　　少年審判が開始された場合、裁判官によって、少年に対し、 50 、 51 、知事又は 52 、 53 のいずれかの終局決定がなされます。このうち、保護処分には、 54 や少年院送致、児童自立支援施設・ 55 送致があります。学校に在籍する児童生徒が保護処分を受け、少年院送致や児童自立支援施設送致等により施設収容となった場合には、学校教育からの離脱をできる限り防止するために、関係する機関間で連携し、当該児童生徒の 56 をどのように継続させ、保障することができるかを検討していくことが重要です。例えば、少年院においては、義務教育未修了者に対しては、学習指導要領に準拠した教科指導を行っており、一定の要件の下で、引き続き入院前に通学していた学校に 57 ことができるほか、少年院で矯正教育を受けた日数を 58 とすることもできます。当該児童生徒が、出院後に復学したり、進学を希望したりする場合もあるので、学校として、少年院における 59 等を把握することも大切です[*62]。

(3) 学校と福祉

　経済的な困窮や虐待をはじめとした福祉的な支援を必要とする児童生徒への対応では、児童相談所や市町村との連携が求められます。特に、 60 の場合、学校は、児童相談所や市町村の虐待対応担当課などに、虐待を受けたと思われる児童生徒について、速やかに、 61 （「児童虐待の防止等に関する法律」第6条）や 62 [*63]があります。

　　 63 は、都道府県や政令指定都市では設置必須であり、中核市・児童相談所設置市（特別区を含む。）では 64 とされています。児童相談所の役割として、児童福祉に関する市町村相互間の連絡調整や市町村に対する情報の提供、専門的な知識や技術を必要とされる相談に応じること、子供とその家庭に対する必要な調査をはじめ、医学的、心理学的、教育学的、社会学的及び精神保健上の判定の実施、その調査や判定に基づいた専門的な知識や技術を必要とする指導、 65 等の業務が

（欄外解答）

43 犯罪少年
44 14歳
45 触法少年
46 ぐ犯少年
47 全件送致主義
48 特定少年
49 児童福祉

50 不処分
51 保護処分
52 児童相談所長送致
53 検察官送致
54 保護観察
55 児童養護施設
56 学び

57 在籍する
58 指導要録上の出席扱い
59 学習状況

60 虐待事案

61 通告
62 情報提供を行う義務

63 児童相談所

64 任意で設置が可能

65 一時保護

[*60]　BBS（Big Brothers and Sisters Movement）会は、少年たちに同世代の兄・姉のような身近な存在として接しながら、少年自身が問題解決を図り、健全に成長していくことを支援する活動を行っている、青年ボランティア団体である。
[*61]　少年法が変わります！法務省ホームページ
[*62]　「「再犯防止推進計画」を受けた児童生徒に係る取組の充実について（通知）」文部科学省初等中等教育局長事務代理文部科学審議官（令和元年7月3日）では、少年院・少年鑑別所に入院・入所した児童生徒の復学等について示されている。
[*63]　「学校・教育委員会等向け虐待対応の手引き」文部科学省（令和2年6月改訂版）では、学校から児童相談所ないし市町村の虐待対応担当課への通告の流れ等が示されている。

挙げられます[*64]。

市町村の虐待対応担当課は、児童虐待通告や保護者の育児不安に対する相談、「 66 」の調整機関としての役割を担っています。

「要保護児童対策地域協議会」は、ほとんど 67 されており、福祉的な支援が必要な子供を対象に、それぞれの関係機関間で子供とその保護者に関する情報交換や支援内容の協議を行う場として位置付けられています[*65]。この「要保護児童対策地域協議会」は、 68 な法的枠組となっています。

「要保護児童対策地域協議会」が開かれるのは、虐待事案だけではありません。保護者がいない、又は、保護者に監護させることが 69 であると認められる児童といった、より広範な「要保護児童」（児童福祉法 70 第8項）を対象としています。その構成機関は、福祉部局と学校にとどまらず、警察や保健・医療機関等も含む、地域の多様な関係機関から成り、主に、「個別ケース会議」、「 71 」及び「代表者会議」の3層構造となっています。つまり、「要保護児童対策地域協議会」とは、それぞれの関係機関で要保護児童とその保護者に関する情報交換や支援内容の協議を行う会議体であり、保護が必要な子供の 72 を図るために、関係機関が情報や 73 等を共有し、適切な役割分担で対応していくための仕組みと言えます。

なお、昨今、社会の注目を集めた虐待による子供の死亡事案の背景に、学校と児童福祉機関との連携不足による問題があったことを踏まえて、 74 [*66]が整備されることになりました[*67]。虐待の情報管理や学校・教育委員会と児童相談所、警察等との連携に関して、新たに以下のルールが定められました。

① 学校等及びその設置者においては、保護者から情報元に関する開示の求めがあった場合には、情報元を 75 こととするとともに、児童相談所等と連携しながら対応すること。

② 保護者から、学校等及びその設置者に対して威圧的な要求や暴力の行使等が予測される場合には、速やかに市町村・児童相談所・警察等の関係機関や弁護士等の専門家と情報共有することとし、 76 し対応すること。

③ 要保護児童対策地域協議会において、児童虐待ケースとして 77 に登録されている児童生徒や、児童相談所が情報提供を必要と認める児童生徒について、休業日を除き、 78 以上欠席した場合には、理由の如何にかかわらず速やかに市町村又は児童相談所に情報提供すること。

児童相談所や市町村は、 79 に関する資料と定期的な情報の提供を学校等に対して求めることができることとなりました。定期的な情報提供の頻度は、概ね 80 を標準とし、情報提供される内容としては、対象期間中の 81 、学校等を欠席した場合の家庭からの 82 、欠席の理由などが挙げられます。この

66 要保護児童対策地域協議会

67 全ての市町村に設置

68 個人情報の共有が可能

69 不適当

70 第6条の3

71 実務者会議

72 早期発見や適切な支援

73 支援の方向性

74 連携体制

75 保護者に伝えない

76 関係機関が連携

77 進行管理台帳

78 引き続き7日

79 児童虐待防止

80 1か月に1回

81 出欠の状況

82 連絡の有無

[*64] 「児童福祉法」第11条第1項第2号
[*65] 「児童福祉法」第25条の2
[*66] 「児童虐待防止対策に係る学校等及びその設置者と市町村・児童相談所との連携の強化について」内閣府子ども・子育て本部統括官、文部科学省総合教育政策局長、文部科学省初等中等教育局長、文部科学省高等教育局長、厚生労働省子ども家庭局長、厚生労働省社会・援護局障害保健福祉部長（平成31年2月28日）
[*67] 「学校、保育所、認定こども園及び認可外保育施設等から市町村又は児童相談所への定期的な情報提供について」内閣府子ども・子育て本部統括官、文部科学省総合教育政策局長、文部科学省初等中等教育局長、文部科学省高等教育局長、厚生労働省子ども家庭局長、厚生労働省社会・援護局障害保健福祉部長（平成31年2月28日）

指針の仕組みが円滑に活用されるために、児童相談所や市町村と学校等との間で協定を締結するなどして、関係機関間で [83]　　　　　　ことが望まれています。なお、学校等から児童相談所や市町村に対して、定期的な情報提供を行うことは、「[84]
　　　　　　」に違反することにはなりません。

⑷　学校と医療・保健

　障害などの特別な支援を要する児童生徒への [85]　　　　　　、合理的配慮、[86]
　　　　　　を踏まえた適切な指導や支援を計画・実施していく上で、学校と医療・保健機関との連携は不可欠です。

　医療機関との連携については、当該児童生徒の発達の遅れや偏りに対する [87]
　　　　　　が挙げられます。児童生徒に対する診断や診療の情報については、関係する校務分掌上の部会や委員会で共有し、生徒指導に [88]　　　　　　ことが大切です。まずは、発達の偏りや特別な支援が必要と思われる児童生徒について、医療機関未受診の場合は、管理職や養護教諭、特別支援教育コーディネーター、SC などが中心となって、組織的に情報共有し、支援の方針を協議しつつ、保護者との関係を構築して、医療機関の [89]
　　　　　　ことになります。既に、医療機関を受診し診断を受けている場合などは、保護者の同意の下で、医療機関（主治医など）と情報共有し、それぞれの児童生徒の特性に応じた [90]　　　　　　について検討します。

　文部科学省、国立特別支援教育総合研究所（[91]　　　　　　）、厚生労働省及び国立障害者リハビリテーションセンター（[92]　　　　　　）は、共同運営による発達障害に特化した「発達障害ナビポータル」というウェブサイトを開設し、発達障害を有する者とその家族を支えるため、また、関係機関同士の連携強化のための情報発信を行っています。同ウェブサイトは、学校と医療・保健機関との連携について考える上で参考になります。また、地域の医療機関や保健所・保健センターといった保健機関と連携し、医師や保健師などの医療や保健の専門家を外部講師として活用して、「がん教育」や「[93]　　　　　　」等の充実を図ることも大切です。

⑸　学校と NPO 法人

　NPO 法人は、特定非営利活動促進法に基づき [94]　　　　　　を行うことを主たる目的に設立された法人のことで、地域に根差した様々な支援を提供しています。NPO法人は、その設置目的によって提供する支援が多岐にわたるため、一律に述べることはできませんが、国や地方自治体の委託を受けて、その NPO 法人の設置目的に応じた公的な支援の提供を代替しており、地域によっては学校と密接に連携しています。

　例えば、「子ども・若者育成支援推進法」によって設置が地方自治体の努力義務とされている「子ども・若者支援地域協議会」の [95]　　　　　　を請け負っているケースや、いわゆるニート等の職業的自立支援を行う「地域若者サポートステーション事業」の委託を受けているケース、不登校の児童生徒や引きこもりの青少年への体験活動や家庭訪問といった [96]　　　　　　支援を提供しているケース、フリースクールを運営しているケースなど、様々な形態があります。学校は、地域にある NPO 法人を把握し、お互いに良好な関係を築くことで、児童生徒への支援の幅を広げ、地方自治体だけでは十分に提供できない分野の支援を補うことができるようになります。

右欄（注釈）:
83 合意を図る
84 個人情報の保護に関する法律
85 気付きや特性の理解
86 状態像
87 診断や診療
88 生かす
89 受診を勧める
90 指導・援助
91 発達障害教育推進センター
92 発達障害情報・支援センター
93 性に関する指導
94 特定非営利活動
95 コーディネーター
96 アウトリーチ型

第Ⅱ部　個別の課題に対する生徒指導

第4章　いじめ

留意点

　平成25年に ¹ 　　　　　　　　が施行されて以降、いじめの積極的な認知が進み、いじめの認知件数は ² 　　　　にあります。各学校や教育委員会等において、いじめの積極的な認知と併せていじめの ³ 　　　　　　　が進む一方で、未だにいじめを背景とする自殺などの深刻な事態の発生は後を絶たない状況です。このような状況下において、法の定義に則り積極的にいじめの ⁴ 　を進めつつ、教職員一人一人のいじめ防止のための ⁵ 　　　　　　　を図るとともに、次の段階として、①各学校の「いじめ防止基本方針」の具体的展開に向けた ⁶ 　　　　　、②学校内外の連携を基盤に実効的に機能する ⁷ 　　　　　　　の構築、③事案発生後の ⁸ 　　　　生徒指導から、全ての児童生徒を対象とする ⁹ 　　生徒指導及び ¹⁰ 　　　　生徒指導への転換、④いじめを生まない ¹¹ 　　　と児童生徒がいじめをしない態度や能力を身に付けるような働きかけを行うこと、が求められます。

1 いじめ防止対策推進法
2 増加の傾向
3 解消に向けた取組
4 認知
5 生徒指導力の向上
6 見直しと共有
7 学校いじめ対策組織
8 困難課題対応的
9 発達支持的
10 課題予防的
11 環境づくり

4.1　いじめ防止対策推進法等

4.1.1　法の成立までの経緯

　平成23年に発生したいじめ自殺事件を契機として、¹ 　年6月に「いじめ防止対策推進法」（以下「法」という。）が成立し、同年 ² 月から施行されました。法の成立は、いじめ防止に ³ 　　　　で取り組む決意を示すと同時に、いじめが児童生徒の ⁴ 　　　や学校の教育的指導に頼るだけでは解決が難しいほどに深刻化し、制御のために法的介入が行われることになったものと捉えることができます。その意味において、⁵ 　は、学校におけるいじめ対応に大きな転換を迫るものであると受け止める必要があります。

1 平成25
2 9
3 社会総がかり
4 自浄作用
5 法制化

4.1.2　法の目的といじめの定義

　法の目指すところは、第1条に以下のように示されています。

　いじめが、いじめを受けた児童等の ¹ 　　　　　　を著しく侵害し、その心身の ² 　　　　及び ³ 　　　　に重大な影響を与えるのみならず、その生命又は身体に重大な ⁴ 　　　　おそれがあるものであることに鑑み、児童等の ⁵ 　　を保持するため、（中略）いじめの防止等のための対策を ⁶ 　　　　　　に推進することを目的とする。

1 教育を受ける権利
2 健全な成長
3 人格の形成
4 危険を生じさせる
5 尊厳
6 総合的かつ効果的

　いじめは、相手の人間性とその尊厳を踏みにじる「⁷ 　　　　　　」であることを改めて共通認識し、人権を ⁸ 　　　　　　に据えて、社会の成熟を目指すという決意が

7 人権侵害行為
8 社会の基軸理念

表明されています。

　法の基本的な方向性は、

- ⁹　　　　　　　　でいじめ防止に取り組むこと　　　　　　　　9 社会総がかり
- 重大事態への対処（いじめの重大事態調査を含む。）において ¹⁰　　　　　　を確　　10 公平性・中立性
保すること

にあります。そのことを踏まえ、各学校は、

　① 　いじめ防止のための ¹¹　　　　の策定と見直し　　　　　　　　11 基本方針
　② 　いじめ防止のための実効性のある組織の構築
　③ 　¹²　　　　　　　　　における適切な対応を行うこと　　　　　12 未然防止・早期発
　　　　　　　　　　　　　　　　　　　　　　　　　　　　　　　　　　　見・事案対処

が義務付けられました。

　また、法はいじめの要件を児童生徒間で ¹³　　　　　　な影響を与える行為があ　　13 心理的又は物理的
り、行為の対象者が ¹⁴　　　　を感じていることとし、いじめられている児童生徒の　　14 心身の苦痛
¹⁵　　　を重視した定義に立っています。教職員には校内研修等で、児童生徒には学級・　　15 主観
ホームルーム活動等で、保護者には保護者会等で、具体的事例に則して法の ¹⁶　　　　　　16 いじめの定義
　　　　[*68] の共通理解を促し、どんな小さないじめも ¹⁷　　　　から見過ごさない姿勢を共　　17 初期段階
有することが求められます。

4.1.3　国の基本方針の策定

　法の規定を受け、平成25年には「¹　　　　　　　　　　　　　　　　」（以下「国　　1 いじめの防止等の
の基本方針」という。）が策定されました。「国の基本方針」を踏まえて、地方公共団　　　ための基本的な方
体は地域の実情に合わせて具体的な「地方いじめ防止基本方針」を策定することが ²　　　針
　　　　　とされ、各学校は、これらを受けて「学校いじめ防止基本方針」を策定するこ　　2 努力義務
とが ³　　　　られました。　　　　　　　　　　　　　　　　　　　　　　　　　　　　3 義務付け

　方針決定のプロセスにおいて保護者や地域の人々、児童生徒の ⁴　　　　　　　　こ　　4 意見を取り入れる
とや、策定された方針をホームページなどで公開し、保護者や地域の人々と ⁵　　　　　　5 方針を共有する
　　　　ことが求められています。基本方針の策定を通して、いじめ防止の活動を学校
内にとどめず、地域社会を巻き込んだものにすることが目指されています。

　法の見直し規定[*69] を踏まえ、平成 ⁶ 年に国の基本方針の改定が行われ、改めて学校　　6 29
のいじめ対応の基本的な在り方が示されました。重点事項は次のとおりです。

- けんかやふざけ合いであっても、⁷　　　　　　で被害が発生している場合もあ　　7 見えないところ
ることから、⁸　　　　　した上でいじめに当たるか否かを判断する。　　　　　　　8 丁寧に調査

[*68] 　法第2条には「この法律において「いじめ」とは、児童等に対して、当該児童等が在籍する学校に在籍している等当該児童等と
一定の人的関係にある他の児童等が行う心理的又は物理的な影響を与える行為（インターネットを通じて行われるものを含む。）
であって、当該行為の対象となった児童等が心身の苦痛を感じているものをいう。」と規定されている。なお、法成立以前の文部
科学省の問題行動等調査におけるいじめの定義は、調査開始から平成17年度までは「自分より弱い者に対して一方的に、身体的・
心理的な攻撃を継続的に加え、相手が深刻な苦痛を感じているもの」、平成18年度から平成25年度までは、「当該児童生徒が、一
定の人間関係のある者から、心理的、物理的な攻撃を受けたことにより、精神的な苦痛を感じているもの」とされていた。
[*69] 　法の附則第2条の「いじめの防止等のための対策については、この法律の施行後三年を目途として、この法律の施行状況等を勘
案し、検討が加えられ、必要があると認められるときは、その結果に基づいて必要な措置が講ぜられるものとする。」という規定
に基づいて改定が行われた。

- いじめは、単に謝罪をもって安易に「 9 」とすることはできない。
- いじめが解消している状態とは、①被害者に対する 10 な影響を与える行為が止んでいる状態が 11 （３か月が目安）継続している、②被害者が心身の苦痛を 12 （本人や保護者の面談等で心身の苦痛を感じていないかどうか確認する）、という二つの要件が 13 ことを指す。
- 教職員がいじめに関する情報を抱え込み、対策組織に報告を行わないことは法第 14 条第１項[*70]に違反し得ることから、教職員間での 15 する。
- 学校は、いじめ防止の取組内容を基本方針やホームページなどで 16 ことに加え、児童生徒や保護者に対して年度当初や入学時に 17 する。

9 解消

10 心理的又は物理的

11 相当の期間

12 受けていない

13 満たされている

14 23

15 情報共有を徹底

16 公開する

17 必ず説明

4.1.4 いじめの重大事態

⑴ いじめの重大事態調査の目的

　いじめによる児童生徒の自殺など、重大事態が後を絶たないことを受け、平成29年には法及び国の基本方針に基づく対応を徹底するために、「 1 」が定められました。

　いじめの重大事態とは、

- いじめにより生命、心身及び財産に 2 がある場合（法第28条第１項第１号）
- いじめにより 3 ことを余儀なくされている疑いがある場合（同第２号）

1 いじめの重大事態の調査に関するガイドライン

2 重大な被害が生じた疑い

3 相当の期間学校を欠席する

を指します。前者は、「 4 重大事態」、後者は、「 5 重大事態」とされています。これらの原因として、いじめ（疑いも含む。）が確認されれば、「組織を設け、質問票の使用その他の適切な方法により当該重大事態に係る 6 ための調査」を実施します。

　２号は不登校の基準の年間 7 日を目安としますが、 8 連続して欠席している場合には、上記目安にかかわらず 9 必要があります。調査は、「公平性・中立性」を確保し、被害児童生徒・保護者の「何があったのかを知りたいという切実な思い」を理解した上で、いじめの事実の 10 ことと、学校・教育委員会等の対応を検証して同種の事案の「 11 」につなげることが目的です。

4 生命・心身・財産

5 不登校

6 事実関係を明確にする

7 30

8 一定期間

9 迅速に調査に着手する

10 全容を解明する

11 再発防止

⑵ 教育委員会等への報告・調査

　公立学校は、重大事態の発生を認知した場合、 12 します[*71]。なお、児童生徒・保護者から重大事態に至ったという申立てがあったときには、その時点で学校が「いじめの結果ではない」あるいは「重大事態とはいえない」と考えたとしても、 13 ものとして報告・調査に当たります。

12 直ちに教育委員会に報告

13 重大事態が発生した

[*70] 法第23条第１項　学校の教職員、地方公共団体の職員その他の児童等からの相談に応じる者及び児童等の保護者は、児童等からいじめに係る相談を受けた場合において、いじめの事実があると思われるときは、いじめを受けたと思われる児童等が在籍する学校への通報その他の適切な措置をとるものとする。

[*71] 学校は、重大事態が発生した場合、国立大学に附属して設置される学校は国立大学法人の学長を通じて文部科学大臣へ（法第29条第１項）、公立学校は当該学校を設置する地方公共団体の教育委員会を通じて同地方公共団体の長へ（法第30条第１項）、私立学校は当該学校を所轄する都道府県知事へ（法第31条第１項）、学校設置会社が設置する学校は当該学校設置会社の代表取締役又は代表執行役を通じて認定地方公共団体の長へ（法第32条第１項）、事態発生について報告しなければならない。

¹⁴　　　　は地方公共団体の長（以下「首長」という。）に報告するとともに、調査を行う主体や、どのような調査組織にするかについての判断をします。1号は教育委員会等、2号は学校が調査主体になることを原則としますが、学校の調査では十分な結果が得られないと判断される場合や学校の教育活動に支障が生じる恐れがある場合には、¹⁵　　　　等が主体で調査を行うことになります。

なお、「事実関係を明確にする」とは、「いじめ行為が、¹⁶　　（いつ頃から）、¹⁷　　行われ、どのような ¹⁸　　であったか、いじめを生んだ ¹⁹　　や児童生徒の人間関係にどのような問題があったか、学校・教職員が ²⁰　　　　　　　などの事実関係を、可能な限り ²¹　　に」解明することです。その際、²²　　　　　　を急ぐべきではなく、²³　　事実関係を速やかに調査し、²⁴　　　　　ことが求められます。

14 教育委員会
15 教育委員会
16 いつ
17 誰から
18 態様
19 背景事情
20 どのように対応したか
21 網羅的
22 因果関係の特定
23 客観的な
24 再発防止に努める

（3）　調査結果の報告

調査によって明らかになった結果は、²⁵　　　　　　　　　に対して適時・適切な方法で提供します。関係者の個人情報への ²⁶　　　　が必要ですが、個人情報保護を楯に説明を怠ることは避けなければなりません。

調査結果については、学校若しくは直接調査に当たった教育委員会等の附属機関（常設若しくは新たに設置された第三者委員会等）から教育委員会等に、教員委員会等から ²⁷　　に報告されます。首長部局との連携を強化するためには、教育委員会会議のみならず、総合教育会議に附議し、いじめ事案への対応に関する改善の方向性等を検討することも考えられます。

報告を受けた首長が必要と認めるときには、調査結果についての調査^[*72]を行うことになります。学校・教育委員会等は、²⁸　　　が行われる場合には、調査主体の指示の下に ²⁹　　　　　など調査に協力しなければなりません。

なお、学校及び教育委員会等は、調査結果に基づき、被害児童生徒に対しては安全と安心を取り戻すための ³⁰　　　　　を行う必要があります。加害児童生徒に対しても、保護者に協力を依頼し、自己の行為の意味を認識させた上で、成長支援につながる ³¹　　　　を行うことが求められます。

25 被害児童生徒・保護者
26 十分な配慮
27 首長
28 再調査
29 資料を提出する
30 継続的なケア
31 丁寧な指導

4.2　いじめの防止等の対策のための組織と計画

4.2.1　組織の設置

法により、¹　　の学校はいじめに関する問題を ²　　の教職員で抱え込まずに組織的に対応するために、「学校いじめ対策組織」などの名称の ³　　　を設置することが ⁴　　　られました。法第 ⁵　条において、「当該学校におけるいじめの防止等に関する措

1 全て
2 特定
3 校内組織
4 義務付け
5 22

［*72］　法第30条第2項　報告を受けた地方公共団体の長は、当該報告に係る重大事態への対処又は当該重大事態と同種の事態の発生の防止のため必要があると認めるときは、附属機関を設けて調査を行う等の方法により、第28条第1項の規定による調査の結果について調査を行うことができる。

置を実効的に行うため、当該学校の複数の教職員、心理、福祉等に関する [6] を有する者その他の関係者により構成されるいじめの防止等の対策のための [7] ものとする」と規定されています。

しかし、いじめへの対応において、組織が効果的に機能していないために重大事態が引き起こされるケースが見られることから、学校 [8] に基づくより [9] 組織体制を構築することが課題となっています。

(1) 組織の構成

いじめへの対応に当たっては、[10] を起点として、教職員全員の共通理解を図り、[11] で総合的ないじめ対策を行うことが求められます。そのためには、教職員一人一人が、いじめの情報を学校いじめ対策組織に [12] ことを、改めて認識する必要があります。

学校いじめ対策組織が、いじめの未然防止、[13] 、事実確認、[14] 等を的確に進めるためには、[15] のリーダーシップの下、生徒指導主事などを中心として協働的な指導・相談体制を構築することが不可欠です。

組織の構成メンバーは、校長、[16] 、主幹教諭、[17] 、教務主任、学年主任、養護教諭、[18] 、特別支援教育コーディネーターなどから、学校の規模や実態に応じて決定します。さらに、心理や福祉の専門家であるSCや [19] 、弁護士、医師、警察官経験者などの外部専門家を加えることで、多角的な視点からの状況の評価や幅広い対応が可能になります（図8）。

また、生徒指導部や生徒指導委員会などの既存組織を活用して法に基づく組織として機能させることも可能ですが、学校いじめ対策組織としての会議であるという自覚の下で協議したり、年間計画に位置付けて [20] として開催したりする必要があります。

6 専門的な知識

7 組織を置く

8 内外の連携

9 実効的な

10 学校いじめ対策組織

11 学校全体

12 報告・共有する義務がある

13 早期発見

14 事案への対処

15 管理職

16 副校長や教頭

17 生徒指導主事

18 教育相談コーディネーター

19 SSW

20 定例会議

図8　学校いじめ対策組織の例

4.2.2　組織の役割

学校いじめ対策組織の具体的な役割は、主に以下の5つとなります。

① 学校の ¹_____ に基づく年間指導計画（いじめアンケートや教育相談週間、道徳科や学級・ホームルーム活動等におけるいじめ防止の取組など）の作成・実行の中核的役割を果たします。加えて、²_____ の企画・実施も重要な役割です。

② いじめの相談・通報の窓口になります。複数の教職員が ³_____ 情報を収集・整理・記録して共有します。教職員が感じた些細な兆候や懸念、児童生徒からの訴えを抱え込んだり、対応不要であると個人で判断したりせずに、進んで報告・相談できるように ⁴_____ ことが重要です。

③ いじめの疑いのある情報があった場合には、⁵_____ を開催し、情報の迅速な共有、関係児童生徒へのアンケート調査や ⁶_____ の実施、指導・援助の体制の構築、方針の決定と ⁷_____ といった対応をします。

④ 学校のいじめ防止基本方針が学校の実情に即して ⁸_____ 否かについての点検を行うとともに、いじめ対策として進められている取組が効果的なものになっているかどうか、⁹_____（→1.4.2 生徒指導マネジメント）で検証を行う役割を担います。

⑤ いじめの重大事態の調査を学校主体で行う場合には、調査組織の母体にもなります。

1 いじめ防止基本方針
2 校内研修
3 個別に認知した
4 環境を整備する
5 緊急会議
6 聴き取り
7 保護者との連携
8 適切に機能しているか
9 PDCA サイクル

4.2.3 実効的な組織体制

学校いじめ対策組織が実効的な機能を果たすためには、教職員間での情報共有が可能になるように、¹_____ などを活用して情報や対応方針の「²_____（見える化）」を図ることが大切です。また、組織が真に機能するためには、「無知、心配性、迷惑と思われるかもしれない発言をしても、この組織なら大丈夫だ」と思える、発言することへの安心感を持てる状態（³_____）をつくり出すことが不可欠です。

加えて、児童生徒や保護者に対して、学校いじめ対策組織の存在及び活動が認識されるような取組（全校集会の際にいじめ防止の取組の説明をするなど）を ⁴_____ ことが大切です。いじめを解決する相談・通報の窓口として信頼が寄せられれば、⁵_____ が可能になります。

1 アセスメントシート
2 可視化
3 心理的安全性
4 積極的に行う
5 早期発見・早期対応

4.2.4 年間指導計画

学校いじめ防止基本方針は行動計画に近いものであることに留意し、学校としてのいじめ対策の達成目標を設定し、どのような取組をいつ実施するかということを ¹_____ として定め、学校評価において ²_____ ことが不可欠です。特に、道徳教育をはじめ、人権教育や法教育、体験活動など、教育活動全体を通して、児童生徒が、いじめ防止に向けた方策の決定過程に主体的に参画し、議論し、実行するような取組を推進することが、³_____ につながります。

学校いじめ防止基本方針は、「学校はいじめ防止の観点から、児童生徒がどのような態度や能力を身に付けるように働きかけていくのか」、「個々の教職員は、⁴_____」、「保護者や地域の人々、関係機関は、どのように協力すればよいのか」ということが分かる内容を含むものでなければなりません。したがって、各学校が、学校いじめ防止基本方針をホームページに公表し、毎年、自校のいじめ防止の取組を振り返り、児童生徒の ⁵_____、保護者の意見にも ⁶_____、地域の人々や関係機関と

1 年間計画
2 目標の達成状況を確認する
3 未然防止
4 自分が何をすべきなのか
5 声を聞き
6 耳を傾け

1 学校及び学校の教職員
2 責務である
3 未然防止
4 早期発見
5 対処
6 発達支持的生徒指導
7 困難課題対応的生徒指導
8 人権侵害をしない
9 課題未然防止教育

10 いじめの兆候を見逃さない
11 安全確保
12 迅速な対処
13 アセスメント
14 適切な対応
15 安全・安心
16 成長支援
17 学級の立て直し

4.3 いじめに関する生徒指導の重層的支援構造

法第８条において、¹ ＿＿＿＿＿ は、①いじめの未然防止、②早期発見、③適切かつ迅速な対処を行うことが ² ＿＿＿ と規定されました。それまでは、いじめが起こった後の「対処」に焦点が当てられがちでしたが、「³ ＿＿」→「⁴ ＿＿」→「⁵＿」という順序が明確に示されたと言えます。この対応のプロセスは、図９に示した生徒指導の４層の支援構造である、① ⁶ ＿＿＿＿＿、②課題未然防止教育、③課題早期発見対応、④ ⁷ ＿＿＿＿＿ と重なるものです。

具体的には、全ての児童生徒を対象に、①発達支持的生徒指導として、人権教育や市民性教育を通じて、「多様性を認め、他者を尊重し、互いを理解しようと努め、⁸ ＿＿＿人」に育つように働きかけたり、② ⁹ ＿＿＿＿ として、道徳科や学級・ホームルーム活動等において法や自校のいじめ防止基本方針の理解を深めるとともに「いじめをしない態度や能力」を身に付けるための取組を行ったりします。

さらに、③課題早期発見対応として、日々の健康観察、アンケート調査や面談週間を実施するなどして ¹⁰ ＿＿＿＿ ようにして、早期発見に努めます。予兆に気付いた場合には、被害（被害の疑いのある）児童生徒の ¹¹ ＿＿ を何よりも優先した ¹² ＿＿＿ を心がけます。同時に、学校いじめ対策組織へ状況を報告し、継続的な指導・援助が必要な場合は、④困難課題対応的生徒指導として、丁寧な事実確認と ¹³ ＿＿＿＿（→3.4.2(1) 困難課題対応的生徒指導及び課題早期発見対応におけるチーム支援）に基づいて、いじめの解消に向けた ¹⁴ ＿＿ を組織的に進めます。保護者とも連携しながら、被害児童生徒の ¹⁵ ＿＿ を回復するための支援と心のケア、加害児童生徒への ¹⁶ ＿＿ も視野に入れた指導、両者の関係修復、¹⁷ ＿＿＿ などが目指されます。

図９　いじめ対応の重層的支援構造

各学校においては、いじめの認知率を高め、「¹⁸ ＿＿＿＿＿」という姿勢を教職員間で共有するとともに、次の段階の取組として、いじめを生まない環境づくりを

18 いじめを見逃さない

進め、児童生徒一人一人がいじめをしない態度・能力を身に付けるように働きかけることが求められます。

4.3.1 いじめ防止につながる発達支持的生徒指導

いじめに取り組む基本姿勢は、人権尊重の精神を貫いた教育活動を展開することです。したがって、児童生徒が ¹ _____ を高め、共生的な社会の一員として ² _____ を身に付けるような働きかけを日常の教育活動を通して行うことが、いじめ防止につながる ³ _____ 生徒指導と考えることができます。

児童生徒が、「自分の大切さとともに ⁴ _____ こと」ができる人権感覚を身に付けるように働きかけるためには、教職員が、一人一人の児童生徒が大切にされることを目指す[*73] ⁵ _____ は密接な関係にあり、いじめ防止につながる相乗的な効果を持つものであることを意識することが必要です。

また、市民性を育む教育を行うことも重要です。いじめ防止につながるという視点からは、⁶ _____ を通じて、「誰もが法によって守られている」、「法を守ることによって社会の安全が保たれる」という意識を高めるとともに、学校に ⁷ _____ を持ち込むことも必要です。その際、児童生徒のみならず、教職員も保護者も、学校に関係する地域の人々も、市民社会のルールを尊重することが求められます。

児童生徒が「⁸ _____ を認め、人権侵害をしない人」へと育つためには、学校や学級が、人権が尊重され、⁹ _____ となることが必要です。こうした学校・学級の雰囲気を経験することによって、児童生徒の人権感覚や ¹⁰ _____ は養われます。

したがって、「¹¹ _____ にとって安全で安心な学校づくり・学級づくり」を目指すことも、いじめ防止につながる ¹² _____ 生徒指導と捉えることができます。その際、児童生徒の ¹³ _____ に十分に配慮しつつ（→1.5.1 児童生徒の権利の理解）、次のような点に留意することが重要です。

① 「¹⁴ _____ 」学校づくりを目指す

集団教育の場である学校、学級・ホームルームにおいて凝集性を高めることは必要ですが、行きすぎて ¹⁵ _____ が強まると、多様性を認め合うことが難しくなりかねません。教室に、様々な異なる考えや意見を出し合える自由な雰囲気を確保し、児童生徒がお互いの違いを理解し、「いろいろな人がいた方がよい」と思えるように働きかけることが大切です。

② 児童生徒の間で人間関係が固定されることなく、¹⁶ _____ が築かれるようにする

学力以外にも様々な観点から、児童生徒が興味を抱くこと、好きになれること、夢中になれることを、学校生活において、どれだけ提供することができるのかが重要です。自分のやろうとすることが認められ、応援してもらっていると感じて初めて、学校が ¹⁷ _____ であると思えるようになります。

③ 「どうせ自分なんて」と思わない ¹⁸ _____

自己への信頼とは、主体的に取り組む共同の活動を通して他者から認められ、他者の役に立っていると実感することによって育まれると考えられます。例えば、積

1 人権意識

2 市民性

3 発達支持的

4 他の人の大切さを認める

5 人権教育と生徒指導

6 発達段階に応じた法教育

7 市民社会のルール

8 多様性

9 安心して過ごせる場

10 共生感覚

11 全ての児童生徒

12 発達支持的

13 基本的人権

14 多様性に配慮し、均質化のみに走らない

15 同調圧力

16 対等で自由な人間関係

17 居場所

18 自己信頼感を育む

[*73] 『人権教育の指導方法等の在り方について〔第三次とりまとめ〕』文部科学省 人権教育の指導方法等に関する調査研究会議 （平成20年3月）

極的に「[19]　　　」に取り組むことで、いじめや不登校、暴力行為が大きく減ったという報告もあります[*74]。お互いに助け合いながら、学級・ホームルームの係活動や児童会・生徒会活動などにおいて何ができるのか、ということについて児童生徒自身が[20]　　　　　　ことも大切です（→2.5.4 児童会・生徒会活動、クラブ活動と生徒指導）。

④　「[21]　　　　　」と言えるように適切な援助希求を促す

　困ったときや悩みがあるときに、隠して耐えるのではなく、弱音を吐いたり、人に頼ったりすることができる[22]　　　があるかどうかは、児童生徒の学校での安全・安心を大きく左右します。成長途上にある児童生徒が、甘えたり、弱音を吐いたりして、[23]　　　　　（教職員や保護者等）に援助希求を表出することは、「適切に依存できる」ネットワークを築いて「自立」（大人になること）へと踏み出す一歩であると理解することが大切です。「困った、助けて」と言える雰囲気と、「困った」をしっかり受け止めることができる体制を[24]　　　　　ことが求められます。

　国の基本方針において、「いじめの問題は、[25]　　　　　　　　　をいかにしてつくるかという、学校を含めた社会全体に関する[26]　　　　　である。」と指摘されています。いじめ防止につながる発達支持的生徒指導が目指すものは、児童生徒一人一人が、お互いを多様な存在として認め、「[27]　　　　　」を身に付け、何が正しく何が間違っているかを自分の頭で考えることができるようになり、理不尽なことがまかり通らぬ世の中を担う大人になることであると言えるでしょう。

4.3.2　いじめの未然防止教育

　いじめの未然防止教育においては、「児童生徒がいじめに向かわない態度・能力を身に付けるために[1]　　　　　　　」、「いじめを生まない環境づくりを[2]　　」ということが問われます。

　その問いに答えるためには、いじめが生まれる構造といじめの加害者の心理を明らかにした上で、全ての児童生徒が「いじめをしない」態度や力を身に付けるような働きかけを、生徒指導はもとより、各教科での学習、[3]　　　　　　　、体験学習などを通じて継続的に行うことが大切です。

⑴　いじめる心理から考える未然防止教育の取組

　いじめる心理を考えるとき、加害者の背景にいじめ人格というような固定的なものがある訳ではなく、おそらく一人の子供の心の中で[4]　　　　が生じ、時に悪の衝動が勝っていじめを行ってしまうことになると捉えることができます。

　「いじめは良くない」とほとんどの児童生徒が分かっているはずなのにもかかわらず、小4〜中3までの6年間を追跡すると、9割の子供がいじめた経験を持っているという調査結果もあります[*75]。したがって、頭で理解しているだけでなく、行動レベルで[5]　　　　　　　　　を、学校や家庭での日常生活の中で身に付けるように働きかけることが重要です。

　学校においては、道徳科や学級・ホームルーム活動などの時間に、実際の事例や動

---

19 異年齢交流
20 考える機会を用意する
21 困った、助けて
22 雰囲気
23 信頼できる大人
24 学校の中に築く
25 心豊かで安全・安心な社会
26 国民的な課題
27 自己指導能力
1 どう働きかけるのか
2 どう進めるのか
3 道徳科や特別活動
4 善と悪との葛藤
5 「いじめはしない」という感覚

[*74]「校区ではぐくむ子どもの力」国立教育政策研究所生徒指導研究センター（平成23年）
[*75]「いじめ追跡調査　2016-2018」国立教育政策研究所生徒指導・進路指導研究センター（令和3年）

93

画[*76]などを教材に児童生徒同士で検討したり、いじめ場面の⁶　　　　　　を行ったりするなど、⁷　　　　　　　　　を用意することが求められます。

　児童生徒がいじめの問題を自分のこととして捉え、考え、議論することにより、いじめに対して正面から向き合うことができるような実践的な取組を充実させることが、⁸　　　　　　　　　として重要です。

　また、いじめの衝動を発生させる原因としては、

　①　　⁹　　　　　　　（過度のストレスを集団内の弱い者を攻撃することで解消しようとする）
　②　集団内の¹⁰　　　　　　　　　（凝集性が過度に高まった学級・ホームルーム集団では、基準から外れた者に対して嫌悪感や排除意識が向けられることがある）
　③　　¹¹
　④　遊び感覚や¹²
　⑤　金銭などを得たいという意識
　⑥　被害者となることへの¹³

などが挙げられます。

　いじめの加害者の心の深層には、不安や葛藤、劣等感、欲求不満などが潜んでいることが少なくないと思われます。さらに、「自分がなぜいじめに走ってしまうのか」、「どうしていじめることでしか気持ちが保てないのか」ということに¹⁴　　　　　　場合も多く、丁寧な¹⁵　　　　　に基づく働きかけが必要になります。

　児童生徒自身が自分の感情に気付き適切に表現することについて学んだり、¹⁶　　　　　　を促進したりする心理教育の視点を取り入れたいじめ防止の取組を行うことも未然防止教育として重要です。

⑵　いじめの構造から考える未然防止教育の方向性

　いじめはいじめる側といじめられる側という二者関係だけで生じるものではありません。「¹⁷　　」としてはやし立てたり面白がったりする存在や、周辺で暗黙の了解を与える「¹⁸　　」の存在によって成り立ちます。

　いじめを防ぐには、「傍観者」の中から勇気をふるっていじめを抑止する「¹⁹　　　」や、いじめを告発する「²⁰　　　　」が現れるかどうかがポイントになります。

　日本のいじめの多くが同じ学級・ホームルームの児童生徒の間で発生することを考えると、学級・ホームルーム担任が、いじめられる側を「²¹　　　　　」という意思を示し、根気強く日常の安全確保に努める取組を行うなどして担任への信頼感と学級・ホームルームへの安心感を育み、学級・ホームルーム全体にいじめを²²　　　　　　ことが重要です。

　特に、児童生徒の中には、²³　　　　　　を行動基準としたり、他者の視線を気にしたりするタイプが多く、周囲に過剰に同調する傾向が見られます。そこに被害回避感情が重なると、「仲裁者」や「相談者」になることはますます難しくなります。学級・ホームルーム担任が²⁴　　　　　　として児童生徒の前に立つことによって初めて、児童生徒の間から「相談者」や「仲裁者」の出現が可能になります。加えて、いじめの

6 ロールプレイ

7 体験的な学びの機会

8 いじめの未然防止教育

9 心理的ストレス

10 異質な者への嫌悪感情

11 ねたみや嫉妬感情

12 ふざけ意識

13 回避感情

14 無自覚である

15 内面理解

16 自己理解や他者理解

17 観衆

18 傍観者

19 仲裁者

20 相談者

21 絶対に守る

22 許容しない雰囲気を浸透させる

23 他者の評価

24 信頼される存在

[*76]　「いじめられたとき」、「シンキングエラー」、「いじめをなくそう」、「ともだちづきあい」の四つのシリーズから構成されるいじめに対する理解を促す動画教材（文部科学省）の活用等。

傍観者が「仲裁者」や「相談者」に転換するように促す取組を、道徳科や学級・ホームルーム活動等において行うことも重要です（→2.3.3 道徳科と他の教育活動との関連の充実と生徒指導）。

(3)　いじめを法律的な視点から考える未然防止教育

倫理や道徳、[25]　　　　　　　　　という観点から未然防止教育を進めることの重要性は言うまでもありません。しかし、改めて、児童生徒が、いじめは人格を傷つける人権侵害行為であり、時には身体・生命・財産の[26]　　　　　　　　にもなるという認識と、被害者と社会に対する行為の結果への顧慮と責任があるという自覚を持つように働きかけることも必要です。

そのような視点から、[27]　　　　　　　　、法や自校の学校いじめ防止基本方針についての理解を深めるとともに、司法機関や法律の専門家から法律の意味や役割について学ぶ機会を持つことで[28]　　　　　　　　を守る姿勢を身に付けることも、未然防止教育として重要です。

25 人間関係のモラル

26 安全を脅かす犯罪行為

27 発達段階に応じて

28 市民社会のルール

4.3.3　いじめの早期発見対応

(1)　いじめに気付くための組織的な取組

日本のいじめは、外から見えにくいコミュニケーションを使った[1]　　　　　　　　が多く、また、同じ学級・ホームルームに加害者と被害者が[2]　　したり、加害と被害の関係が[3]　　　　　　　点に特徴があります。そのため、いじめの存在に気付くことができなかったり、学級・ホームルーム担任の抱え込みから事態が深刻化してしまったりするケースも少なくありません。

これまで個々の教職員のいじめに対する感度を高める取組を行ってきましたが、個人差もあり、[4]　　　　　　　　を促したり、全校を挙げて問題に取り組んだりする姿勢が不十分な学校も見受けられます。

いじめに気付くには、表面的な言動だけを見るのではなく、その背後にどのような感情があるのかに思いを馳せる必要があります。そのためには、児童生徒の表情や学級・ホームルームの雰囲気から違和感に気付き、いじめの兆候を察知しようとする姿勢が求められます。

さらに、最近では、[5]　　を介したインターネット上の誹謗中傷、仲間外しなど（→11.3.3 インターネット問題の早期発見、11.3.4 インターネット問題への適切かつ迅速な対処）、表に出にくく、学校だけでは認知することが難しいケースも増えています。

主ないじめ発見のルートとしては、

- アンケート調査
- 本人からの訴え
- 当該保護者からの訴え
- 担任による発見

などが挙げられます。

アンケートを実施するに当たっては、いじめを受けている児童生徒が「見られたらどうしよう」といった心配をせずに記入できたり、具体的ないじめの態様ごとの項目

1 心理的ないじめ

2 同居

3 入れ替わったりする

4 組織的な気付き

5 SNS

を設けて体験の有無を尋ねるなどして精度を高めたりする工夫が必要です。

なお、アンケート実施後には、速やかに内容の確認と 6 _____（人を変えて、複数人で再確認する。）を行い、少しでもいじめに関係すると思われる内容が見いだされたときには、7 _____ ことが肝要です。さらに、児童生徒に安心感を与えるこまめな校内の見回りや、困ったときには先生に相談したいという気持ちを生み出す 8 _____ なども大切です。

また、家庭や地域、関係機関と連携し、いじめに気付く 9 _____ を拡げることも重要です。学校の「気付き」と家庭・地域の「気付き」を重ね合わせることで、学校だけでは見逃されがちないじめの早期発見が可能になります。

6 ダブルチェック

7 時を置かずに対応する

8 教育相談活動

9 ネットワーク

(2) いじめへの対応の原則の共通理解

① いじめられている児童生徒の理解と傷ついた心のケア

いじめを把握したら、対応の第一歩として、何よりも 10 _____ します。二次的な問題（不登校、自傷行為、仕返し行動など）の発生を 11 _____ ため、いじめられている児童生徒の心情を理解し、一緒に解決を志向するとともに、傷ついた 12 _____ を行うことが不可欠です。その際、以下のような点に留意することが必要です。

- 「誰も助けてくれない」という 13 _____ こと
- いじめに立ち向かう支援者として「必ず守る」という決意を伝えること
- 大人の思い込みで子供の心情を 14 _____ こと
- 「辛さや願いを語る」ことができる 15 _____ をつくること

10 被害者保護を最優先

11 未然に防ぐ

12 心のケア

13 無力感を取り払う

14 勝手に受け止めない

15 安心感のある関係

② 被害者のニーズの確認

対応の第二歩としては、「力になりたいのだけれど、何かあれば言ってほしい」と 16 _____ を確認します。危機を一緒にしのいでいくという姿勢に基づき、17 _____ の確保やいじめる児童生徒や学級・ホームルーム全体への指導に関する具体的な支援案を提示し、本人や保護者に選択させることも重要です。

16 被害者のニーズ

17 安全な居場所

③ いじめ加害者と被害者の関係修復

対応の第三歩としては、いじめの加害者への 18 _____ と加害者と被害者との 19 _____ を図ります。加害者の保護者にも協力を要請し、加害者が罪障感を抱き、被害者との関係修復に向けて自分ができることを考えるようになることを目指して働きかけます。その際、いじめの行為は絶対に認められないという 20 _____ をとりながらも、21 _____ という視点に立って、いじめる児童生徒が内面に抱える不安や不満、ストレスなどを受け止めるように心がけることも大切です。

加害側の児童生徒へのアセスメントと指導・援助が 22 _____ になります。また、指導の事前及び対応の過程で被害児童生徒及び保護者の同意を得ること、指導の結果を丁寧に伝えるなどの 23 _____ ことも忘れてはなりません。

18 指導

19 関係修復

20 毅然とした態度

21 加害者の成長支援

22 再発防止の鍵

23 配慮を行う

④ いじめの解消

対応の第四歩としては、24 _____ を目指します。その際、何をもって「解消」とするのかという点についての共通理解が求められます。解消の二条件[*77]を満たしているかどうかを、本人や保護者への面談などを通じて、25 _____

24 いじめの解消

25 継続的に確認する

[*77] ①いじめに係る行為が止んでいること、②被害児童生徒が心身の苦痛を感じていないこと「いじめの防止等のための基本的な方針」文部科学大臣決定（平成25年10月11日（平成29年3月14日最終改定））

必要があります。なお、いじめが解消している状態に至った後も、卒業するまでは日常的に注意深く ²⁶ 　　　　　ことが大切です。

26見守りを続けていく

また、対応に当たっては、教職員自身が「いじめに耐えることも必要」、「いじめられる側にも原因がある」などと、いじめを容認する認識に陥っていないか常に ²⁷ 　　　　　ことが重要です。そうでないと、被害者が自分の辛さを受け取ってもらえないと感じて孤立感を深め、二重三重に苦しむことにもなりかねません。

27自己点検する

4.3.4　重大事態に発展させない困難課題対応的生徒指導の実際

いじめを重大事態化させないためには、適切な対応を怠ればどのようないじめも深刻化する可能性があるという危機意識を ¹ 　　　　　した上で、組織的にいじめに係る情報を共有し、 ² 　　　　　対応策を検討していくことが求められます。

1 教職員間で共有

2 ケースに応じた

いじめの問題が複雑化し、対応が難しくなりがちなケースとして、一般的には、次のような状況が考えられます。

① 　周りからは仲がよいと見られる ³ 　　　　でのいじめ

3 グループ内

② 　閉鎖的な ⁴ 　　　　でのいじめ

4 部活動内

③ 　被害と加害が ⁵ 　　　　ケース

5 錯綜している

④ 　教職員等が、被害児童生徒側にも ⁶ 　　　　とみてしまうケース

6 問題がある

⑤ 　いじめの起きた学級・ホームルームが ⁷ 　　　　にある場合

7 学級崩壊的状況

⑥ 　いじめが集団化し孤立状況にある（と被害児童生徒が捉えている場合も含む。）ケース

⑦ 　学校として ⁸ 　　　　　　　　が関わるケース[*78]

8 特に配慮が必要な児童生徒

⑧ 　学校と関係する児童生徒の保護者との間に ⁹ 　　　が生まれてしまったケース

9 不信感

このようなケースについては、できるだけ早い段階から、 ¹⁰ やSSW等を交えた ¹¹ 　　　　で丁寧なアセスメントを行い、多角的な視点から組織的対応を進めることが求められます。

10 SC

11 ケース会議

ケース会議においては、① ¹² 　　　　　（いじめの背景にある人間関係、被害児童生徒の心身の傷つきの程度、加害行為の背景、加害児童生徒の抱える課題等）を行い、②アセスメントに基づいて、被害児童生徒への ¹³ 　　　及び加害児童生徒への ¹⁴ 　　　　、周囲の児童生徒への ¹⁵ 　　　　　についてのプランニングを行います。

12 アセスメント

13 援助方針

14 指導方針

15 働きかけの方針

ケース会議後に、③被害児童生徒及び保護者に対して、確認された事実、指導・援助方針等について ¹⁶ 　　　　、④指導・援助プランを実施し、さらに、⑤ ¹⁷ 　　　　　（3か月を目途に、丁寧な見守り、被害児童生徒及び保護者への経過報告と心理的状態の把握等）を行う、という流れになります。

16 説明し、同意を得た上で

17 モニタリング

その際、特に、アセスメントに基づく ¹⁸ 　　　　と実施、解消に向けての明確な ¹⁹ 　　　　、対応に関する被害児童生徒本人及び保護者の ²⁰ 　　　　、などに留意することが必要です。

18 プランの策定

19 目標設定

20 同意の確認

なお、問題に応じて、警察へ相談するなど、学校外の関係機関等との ²¹

21 密接な連携を図る

[*78]　「いじめの防止等のための基本的な方針」において、発達障害を含む、障害のある児童生徒、海外から帰国した児童生徒や外国人の児童生徒、性同一性障害や性的指向・性自認に係る児童生徒、東日本大震災により被災した児童生徒等、特に配慮が必要な児童生徒については、日常的に、当該児童生徒の特性を踏まえた支援を行うこと等を示している。（別添2）「学校における「いじめの防止」「早期発見」「いじめに対する措置」のポイント」(1)いじめの防止、②いじめの防止のための措置、ウ）いじめが生まれる背景と指導上の注意

こと、及び関係する児童生徒の保護者に対するきめ細かな [22]　　　　　を行い、信頼関係を築くことが重要です。また、いじめが認知された後の対応として、⑥ [23]　　　　等への報告、及び⑦情報の [24]　　　、ケース会議等の記録の [25]　　　　　を行うことも不可欠です。

22 連絡と相談
23 教育委員会
24 整理と管理
25 作成と保管

4.4　関係機関等との連携体制

4.4.1　関係者の連携・協働によるいじめ対応

　法において、いじめを受けた側・いじめた側の児童生徒・保護者に対する支援、指導、助言等は、関係者の連携の下、適切に行われるように [1]　　　　　　と明記されています[*79]（→3.7 学校・家庭・関係機関等との連携・協働）。

　[2]　　　　　でのいじめの防止を目指す上では、学校だけで抱え込まずに、地域の力を借り、医療、福祉、司法などの [3]　　　　　　　ことが重要です。また、法において、例えば事案によりいじめが [4]　　　として扱われるべきものであるとされる場合には、所轄警察署と連携して対処していくことも示されています[*80]。

　いじめに関する事象の発生を把握した際には、[5]　　　　し、必要に応じて関係機関等との連携が図れるように、日頃から顔の見える関係をつくっておくことが大切です。各学校の「 [6]　　　　　　 」や地方公共団体に設置される「 [7]　　　　　　 」などが、そのような場として機能することが期待されます。

　また、いじめ対応において教育委員会等に求められる役割は、以下のとおりです。

① 各学校のいじめの状況を把握した上で、得られたデータに基づいて [8]　　　　を行います。教育委員会等に集約されたいじめの情報や対策の課題などを、問題行動等調査や就学援助率、学力調査などの情報と照らし合わせて分析し、[9]　　　　　に基づくいじめ対策の具体案を [10]　　　　　　します。

② 法や国及び地方自治体のいじめ防止基本方針の教職員への周知を図り、いじめに関する [11]　　　　　　を促します。研修や事例検討会などを通じて、[12]　　　　　の再確認や学校いじめ対策組織を中核とした [13]　　　　　を図ります。

③ いじめに関する保護者の認識を高めるために、子供の人間関係や発達に関する理解を深める普及啓発の取組を行ったり、地方自治体のホームページ等でいじめ防止に関連した家庭向けの情報を積極的に発信したりすることが大切です。さらに、いじめに対する [14]　　　　　　が学校に届くように、[15]　　　　　の周知を図ることも必要です。

④ 重大事態が発生した際の第三者委員会の設置と事務局としての活動、警察との連携や地方公共団体との橋渡しなどの役割を担います。なお、法や国の基本方針等に基づき、[16]　　　　　　が起こったときには、複数の専門家から構成される [17]　　　　　を派遣し、学校をサポートすることも大切な役割です。

1 努めなければならない
2 社会総がかり
3 関係機関とつながる
4 犯罪行為
5 迅速に対応
6 学校運営協議会
7 いじめ問題対策連絡協議会
8 的確な支援
9 エビデンス
10 学校と協働して策定
11 教職員の意識改革
12 いじめの定義
13 組織的な対応の徹底
14 家庭や地域の気付き
15 情報窓口や相談体制
16 深刻ないじめ事象
17 学校支援チーム

[*79] 法第17条　国及び地方公共団体は、いじめを受けた児童等又はその保護者に対する支援、いじめを行った児童等に対する指導又はその保護者に対する助言その他のいじめの防止等のための対策が関係者の連携の下に適切に行われるよう、関係省庁相互間その他関係機関、学校、家庭、地域社会及び民間団体の間の連携の強化、民間団体の支援その他必要な体制の整備に努めるものとする。

[*80] 「早期に警察へ相談・通報すべきいじめ事案について（通知）」文部科学省初等中等教育局長（平成25年5月16日）

4.4.2　保護者・地域の人々との連携

(1)　保護者との連携

　学校が被害者及び加害者の保護者との連携を図ることが困難なケースも散見されます。特に、いじめと認めたがらない加害者の保護者からの協力を得ることが難しく、学校の働きかけが鈍ってしまうことも少なくありません。

　また、[1]　　　　　　　において、加害者の保護者からの協力が得られない場合も見られます。その背景の一つとして、法が保護者の責務として、「その保護する児童等がいじめを行うことのないよう、当該児童等に対し、[2]　　　　　　　ための指導その他の[3]　　　　　　　　　　よう努めるものとする。」[*81]と、厳しく指導する側面を強調し、「いじめをしない子供」に育つように成長支援という視点から働きかける方向性が弱いことが考えられます。

　加害者に[4]　　　　　　を認識させて十分な反省を促すとともに、保護者にもいじめの事実を正確に説明し、学校と協力して、成長支援という視点を持ちながら加害者を指導することが求められます。被害者の保護者はもとより[5]　　　　　　　との連携を図ることが、いじめの解消と再発防止において重要です。

1　重大事態調査

2　規範意識を養う

3　必要な指導を行う

4　被害者の傷つき

5　加害者の保護者

(2)　地域の人々との連携

　子供は家庭だけでも、学校だけでも育つものではありません。両者の連携に加えて、地域の力が不可欠です。国の基本方針においても、いじめの防止について、「より多くの大人が子供の[6]　　　　　　　　　ことができるようにするため、学校と家庭、地域が組織的に連携・協働する[7]　　　　　　」ことの重要性が指摘されています。

　地域が一体となって学校を核とした地域づくりを目指す「[8]　　　　　　　　」や、保護者・地域住民が学校運営に参画して地域とともにある学校づくりを目指す「[9]　　　　　　（学校運営協議会制度）」の取組が各地で進められています（→3.7.2　学校と家庭、地域との連携・協働）。

　家庭で多様な人間関係を経験することが難しい子供たちが、地域の大人と関わる体験を通じて、地域に[10]　　　　　　　　　　　を抱くようになります。PTA や地域の関係団体と学校関係者が協議し、地域ぐるみの取組を推進することが、いじめのない温かな社会を築く大きな一歩になるのではないでしょうか。

6　悩みや相談を受け
　止める

7　体制を構築する

8　地域学校協働活動

9　コミュニティ・ス
　クール

10　見守られていると
　　いう安心感

[*81]　法第９条（保護者の責務）

第5章　暴力行為

留意点

　文部科学省の「児童生徒の問題行動・不登校等生徒指導上の諸課題に関する調査」では、暴力行為を、「自校の児童生徒が[1]　　　　　　　　　　」と定義しています。また、暴力の対象により「[2]　　　　　　」、「[3]　　　　　　」、「[4]　　　　　　」、学校の施設・設備等の「[5]　　　　　」の四つの形態に分類されます。暴力行為の発生件数は、中学校、高等学校において[6]　　　　　が見られるものの、小学校においては[7]　　　　にあり、全体的にも依然として多くの暴力行為が発生しています。そのため、全教職員の共通理解に基づき、[8]　　　や早期発見・早期対応の取組、家庭・地域社会等の協力を得た[9]　　　を推進するとともに、関係機関と連携し、生徒指導体制の一層の充実を図ることが求められます。

1 故意に有形力（目に見える物理的な力）を加える行為

2 対教師暴力

3 生徒間暴力

4 対人暴力

5 器物損壊

6 減少傾向

7 増加の傾向

8 未然防止

9 地域ぐるみの取組

5.1　暴力行為に関する対応指針等

5.1.1　暴力行為のない学校づくりについて

　文部科学省では、平成21年度の「児童生徒の問題行動等生徒指導上の諸問題に関する調査」の結果において、当時の小・中・高等学校における暴力行為の発生件数が増加傾向にあったことを踏まえ、「暴力行為のない学校づくりについて（報告書）」を作成しました。

　この報告書では、冒頭において、「暴力行為が発生する学校」を「[1]　　　　」に改善するための生徒指導上の基本的考え方を示しています。具体的には、生徒指導の基本姿勢として、暴力行為を起こした[2]　　　　　　　に応じた指導や家庭・関係機関等との連携の重要性に触れた上で、学校における指導体制の在り方や、生徒指導主事や[3]　　　　　　　　　の果たす役割について整理しています。

　次に、「未然防止」、「早期発見・早期対応」、「課題解決」の三つの観点から、暴力行為に関する生徒指導上の留意点がまとめられています。例えば、「未然防止」の観点からは、校内指導体制における[4]　　　　　　　　　などの見直し、正義感や公正さなどをテーマに取り入れた[5]　　　　　　　などの[6]　　　　　な取組が紹介されています。「早期発見・早期対応」の観点からは、児童生徒の発するSOSに気付くための、日常の学校生活における児童生徒の観察や教職員間の情報交換などの[7]　　　　な取組が紹介されています。そして、「課題解決」の観点から、保護者、地域、関係機関等と連携しつつ、状況によっては[8]　　　　　　を講ずることも検討するなど、[9]　　　生徒指導の具体的な留意点などが整理されています。

1 落ち着いた学習環境

2 個々の児童生徒

3 学級・ホームルーム担任

4 指導方針や指導マニュアル

5 道徳教育の充実

6 発達支持的

7 課題予防的

8 出席停止の措置

9 困難課題対応的

5.1.2　問題行動を起こす児童生徒に対する指導について

　平成19年に発出された「問題行動を起こす児童生徒に対する指導について（通知）」の中では、暴力行為の状況について、対教員あるいは生徒間の[1]　　　や施設・設備の毀損・破壊行為だけでなく、[2]　　　等も見られるとされています。

　また、問題行動への対応については、未然防止と早期発見・早期対応の取組が重要

1 暴力行為

2 授業妨害

であるとした上で、「 ³ 　　　　　　　を破壊し、他の児童生徒の学習を妨げる暴力行為に対しては、児童生徒が安心して学べる環境を確保するため、 ⁴ 　　　　　　　ことが必要」とし、 ⁵ 　　　　　　　の下で、出席停止や懲戒など、 ⁶ 　　　　　　　を行うことの必要性が指摘されています。具体的には、以下（抜粋）のように示されています。

3 学校の秩序

4 適切な措置を講じる

5 十分な教育的配慮

6 毅然とした対応

　1　生徒指導の充実について
　(1)　日常的な指導の中で、 ⁷ 　　　　　　　、教職員と児童生徒との信頼関係の構築、全教職員が一体となった教育相談や ⁸ 　　　　　　　を実施すること。
　(2)　学校は、暴力行為等に関するきまりなどを保護者や地域住民等に公表し、 ⁹ 　　　　　　　、全教職員がこれに基づいた指導を行うこと。
　(3)　特に校内での ¹⁰ 　　　　　　　など犯罪行為の可能性がある場合には、学校だけで抱え込むことなく、 ¹¹ 　　　　　　　し、協力を得て対応すること。
　2　出席停止制度の活用について
　(1)　出席停止は、懲戒行為ではなく、学校の秩序を維持し、他の児童生徒の ¹²　　　　　　　であることを理解した上で指導等を行うこと。
　(2)　学校が指導を継続しても改善が見られず、正常な教育環境を回復するため必要な場合には、 ¹³ 　　　　　　　は、出席停止制度の措置を検討すること。
　(3)　学校は、出席停止措置の対象となった児童生徒が学校へ円滑に ¹⁴　　　　　　　こと。その際、市町村教育委員会、都道府県教育委員会、関係機関（警察、児童相談所、保護司、民生・児童委員等）の協力も有効であること。
　(4)　その他出席停止制度の運用等については、「 ¹⁵ 　　　　　　　」[*82]を参考にすること。

7 児童生徒理解の深化

8 カウンセリング

9 理解と協力を得るよう努め

10 傷害事件

11 直ちに警察に通報

12 教育を受ける権利を保障する措置

13 市町村教育委員会

14 復帰できるよう努める

15 出席停止制度の運用の在り方について

5.2　学校の組織体制と計画

5.2.1　全校的な指導体制の必要性

　児童生徒の起こす暴力行為の背景には、その児童生徒を取り巻く家庭、学校、社会環境などの様々な要因があります。したがって、それらの要因を ¹ 　　　　　　　に理解した上で指導を行わなければなりません。また、むやみに指導を行うのではなく、児童生徒の ² 　　　　　　　を育て（→1.1.2 生徒指導の実践上の視点）、児童生徒が ³ 　　　　　　　し、以後同様な行為を繰り返さないような視点に立った ⁴ 　　　　　　　ことが重要です。
　このような ⁵ 　　　　　　　生徒指導を進めていくためには、一人一人の教職員に深い児童生徒理解力が求められるとともに（→1.3.1 児童生徒理解）、学校全体で ⁶ 　　　　　　　や指導の考え方を共有し、関係機関との適切な連携の下、 ⁷ 　　　　　　　を構築することが必要です。

1 多面的かつ客観的

2 自己指導能力

3 自らの行為を反省

4 働きかけを行う

5 発達支持的

6 育成を目指す児童生徒像

7 全校的な指導体制

5.2.2　生徒指導の目標・方針の明確化

　暴力行為の改善を目指す指導や援助を効果的に行うには、暴力行為等を起こした児童生徒について、どのような教育効果を期待するかという観点から ¹ 　　　　　　　を描き、そ

1 指導目標

[*82]　「出席停止制度の運用の在り方について（通知）」初等中等教育局長（平成13年11月6日）

れを²＿＿＿＿＿＿＿＿＿＿＿＿＿＿＿ことが重要です。その際、学校の教育目標を踏まえつつ、校長を中心に教職員で活発な議論を行い、³＿＿＿＿を設定していきます。

　指導目標が定まったら、アセスメントを実施し、指導方針、指導基準を明確にします。その際、個人により解釈が異なったり理解が曖昧になったりしないよう、しっかりと⁴＿＿＿して全教職員への周知を徹底します。また、方針や基準を検討する段階から、⁵＿＿＿や関係機関等と連携して意見を求めることも大切です。

5.2.3　全校的な指導体制の確立

指導体制の確立という言葉には、以下のように多様な意味があります。

① 対処すべき問題行動が発生した場合に、事案の¹＿＿＿＿＿＿を検討し、既存の生徒指導部で足りるか、あるいは、より拡大した²＿＿＿＿＿＿＿＿＿＿を作るかという検討を経るなどして、対応のための組織や教職員個々の役割を決めておくこと。

② 暴力行為があった場合、同じ階の教員はすぐに現場に駆け付け³＿＿＿＿し、暴力行為発生後の対策メンバーは、⁴＿＿、副校長、教頭、⁵＿＿＿＿＿、学年主任、当該児童の担任、養護教諭、SC、⁶＿＿等で、その日のうちに会議を開くなど、全教職員が共通理解できるよう、年度当初に⁷＿＿＿＿＿＿＿＿＿ことやそれをマニュアル化したものを作成すること。

③ 校内の生徒指導の方針や基準を定め、年間指導計画に基づき、⁸＿＿や日々の打合せで教職員が指導方法や考え方を共有することで維持される教職員の指導に対する体制（⁹＿＿＿＿＿＿＿＿＿）を整備すること。

　いずれの意味合いにも、全ての教職員の個性や適性、指導力を生かすことや、教職員の誰であっても問題行動に対して指導できるようにすることが求められます。

　また、¹⁰＿＿＿＿＿などを踏まえ、以下のような生徒指導主事のリーダーシップに基づく取組を進めることにより、校内に指導体制を確立することが望まれます。

- ¹¹＿＿＿＿＿＿の立案・推進
- 生徒指導部会の定期的開催及び校内の教職員との¹²＿＿＿＿
- 生徒指導に関する¹³＿＿＿＿＿
- 学級・ホームルーム担任への支援
- 児童生徒の¹⁴＿＿＿＿＿＿の作成・保管
- 関係機関等との連絡・調整及び¹⁵＿＿＿＿への対応

　さらに、指導体制の構築に当たり、例えば、児童生徒が¹⁶＿＿＿＿＿＿＿＿＿＿＿を身に付けることを共通の目的として指導する際には、家庭と連携して取り組むことも必要になります。

　また、暴力行為の原因に応じて、SCやSSW、¹⁷＿＿＿＿＿＿＿＿＿などの専門スタッフと連携した多面的な指導体制が求められることもあります。学校が指導を継続しても児童生徒が暴力行為等を繰り返す場合には、¹⁸＿＿＿＿制度の措置を検討するなど、教育委員会が加わることも必要です。

---

2 全教職員が共通に認識する
3 指導目標

4 文書化
5 学校運営協議会

1 重大性や性質
2 プロジェクトチーム

3 複数で対応
4 校長
5 生徒指導主事
6 SSW
7 対応の基本を準備する
8 研修
9 校内連携型支援チーム

10 校長の方針

11 年間指導計画
12 連絡・調整
13 研修の推進

14 個別の指導資料
15 緊急事態

16 社会的ルールや責任感

17 スクールサポーター
18 出席停止

5.2.4　取組の評価及び体制等の改善

　教育効果を高めるためには、体制や取組を不断に [1] ＿＿＿＿＿ことが大切です。見直しを行うためには、教職員が行う [2] ＿＿＿＿に加え、児童生徒や保護者、学校運営協議会委員をはじめとする地域住民、関係機関など、多様な意見を取り入れた評価を行うことが求められます。適正で改善に効果を上げる評価を得るためには、家庭や地域、関係機関等への [3] ＿＿＿＿＿が必要です。

1 見直し、改善する

2 内部評価

3 きめ細かな情報提供

5.3　暴力行為に関する生徒指導の重層的支援構造

　暴力行為に関する生徒指導の重層的支援構造は、図10 に示したとおりです。第1層の発達支持的生徒指導においては、児童生徒が「[1] ＿＿＿＿＿＿＿」に育つことを意識した、校内の雰囲気づくりや働きかけなどを [2] ＿＿＿＿を通じて行います。第2層の [3] ＿＿＿＿教育においては、暴力防止などをテーマとする教育を行います。第3層の課題早期発見対応においては、暴力行為の前兆行動とも言える [4] ＿＿＿＿、まだ暴力を伴わないいじめなどについて、早期に発見し対応します。そして、第4層の [5] ＿＿＿＿生徒指導においては、暴力行為が発生した場合に、[6] ＿＿＿＿、暴力行為の被害を受けた児童生徒や教職員の [7] ＿＿＿＿、暴力行為に及んだ児童生徒への指導などについて、関係機関・団体や関係者との連携を強化し対応します。

1 他者を思いやり、傷つけない人

2 日常の教育活動

3 課題未然防止

4 粗暴な発言や振る舞い

5 困難課題対応的

6 緊急対応

7 ケアと回復支援

図10　暴力行為に関する生徒指導の重層的支援構造

5.3.1　暴力行為の防止につながる発達支持的生徒指導

⑴　安全・安心でお互いを尊重し合う校内の雰囲気づくり

　暴力行為は連鎖するとも言われます。学校や家庭において大人の暴力を目の当たりにした児童生徒は、「暴力を振るってもいいんだ。」、「暴力も仕方ない。」という誤った認識を持ってしまうことがあります。

　暴力行為に関する生徒指導を行う前提としてまず大切なのは、模倣されるような暴力行為のない、[1] ＿＿＿＿＿＿＿＿＿＿です。教職員が体罰をしないこと

1 暴力行為を許容しない雰囲気づくり

はもとより、児童生徒の暴力行為については、警察等の関係機関と連携した対応をためらわないことを学校の方針として明確にし、その方針を学校内だけではなく、 [2] 　　　　　　必要があります。その際に重要なのは、指導の方針が、児童生徒を排除するためのものではなく、 [3] 　　　　　　　　　　　を確保するためのものであることを丁寧に説明することです。また、並行して、豊かなコミュニケーションを通じてお互いを理解し、尊重し合える [4] 　　　　　　　　に努めていくことも大切です。

2 家庭や地域とも共有する

3 安全で安心な学びの場

4 温かな学校の雰囲気づくり

(2)　暴力行為をしない人に育つことを意識した働きかけ

　暴力行為は、暴力を受けた人の [5] 　　　　　　　　　であり、決して許されるものではないという共通認識の下で、児童生徒への対応に当たる必要があります。また、児童生徒が暴力行為をしない人に育つ上で重要なのは、人への思いやり、 [6] 　　　　　　、コミュニケーションの力を育む教育や [7] 　　　　　　です。
　暴力の背景には、人の痛みを想像できないこと、「自分さえよければそれでよい。」という [8] 　　　　　　　　　　こと、また、自分の気持ちをうまく表現できずに衝動的な行動をとってしまうことなどの問題があると考えられるからです。特にコミュニケーション力を身に付けることで、他人に配慮しながらも自分の言いたいことを伝えられるようになり、ストレスをためず、 [9] 　　　　　　　　　　ことが期待されます。ここでの教育や働きかけの方法として重要なのは、道徳教育、 [10] 　　　　、法教育、 [11] 　　　　　　などや、 [12] 　　　　　　　　につながる日々の挨拶、声かけ、対話などです。

5 人権を著しく侵害する行為

6 助け合いの心

7 日頃の働きかけ

8 自己中心的な考え方が強い

9 怒りをコントロールできるようになる

10 人権教育

11 情報モラル教育

12 コミュニケーション力の向上

5.3.2　暴力行為の未然防止教育

　暴力行為の未然防止をねらいとする教育としては、道徳科や特別活動などの時間と関連を図り、教職員が、暴力や非行をテーマとした授業を行う、あるいは、 [1] 　　　　　　を招いて、暴力防止、非行防止などに関する講話を行うことなどが考えられます。
　その際に、児童生徒に伝えたい重要な点を、表1に示しました。暴力行為や正当な理由もなく刃物を携帯する行為は原則として [2] 　　に当たり、警察による捜査・調査、児童相談所による措置、 [3] 　　　　　　　　などの対象になる可能性があるということです（→第6章少年非行）。

1 外部の講師

2 非行

3 家庭裁判所による処分

表1　暴力行為・刃物携帯行為と非行

行　為	非行名（罰則）
暴力をふるって人にケガをさせた。	傷害罪（刑法第204条）
暴力をふるったが、相手はケガをしなかった。	暴行罪（刑法第208条）
暴力によって物を壊した。	器物損壊罪（刑法第261条）
刃物を携帯した。	銃砲刀剣類所持等取締法（第22条）違反　軽犯罪法（第1条2号）違反

　暴力行為や刃物携帯行為を軽く考えて、「こんなことになるとは思わなかった。」と後悔することのないよう、児童生徒には、 [4] 　　　　　　がどのような結果につながるのかを伝えておく必要があります。
　また、暴力行為が、それを受けた人にどのような影響を与えるのか、児童生徒の理

4 自分の行動

解を促すことも重要です。暴力を受けた人は、身体の痛みとともに、恐怖感、屈辱感、絶望感、無力感など [5]　　　　　　　　 こととなります。それらの感情は生涯にわたってその人を苦しめ続けるかもしれません。たとえ身体の傷は癒えたとしても、暴力を受けたことが心の傷となり、繰り返しその人を苦しめ、[6]　　　　　　　　に陥らせてしまうことがあります。

5 様々な感情を抱く

6 対人不信や社会不適応

　以上のことを意識しつつ、様々な機会を捉えて、暴力行為を未然に防止するための教育に取り組む必要があります。

5.3.3　暴力行為の前兆行動の早期発見・早期対応

　暴力行為の前兆行動としては、粗暴な言葉、相手を殴るような素振りや壊れない程度に物を蹴るといった振る舞い、まだ暴力を伴わないいじめといったものが考えられます。児童生徒の前兆行動を早期に発見し対応することが、暴力防止において重要です。

　児童生徒の行動や学校、学級・ホームルーム全体の雰囲気を注意深く観察することに加えて、早期発見・早期対応のために必要なのは、アセスメントの充実です。アセスメントにおいては、児童生徒について、発達面はもちろん、学習面、進路面、健康面、心理面、社会面（交友面）、家庭面などを多面的に見ていきます（→1.3.4 チーム支援による組織的対応）。

　例えば、

- 学習面の遅れや進路の悩みが [1]　　　　　　　　　　　につながっていないか
- [2]　　　　　　　　などの問題が見られないか
- [3]　　　　　　　　　に陥っていないか
- 学校や地域における交友関係の [4]　　　　　　　などの問題がないか
- 家庭における大きなストレスや [5]　　　　の問題がないか
- [6]　　　等の障害を背景とした二次的な問題が起こっていないか

1 本人のストレスや自棄的な感情

2 飲酒や薬物乱用

3 自己中心的な偏った考え方

4 トラブルやいじめ

5 被虐待

6 発達障害

といった様々な側面からアセスメントを試みる必要があります。教員一人でアセスメントを行うには限界があるため、SC や SSW などと連携し [7]　　　　　　　ことが大切です。早期対応に当たって重要なのは、児童生徒の [8]　　　　　　　ということです。先入観や偏見を持たずに [9]　　　　　　　が、本人の気持ちを落ち着かせ、自ら成長へとつながる本来の力を取り戻すとともに、これまで粗暴な言動としてしか表わせなかった SOS の表現を適切な仕方へと転換できるようになる場合もあります。

7 チームで対応する

8 話をよく聴く

9 真摯に聴こうとする態度

　児童生徒の話をよく聴いた上で、介入が必要と認められる場合には、学習支援や進路指導の強化、保護者への [10]　　　、児童生徒間の関係の調整、関係機関への相談、医療や福祉へのつなぎなど、[11]　　　　として指導・援助を行います。

　特に、[12]　　　　　は重要です。子供の問題を認めたがらない保護者もおり、協力を得ることが難しい場合もありますが、状況を [13]　　し、[14]　　　共に指導・援助に当たることができれば、早期対応をより効果的に行うことが可能となります。

10 働きかけ

11 チーム学校

12 保護者との協力

13 正確に説明

14 理解を得て

5.3.4　暴力行為が発生した場合の対応

　暴力行為が発生した場合、第一に暴力行為の被害を受けた児童生徒等の [1]　　と周

1 手当て

囲の児童生徒等の²　　　　を行う必要があります。状況によっては救急や警察にすぐに通報しなければなりません。

2 安全確保

　暴力行為に及んだ児童生徒が興奮していて、他の児童生徒等に更に危害を加えそうな場合には、他の児童生徒等を³　　　　　　　　　　　ことも必要です。

3 安全な場所に避難させる

　たとえ緊急対応を要しない場合であっても、暴力行為が認められた場合には、対応について早急に⁴　　　　　　の指示を仰ぐ必要があります。保健室での手当、暴力行為に及んだ児童生徒・被害を受けた児童生徒等・目撃した児童生徒等からの⁵　　　　　、関係する保護者への連絡、暴力行為の⁶　　　　　などを行わなければなりません。また、警察への相談について検討した上で、相談を行う場合には、可能な限り早急に相談を実現することが重要です。

4 校長等の管理職
5 聴き取り
6 現場の保全と記録

　警察との相談の結果、捜査・調査が開始されたとしても、それで学校の対応が終わるわけではなく、被害を受けた児童生徒等の⁷　　　、暴力行為に及んだ児童生徒への⁸　　　、他の児童生徒への⁹　　　、保護者への¹⁰　　　などを行う必要があります。

7 ケア
8 指導
9 配慮
10 対応

　その際、教職員だけでなく、関係機関等の力を借りながら対応を進めることが有効です。また、暴力行為はいじめに該当する場合も多いので、¹¹　　　　として対応することも必要になります（→第4章いじめ）。

11 いじめ事案

　なお、事実関係の把握に当たっては、暴力行為が一方的なものであったのか、双方向のものであったのかについても留意を要します。また、過去に起こった暴力行為が年月を経て浮かび上がってきた場合も、学校として¹²　　　　　　を行うことが求められます。

12 可能な限りの対応

5.4　関係機関等との連携体制

5.4.1　関係機関等との連携の重要性

　暴力行為に関する生徒指導に当たっては、関係機関等との連携が極めて重要です。連携の基本は連携相手を知り、できるだけ顔の見える関係をつくっておくことです。まず校内にはどのような分野を得意とする教職員がいるのかを把握・共有した上で、連携可能な外部の関係機関等に関する¹　　　　　　　　していく必要があります。

1 情報を蓄積・更新・共有

　暴力行為に関する生徒指導を行う上での関係機関等との連携についても、²　　　、未然防止、早期発見・早期対応、³　　　　　　　　　という観点から考えていきます。

2 発達支持
3 発生した暴力行為への対応

5.4.2　発達支持的生徒指導や未然防止教育における連携

　児童生徒が暴力行為をしない人に育ち、暴力行為の発生を防ぐための教育として、道徳教育、¹　　　、法教育、²　　　　　　、薬物乱用防止教育などが考えられますが、そういった教育は、教職員が行うほか、警察署・³　　　　　　　　の職員、法務省の機関である法務局・検察庁・⁴　　　　（法務少年支援センター）・少年院・保護観察所の職員、弁護士、民間ボランティアである保護司・⁵　　　　　などを外部講師として招いて行うことも考えられます。

1 人権教育
2 非行防止教育
3 少年サポートセンター
4 少年鑑別所
5 人権擁護委員

　特に、非行防止教育という点で、警察に加え、犯罪や非行をした人の立ち直りや再犯防止を⁶　　　　　保護司及び保護司が組織する保護司会は、学校にとって身近な存在です。情報モラル教育、⁷　　　　　　　　　、怒りの対処法などについて

6 地域で支える
7 ストレスマネジメント教育

は、それを得意とするNPO団体のメンバー、外部の医師やSCなどに依頼することも考えられます（→3.7.3(2)学校と警察・司法）。

5.4.3 早期発見・早期対応における連携

暴力行為の前兆行動の早期発見・早期対応は、[1] 支援チームなどで対応することが基本となりますが、この段階でも必要に応じて関係機関等と連携することが大切です。

例えば、発達障害等の障害を背景とする二次的な問題や精神疾患・薬物依存の症状としての粗暴な言動が疑われる場合には[2] が、家庭に虐待や貧困の問題が疑われる場合には[3] や地方公共団体の福祉部門との連携が、地域の不良交友が懸念される場合には警察との連携が考えられます。

非行傾向のある児童生徒については、少年サポートセンターや少年鑑別所（[4] ）などが保護者や学校からの相談を受け付けています。また、[5] 、学校警察連絡協議会、学校と保護司会との協議会なども、前兆行動への対応についての指針やヒントを得る機会となります。

学校だけでは[6] や対応に限界があるため、学校外の専門的な知見を積極的に取り入れることによって、多面的で的確なアセスメントを行ったり、豊富な選択肢の中から最適な対応をとったりすることが可能となります。

右欄注:
[1] 校内連携型
[2] 医療機関等との連携
[3] 児童相談所
[4] 法務少年支援センター
[5] 要保護児童対策地域協議会
[6] アセスメント

5.4.4 発生した暴力行為への対応における連携

関係機関等との連携が最も強く求められるのが、発生してしまった暴力行為への対応です。緊急場面での救急や警察との連携はもとより、暴力行為の被害を受けた児童生徒等の[1] 、暴力行為に及んだ児童生徒への指導においては、関係機関等との連携強化が特に重要になります。

右欄注:
[1] ケアと回復支援

(1) 暴力行為の被害を受けた児童生徒等のケアと回復支援

暴力行為の被害を受けた児童生徒等は、身体の痛みだけではなく、[2] を抱えることとなります。その痛みが癒されるためには、適切な治療、家族や友人や教職員の支え、暴力行為に及んだ児童生徒の[3] 、時間の経過などが必要になります。特に、そのケアと回復支援という観点からは、医療機関、[4] 、民間の被害者支援団体、[5] などとの連携が考えられます。

例えば、外科的な治療だけでなく、[6] が必要と思われる児童生徒については、[7] が対応するほか、保護者とも相談の上、子供の発達や心理に詳しい医療機関につなぐことが考えられます。また、暴力行為が少年事件としての取扱いを受けることとなった場合には、警察や少年司法の各段階において[8] のための様々な取組や制度があることを理解しておくことも大切です。

被害を受けた児童生徒等が平穏な生活を送れるよう、学校は関係機関等と連携して可能な限り環境を整え、[9] 必要があります。

右欄注:
[2] 心の痛み
[3] 心からの反省と謝罪
[4] 警察
[5] 少年司法関係機関
[6] 精神面のケア
[7] SC
[8] 被害者支援
[9] チーム学校として対応する

(2) 暴力行為に及んだ児童生徒への立ち直りを目指した指導

暴力行為に及んだ児童生徒への指導においても、関係機関等との連携が重要です。暴力行為は許されない行為ですが、それに及んだ児童生徒が[10] から排除されてはなりません。

右欄注:
[10] 学校教育や社会

排除されて孤独・孤立に陥れば、その児童生徒は立ち直るきっかけをつかめず、更なる暴力行為に及んでしまう可能性もあり、関係機関等と連携して ¹¹　　　　　　　　の支援チームを組織し、学校内外の知恵を集め、力を合わせて指導・援助することが有効です。

まずは、児童生徒がなぜ暴力行為に及んでしまったのか、関係機関等の専門的知見を借りながらより深く ¹²　　　　　　　　　を行う必要があります。アセスメントの際には、その児童生徒の問題や弱みだけでなく、立ち直りに活用できる資源や ¹³　　　　　　　　　も視野に入れることが大切です。

次に、アセスメントに基づいて個別の指導・援助計画を立て、支援の目標や役割分担を可能な限り ¹⁴　　　　　　　　します。そして、支援チームのメンバーそれぞれが計画を実行に移し、その結果をケース会議に持ち寄って評価や計画の見直しを行い、また実行に移すというサイクルを繰り返します。

暴力行為に及んだ児童生徒が、再び暴力行為に及ぶことのないよう ¹⁵　　　　して立ち直り、¹⁶　　　　　　ことは、本人の福祉とともに、学校や社会の ¹⁷　　　　　へとつながります。児童生徒の生きづらさにもしっかりと目を向け、関係機関等と連携した「¹⁸　　　　　　　　　　　」として、地域の力も借りながら、指導・援助に当たっていくことが大切です。

11 ネットワーク型

12 多角的なアセスメント

13 児童生徒の強み

14 関係機関等と共有

15 反省・謝罪

16 成長していく

17 安全・安心

18 社会に開かれたチーム学校

第6章 少年非行

留意点

　非行が意味するものは多様ですが、校内の指導にとどまらず、児童生徒や [1] 　　　　　　　　　　も関係機関の介入の対象となります。そのため、まず非行の定義と手続きを正確に理解し、適切な [2] 　　　　　　　　　を前提に対応することが求められます。非行に対しては、市町村と [3] 　　　　、児童福祉施設、[4] 　や少年補導センターと [5] 　　　、少年鑑別所、少年院や [6] 　　　　など、様々な関係機関が持つ権限を理解し、効果的な連携を活用した取組が求められます。学校としては、児童生徒理解と [7] 　　　　　　、生徒指導を行います。

1 その保護者の私生活
2 事実の把握と記録
3 児童相談所
4 警察
5 家庭裁判所
6 保護観察所
7 保護者との協働を前提に

6.1 少年法・児童福祉法等

6.1.1 少年法の非行

　少年非行に関する基本になるのが、「少年法」、「児童福祉法」、「少年警察活動規則」等です。少年事件の対処の流れは、図11[*83]のとおりです。

　「少年法」は、[1] 　　　[*84]　　　　　　を期し、非行少年に対して [2] 　　　　と環境の調整に関する [3] 　　　を行うとともに、少年の刑事事件について特別の措置を講ずることを目的にしています。少年法第3条は、非行のある少年を以下の三つに分けており、それぞれについて異なる取扱いを定めています。

1 少年の健全な育成
2 性格の矯正
3 保護処分

① 14歳以上で犯罪を行った少年（[4] 　　　　）
② 14歳未満で刑罰法令に触れる行為をした少年（[5] 　　　　）
③ 保護者の正当な監督に服しないなどの事由が認められ、今後犯罪少年や触法少年になる虞（おそれ）のある18歳未満の少年（[6] 　　　[*85]）

4 犯罪少年
5 触法少年
6 ぐ犯少年

6.1.2 少年補導の対象となる不良行為

　より広く非行を捉えたものに、[1] 　　　　　があります。これは警察や少年補導センターなどが補導の対象とするものです。その根拠となるのが「[2] 　　　　　」であり、この規則の趣旨は、「少年の非行の [3] 　　　　を通じて少年の健全な育成を図るための [4] 　　　に関し必要な事項を定めるもの」とされています（同規則第1条）。

　また、同規則第2条では、不良行為少年を、「非行少年には該当しないが、[5] 　、喫煙、[6] 　　　　その他自己又は他人の徳性を害する行為をしている少年」と規定しています。ここでの非行少年は少年法に定義される非行のある少年を指しており、その点で「少年法」と「少年警察活動規則」は、[7] 　　　　　　を明確に区別しています。

　例えば、飲酒や喫煙という不良行為について、学校では非行と考えても、少年法上

1 不良行為少年
2 少年警察活動規則
3 防止及び保護
4 警察活動
5 飲酒
6 深夜はいかい
7 非行と不良行為

[*83]　「令和3年版犯罪白書」を基に作成。
[*84]　「少年法等の一部を改正する法律」により少年法が改正され、18歳及び19歳の者については、「特定少年」と呼称されることとなったが、引き続き「少年」（少年法第2条1項）に該当し、少年法が適用される。
[*85]　特定少年については、ぐ犯による保護処分の対象から除外される（少年法第65条第1項）。

図11　少年事件の対処の流れ

の非行ではないことから、家庭裁判所は [8]　　　　　　　　を扱いません。そのため、学校
で問題行動を把握する場合と、関係機関が根拠となる法令に従って活動する場合とで
は [9]　　　　　　　　ことを教職員は理解する必要があります。その一方で、い
じめや校内暴力が、[10]　　　　　　　　といった非行に当たる場合もあるため、教職
員には、生徒指導の対象かどうかだけでなく、それが非行に当たるか否かを判断する
ための知識が必要です。

8 不良行為少年

9 枠組みが異なる場
　合がある

10 犯罪行為や触法行
　為

6.1.3　児童福祉法の要保護児童

「[1]　　　　　　　　」（以下「児福法」という。）は、「児童の権利に関する条約」の下、子
供の諸権利を保障すると同時に、保護者や行政に、「児童を [2]
」責務を課しています。

[3]　　　　未満の触法行為又はぐ犯行為に対応するのは、児福法により、まずは [4]

1 児童福祉法

2 心身ともに健やか
　に育成する

3 14歳

4 市町村又は児童相
　談所

とされています。しかし児福法では非行という言葉は使われず、⁵に着目しています。⁶[*86]は、一般には児童虐待を受けた児童のことを指すと考えられがちですが、触法を含む非行などの⁷を起こした児童で家庭環境等に問題がある者も含まれます。

5 子供の抱える困難な状況

6 要保護児童

7 問題行動

なお、児福法に規定される児童自立支援施設は、支援の対象を「⁸をなし、又はなすおそれのある児童及び家庭環境その他の環境上の理由により⁹を要する児童」としています。ここでは、「不良行為」と「生活指導等」という問題行動を示唆する表現がなされ、これらが非行に近い概念と考えられます。

8 不良行為

9 生活指導等

6.2 少年非行への視点

少年非行の背景は多様であり、児童生徒理解が十分でないままに罰したり、保護者に指導の強化を促したりするだけでは解決には至りません。まずは、その非行の背景を¹などから理解する必要があります。以下、非行の特徴的な類型と対応の考え方について説明します。

1 発達的観点や家族関係的観点

6.2.1 初発年齢の早い非行

初発年齢が早い非行、例えば小学校時代から盗みをしているケース等の場合、家庭の問題が背景にあることなどから容易には改善せず、¹したり本格的な非行に発展したりすることも少なくありません。

1 常習化

乳児期（0～2歳くらい）の子供が、かんしゃくが強かったり、ぐずったりするなど、あやしにくいという理由から、子供を育てづらいと保護者が感じた場合等には、適切な世話がなされず放っておかれたりすることもあります。その結果、人と²を築くことが難しくなり、その後の成長や人格形成に影響する場合も見られます。

2 信頼関係

また、幼児期（3～6歳）には、保護者の注目を引き愛情を得るために、保護者の大切にしている物にいたずらしたり、隠したりすることがあります。保護者がその意味を理解せず、子供に厳しく当たるといった対応をとると、子供は³を更に募らせ、問題行動を起こし、それを繰り返し、⁴ことになります。このような不適切な養育が子供の問題行動の背景にある場合には、その養育が⁵に当たらないかという視点で、対応を検討することも必要になります（→第7章児童虐待）。

3 愛情の欲求不満

4 非行と叱責との悪循環を生む

5 虐待

6.2.2 低年齢から繰り返される非行

様々な事情で家庭に落ち着くことができなくなった児童生徒は、早ければ小学校中学年くらいから、夜遅くまで¹をするようになります。その不良交遊仲間も、同じような困難を抱えた境遇であることが多く、そのような不良文化の中で、年長者のまねをして喫煙や飲酒などの不良行為から、万引きや自転車盗などの非行に発展するような場合も見られます。このように、児童期に入ると、²も大きくなります。

1 不良交遊

2 交遊関係の問題

このような不良行為などが繰り返されると、次第に常習的な窃盗のほか、粗暴な非

[*86] 要保護児童（保護者のない児童又は保護者に監護させることが不適当であると認められる児童）の他、要支援児童（保護者の養育を支援することが特に必要と認められる児童）及びその家族が支援対象となる。

行（器物破損、³　　　　、傷害、⁴　　　　など）や性的に逸脱する非行（援助交際のような ⁵　　　　　など）、薬物に依存する非行などの本格的非行に発展するケースも見られます。

　さらに、⁶　　　　　　　　が被害を招くこともあります。例えば、深夜はいかいをすることで見知らぬ相手から暴力の被害に遭ったり、少年が ⁷　　　　　に遭ったりするといった場合です。また、身体的な被害を受けたり、暴力を目撃したりすることなど、生命や身体の危険に遭うことで、傷つき、怒り、絶望といった感情を体験し、さらには ⁸　　　　　　　　といった感覚を抱くことになります。

　こうした感情をやり過ごすための様々な行動をとる中で、絶望や孤独を排除し、⁹　　　　　　　　　　　を回復するための防衛的対処として、他者への無関心、あるいは逆に他者への ¹⁰　　　　　　　　　をとることがあります。このとき、以下の二つの大きな問題が存在します。

　①　情動のコントロールがうまくできない
　　　¹¹　　　　　　　　といった感情をうまくコントロールできず、そうした感情に圧倒されて行動したり、逆に外部との感情的つながりを絶つかのように何も感じなくなったりします。
　②　思考や判断に関わる認知的情報処理の問題
　　　周囲に対して考え方や判断が固定化されて柔軟性がなくなり、例えば周りは常に敵であるという構えが ¹²　　　され、応答が衝動的、挑戦的になるという問題です。

　こうした問題のために、他者との関係性に対する見方が歪み、結果として ¹³　　　　　　、回避、¹⁴　　　　　　といった反応パターンが生じるとともに、対人関係がうまくいかず、本人の ¹⁵　　　　　　　してしまいます。児童生徒に何らかの被害体験がある場合、こうした問題が絡んでいる可能性があることを視野に入れて、児童生徒理解を図ることも必要になります。

　特に、こうした被害がある場合、相手の言葉、表現や視線など、様々な手がかりに気付くことができず、相手の事情を考えずに、敵意を持って向かってきたと判断して攻撃的になることがあります。このような攻撃を「¹⁶　　　　　」と言い、先に述べた被害の影響の一つとされます。

　一方、自身の利得のために他者に攻撃性を向けるケースがあります。これを「¹⁷　　　　　　　」と言います。このような児童生徒は、周囲の児童生徒との関係性に ¹⁸　　　が見られないかをよく観察する必要があります。一見すると加害者に見える児童生徒が、実は無視や嫌がらせといった道具的攻撃の対象となっている被害者であるということもあります。そのため、児童生徒の攻撃性や被害に関わる ¹⁹　　　　　　　し、²⁰　　　　を考えていく必要があります。

6.2.3　思春期・青年期の非行

　家庭面で大きな問題が見られない児童生徒であっても、思春期や青年期に入ると非行に及ぶことがあります。このような非行は、精神面の成熟によって克服が可能であり、学校を中心とした指導による解決が期待できます。

3 暴力行為

4 恐喝

5 売春行為

6 逸脱的な行動

7 性的被害

8 他者への不信、空虚感

9 安心感や自己コントロール感

10 反抗的・攻撃的態度

11 恐怖、怒り、混乱

12 固定化

13 他者への不信感

14 反抗的態度

15 自尊感情も低下

16 反応的攻撃

17 道具的攻撃

18 上下関係

19 対人関係を観察

20 指導

⑴　思春期の非行

　思春期は [1]　　　　による性的な芽生えや身体的な成長により、精神的に [2]
　　　　　　時期です。また、中学校への進学は大きな環境の変化となります。

　交友関係が広がり多様な刺激を受ける中で、「皆がやっているから大丈夫」というような規範意識の [3]　　　　　　により、万引き、自転車盗、バイク盗のような [4]
　　　　に及んでしまうことがあります。初発型非行の多くは一過性のものですが、周囲の大人の対応によっては少年の反発を招き、[5]　　　　　　　　　　　　場合もあります。

1 第二次性徴

2 不安定になりやすい

3 一時的な緩み

4 初発型非行

5 非行をエスカレートさせる

⑵　青年期危機による非行

　青年期には、進路の選択の際に、自分がどのような存在で、どのようなことができるのかという迷いの中で、よりどころが見いだせずに不安定な状態に陥ることも少なくありません。このような状態を [6]　　　　　　と呼ぶこともあります。

　この時期には、いろいろなことを実験的に行った結果、他人に迷惑をかけてしまうこともあります。また、不安定な状態に耐えられず、不良集団の中に自分のよりどころを見いだそうとすることもあります。このような場合には、児童生徒の抱える [7]
　　　　　　　とともに、進路や人生設計について [8]　　　　　　　　　　　ことが重要です。

6 青年期危機

7 不安を受け止める

8 丁寧な関わりを続けていく

⑶　思春期・青年期の挫折による非行

　それまで打ち込んできたことへの挫折を契機に、非行が生じる場合もあります。例えば、部活動で思うように成果が伸びなかったり、怪我をして続けられなくなってしまったり、学習面で目指していた高等学校に進学できなかったりするような場合です。

　このようなとき、児童生徒本人以上に保護者や家族が落ち込んでしまい、その失望を児童生徒にぶつけてしまうことがあります。児童生徒は保護者から見放されてしまうことで [9]　　　　　　を抱き、それまでの高い自尊感情と [10]　　　　　　　にがく然とし、自棄的な心境の中で非行に及ぶことがあります。[11]　　　　　　がくじかれたときに感じる「恥辱」の感情は、思い通りにならない現実に対する強い怒りとして表出され、周囲の物や人への攻撃となることがあります。

　このような場合には、激しい怒りの裏に隠された [12]　　　　があることを思いやり、決して [13]　　　　　　　という姿勢が大切です。その上で、非行は望ましくないというメッセージを伝える必要があります。その際、家庭や学校だけで支援することが困難な場合には、医療や心理面の専門的なサポートが必要になります。

9 二重の失望感

10 現実とのギャップ

11 高い自尊感情

12 恥辱の感情

13 指摘することなく見守る

⑷　目立たない児童生徒の突然の非行

　保護者や教職員にとって手がかからないと考えられていたような、普段は真面目で、目立たない児童生徒が突然、重大な非行に及ぶことがあります。このような児童生徒の多くは、実際には家庭や学校生活に [14]　　　　を感じていることがあり、周囲の適切な援助を受けられず限界に達すると、突然攻撃的な行動に及んでしまうと捉えることができます。

　こうした場合、児童生徒の特性が影響していることも考えられます。例えば、[15]
　　　　　　が苦手であったり、妄想が激しかったりするような児童生徒（→第13章多様な背景を持つ児童生徒への生徒指導）の対応に当たっては、SC や SSW との協働、福祉機関・医療機関などの関係機関との連携などにより、[16]

14 ストレス

15 コミュニケーション

16 早期の気付きと適切な援助

を通じて、非行を予防することが大切です。

6.3　少年非行への対応の基本

　学校における非行への対応は、児童生徒本人に対する [1]　　　　　と保護者への [2]　　　が中心となりますが、非行の内容に応じて様々な対応が必要になります。

　学校の対応として、例えば愛情の欲求不満を募らせた児童生徒に対して、厳しく罰するだけでは、かえって問題行動を繰り返す悪循環に陥らせてしまいます。そのため、児童生徒の言い分にしっかり耳を傾け、その背景にある問題を把握した上で、児童生徒が [3]　　　　　　　　　　　　ことが大切です。

　指導を効果的に行うためには、児童生徒と教職員の [4]　　　　が重要です。自分を理解してくれていると児童生徒が感じることで、徐々に [5]　　　　を築くことができるようになり、やがて指導も効果を持つようになります。

1 直接的指導

2 助言

3 納得するように諭しながら指導する

4 関係性

5 信頼関係

6.3.1　正確な事実の特定

　指導のことばかりを気にすると、事実確認が不十分なまま [1]　　　　　　　　　で指導が行われてしまうことにもなりかねません。児童生徒や保護者の信頼を失うことを避けるためにも、[2]　　　　　　　は非常に大切です。

　事実の特定とは、いつ、どこで、誰が、何を、なぜ、どのように、行ったのか、といったことを確認するだけでなく、それらについて、本人や保護者が [3]　　　　　　します。もちろん、教職員が考える事実を無理に認めさせたり、誘導したりすることは避けなければなりません。

1 教職員の思い込み

2 正確な事実の把握

3 認めているのかを確認

6.3.2　児童生徒からの聴き取り

　児童生徒との面接は、まずは [1]　　　　　　　　　が目的であり、[2]　　　で話してもらうことが重要です。こうした考え方を踏まえ、警察や児童相談所等においては、[3]　　　　　　（あるいは協同面接）が行われています。これは、犯罪等の被害者や目撃者に聴取を行う際、被面接者の供述特性を踏まえつつ、被面接者の負担が少ない状態で、[4]　　　　　　　　　　　　ものです。

　その中で、いわゆる「司法面接」の技術が活用されています。これは、多人数で何回も聴取するのではなく、聴取担当者を [5]　　　　　し、極力少ない回数（[6]　　　　　　）で周到な準備の下に聴取を行います。児童生徒からの聴き取りにおいても参考となるものです。

1 客観的事実の把握

2 児童生徒自らの言葉

3 代表者聴取

4 正確な供述の証拠化を目指す

5 一人に限定

6 可能な限り一回

(1)　聴取場面の設定

　聴き取りの対象が複数である場合、全員を同席させて聴取することは適切ではありません。事案発生時に全員が同じ場にいたとしても、見聞きしたことや、[7]　　　は異なる可能性があります。しかし、自分が記憶していない内容を他の児童生徒が話しているのを聞くことで、自分の記憶であるかのように [8]　　　　　　　　可能性が生じます。また、同席する他者の意向を気にして、正確な事実を話しにくいこともあります。

　また、聴取を受けた児童生徒は、自分が話した内容が他者や保護者に伝わるのでは

7 記憶した内容

8 記憶を書き換えてしまう

ないかと心配することがあります。このような場合は、心配する気持ちを理解し、児童生徒本人にとって望ましい形となるように教職員同士が話し合うことを伝えるとともに、児童生徒の希望に沿うよう ⁹　　　　　　ことが必要です。ただし、「他の人には絶対に話さない」といった、守ることのできないことや、¹⁰　　　　　　を約束することは避けなければなりません。聴き取った内容によっては守秘できないことがあることを ¹¹　　　　　　　　ことが大切です。

9 最大限の努力をする
10 結果的に嘘になり得ること
11 児童生徒にも理解してもらう

(2) オープン質問の重要性

聴取の際は、教職員が誘導することなく、児童生徒本人の ¹²　　　　　を導き、¹³　　　　　　ことが重要です。そのためには、相手に対して ¹⁴　　　　　ことが鉄則です。このような方法による聴取をオープン質問や自由再生質問といい、具体的には以下のような流れで行われます。

12 自発的な語り
13 正確な記憶を引き出す
14 提示する情報を減らす

① まず「何があったのか、憶えていることを最初から最後まで全部話してください」といった ¹⁵　　　　　をします。児童生徒が言いよどんだときは、「それから」などと促すことはありますが、「○○もいたのだな」などといった誘導は避けます。

15 大括りの質問

② 話し終えたら「¹⁶　　　　　　　　　　　　」と尋ねます。詳しく聴く場合も、児童生徒が話した言葉を利用して、「さっき○○と言っていたけど、そのことをもっと教えてください」と尋ねます。

16 他に憶えていることを教えてください

③ さらに詳しく尋ねるには、出来事の流れを時間で分割して「○○から○○までの間にあったことを詳しく教えてください」と尋ねます。

「誰が」「どこで」「いつ」「どうやって」といった質問を直接的に行う方法もありますが、質問に対し回答が短くなりやすいため、聴取相手が自発的に語りにくくなってしまいます。したがって、直接的に尋ねるこれらの質問をしても構いませんが、可能な限り ¹⁷　　　　　を多用します。

17 自由再生質問

また、相手に「はい」か「いいえ」で回答を求める質問や、選択肢を提示する質問は ¹⁸　　　　　と呼ばれます。この方法は、聴取者が持つ情報を含むことや、聴取者が求める情報を確認する質問になりがちであり、誘導の可能性が高くなります。

18 クローズド質問

クローズド質問を使わざるを得ない場合には、その質問に児童生徒が答えた後に、「そのことについてもっと詳しく話してください」と ¹⁹　　　　　　　　　など留意が必要です。

19 自由再生質問を追加して行う

さらに、「○○だったよね」といった、²⁰　　　　　　　　　　　と呼ばれます。誘導質問は、正確な事実の聴取を妨げるだけでなく、勝手な決めつけによって、児童生徒の反発心を招きやすくなるため、この方法は避けなければなりません。

20 聴取者側の考えを反映した質問は誘導質問

(3) 仮説の検証

聴取などを経て、この事案はこうだったのではないかという仮説を持つのは自然なことです。しかし、²¹　　　　　　　　ことに留意しなくてはいけません。もし、仮説が事実であると思い込んでしまうと、誘導質問を招きやすくなります。その結果、正確な事実を聴き出すことができなくなる可能性もあります。聴取は、「仮説の確認」で

21 あくまで仮説である

はなく、「²²　　　　　　」でなければなりません。

　そのため、仮説とは別の可能性（対立仮説）を想定し、²³　　　　　　　　　　質問を行うべきです。その意味で、聴取する前には、何を尋ねるのかを準備して臨むことが大切です。事実の確認は、あくまで²⁴　　　　　　　という客観的事実を児童生徒の協力を得ながら行うことです。

　児童生徒が嘘をついているかもしれない、と疑われる場合も、嘘をついていると決めつけるのではなく、対立仮説を確認する質問を行い、「さっき○○と言っていたけど、そのことをもっと教えて欲しい」と自由再生質問で詳細を聴き出し、²⁵　　　　　　　という姿勢が求められます。

　なお、聴取事項が虐待や犯罪等に関わるおそれがある場合は、誰が、どうしたかという²⁶　　　　　　にとどめ、詳細は警察や児童相談所等の関係機関による²⁷　　　　　ことが重要です。過度に質問を行うことで、児童生徒の記憶に混乱が生じたり、思い出したくない記憶を無理に呼び起こされてしまい、関係機関による聴取が不可能になったりする危険性があります。

6.3.3　本人や関係者の言い分の聴き取りと記録

　本人や関係者の言い分をしっかりと聴き取る際には、その内容を、正確に¹　　　　　　ことが必要です。特に非行事実の有無や指導の内容に関しては、後日紛糾する可能性があるという視点を持ち、²　　　　　　　　　　を行います。

6.3.4　非行の背景を考えた指導

　何度指導しても効果が現れず、非行が繰り返される場合には、改めて非行の背景を考えることが必要です。どのような非行にも本人にとっては何かしらの意味があり、それを明らかにしないまま行った指導は、かえってマイナスになることに留意します。

　特に、児童生徒の¹　　　　　　　場合や、保護者の監護力の背景に様々な困難のある場合などでは、本人の攻撃性や被害経験、対人関係等を²　　　　　　、指導を考えます。そのため、³　　　　　と協働したアセスメントの充実と、医療や福祉などの外部機関との連携が求められます。

6.3.5　被害者を念頭においた指導

　非行の結果、被害者が出る場合もあります。この場合、加害者への指導を意識しすぎるあまり、¹　　　　　　　　　　ように注意します。なお、被害者が児童生徒（他校生である場合も含む。）であれば、²　　　　　　　という視点で対応することが不可欠です（→第4章いじめ）。

6.3.6　非行の未然防止及び早期発見・早期対応の視点

　学校における非行防止は、まず¹　　　　　　　の観点から行われます。この段階は、²　　　　　を対象に、問題行動が生じる前に、³　　　　　、非行に誘われた際などの対応の仕方を伝えるなど、非行の⁴　　　　　に焦点を当てるものです。他方で、早期発見・早期対応の指導は、非行の問題傾向が出現し始めた児童生徒に対して、非行の意図や発生可能性を早期に把握して⁵　　　　　し、事態の⁶　　　　　するものです。

　想定もしていなかったような突発的な非行事案が発生する前には、児童生徒本人の

22 仮説の検証

23 仮説と対立仮説の双方を確認する

24 何があったのか

25 辛抱強く見極めていく

26 最低限の質問

27 聴取に委ねる

1 時系列を追って記録しておく

2 記録に基づく的確な指導

1 発達に課題がある

2 よく観察して

3 SC や SSW

1 被害者の思いや願いを見落とさない

2 いじめに該当する

1 非行の未然防止

2 全ての児童生徒

3 規範意識の醸成

4 未然防止教育

5 個別に介入

6 深刻化を防止

何らかの前兆行動と言える [7]　　　　が見られる場合があります。これらの [8]を把握し、介入して防止するためには、前兆に関わる情報を収集する必要があります。これら全てを一括して把握することは難しくとも、様々な場面で児童生徒が発する [9]　　　　にし、早期に把握・判断することは可能です。

7 特異な言動

8 前兆行動

9 兆候の点と点をつなげて線

　前兆行動に関わる情報を収集したら、対処法を判断し、適切な専門的機関につなげます。そのため、SC や SSW、場合により警察を含む外部の関係機関などが加わったチーム体制で、[10]　　　　を行い、対応を検討します。その際、判断には重要な事項が含まれ、緊急の対応が求められることがあるため、即時に重大な判断を行うことのできる [11]　　　　　　　　　　　　が求められます。

10 アセスメント

11 責任者（校長等）を含むチーム体制

6.3.7　非行防止につながる発達支持的生徒指導の考え方

　少年非行の防止を考えるには、多くの児童生徒が非行に走らない理由について考えてみることが役に立ちます。部活や勉強に打ち込んでいる、失いたくない大切なものがある、喜びや苦労を分かち合う仲間がいる、そして、何よりも家庭や学校に [1]があるなど様々な理由が考えられますが、そこには、児童生徒と家庭や学校をしっかりとつなぎとめる関係性があります。

1 居場所

　他方で、非行少年の多くは、家庭や学校との関係性が [2]　　　　　　、または切れかかっていると言えます。家庭や学校で非行を未然に防止する秘訣は、児童生徒と家庭や学校との関係性をいかに [3]　　　　　　　　　という視点に立つことです。このことは、非行防止につながる [4]　　　　生徒指導とも捉えることができます。

2 構築されていない

3 強く切れないものにするか

4 発達支持的

　教職員にとって何よりも大切なのは、関心を持って児童生徒としっかりつながることです。保護者や教職員を困らせるような行動があっても、まずは、その行動の背景を考え、児童生徒の視点を想像します。また、児童生徒と接するときに [5]　　　　を感じたときは、児童生徒も [6]　　　　　　　　かもしれない、と考えてみることも役立ちます。普段の見方とは違った視点で考え、児童生徒の [7]　　　　　　ことで、児童生徒と教職員との間に関係性をつくることが可能になります。

5 怒りやいらだち

6 同じ感情を抱いている

7 良い面を探しながら接する

　児童生徒との関係性やつながりをつくるためには、教職員は児童生徒と境界線をはさんで対峙するのではなく、その境界線をまたいで児童生徒の [8]　　　　　　という姿勢も大切です。問題が起こったときに単に詰問・叱責するのではなく、どう対応するのかを [9]　　　　　　　ことによって、児童生徒も心を開いてきます。さらに、児童生徒と信頼関係があれば、児童生徒の間だけで伝わっている情報を話してくれるようになり、児童生徒だけが把握している非行や被害等の問題やその兆候に関する [10]　　　　　　　　　ようになります。

8 隣に立って接する

9 一緒に考える姿勢を持つ

10 情報を収集することができる

　警察に補導された後や、非行をして家庭裁判所で処分や指導を受けて学校に戻ってきた後などにおいても、[11]　　　　しっかり接し、[12]　　　　　　　が求められます。

11 関心を持って

12 見守るという気持ち

　次に、家庭や学校で児童生徒が打ち込めるものを一緒に探し、提供することが大切です。児童生徒が打ち込めるものがあれば、非行仲間とつきあう時間や、非行に走る時間を減らすことができます。そのためには、例えば、児童生徒の [13]　　　　を刺激し、クラスの皆が積極的に [14]　　　　　　授業づくりが大切となります。さらに、自分の打ち込めることが見つかれば、それが就労へとつながるという希望にもなります。児童生徒にとって、学校で過ごす時間が、自らの人生の目標や価値を見つけるための [15]　　　　となるように支援することが大切です。

13 知的好奇心

14 参加意識を持てる

15 準備期間

6.4　関係機関等との連携体制

少年非行を学校が把握した場合に連携すべき機関としては、大きくは市町村と児童相談所という [1] ＿＿＿ の分野、警察と検察庁という [2] ＿＿＿ の分野、家庭裁判所という [3] ＿＿＿ の分野、それに警察と少年サポートセンター、少年補導センターなどの [4] ＿＿＿＿＿ 分野があります。

また、保護者等と連携の上、心理相談やワークブックを用いた心理教育等の専門的支援を行うため少年鑑別所に設けられた [5] ＿＿＿＿＿ や、依存症などの治療を行う医療機関等の相談治療機関を活用する方法もあります。

1 福祉

2 捜査

3 司法

4 少年補導

5 法務少年支援センター

6.4.1　児童相談所や市町村などの福祉機関との連携

児童相談所は非行の通告を受理した場合、 [1] ＿＿＿＿＿ が継続的に指導するほか、 [2] ＿＿＿＿＿ を行ったり、児童自立支援施設、 [3] ＿＿＿＿＿＿＿＿＿ 、児童養護施設や [4] ＿＿＿ など、施設等への措置をとったりすることもあります。

特に [5] ＿＿＿ 未満の児童生徒に重大な非行があったり、非行が繰り返されたりする場合、また、保護者が非協力的なために指導や援助が実施できない場合など、学校や福祉機関だけでの対応が難しい時には、都道府県知事の権限の下、 [6] ＿＿＿＿＿ の判断で児童生徒を [7] ＿＿＿＿＿ に送致することができます。

1 児童福祉司

2 一時保護

3 児童心理治療施設

4 里親

5 14歳

6 児童相談所

7 家庭裁判所

6.4.2　警察との連携

非行の未然防止、早期発見対応、困難課題対応において、警察との連携も重要です。未然防止教育としては、警察署や [1] ＿＿＿＿＿＿＿＿＿＿ と連携して実施する非行防止教室、被害防止教室、 [2] ＿＿＿＿＿＿＿＿ 等があります。また、定期的に開催される学校警察連絡協議会、協定に基づき情報を相互に通報する [3] ＿＿＿＿＿＿＿ 、警察官 OB 等のスクールサポーターによる巡回や相談・指導助言等により、 [4] ＿＿＿＿＿ を行うことが非行の未然防止や早期発見対応につながります。

また、少年、保護者に対する相談活動も早期発見対応に当たります。少年サポートセンターや警察署の少年部門では、心理学等の専門知識を有する相談員や非行問題の取扱い経験の豊富な少年補導職員・警察官が連携・対応します。さらに深刻なケースへの困難課題対応に当たる場合には、学校、警察、児童相談所等の関係機関で結成される [5] ＿＿＿＿＿＿＿ といった制度の活用も有効です。

これらの活動は、協定などの公的な形での明示的な連携の下に、日常的に顔の見える関係をつくることで促進されます。さらに、上記の活動は、警察だけでなく、自治体の少年補導センターによる [6] ＿＿＿＿＿ や各種相談、少年鑑別所による心理相談等としても実施されています。このほか、関係機関、地域住民、 [7] ＿＿＿＿＿＿＿＿＿ を含めたネットワークを構築することで、地域ぐるみで児童生徒の非行・被害の防止や支援を行うことが可能となります（→1.4.3家庭や地域の参画、3.7.2(2)学校と地域）。

1 少年サポートセンター

2 薬物乱用防止教室

3 学校警察連絡制度

4 警察との情報共有

5 少年サポートチーム

6 非行防止教室

7 学生ボランティア

6.4.3　保護処分と司法関係機関

少年非行については図11のとおり警察等が調査や捜査を行い、触法少年を児童相談所に [1] ＿＿＿＿＿ し、犯罪少年を [2] ＿＿＿＿＿＿＿＿＿ に送致するなどします。検察庁を経由した事件も、原則として家庭裁判所に送られます。

家庭裁判所では、主に [3] ＿＿＿＿＿＿＿＿ [*87] が調査を行います。調査段階で学校に対

1 通告又は送致

2 検察庁や家庭裁判所

3 家庭裁判所調査官

し、⁴ 　　　　　など書面により児童生徒の状況について照会がなされることがあります。このとき、学校として意見や相談事項がある場合は、調査官等に連絡を取ることもできますが、事件の性質などによっては、司法機関からの情報提供を期待できない場合もあります。

4 学校照会書

一方で審判に立ち会えるか、少年鑑別所へ面会に行けるかなど、疑問な点を問い合わせることが可能であり、家庭裁判所の決定により⁵ 　　　　　　　　などの保護処分となった場合にも、児童生徒のために学校として何ができるかという視点で司法関係機関と連携することが大切です。なお、児童生徒が少年院送致となった場合、当該児童生徒が出院後に⁶ 　　　　　　　　　　　　　観点から、少年院送致前に当該児童生徒が通学していた学校は、少年院において⁷ 　　　　　　　　　　について指導要録上⁸ 　　　とすることができます^[*88]。児童生徒が少年院から仮退院により出院した場合や家庭裁判所の決定により保護観察となった場合、その児童生徒は⁹ 　　　　　　　　　　　　 こととなります。保護観察は、法務省の機関である保護観察所が実施します。保護観察期間中は、保護観察所の¹⁰ 　　　　　　　　が生活の指導や援助に関わっていますので、必要に応じて児童生徒を担当している保護観察官や保護司と連携することが可能です。

5 少年院送致や保護観察

6 円滑に学校に復学できるようにする

7 矯正教育を受けた日数

8 出席扱い

9 一定期間保護観察を受ける

10 保護観察官や保護司

6.5 喫煙・飲酒・薬物乱用

20歳未満の喫煙、飲酒は、「二十歳未満ノ者ノ喫煙ノ禁止ニ関スル法律」及び「二十歳未満ノ者ノ飲酒ノ禁止ニ関スル法律」によって禁止されています。¹ 　　年４月から成年年齢が18歳に引き下げられましたが、健康被害防止及び非行防止の観点から喫煙や飲酒が可能な年齢は20歳以上に維持されています。この２つの法は、² 　　　　　　　　　　であるため本人への罰則はありません。しかし、親権者や監督する立場にある者が、親権を伴う未成年者の喫煙・飲酒を放置したり、販売者が20歳未満の者に煙草や酒類を販売したりした場合は³ 　　　　　となります。

1 令和４

2 20歳未満の者の保護が目的

3 処罰の対象

薬物乱用は、医薬品を医療の目的から外れて使用したり、医療が目的ではない薬物を⁴ 　　　　　　　ことを言い、薬物の不正な使用については、年齢にかかわらず「覚醒剤取締法」、「⁵ 　　　　　　　　　　　　　　」などの法律で禁止された行為です。

4 不正に使用したりする

5 麻薬及び向精神薬取締法

薬物乱用は、心身が発達途上にある児童生徒にとって深刻な⁶ 　　　を及ぼすほか、家族や友人との関係の崩壊、自身の犯罪行為の拡大など深刻な⁷ 　　　　　　　を及ぼします。特に大麻乱用を中心に若年層への薬物乱用の拡大が懸念されており、喫煙や飲酒も含め、自身や周囲の人間、ひいては⁸ 　　　　　の崩壊へとつながり得る非行としてしっかりと受け止めて対応することが求められます。

6 健康影響

7 心理社会的影響

8 社会秩序

6.5.1 喫煙・飲酒・薬物乱用の現状

(1) 喫煙

20歳未満の者の喫煙は、次のステップとなる薬物乱用への入り口（ゲートウェイ）となりやすいことから「¹ 　　　　　　　　　　　」と呼ばれています。日本は、「たば

1 ゲートウェイ・ドラッグ

[*87]　家庭裁判所調査官は、家庭裁判所で取り扱っている家事事件、少年事件などについて、調査を行うのが主な仕事（裁判所法第61条の２）である。例えば、少年が非行に至った動機、生育歴、生活環境等について調査する。

[*88]　「「再犯防止推進計画」を受けた児童生徒に係る取組の充実について（通知）」初等中等教育局長事務代理（令和元年７月３日）

この規制に関する世界保健機関枠組条約」の締約国であり、喫煙による ²　　　　な どの健康影響が明らかとなっていることから、喫煙対策に関する社会環境の整備が進め られています。

2 生活習慣病

　中・高校生の喫煙は減少傾向が続いていますが、電子たばこなどの経験者が見られ ます。ニコチンを含まない電子たばこであっても、煙吸引の練習となり、たばこ使用 につながることが指摘されています。また、³　　　　　　　　　を図るため、健 康増進法が平成30年7月に一部改正され、学校、病院、行政施設などは敷地内禁煙、オ フィス、事務所、飲食店などは ⁴　　　　　となりました（令和2年4月1日より全 面施行）。

3 望まない受動喫煙 の防止

4 原則屋内禁煙

(2)　飲酒

　20歳未満の者の飲酒も、他の薬物乱用へとつながるゲートウェイ・ドラッグとされ ています。平成25年12月に「⁵　　　　　　　　　　　　　」が成立し、学校を含む 様々な場において、アルコール関連問題に関する知識の普及を図ることが求められて います。また、酒類と外観、味、香りなどを似せたノンアルコール飲料が20歳以上を 対象として販売されていますが、20歳未満の飲用経験者が見られ、酒類を飲むきっか けとなり得ることが指摘されています。

5 アルコール健康障 害対策基本法

(3)　薬物乱用

　薬物乱用は、従来、青少年による ⁶　　　　（シンナー等）の乱用が大きな問題とな っていましたが、検挙者は近年ほとんど見られていません。一方で ⁷ の20歳未満の 者の検挙者数は平成25年以降増加が続いています。また、10代においては、⁸　　　　 の乱用が問題視されています。大麻の使用経験のある中学生は、使用経験のない 中学生に比べ、学校で孤立していたり、家庭でのコミュニケーションが十分に取れて いなかったりする可能性が指摘されています。児童生徒が、学校や家庭で孤立してい ないか、十分に注意しながら ⁹　　　　　　　　ことが求められます。

6 有機溶剤

7 大麻

8 一般用医療品

9 異変に気付くよう 努める

6.5.2　喫煙・飲酒・薬物乱用防止に関する未然防止教育

　児童生徒の喫煙、飲酒、薬物乱用は、心身ともに健康な国民の育成を目指す上で見 逃すことのできない重要な問題です。学校における喫煙、飲酒、薬物乱用防止教育は、 学習指導要領に基づき、小学校の ¹　　　　、中学校及び高等学校の ²　　　　において 取り組まれることになっています。また、特別活動の時間はもとより、道徳科、総合 的な学習（探究）の時間等の ³　　　　　　　　を通じて指導が行われることが大切 です。

1 体育科

2 保健体育科

3 学校の教育活動全 体

　具体的には、例えば、小学校体育科においては、喫煙、飲酒、薬物乱用などの行為 は、⁴　　　　　　となること、中学校保健体育科においては、喫煙、飲酒、薬物 乱用などの行為は、⁵　　　　　　　　　　、健康を損なう原因となること、また、こ れらの行為には、個人の心理状態や ⁶　　　　、社会環境が影響することから、それぞ れの要因に ⁷　　　　　　　　こと、高等学校保健体育科においては、喫煙と 飲酒は、生活習慣病などの要因になること、また、薬物乱用は、⁸　　　　　　に 深刻な影響を与えることから行ってはならないこと、それらの対策には、個人や社会 環境への対策が必要であることなどについて、指導することとされています。指導に 当たっては、児童生徒が、喫煙、飲酒、薬物乱用の危険性・有害性のみならず、好奇

4 健康を損なう原因

5 心身に様々な影響 を与え

6 人間関係

7 適切に対処する必 要がある

8 心身の健康や社会

心、投げやりな気持ち、過度のストレスなどの心理状態、断りにくい人間関係、宣伝・広告や入手しやすさなどの社会環境などによって助長されること、また、それらに適切に対処する必要があることを [9]　　　　　　　ことが重要です。なお、薬物等への依存は、人に依存できないことによって引き起こされるとも言われます。教職員や保護者など身近な大人が、児童生徒が困ったときに [10]　　　　　　どうかも、未然防止につながる大切な課題であると考えられます。

9 理解できるようにする

10 頼れる存在になっているか

6.5.3 喫煙・飲酒・薬物乱用防止に関する早期発見・対応

　喫煙、飲酒、薬物乱用などの問題については、早期発見・早期対応のための指導を充実させることが大切であり、次の点に留意する必要があります。

- 喫煙、飲酒、薬物乱用から児童生徒を守るための方針や対策などが [1]　　　に適切に決定され、それが全教職員に周知徹底され、[2]　　　こと。
- 喫煙、飲酒、薬物乱用などの行為に対する方針や [3]　　　　　などについて、保護者に [4]　　　を図り、保護者の協力が得られるようにすること。
- 児童生徒からの喫煙、飲酒、薬物乱用などに関する悩み等を積極的に受け止めることができるように、[5]　　　　　　が確立されていること。
- 喫煙、飲酒、薬物乱用などの問題が起きたときに、速やかに適切に対応することができるように指導方針及び体制が確立されていること。

1 校長の責任の下

2 共通理解が図られている

3 具体的な指導方法

4 周知徹底

5 教育相談体制

6.5.4 警察や医療機関などの関係機関との連携

　喫煙や飲酒の問題は、好奇心や友人からの誘いなど [1]　　　　にとどまっている場合と [2]　　　　などの場合とでは対応が異なります。比較的短期間であっても20歳未満の者の喫煙や飲酒は健康の [3]　　　　　　ことを理解させるため、関係機関と連携しながら、丁寧な指導が必要になります。他方で、常習化している、またはその恐れがある場合は、特に [4]　　　　　　が重要であり、医療機関などによる対応などにも考慮する必要があります。薬物乱用の問題は、乱用に至る背景を考えるとともに、[5]　　　というだけでなく、[6]　　　という観点も含めた対応が必要です。また、犯罪組織などによる薬物の供給が背景にある場合もあり、本人や家族、学校だけで解決することは極めて困難です。こうした場合、関係機関による専門的な対応が必要であることから、警察の少年部門や [7]　　　　　　などに速やかに相談するなどの連携が必要になります。

1 一時的な行為

2 常習化する

3 大きなリスク要因になる

4 関係機関との連携

5 健康被害

6 法令違反

7 精神保健福祉センター

第7章 児童虐待

留意点

　児童虐待への対応は、虐待を受けた経験が、後に被害児童生徒の人生に [1]

　　　　　　　ことがあり得ることから、被害児童生徒の [2] 　　　　　　ことまでが目的となります。児童虐待を発見する上で、日々児童生徒と接する教職員の役割は極めて大きく、少しでも [3] 　　　　　　　ような点に気付いたときには、速やかに児童相談所又は市町村（虐待対応担当課）に [4] し、福祉や医療、司法などの [5] 　　　　　　　　　　ことが求められます。さらに、児童虐待と関係が深い [6] 　　　　　、要支援児童、特定妊婦、[7] 　　　　　　などについても留意し、児童虐待の未然防止に向けた取組を進めることも重要です。

1 多大な悪影響を及ぼす

2 自立を支援する

3 虐待と疑われる

4 通告

5 関係機関と適切に連携して対応する

6 要保護児童

7 ヤングケアラー

7.1　児童福祉法・児童虐待の防止等に関する法律等

7.1.1　児童虐待防止法成立までの経緯

　「[1] 　　　　　」（以下「児福法」という。）は、全ての児童の健全な育成を保障しようとする理念の下に [2] 　　年に成立しました。児福法は児童虐待への対応を含んでいましたが、児童虐待の定義は規定されておらず、非行なども合わせた要保護児童という定義に含まれていました。平成期になってから、児童相談所の対応した [3]

　　　　　　が公表されるようになりました。その初年である平成2年の虐待相談対応件数は1,101件でしたが、平成12年には17,725件まで急増し、発見から対応まで考えると児福法だけでは対応が困難であるということから、同年に「[4]

　　　　　」（以下「児童虐待防止法」という。）が成立しました。

　この法律では、児童虐待の定義なども示されていますが、児福法と一体的に運用されることで児童虐待への対応の質を向上させるものであり、児童虐待への対応においては、この両法の理解が求められることになります。

1 児童福祉法

2 昭和22

3 児童虐待相談対応件数

4 児童虐待の防止等に関する法律

7.1.2　児童虐待の定義

　児童虐待の定義は [1] 　　　　　　　に定められていて、「[2] 　　　[*89]」（例えば、「保護者」の定義には児童の親の交際相手のように、児童との親子関係はないが、週に数日間や日中のみ・夜間のみなど、定期的に児童のいる家庭に滞在し児童の養育に一定の関与がある者も含まれる場合があると解されています。）による、次の4種類の行為を言います。

1 児童虐待防止法

2 保護者

(1)　身体的虐待

　「児童の身体に外傷が生じ、又は生じるおそれのある暴行を加えること」と規定され、

[*89]　親権を行う者、未成年後見人その他の者で、児童を現に監護するもの（「児童虐待の防止等に関する法律」第2条）。例えば、子供の母親と同居している交際相手等、子供を現に監護、保護している場合等には保護者に該当する（①児童との親子関係はないが、ほとんど同居と言える実態があり、児童の養育に一定の関与がある者、②児童との親子関係はないが、週に数日間や日中のみ・夜間のみなど、定期的に児童のいる家庭に滞在し児童の養育に一定の関与がある者、③児童との親子関係はない親戚等であって、週に数日間や日中のみ・夜間のみなど、定期的に児童を預かるなどにより児童の養育に一定の関与がある者（保育事業等により業として児童を預かるもの等を除く。））。厚生労働省子ども家庭局家庭福祉課長（令和4年4月18日）

生じるおそれのある暴行、つまりまだ外傷のないものを含むため、けがの有無とは別に、³　　　　　　　　　　　　　　　ことが必要です。

3 暴行の可能性の有無で判断する

(2) 性的虐待

「児童に ⁴　　　　　　　　こと又は児童をしてわいせつな行為をさせること」と規定され、子供を ⁵　　　　　　　　　　　　　ことなども含みます。

4 わいせつな行為をする

5 児童ポルノの被写体にする

(3) ネグレクト

「児童の心身の正常な発達を妨げるような ⁶　　　　　　　　　　　　　　　、保護者以外の同居人による前二号又は次号に掲げる行為と同様の行為の放置その他の ⁷　　　　　　　　　　　　　　」と規定され、兄弟姉妹など同居人が行う暴力などの ⁸　　　　　　　　ことや、自宅に子供だけを残して長期に渡って外出をすることや車中に放置することなども該当することになります。

6 著しい減食又は長時間の放置

7 保護者としての監護を著しく怠ること

8 虐待行為を保護者が止めない

(4) 心理的虐待

「児童に対する著しい暴言又は著しく拒絶的な対応、児童が同居する家庭における配偶者に対する暴力その他の児童に著しい心理的外傷を与える言動を行うこと」と規定され、子供への ⁹　　　　　　　　　　だけでなく、家庭における ¹⁰　　　　　　　、つまり DV（Domestic Violence）がある場合などが例示されており、子供の心の傷になるものが広く含まれます。

9 拒否的な態度や暴言

10 配偶者間の暴力

7.1.3 学校に求められる役割

児童虐待防止法は、学校の役割として以下のことを定めています。

- 虐待を受けたと思われる子供について、¹　　　（虐待対応担当課）や ²　　　等へ通告すること（義務）
- 虐待の ³　　　　　　　　　こと（努力義務）
- 虐待の予防・防止や虐待を受けた子供の保護・自立支援に関し、関係機関への協力を行うこと（努力義務）
- 虐待防止のための子供及び保護者への ⁴　　　　　　こと（努力義務）
- 児童相談所や市町村（虐待対応担当課）などから虐待に係る子供又は保護者その他の関係者に関する資料又は情報の提供を求められた場合、⁵　　　　　　　ことができること

1 市町村

2 児童相談所

3 早期発見に努める

4 啓発に努める

5 必要な範囲で提供する

7.1.4 福祉による児童虐待への介入と支援

相談や通告を受けた児童相談所や市町村（虐待対応担当課）は、速やかに ¹　　　　　　　し、子供や家族の状況などについて ²　　　を行います。市町村は、自身で支援することで対応できると判断すれば、³　　　　　　　を継続して行います。しかし、リスクが高く、子供の安全を確保するために ⁴　　　　　ことや専門的な支援が必要だと判断した場合等は、児童相談所に ⁵　　　　ことになります。市町村には、子供を直接保護したり、施設等に措置したりする ⁶　　　　　　ためです。

児童相談所は、直接児童相談所に通告された事例もあわせて、改めて子供を保護する必要があるかを検討し、必要に応じて保護しますが、児童虐待相談全体に占めるそ

1 子供の安全を確認

2 調査

3 在宅での支援

4 保護する

5 送致する

6 権限がない

の割合は低く、多くの場合は在宅で対応しています。子供を保護することを選択した場合は、まず一時保護所等で[7]　　　され、その後必要に応じて施設や[8]　　に措置されます。その場合は、親権者の[9]　　　　ことが前提ですが、親権者が反対している場合には[10]　　　の承認を得て、施設等に措置することができます。

　そのため家庭裁判所の判断では、虐待を受けた状況や子供本人が最初にどのように説明したかなどの記録が、非常に重要な判断材料になります。そのような情報に最初に接するのが学校ということが少なくなく、学校が把握した[11]　　　が極めて重要な役割を果たすことになります。なお、児童虐待防止法第[12]条の[13]により、学校は児童相談所長等から児童虐待に関して児童等の情報等の提供を求められた場合、[14]　　　　　　　　とされているため、児童相談所から依頼があった場合は積極的に協力することが求められます。

　一方、在宅援助の場合は原則として、「[15]　　　　　　　　　　　　　　　」（以下「要対協」という。）という市町村等のネットワークを活用した、[16]　　　　　　　　が行われることになります。虐待が生じる家族は、医療、教育、福祉など多様な問題が複合していることが多いため、一つの機関だけの援助で、しかも、短期間で改善することは困難です。

　しかし、多機関で連携するには、個人情報や守秘義務などが課題となることがあり、この問題を解決するために児福法により設置されるのが要対協です。なお、要対協は、児福法第[17]条の[18]第1項により、関係機関に資料又は状況の提供を[19]　　　とされ、同条第2項により、関係機関等は要対協から求めがあった場合には、これに応ずるように[20]　　　　　　　とされています。

　要対協の枠組みの下であれば、虐待の防止に必要な[21]　　　を関係機関間で適切に[22]　　　　　ことから、教職員も被虐待児と思われる児童の情報を、積極的に関係機関と共有することが求められます（→3.7.3(3)学校と福祉）。

7　一時保護

8　里親

9　同意がある

10　家庭裁判所

11　情報や記録

12　13

13　4

14　一定の要件の下にこれを提供できる

15　要保護児童対策地域協議会

16　多機関連携によるチーム支援

17　25

18　3

19　求めることができる

20　努めなければならない

21　個人情報

22　共有することができる

7.2　学校の体制

7.2.1　児童虐待対応のねらい

　児童虐待については、児童生徒の命が奪われ得ることも当然問題ですが、それだけではなく、心身の成長・発達や情緒・行動面に深刻な影響を与え、人格面でも問題を残すなど、人生全般に重大な影響を及ぼしかねないことが分かっています。

　そこで[1]　　　　第5条において、学校は、虐待を可能な限り早く発見して、関係機関と[2]　　　　ことが求められています。そのためには、虐待の定義やその影響、対応の仕組みなど虐待に関する[3]　　　　ことが大切です。

　特に児童虐待は、保護者の[4]　　　　から生じ、その課題が児童生徒に[5]　　　として受け継がれることが大きな問題とされています。家庭内にDVがある場合では、本人がけがをするわけではないものの、[6]　　　　として判断されるように、けがなどの目立った症状がなくとも、その児童生徒の[7]　　　　　　　可能性があります。

　したがって、児童生徒に対して、今後どのような問題を生じさせるかを念頭においた支援を考える必要があります。少年院や[8]　　　　　　　に入所する子供の多くが、児童虐待を受けた過去を持つことが明らかになっています。また、成人した後も、精神や身体の健康をむしばみ、犯罪のリスクも高めるといった研究の報告数も増えてい

1　児童虐待防止法

2　連携して対応する

3　正確な知識を持つ

4　根深い課題

5　深刻な傷

6　心理的虐待

7　心に傷が残されている

8　児童自立支援施設

ます。

児童虐待への対応とは、このような児童虐待を受けた児童生徒が児童虐待の加害者となり得る等の将来に予測される [9] ため、先手を打って支援しようとするものです。

[9] リスクを下げる

7.2.2 校内における対応の基本的姿勢

児童虐待について、教職員はまず、学校現場における虐待防止に関する研修教材などを活用して、児童虐待に関する [1] と適切な対応を理解する必要があり、研修の事例を通した知識、[2] などが求められます。

学校は、教職員が児童虐待の疑いのある事例に接した場合は、[3] 適切な機関を選択して通告する義務があるため、それができる体制を [4] 必要があります。

また校内での、組織的なアセスメントに基づいた、[5] と保護者への対応、要対協などを活用した関係機関との連携や個別ケース検討会議への参加、情報の共有などのため、SC や SSW の専門性も生かした [6] 必要があります。

加えて、児童虐待は事実に関する証拠や経過の記録等が重要であるとともに、当該家庭状況等に関わる [7] などに留意する必要があるため、記録等の [8] ことも大切です。

[1] 正確な知識
[2] スキルの習得
[3] 速やかに
[4] 普段から整えておく
[5] 児童生徒への支援
[6] 校内体制を用意する
[7] 個人情報の漏洩
[8] 管理体制を明確にしておく

7.3 児童虐待の課題予防的生徒指導

7.3.1 児童虐待の未然防止

児童虐待防止法では、学校等は児童及び保護者に対して、児童虐待の防止のための [1] と規定されており、その実施と内容の充実が求められています。児童生徒に対しては、つらいときには相談できるように、SC や SSW も含めた相談先の紹介なども必要になります。一方、保護者に対しては、児童虐待が子供の将来に大きな [2] ことや、子育てに不安や悩みがあるときは積極的に相談するように伝えるとともに、次の項に示す親権者の体罰の禁止規定についても周知することが必要です[*90]。

[1] 教育又は啓発に努めなければならない
[2] マイナスになる

7.3.2 親権者等による体罰の禁止規定

日本の親権者には「民法」により [1] が認められていましたが、体罰が認められるか否かについては従来から議論がありました。そのため、しつけのための [2] や、愛のムチということが容認される風潮も一部に見られました。しかし、近年の児童虐待による脳の機能への影響に関する研究の成果などから、幼少期の [3] が、想像以上に子供に悪影響を及ぼすことが明らかになってきました。そこで、令和2年に施行された [4] の改正により、親権者等による体罰禁止が法定化[*91]

[1] 懲戒権
[2] 体罰
[3] 体罰や不適切な養育
[4] 児童虐待防止法

[*90] 児童虐待防止法第5条第5項 学校及び児童福祉施設は、児童及び保護者に対して、児童虐待の防止のための教育又は啓発に努めなければならない。

[*91] たとえしつけのためだと親が思っても、身体に、何らかの苦痛を引き起こし、又は不快感を意図的にもたらす行為（罰）である場合は、どんなに軽いものであっても体罰に該当する。加えて、子供をけなしたり、辱めたり、笑いものにするような言動は、子供の心を傷つける行為で子供の権利を侵害するものである。

されました。

児童虐待防止法第 5 条では、

5 14

- 児童の親権を行う者は、児童のしつけに際して、体罰を加えることその他監護及び教育に必要な範囲を超える行為により当該児童を懲戒してはならず、当該児童の親権の適切な行使に 6 6 配慮しなければならない　　　　　　　　　　　　　。
- 児童の親権を行う者は、児童虐待に係る暴行罪、傷害罪その他の犯罪について、親権者であることを理由として、その責任を 7 7 免れることはできない　　　　　　　　　　　。

ということが規定され、子供に行った暴力も犯罪として扱われます。

　これを受け、令和 2 年 2 月に厚生労働省は、体罰の範囲やその禁止に関する考え方等について解説した「体罰等によらない子育てのために　～みんなで育児を支える社会に～」を取りまとめ、体罰の例（抜粋）を、以下のように示しています。

- 言葉で 3 回注意したけど言うことを聞かないので、頬を叩いた
- 大切なものにいたずらをしたので、長時間正座をさせた
- 友達を殴ってケガをさせたので、同じように子供を殴った
- 他人のものを取ったので、お尻を叩いた
- 宿題をしなかったので、夕ご飯を与えなかった
- 掃除をしないので、雑巾を顔に押しつけた

7.4　児童虐待の発見

7.4.1　児童虐待の影響

　学校が児童虐待を受けている児童生徒を把握するには、教職員が児童生徒の様子や状態をよく観察するほか、児童生徒本人が直接訴えたり、アンケートに書いたりするなどの場合が考えられます。このような場合は、その情報を吟味して、児童虐待の可能性があれば、 1 　　　　　　　ことになります。しかし、児童生徒の在籍する学校の強みは、日々接している児童生徒の様子の変化や言動等から虐待を受けている可能性を 2 　　　　　立場であるという点です。もっともそれを可能にするには、虐待を受けた子供が示す特徴について、理解しておくことが必要です。

1 通告につなげる

2 把握しやすい

　児童虐待を受けた児童生徒の特徴について、厚生労働省の「子ども虐待対応の手引き」では、虐待の児童生徒への影響（抜粋）を次のように紹介しています。

(1)　身体的影響

　　 3 　　　　　　　　　　など外から見てわかる傷、骨折、鼓膜穿孔、頭蓋内出血などの外から見えない傷、栄養障害や 4 　　　　　　　、低身長などが見られる。愛情不足により成長ホルモンが抑えられた結果、成長不全を呈することもある。身体的虐待が重篤な場合には、死に至ったり 5 　　　　　　　可能性がある。

3 打撲、切創、熱傷

4 体重増加不良

5 重い障害が残る

(2)　知的発達面への影響

　　落ち着いて学習に向かうことができなかったり、学校への登校もままならない場合がある。もともとの能力に比しても知的な発達が 6 　　　　　　　ことがあ

6 十分に得られない

る。また、虐待する養育者は子どもの知的発達にとって必要なやりとりを行わなかったり、逆に年齢や発達レベルにそぐわない [7]　　　　　場合があり、その結果として子どもの知的発達を阻害する。

(3)　心理的影響

　　対人関係の障害（他人を信頼することができない）、[8]　　　　、行動コントロールの問題（暴力的、攻撃的、衝動的）、多動（落ち着きがない）、[9]　　　　、[10]　　　　（大人びた行動）、精神的症状（解離など）。

　特に、生徒指導上の課題としてしばしば見られる児童虐待の影響には、小学校低学年からの窃盗や激しい暴力、家出、いじめの加害の繰り返し、薬物などへの依存、[11]　　　　や摂食障害、[12]　　　　などがあります。また、それらの症状は [13]　　　　に増悪しやすく、加えて何度指導や治療をしても [14]　　　　のも特徴です。

　生徒指導上の課題で苦慮する児童生徒には、児童虐待を受けた者が含まれている [15]　　　　ことに留意する必要があります。そのため、これらの行動に気付いた場合には、その背景に虐待が潜んでいないかどうかを [16]　　　　ことが必要になります。このような視点から、[17]　　　　第5条では、学校や児童福祉施設等の団体や、学校の教職員、児童福祉施設の職員、医師等は、児童虐待を発見しやすい立場にあることを自覚し、児童虐待の [18]　　　　に努めなければならないと定めています。つまり、学校関係者は、日々児童生徒を観察し児童虐待を早期に発見する義務を負っていると自覚し、虐待を見つけ出すように [19]　　　　ことが求められていると言えます。

　このように、学校は、児童生徒の日常の様子や、家庭や地域からの様々な情報から、[20]　　　　　　　　　　　　　ことに努めることが必要です。そのため、「学校・教育委員会等向け虐待対応の手引き」のチェックリストを活用するなどして、きめ細かな対応を行うことが求められます。

7.4.2　児童虐待に類似する枠組み

　児童虐待に類似した、あるいはその周辺を指す言葉として、[1]　　　　　　　、ヤングケアラー（→13.4 支援を要する家庭状況）、[2]　　　　　、要支援児童などがあります。これらは、いずれも児童が [3]　　　　　　　　のある養育状態の下にあることを指しており、放置すれば児童虐待の影響と同様の課題を生じさせる可能性があるため、支援が必要とされます。

　マルトリートメントとは、日本語では「[4]　　　　　」と訳され、近年、欧米などでは一般化している考え方です。マルトリートメントは、児童虐待をより広く捉えた、虐待とは言い切れない大人から子供への発達を阻害する行為全般を含めた、避けなければならない養育を意味します。

　要保護児童は、要対協の名称にも含まれるもので、[5]　　　　で「保護者のない児童又は保護者に監護させることが不適当であると認められる児童」と規定され、この中に [6]　　　　　　　　　　　　等が含まれます。要保護児童を発見した場合にも児童虐待と同様に、発見者には通告の義務が生じます[*92]。

　これら児童虐待に類似する枠組みには、児童虐待との境界が分かりにくく、また重

[*92]　児福法第25条　要保護児童を発見した者は、これを市町村、都道府県の設置する福祉事務所若しくは児童相談所又は児童委員を介して市町村、都道府県の設置する福祉事務所若しくは児童相談所に通告しなければならない。ただし、罪を犯した満14歳以上の児童については、この限りでない。この場合においては、これを家庭裁判所に通告しなければならない。

（右欄注）

7 過大な要求をする
8 低い自己評価
9 心的外傷後ストレス障害
10 偽成熟性
11 自傷行為
12 自殺企図
13 思春期
14 改善が難しい
15 可能性がある
16 積極的に見つけ出す
17 児童虐待防止法
18 早期発見
19 努力する
20 積極的に児童虐待を発見し対応する

1 マルトリートメント
2 要保護児童
3 不適切あるいはリスク
4 不適切な養育
5 児福法
6 虐待を受けた児童と非行少年

なる部分が生じることもあるため、虐待か否かという判断が難しく、どちらともとれる場合があります。児童虐待が児童の心身の成長及び人格の形成に重大な影響を与えることから、児童虐待か否かで迷う場合は、積極的かつ速やかに [7]　　　姿勢が大切です（→第13章多様な背景を持つ児童生徒への生徒指導）。

> 7 児童虐待として通告する

7.5　児童虐待の通告

7.5.1　児童虐待防止法による通告

(1)　通告の義務

通告は、学校の児童虐待対応において、教育と福祉をつなぎ、[1]　　　が動き出すための重要な行為です。通告をするか否かの判断に悩むこともありますが、通告が遅れることで児童の [2]　　　ことがあるため、積極的かつ速やかな通告が必要になります。

児童虐待防止法第 [3] 条第1項[*93]にある「児童虐待を受けたと思われる児童を発見した者は、速やかに」ということは、発見者が虐待だと思えば十分であり、[4]　　　ことが求められます。なお、学校が通告をためらう中には、大したけがではないとか、既にあざなどが消えているなどの場合があり、そこで次に何かあったら通告しようと先延ばしにしてしまう例も見られます。このような場合でも、[5]　　　ことが求められます。

児童虐待防止はあくまで「防止」であり、今後起こらないように最善の手を打つということを目的とします。そのため、次に虐待を起こさせないためにどう支援するかが大切であり、その [6]　　　べきであって、[7]　　　のです。

> 1 社会的支援システム
> 2 生命・安全が脅かされる
> 3 6
> 4 ためらわずに早急に対応する
> 5 虐待を受けたと思われる児童については通告を行う
> 6 リスクがあれば通告を行う
> 7 次を待つことはあり得ない

(2)　通告先

通告を児童相談所にするか市町村にするかということについて、法律上の規定はありません。日常の連携や児童生徒の保護緊急性なども考慮しつつ、通告者が [8]　　　とされています。「学校・教育委員会等向け虐待対応の手引き」では、通告の判断に迷った場合や緊急でない場合は、[9]　に連絡することになりますが、重篤と思われる場合は [10]　に通告することとされています。

> 8 いずれかを判断すればよい
> 9 市町村
> 10 児童相談所

(3)　通告と守秘義務

児童虐待防止法第 [11] 条第 [12] 項では、児童虐待通告は、[13]　　　の要保護児童の通告として扱われること、第3項で通告は、公務員などの [14]　　　ことが、明記されています。なお、通告したことを保護者などに知られると困ると悩む場合もあると思われますが、通告を受理した機関は、その通告した者を特定させるものを [15]　　　と定められていて、通告をためらう必要はありません。

通告元を明かさない扱いについては、「児童虐待防止対策に係る学校等及びその設置者と市町村・児童相談所との連携の強化について」を参照してください。

> 11 6
> 12 2
> 13 児福法
> 14 守秘義務に優先する
> 15 漏らしてはならない

[*93] 児童虐待防止法第6条第1項　児童虐待を受けたと思われる児童を発見した者は、速やかに、これを市町村、都道府県の設置する福祉事務所若しくは児童相談所又は児童委員を介して市町村、都道府県の設置する福祉事務所若しくは児童相談所に通告しなければならない。

⑷ 聴取に関する留意点

児童生徒本人や関係者に対して、教員などが児童虐待の内容の詳細を聴取することは、原則として避けるべきだと考えられています。その理由は大きく二つあり、一つ目は、子供にいろいろ聞くことで、子供は虐待のつらい記憶を呼び覚まされ、そのことが子供を再び傷つけ、[16]　　　　　を与える可能性が生じるからです。二つ目は、児童虐待の有無を争う事例が増え、例えば保護者からの分離を行うために一時保護や施設入所などを行う際に、親権者が反対するので家庭裁判所で[17]　　する場合や、保護者の虐待行為を犯罪として[18]　　する場合などへの影響が考えられます。

これらの場面では、初期に子供自身がどのように語っていたかということが重要となり得ますが、子供に対して教員など影響力のある者が質問を行ったことが[19]　　とされたり、質問内容が誘導ととられたりするため、[20]　　　　　　ことなどが考えられます。

そのようなことを避けるため、児童相談所や警察などの機関では、事実の適切な確認のため、専門的な研修を受けた面接者が[21]　　　　　（あるいは協同面接）と呼ばれる、暗示や誘導を避けた聴取手法を用いた聴取を、できる限り早期に実施するという実務が広がりつつあります。

このように専門性が必要な[22]　　　　　　について、教員などが根掘り葉掘り先に聞いてしまうということが、かえって子供を傷つけ、子供を法的に守られなくすることにつながる可能性があるということに留意しなければなりません。そのため、傷の理由を聞く場合には、「その傷はどうしたの」と聞く程度にとどめ、虐待であるか否かや、加害者を特定するといった聞き方は避けて、速やかに[23]　　　　ことが必要です。この点では、少年非行の聴取の方法が参考になります（→6.3.2 児童生徒からの聴き取り）。

7.5.2 通告と同時に行う配慮

学校が図12の流れで通告を行った場合は、同時に[1]　　　　　　である教育委員会等に報告します。

図12で示したように、以下の場合は、児童相談所に通告します。

① 明らかな外傷（打撲傷、あざ（内出血）、骨折、刺傷、やけどなど）があり、[2]　　　　　　が疑われる場合

② 生命、身体の安全に関わる[3]　　　　　（栄養失調、医療放棄など）があると疑われる場合

③ 　[4]　　　　が疑われる場合

④ 子供が帰りたくないと言った場合（子供自身が[5]　　　　　　　　場合）

また、通告に関わる様々なことについて、後日の資料となるように[6]　　　　必要があります。例えば、傷があるなら、症状や大きさが分かるように写真を撮る、あるいはイラストを残す、児童生徒の発言内容は、要約せずに[7]　　　　　　、などです。

なお、学校において作成または取得した虐待に関する個人の記録は、各学校に適用される[8]　　　　　　　　　　に基づき適切に取り扱われることになります。

当該記録について、保護者が本人（子供）に代わって個人情報保護に関する法令に

---

16 回復に悪影響

17 審判

18 起訴

19 不適切

20 法的に問題になる

21 代表者聴取

22 繊細な事実の聴取

23 通告する

1 学校の設置者

2 身体的虐待

3 ネグレクト

4 性的虐待

5 保護・救済を求めている

6 記録しておく

7 そのままを書き残す

8 個人情報の保護に関する法令

図12　学校における虐待対応の流れ（通告まで）

基づき⁹　　　　をしてきたとしても、開示することにより子供（本人）の生命又は身体に支障が生ずるおそれ、あるいは、子供（本人）の権利利益を¹⁰　　　　　　がないかどうか等を個人情報の保護に関する法令に照らして検討し、該当する場合には所定の手続に則って¹¹　　　とすることを検討する必要があります。

9 開示請求

10 侵害するおそれ

11 不開示決定

7.6　関係機関との連携体制

7.6.1　虐待対応に関する校内体制とアセスメント

　関係機関との連携を効果的なものにするためには、校内のチーム体制の充実が不可欠です。児童生徒の見守りと、状況の変化への対応、保護者への対応など学校が組織として取り組むべきことが多く、そのため図13のような、学校配置の専門職も交えた¹　　　　　ことが有効です。

　また、児童虐待の再発や虐待の影響から生じる様々な課題については、予防も含め

1 体制を確立する

チームとしての対応

| 教育委員会等 | 市町村福祉部局 | 児童相談所 |

校長等管理職
【通常時】
・虐待対応の明確な役割分担と校内分掌の整備
・自ら研修の受講, 全教職員を対象とした校内研修等の実施
・関係機関との連携の強化

【通告時, 通告後】
・当該幼児児童生徒, 保護者, 関係機関, 他児童生徒等の対応に係る方針の統一
・関係機関との連携
・要保護児童対策地域協議会への参画

学級・ホームルーム担任
【通常時】
・日常的な子供, 保護者の観察・把握
・相談窓口の案内, 周知

【通告時, 通告後】
・対応状況の記録の保存
・当該幼児児童生徒及び同学級他幼児児童生徒の安定を図る働きかけ

養護教諭
【通常時】
・健康相談, 健康診断, 救急処置等における早期発見

【通告時, 通告後】
・関係機関との連携（定期的な情報共有）
・幼児児童生徒の心のケア

SSW
【通常時】
・校内体制整備状況への助言
・関係機関との連携体制について助言

【通告時, 通告後】
・保護者との調整
・関係機関との連携

生徒指導主事
【通常時】
・虐待に関する校内研修等の実施
・学級・ホームルーム担任等からの情報の収集・集約

【通告時, 通告後】
・関係機関との連携（特に警察）

SC
【通常時】
・教育相談

【通告時, 通告後】
・幼児児童生徒の心のケア
・カウンセリング

学校医、学校歯科医
【通常時】
・健康診断等における早期発見, 早期対応
・専門的な立場からの指導助言

【通告時, 通告後】
・学校・関係機関との連携

学校事務

図13 児童虐待への対応における役割

た有効な対応をとるため、学校内及び関係機関を交えた丁寧なアセスメントにより、常に [2]   ことが求められます。

[2] 適切な支援を行う

7.6.2 児童虐待についての関係機関との連携

　児童相談所や市町村が児童虐待を担当する際は、そのいずれが主担当機関になるかを明らかにすることとされています。そのため、学校はその事例の [1]   と連携して、子供と家族の支援に関わることになります。その基本のネットワークが [2]   です。

[1] 主担当機関

[2] 要対協

　要対協の構成機関には要対協にて知り得た秘密である情報についての法律上の [3]   が課されることから、要対協を活用することにより、子供の [4]   を優先した、関係機関との必要な個人情報の [5]   ことが可能になります。

[3] 守秘義務

[4] 最善の利益

[5] 交換と協議を行う

　要対協の構成機関は、自治体により公示されています。学校は、自校が在籍児童に関する要対協の構成員であるかどうかを予め把握しておくことが重要です。構成員であるならばメンバーとして参画し、そうでない場合でも、協議や情報提供に協力する

ことで、児童生徒の虐待の予防や適切な保護などの対応の一翼を担うことになります[*94]。

7.6.3 関係機関への情報提供

(1) 学校から関係機関への情報提供

児童虐待防止法第 **1** 条では、学校や教職員を含む関係者は、児童虐待の防止並びに児童虐待を受けた児童の保護及び自立の支援に関する国及び地方公共団体の施策に協力するよう **2**　　　　　　　と定められており、**3**　　　　の懸念が生じる場合でも、この施策に協力するように努める義務の遵守を妨げるものと解釈してはならない、と定められています。

また、要対協管理ケースなど関係機関への情報提供については、「学校、保育所、認定こども園及び認可外保育施設等から市町村又は児童相談所への定期的な情報提供について」に基づき、概ね月に 1 回を標準として、対象の児童生徒の出欠状況や欠席理由等を、学校から市町村又は児童相談所へ **4**　　　　　　　ことになっています。

なお、この通知では、

- 当該児童生徒に、**5**　　　　　、理由不明の欠席が続く、**6**　　　　　　　、帰宅を嫌がる、家庭環境の変化など、新たな児童虐待の兆候や状況の変化等を **7**　　　　は、定期的な情報提供の期日を待つことなく、市町村又は児童相談所へ **8**　　　　　　　こと
- 保護者等から要保護児童等が学校等を欠席する旨の連絡があるなど、欠席の理由について説明を受けている場合であっても、その理由の如何にかかわらず、**9**　　　　　　　　　　　　　　欠席した場合には、定期的な情報提供の期日を待つことなく、速やかに **10**　　　　　　　に情報提供すること

が求められています。

なお、このような情報提供を受けた市町村や児童相談所は、その学校等から更に詳しく事情を聞き、組織的に評価した上で、状況確認、**11**　　　　　　　の確認、援助方針の見直し等を行うとともに、適切に **12**　　　　　　　 こととされています。

そのため、学校は常に、福祉機関の援助方針を確認した上で、学校として組織的に取り組む方向性を検討し、対応の質を **13**　　　　ことが求められます。また保護され施設等に措置された社会的養護下にある児童生徒への支援についても **14**　　　ことが必要です（→13.4.6 社会的養護の対象である児童生徒）。

(2) 保護者への情報提供に関する留意点

「児童虐待防止対策に係る学校等及びその設置者と市町村・児童相談所との連携の強化について」において、学校や教育委員会等設置者は、保護者から虐待を認知するに至った端緒や経緯などの情報に関する開示の求めがあった場合、保護者に **15**　　　こととするとともに、児童相談所等と **16**　　　　　　　ことが必要とされています。

1 5

2 努めなければならない

3 守秘義務

4 定期的に情報提供を行う

5 不自然な外傷

6 虐待の証言が得られた

7 把握したとき

8 情報提供又は通告する

9 休業日を除き引き続き 7 日以上

10 市町村又は児童相談所

11 主担当機関

12 警察と情報共有する

13 向上させる

14 配慮する

15 伝えない

16 連携して対応する

[*94] 「児童虐待防止対策に係る学校等及びその設置者と市町村・児童相談所との連携の強化について」内閣府子ども・子育て本部統括官、文部科学省総合教育局政策局長、文部科学省初等中等教育局長、文部科学省高等教育局長、厚生労働省子ども家庭局長、厚生労働省社会・援護局障害保健福祉部長（平成31年 2 月28日）

　このため、教職員、教育委員会等は、虐待を受けたと思われる幼児児童生徒について通告したことや児童相談所や市町村との連絡内容等を、その保護者に対してであっても [17]　　　　　　　　 こととなっており、保護者に通告の事実を伝達する必要がある場合には、対応について [18]　　　　　　　　ことが必要です。

　なお、学校において作成又は取得した虐待に関する個人の記録は、各学校に適用される個人情報の保護に関する法令に基づき [19]　　　　　　　　ことになります。当該記録について、保護者が本人（子供）に代わって個人情報保護に関する法令に基づき [20]　　　　　　をしてきたとしても、開示することにより子供（本人）の生命又は身体に支障が生ずるおそれ、子供（本人）の権利利益を侵害するおそれがないかどうか、学校の業務の遂行上支障がないかどうか等を個人情報の保護に関する法令に照らして検討し、該当する場合には所定の手続に則って [21]　　　　とすることについて検討する必要があります。必要に応じて弁護士等とも相談することが不可欠です。

⑶　通告・相談と守秘義務

　一方、児童相談所や市町村（虐待対応担当課）に虐待に係る通告や相談等を行う場合は、守秘義務違反に当たりません（ [22]　　　　　　　　第6条第3項）。また、市町村や児童相談所から幼児児童生徒や保護者に関する情報・資料を求められた場合は、提供することが [23]　　　とされています（児童虐待防止法第13条の4）が、これも守秘義務違反や個人情報保護条例等の違反には [24]　　　　　と解されます。

　さらに、要対協において学校や教育委員会が資料や情報の提供、説明等を行う場合は、守秘義務違反には [25]　　　　　と解されます（ [26]　　　第25条の3）。

　また、児童虐待防止法第 [27]条において、通告を受けた児童相談所や市町村の職員は、通告した者を特定させるものを [28]　　　　　　　　としていることから、学校や教職員が通告者であることは、基本的に保護者には知られないことになっています。ただし、推測によって保護者が「学校が言いつけた」と主張してくることもあり、そのような際は、 [29]　　　　　を保護者に伝えないようにすること、「一時保護等は児童相談所の判断であり、学校等が決定したものではないこと」などを [30]　　　　　必要があります。必要に応じて、教育委員会等設置者や児童相談所、市町村（虐待対応担当課）と連携して対応することも重要です。

⑷　子育て世帯への包括的支援

　これまでも児童虐待の防止のための対策がとられてきたところですが、依然として子供、その保護者、家庭を取り巻く環境は厳しいものとなっています。例えば、子育てを行っている母親のうち約6割が近所に「子供を預かってくれる人はいない」といったように孤立した状況に置かれていることや、各種の地域子供・子育て支援事業についても支援を必要とする要支援児童等に十分に利用されておらず、子育て世帯の負担軽減等に対する [31]　　　　　なものとなっています。

　こうした状況を踏まえ、様々な状況にある子育て世帯を包括的に支援するため、必要な体制強化やサービスの充実を図る必要があるとして、子供や家庭に包括的な相談支援等を行う「 [32]　　　　　　　　　」の設置や訪問による家事支援など、子供や家庭を支える事業の創設を行うこと等を内容とする「児童福祉法等の一部を改正する法律」が、 [33]　　　年6月に成立しました。

　同法律により、市町村が児童福祉と [34]　　　　　の両機能が一体となった「こども家庭

17漏らしてはいけない

18通告先と綿密に協議する

19適切に取り扱われる

20開示請求

21不開示

22児童虐待防止法

23できる

24当たらない

25当たらない

26児福法

27 7

28漏らしてはならない

29通告の事実

30明確に伝える

31効果が限定的

32こども家庭センター

33令和4

34母子保健

センター」の設置に努めること、児童及び妊産婦の福祉に関する把握・情報提供・相談等、支援を要する子供・妊産婦等へのサポートプランの作成を³⁵　　　　　ことが規定されました。また、児童相談所が学校を含む関係機関等に対して資料、情報の提供、意見の開陳等必要な協力を求めることができ、関係機関等はこれに応じる³⁶　　　　　　　ことが規定されました。これにより、今後、児童虐待対応において、児童相談所と学校との連携の一層の強化を図ることが求められています。

35 行わなければならない

36 努力義務がある

第8章　自殺

留意点

　平成18年に [1　　　　　　] が成立して以降、日本全体の自殺者数が減少しているなかで、小・中・高校生の自殺者数は [2　　　] を示しています。

　平成28年には自殺対策基本法が改正され、子供・若者の自殺予防の充実を目指すことが重点課題として示されました。学校には、生涯にわたる精神保健の観点から全ての児童生徒を対象とする「[3　　　　　]」と、自殺の危険の高い児童生徒への直接的支援としての「[4　　　]」を並行して進めることが求められています。

　自殺予防を生徒指導の観点から捉えると、安全・安心な学校環境を整え、全ての児童生徒を対象に「未来を生きぬく力」を身に付けるように働きかける「[5　　　　　]」などは、[6　　　　] 生徒指導と言えます。「SOSの出し方に関する教育を含む自殺予防教育」は [7　　　　　] として位置付けることができます。自殺予防教育の目標は、児童生徒が、自他の「[8　　　　　　　]」と「[9　　　　　]」を身に付けることの二点です。さらに、教職員が自殺の危険が高まった児童生徒に早期に気付き関わる課題早期発見対応と、専門家と連携して危機介入を行うことにより水際で自殺を防いだり、自殺が起きてしまった後の心のケアを行ったりする [10　　　] 生徒指導から、学校における自殺予防は成り立ちます。

　これらの取組を充実させるために、教職員一人一人が児童生徒の心の危機の叫びを [11　　　　　　] とともに、学校内外の連携に基づく自殺予防のための [12　　　　　　　] ことが、喫緊の課題と言えるでしょう。

1 自殺対策基本法
2 増加傾向

3 自殺予防教育
4 危機介入

5 命の教育
6 発達支持的
7 課題未然防止教育
8 心の危機に気付く力
9 相談する力

10 困難課題対応的

11 受け止める力を向上させる
12 組織的な体制づくりを進める

8.1　自殺対策基本法等

8.1.1　自殺対策基本法の成立と改正までの経緯

　日本の年間自殺者数が平成10年に急増し、その後も自殺者数3万人台が続くという深刻な状況に直面し、平成18年に「自殺対策基本法」が成立し、自殺予防は [1　　　　　　　] であると明確に位置付けられました。中高年の [2　　] 対策を中心に様々な取組が進められた結果、自殺者数は減少に転じ、平成24年まで3万人を超え続けてきた自殺者数が令和元年には、もう少しで2万人を切るまでになりました。

　しかし、全体の自殺者数が減少している中で、[3　　　] の自殺は増加傾向を示しています。平成20年以降の小・中・高校生の自殺者数は年間300人から500人の間で推移し、自殺死亡率は、多少の凸凹はあるものの、一貫して [4　　　] にあります。また、10代の死因の第1位が自殺なのは先進7カ国の中で日本のみであり、その死亡率も他国に比べて高いものとなっています。

　このような状況の中で、平成28年に [5　　　　　] が改正され、若い世代への自殺対策が喫緊の課題であるという認識から、同法第17条第3項[*95]に基づき、学校は心の健康の保持に係る [6　　　　　　　] よう努めるものとされました。さらに、同法改正の趣旨や児童生徒の自殺の実態を踏まえて平成29年に改正された「[7

1 社会全体で取り組むべき課題

2 うつ病

3 若い世代

4 上昇傾向

5 自殺対策基本法

6 教育又は啓発等を行う

7 自殺総合対策大綱

」においては、社会に出てから直面する可能性のある **8**　　　　　を身に付けるための教育（SOS の出し方に関する教育）等の推進が求められ、各学校が自殺予防教育に取り組むことが **9**　　　　　として課せられました。

8 様々な困難やストレスへの対処方法

9 努力義務

8.1.2　法の下での学校における自殺予防の取組

　自殺対策基本法の成立を受け、文部科学省も平成21年に児童生徒の自殺予防全般に関する基本的事項をまとめた「教師が知っておきたい子どもの自殺予防」の冊子を全国の学校に配布するとともに、その概要版のリーフレットを全国の教職員に配布しました。

　平成26年には、児童生徒を直接対象とする自殺予防教育の具体化を目指して「子供に伝えたい自殺予防—学校における自殺予防教育導入の手引—」を発出しています。児童生徒の深刻な自殺の実態と国の施策の動向を踏まえたとき、自殺の危険の高まった児童生徒への **1**　　　と併せて、生涯にわたる精神保健の観点から **2**　　　　　を対象にした「自殺予防教育」に取り組むことが、各学校に求められています。

1 個別支援

2 全ての児童生徒

8.2　自殺予防のための学校の組織体制と計画

8.2.1　自殺予防のための教育相談体制の構築

　自殺は、専門家といえども一人で抱えることができないほど重く、かつ、困難な問題です。きめ細かな継続的支援を可能にするには、校内の **1**　　　　　を基盤に、関係機関の協力を得ながら、全教職員が自殺予防に **2**　　　　　ことが必要です。そのためには、**3**　　　　　などを通じて教職員間の共通理解を図るとともに、実効的に機能する自殺予防のための教育相談体制を築くことが求められます。

1 教育相談体制

2 組織的に取り組む

3 校内研修会

　具体的には、第一に、**4**　　　　　　（教育相談係として生徒指導部内に位置付けられている場合もあります。）など、児童生徒が課題や悩みを抱えたときに対応するための既存の組織を自殺予防の観点から見直し、教育相談機能の実効性を高める必要があります。

4 生徒指導部や教育相談部

　第二に、教育相談コーディネーターと **5**　　　　　を構成メンバーの核として位置付け、各学年や生徒指導部・保健部などの他の校務分掌と **6**　　　　　　ことが望まれます。その際、次の点に留意する必要があります。

5 養護教諭

6 連携した体制づくりを目指す

① 　教育相談コーディネーターと養護教諭との連携を密接にする
　　　教育相談コーディネーターと養護教諭が **7**　　　　　となって、児童生徒の生活状況や心身に関する問題についての理解を深め、自殺の危険の高い生徒をスクリーニングします。また、生徒指導部や保健部と合同で **8**　　　　　などを実施し、児童生徒が抱える問題点の **9**　　　　　ことも重要です。

7 相談体制の中核

8 生活アンケート

9 共通理解を深める

② 　教育相談部（教育相談係）と生徒指導部の連携を図る
　　　非行や暴力行為などの問題行動の裏側に自殺の危険が **10**　　　　　ことも少なくありません。生徒指導部と教育相談部（教育相談係）が密接に連携して情報を共

10 潜んでいる

［*95］　自殺対策基本法第17条第3項　学校は、当該学校に在籍する児童、生徒等の保護者、地域住民その他の関係者との連携を図りつつ、当該学校に在籍する児童、生徒等に対し、各人がかけがえのない個人として共に尊重し合いながら生きていくことについての意識の涵養等に資する教育又は啓発、困難な事態、強い心理的負担を受けた場合等における対処の仕方を身に付ける等のための教育又は啓発その他当該学校に在籍する児童、生徒等の心の健康の保持に係る教育又は啓発を行うよう努めるものとする。

有し、そのような児童生徒にも[11]　　　　　　　　　　必要があります。

③　カウンセリングルームや保健室の日常的活用を進める

　　児童生徒と最も距離の近い学級・ホームルーム担任と教育相談コーディネーター、養護教諭、[12]　　　　　が日常的に協力し合って課題解決に取り組む姿勢を保持します。学級・ホームルーム担任は児童生徒の言動の変化に[13]　　　　　　で情報を共有し、連携しながら対応に当たります。そのためには、保健室やカウンセリングルームを密室にせず、児童生徒にも教職員にも[14]　　　　　にしておくことが大切です。

④　情報を共有して協働的な教育相談体制を築く

　　問題を学校全体に投げかけ、情報を交換し、学校を挙げて解決に取り組んでいくことが求められます。自殺の危険の高い児童生徒を担任一人で抱え込むのではなく、チームで[15]　　　　　　ことによって初めて、[16]　　　　　が可能になります。その際、面談やアンケート、[17]　　　や小中高間連絡会などで得られた情報を十分に活用しながら支援に当たります。

8.2.2　自殺のリスクマネジメントとクライシスマネジメント

　　児童生徒が自殺をほのめかしたり、深刻な自傷行為に及んだり、遺書のような手紙やメモを残して家出をしたりといった状況は、自殺やその他の重大な危険行為の「[1]　　」段階であると捉える必要があります。そのときには、教育相談体制の構成メンバーを基盤に、[2]　をリーダーとする「[3]　　　　　　　　」を組織し、危険度に応じた対応を行います（[4]　　　　　　　　　）。

　　児童生徒との関わりが密接な学級・ホームルーム担任や[5]　　　　などを加え、アセスメントに基づいて[6]　　　　　を決定し、緊密に「[7]　　　　　　」を行うことを心がけます。その際、誰が児童生徒や保護者と直接関わるのが適切なのかを見極め、その人を中心としてチームで対応します。平常時に、危機対応のための態勢づくりや[8]　　　　づくりなどを進めておくことが大切です。

　　実際に自殺や自殺未遂が発生した場合には、[9]　　　　　　　　の下、「校内連携型危機対応チーム」を中心に、教育委員会等や専門家、関係機関のサポートを受けながら、[10]　　　　　　　　　　ことが必要です（クライシスマネジメント）。[11]　　　　　　　　　　を核に、教育委員会等、専門家、関係機関との連携・協働に基づく「[12]　　　　　　　　　　」を立ち上げ、周囲の児童生徒や教職員等への[13]　　　も含む危機管理態勢を速やかに構築します。

8.2.3　自殺予防の3段階に応じた学校の取組

　　一般に自殺予防は、大きく三つの段階に分けられます。自殺を未然に防ぐための日常の相談活動や自殺予防教育などの「[1]　　　」（プリベンション）、自殺の危険にいち早く気付き対処する「[2]　　　」（インターベンション）、不幸にして自殺が起きてしまったときの「[3]　　　」（ポストベンション）の3段階です。その3段階に応じた学校の体制と具体的な取組例を表2に示しました[*96]。

[*96]　「教師が知っておきたい子どもの自殺予防」文部科学省（平成21年）p.14を参考。

---

11 積極的に関わっていく

12 SC や SSW

13 気付いた時点

14 開かれた場

15 組織的に対応する

16 安全で丁寧な関わり

17 家庭訪問

1 予兆

2 校長

3 校内連携型危機対応チーム

4 リスクマネジメント

5 部活動顧問

6 対応方針や役割分担

7 報告・連絡・相談

8 マニュアル

9 校長のリーダーシップ

10 全教職員の力を結集して対応する

11 校内連携型危機対応チーム

12 ネットワーク型緊急支援チーム

13 心のケア

1 予防活動

2 危機介入

3 事後対応

表2　学校における自殺予防の3段階

段階	内容	対象者	学校の対応	具体的な取組例	
予防活動 4	各教職員研修	全ての教職員	校内研修会等の実施	教職員向けゲートキーパー研修	4 プリベンション
	自殺予防教育及び児童生徒の心の安定	全ての児童生徒	授業の実施（SOSの出し方に関する教育を含む自殺予防教育、及び自殺予防につながる教科等での学習）日常的教育相談活動	・自殺予防教育 ・生と死の教育 ・ストレスマネジメント教育 ・教育相談週間 ・アンケート	
	保護者への普及啓発	全ての保護者	研修会等の実施	保護者向けゲートキーパー研修	
危機介入 5	自殺の危機の早期発見とリスクの軽減	自殺の危機が高いと考えられる児童生徒	校内連携型危機対応チーム（必要に応じて教育委員会等への支援要請）	・緊急ケース会議（アセスメントと対応） ・本人の安全確保と心のケア	5 インターベンション
	自殺未遂後の対応	自殺未遂者と影響を受ける児童生徒	校内連携型危機対応チーム（教育委員会等への支援要請は必須）、若しくは、状況に応じて（校内で発生、目撃者多数などの場合）ネットワーク型緊急支援チーム	・緊急ケース会議 ・心のケア会議 ・本人及び周囲の児童生徒への心のケア	
事後対応 6	自殺発生後の危機対応・危機管理と遺された周囲の者への心のケア	遺族と影響を受ける児童生徒・教職員	ネットワーク型緊急支援チーム（校内連携型危機対応チーム、教育委員会等、関係機関の連携・協働による危機管理態勢の構築）	・ネットワーク型緊急会議 ・心のケア会議 ・遺族、周囲の児童生徒、教職員への心のケア ・保護者会	6 ポストベンション

全ての児童生徒を対象にした自殺予防教育や日常の教育相談活動などは、⁷　　　　　に含まれます。危機介入は、自殺の危険の高まった児童生徒を⁸　　　　　　し、アセスメントに基づいて、自殺企図への対応や自殺未遂直後の処置や⁹　　　　などを行います。事後対応には、¹⁰　　　　　　と併せて周囲への心のケアが含まれます。遺された者への心のケアが不十分であると、将来的に自殺の危険を高めたり、最悪の場合には¹¹　　　　を引き起こしたりしてしまうこともあります。この3段階の取組が相互に連動することで、包括的な自殺予防が可能になります。

7 予防活動
8 スクリーニング
9 心のケア
10 学校危機への対応
11 自殺の連鎖

8.2.4　児童生徒の自殺の原因・動機から考える取組の方向性

厚生労働省（「令和元年版自殺対策白書」）が警察庁の原因・動機別自殺者数の平成21～平成30年の10年間の累計をまとめた結果によると、¹　　　　　で違いが見られます。児童生徒の自殺の²　　　　　は特定が難しく、約半数は³　　　　　　状況にありますが、原因・動機が特定されたなかで、比率が高い上位三項目を挙げると、以下のとおりです。

1 校種や男女別
2 原因・動機
3 特定されない

① 　小学生男子では、「⁴　　　　　　　　　　　　」（42.9%）、「学校問題その他」（17.9%）、「学業不振」・「その他学友との不和」（ともに14.3%）です。女子では、「⁵　　　　　　」（38.1%）、「家族からのしつけ・叱責」（33.3%）、「その他学友

4 家族からのしつけ・叱責
5 親子関係の不和

との不和」（14.3％）です。

② 中学生男子では、「⁶　　　」（18.7％）、「家族からのしつけ・叱責」（18.1％）、「学校問題その他」（12.3％）です。女子では、「⁷　　　　　」（20.1％）、「その他学友との不和」（18.3％）、「学業不振」（14.0％）です。

③ 高校生男子では、「⁸　　　」（18.2％）、「その他進路に関する悩み」（16.4％）、「うつ病」（8.7％）です。女子では、「⁹　　」（18.3％）、「その他の精神疾患」（12.1％）、「その他進路に関する悩み」（11.8％）です。

6 学業不振

7 親子関係の不和

8 学業不振

9 うつ病

小学生では「しつけ・叱責」や「親子関係の不和」など「¹⁰　　　」の比率が高いという特徴が見られます。中学生では、「家庭問題」に加えて、「学業不振」や「学友との不和」など「¹¹　　」が高いという特徴が見られます。高校生も、中学生と同様に「進路に関する悩み」や「学業不振」など「学校問題」の比率が高いという傾向は変わりませんが、うつ病や統合失調症などの精神疾患に関する「¹²　　　」が、女子を中心に急増する点に特徴が見られます。

10 家庭問題

11 学校問題

12 健康問題

学校のみでは対応が難しく家庭への働きかけが不可欠であるケースが少なくないことから、地方自治体や保健所などと連携し、児童生徒のみならず保護者を対象に自殺予防の普及啓発のための¹³　　などを行うことも必要です。

13 研修会

8.3　自殺予防に関する生徒指導の重層的支援構造

図14　自殺予防に関する重層的支援構造

自殺予防に関する重層的支援構造は図14のとおりです。次の項より、各項目について詳述していきます。

8.3.1　自殺予防につながる発達支持的生徒指導

(1)　自殺の心理と自殺予防につながる発達支持的生徒指導の方向性

自殺は、本人の¹　　　　　　　や家庭的要因、学業、友人関係などの学校生活上の問題、²　　　　、また、社会不安や著名人の自殺の影響などが³心の危機が高まったところへ、直接の動機となる事柄が引き金となって生じるものと

1 心理的・身体的要因

2 進路問題

3 複雑に絡み合って

捉えることができます。直接の動機と思われる事柄が自殺の原因として捉えられがちですが、自殺を理解し、適切な関わりを行うためには、様々な要因が絡み合った⁴ ____に目を向けることが必要です。

自殺に追いつめられたときの心理として、次のようなことが挙げられます[*97]。

① ____⁵____：「誰も自分のことなんか考えていない」としか思えなくなり、援助の手が差し伸べられているのに、頑なに自分の殻に閉じこもってしまう。

② ____⁶____：「自分なんか生きていても仕方がない」という考えが拭い去れなくなる。虐待を受けるなど、愛される存在として認められた経験が乏しい⁷ ____感覚。

③ ____⁸____：自分の辛い状況を受け入れられず、やり場のない気持ちを他者への攻撃性として表す。それが自分自身に向けられると、自殺の危険が高まる。

④ ____⁹____：今抱えている苦しみはどう努力しても解決できないという絶望的な感情に陥る。

⑤ ____¹⁰____：問題解決策として自殺以外の選択肢が思い浮かばなくなる。

このような危機的な心理状況に陥らないような、また、陥ったとしても抜け出せるような思考や姿勢を¹¹ ____ことが自殺予防につながると考えられます。

そのためには、

- 困ったとき、苦しいときに、¹² ____ことができる
- ¹³ ____を高め、自己を受け入れることができる
- 怒りを¹⁴ ____することができる
- 偏った認知を柔軟にすることができる

といった態度や能力を「¹⁵ ____」として児童生徒が身に付けるように、日常の教育活動を通じて働きかけることが、自殺予防につながる¹⁶ ____生徒指導の方向性として考えられます。

⑵ 自殺予防教育の土台となる発達支持的生徒指導の取組

文部科学省（平成26年）の「子供に伝えたい自殺予防」において、児童生徒を対象とする自殺予防教育の目標として示されているのは、「¹⁷ ____（心の危機に気付く力）」と「¹⁸ ____の促進（相談する力）」の二点です。

心の危機についての¹⁹ ____を持ち、困ったときに相談できる援助希求的な態度がとれるようになれば、自分の危機の克服と友人の危機への支援が可能となり、自殺予防に限らず、生涯にわたる心の健康（²⁰ ____）の保持につながると考えられます。

「子供に伝えたい自殺予防」においては、上記二点に焦点化して取り組む授業を「²¹ ____」と呼んで、自殺予防教育の中核をなすものとして位置付けています。生徒指導の観点からは、自殺予防という課題に焦点化した²² ____として捉えることができます。しかし、「核となる授業」に取り組むには、その前段階として、広く「生命」や「心の健康」などに関する学びを通じて、下地を²³ ____ことが不可欠

4	心理的危機
5	強い孤立感
6	無価値感
7	児童生徒に典型的に見られる
8	怒りの感情
9	苦しみが永遠に続くという思い込み
10	心理的視野狭窄
11	身に付ける
12	進んで援助を求める
13	自己肯定感
14	コントロール
15	未来を生きぬく力
16	発達支持的
17	早期の問題認識
18	援助希求的態度
19	正しい知識と理解
20	メンタルヘルス
21	核となる授業
22	未然防止教育
23	つくっておく

[*97] 「教師が知っておきたい子どもの自殺予防」文部科学省（平成21年）p.9

です。

　各学校で既に取り組まれている「生命尊重に関する教育」や「心身の健康の保持増進に関する教育」、「温かい人間関係を築く教育」などを、自殺予防教育の下地づくりに当たるものだと意識しつつ、²⁴　　　　　　　の視点から取組を進めることが求められます。自殺予防教育と連動させて行うことが、児童生徒及び教職員の自殺予防教育への不安感や抵抗感を少なくすることにもつながります。

　その際、自殺予防につながる多様な下地づくりの授業を、児童生徒が「²⁵　　　」を身に付けるという視点から、²⁶　　　　・教育相談・キャリア教育・²⁷　　　　・道徳教育・²⁸　　　　　　等を横断する重要課題として位置付け、全校体制で取組を進めることが大切です。

　また、これらの教育活動を充実させていくためには、児童生徒が安心して学び、生活できる学校環境を整えることが不可欠です。自殺予防教育を進めるための「土台」として、困ったときに²⁹　　　　児童生徒と教職員との信頼関係づくり、保健室や相談室などを気軽に利用できる場とする³⁰　　　　など、「安全・安心な学校環境」づくりが求められます。加えて、児童生徒の些細な言動の変化からその心理状態に気付けるように教職員の感性を高めることや、教育相談体制を整備することも、自殺予防教育の「土台」となる³¹　　　　　　を展開する上で重要です。

24発達支持的生徒指導
25未来を生きぬく力
26生徒指導
27健康教育
28特別支援教育
29相談できる
30居場所づくり
31発達支持的生徒指導

8.3.2　自殺の未然防止教育の展開

　自殺の未然防止を目指す自殺予防教育の目標と学習内容について示した概念図が図15[*98]です。安全・安心な¹　　　　　を整えた上で、小学校から「²　　　　　　」を積み上げ、基本的には中学・高校において「³　　　　　」を展開するという構造になっています。

1学校環境
2下地づくりの授業
3核となる授業

図15　SOS の出し方に関する教育を含む自殺予防教育の構造

　「子供に伝えたい自殺予防」において、「核となる授業」の具体的な学習内容として、①⁴　　　　　　を理解する、②心の危機に陥った自分自身や友人への⁵　　　を学ぶ、③⁶　　　　を知る、といったことが示されています。心の危機の内容と

4心の危機のサイン
5関わり方
6地域の援助機関

[*98]　「令和3年度児童生徒の自殺予防に関する調査研究協力者会議審議のまとめ」文部科学省（令和3年6月）p.36を参考に作成（概要・本体）。

して、児童生徒の発達段階や実態に応じて、⁷　　　　　　　　　などについて触れることも考えられます。

　「核となる授業」を実施するに当たっては、各教科等の特質を踏まえた上で、自殺予防教育の目標や内容との関連から⁸　　　　　　　　　教科等を決定し、学校の実情、⁹　　　の実態に合わせて、組織的、計画的に取組を進めることが望まれます。例えば、「心の危機理解」については、高等学校保健体育科の「精神疾患の¹⁰　　　　　　」や中学校保健体育科「¹¹　　　　　　と心の健康」、小学校体育科保健領域の「¹²　　　　　」、あるいは「総合的な学習（探究）の時間」等において実施することが考えられます。その際、¹³　　　　　や学級・ホームルーム担任と¹⁴　　　　やSC、SSW等が協働で授業づくりを行うなどの工夫が必要です。

　なお、改正自殺対策基本法等において提示された「SOSの出し方に関する教育」は、「子供に伝えたい自殺予防」における「¹⁵　　　　　　　　　　」に相当すると考えることができます。各学校が「¹⁶　　　　　　　　　を含む自殺予防教育」を積極的に推進することが望まれます。

　また、実施に先だって、¹⁷　　　で自殺予防教育の必要性についての共通理解を図るとともに、保護者や地域の人々、関係機関等の理解や協力を得て、¹⁸　　　を進める必要があります。特に、心の危機を直接扱う「核となる授業」を実施する場合は、事前に¹⁹　　　　児童生徒の状況を把握し、リスクの高い児童生徒は²⁰　　　　　　などの配慮を行うとともに、児童生徒が心の危機を訴えたときに、²¹　　　　　や養護教諭、SC、SSW、管理職などが役割分担して受け止めることのできる体制を整えておくことが求められます。なお、養護教諭や学校医等を通じて、²²　　　　　　ことも大切です。

8.3.3　自殺の危険の高まった児童生徒の早期発見・早期対応

(1)　自殺の危険の高まった児童生徒への気付き

　児童生徒の自殺の特徴は、死を求める気持ちと生を願う気持ちとの間で激しく揺れ動く¹　　　にあると言われます。心の危機の叫びとして発せられる²　　　　に気付くには、表面的な言動だけにとらわれず、笑顔の奥にある³　　　　ことが必要です。自殺直前のサイン[*99]には以下のようなものがあります。

- これまでに関心のあった事柄に対して⁴　　　　　
- 注意が集中できなくなる
- いつもなら楽々とできるような課題が達成できなくなる
- ⁵　　　
- 不安やイライラが増し、⁶　　　　　　　
- 投げやりな態度が目立つ
- ⁷　　　　　を気にしなくなる
- 行動、性格、身なりが突然変化する
- 健康や自己管理がおろそかになる
- 不眠、食欲不振、体重減少など⁸
- 自分より年下の子どもや動物を⁹

[*99]　「教師が知っておきたい子どもの自殺予防」文部科学省（平成21年）p.9を参考に作成。

右欄（解答）：

7　希死念慮や自殺企図

8　効果的に実施できる

9　児童生徒

10　予防と回復

11　欲求やストレスへの対処

12　心の健康

13　保健体育科の教員

14　養護教諭

15　援助希求的態度の促進

16　SOSの出し方に関する教育

17　教職員間

18　合意形成

19　生育歴も含めて

20　無理に授業に参加させない

21　学級・ホームルーム担任

22　医療機関との連携を図っておく

1　両価性

2　自殺のサイン

3　絶望を見抜く

4　興味を失う

5　成績が急に落ちる

6　落ち着きがなくなる

7　身だしなみ

8　身体の不調を訴える

9　虐待する

- 引きこもりがちになる
- 家出や放浪をする
- 乱れた性行動に及ぶ
- [10]　　　　　　に及ぶ
- [11]　　　　　　を乱用する
- 自傷行為が深刻化する
- 重要な人の自殺を経験する
- 自殺をほのめかす
- 自殺についての文章を書いたり、自殺についての絵を描いたりする
- 自殺計画の準備を進める
- 別れの用意をする（整理整頓、大切なものをあげる）

自殺のサインのなかには、児童生徒であればそれほど珍しい変化ではないと思われるものも含まれています。大切なことは、その [12]　　　　　　　　をしっかりと見た上で、何らかの [13]　　　　　　には無駄になるかもしれないことを恐れずに [14]　　ことです。

また、思春期・青年期には、内面の葛藤や悩みは誰にも話せないと過剰に意識して、自分だけの世界に閉じこもってしまうこともあります。周囲の大人は、「何を考えているのかわからない」と関わりを薄くしてしまいがちですが、そのような心理状態こそが [15]　　　　　　ことを心に留めておくことも必要です。

(2)　自殺の危険の高まった児童生徒への関わり

自殺の危険に気付いたときの対応の参考になるのが、「[16]　　　　　　」です[*100]。

何より大切なことは、児童生徒の声をしっかりと「聴く」ことです。[17]　　ためには、たとえ子供であっても、その子なりに精一杯生きていることを尊重し、言いくるめたりコントロールしたりすることはできないし、そう思うのは大人の側の欲だと自覚することが必要です。

また、児童生徒の話をきちんと受け止めるためには、教職員自身が自分の考え方や感じ方のクセを知ること（自己理解）と、言葉にならない「ことば」（例えば、困った行動をするという形でしか困っていることを表現できないなど）を [18]　　　　を持つことが大切です。なお、一人で抱え込まないためには、教職員間においても、多職種の関係者間においても、相談しやすい体制づくり、[19]　　　　　　を日頃から進めておくことが不可欠です。

10過度に危険な行為
11アルコールや薬物
12児童生徒の日常
13違和感を覚えたとき
14関わる
15最も危険である
16 TALK の原則
17共感的に理解する
18聴こうとする姿勢
19雰囲気づくり

TALK の原則

Tell
　　心配していることを言葉に出して伝える。

Ask
　　「死にたい」と思うほどつらい気持ちの背景にあるものについて尋ねる。

Listen
　　絶望的な気持ちを傾聴する。話をそらしたり、叱責や助言などをしたりせずに訴えに真剣に耳を傾ける。

[*100] 「教師が知っておきたい子どもの自殺予防」文部科学省（平成21年）p.10を参考に作成。

Keep safe

安全を確保する。一人で抱え込まず、連携して適切な援助を行う。

8.3.4 自殺行動が生じた場合の困難課題対応的生徒指導の実際

(1) 自殺未遂への対応

自殺未遂が校内で発生した場合は、当該児童生徒の状態を確認し、[1] 必要があります。病院に搬送される場合には、学級・ホームルーム担任や養護教諭などが救急車に同乗するとともに、随時、学校へ[2] を行います。保護者には、速やかに電話で状況を伝え、病院へ来るよう依頼します。保護者に事情を説明する際には、混乱した状態にある保護者を[3] ことが大切です。

[4] は、教育委員会等へ[5] とともに、[6] を招集し、役割分担して、当該児童生徒の状況把握や、現場を目撃した児童生徒や関係の深い児童生徒への[7] について、SC 等も交えて検討します。状況が深刻で目撃者が多数いる場合などには、早い段階で教育委員会と連携し、[8] とともに、学校復帰も見据えて、学校外の専門家も加えた[9] を組織して支援することが求められます。

自殺未遂が校外で発生したり、救急措置を要請したりしない場合でも、児童生徒の安全を確保した上で、「[10] 」に基づいて、受容的な態度で児童生徒の苦しい気持ちを受け止めるよう[11] ことが大切です。そうすることで、心の安定がもたらされ、[12] にもつながります。

いずれの場合も、保護者と連携して家庭での[13] を行うとともに、教職員間で密接に情報共有し、[14] 児童生徒を[15] ことが求められます。また、適切な心のケアを受けられないと、後に自殺につながる危険性が[16] ことを考慮し、医療機関と連携して丁寧な支援を行うことも必要です。

学校復帰に際しては、教職員及び周囲の児童生徒がどのように支えていくのかということについて、[17] の同意を得た上で担当医からの[18] 必要があります。当該児童生徒や保護者が、学校として担当医からの助言を受けることを望まない場合でも、生命の安全を最優先に考えたい旨を伝えるなどして、[19] ことが大切です。

なお、周囲の児童生徒から「何があったのか」と事実について質問された場合に備え、学校として返答する内容について、[20] を確認した上で[21] ことも必要です。また、影響を受けそうな児童生徒の保護者に対しては、家庭での見守りを依頼することになりますが、その際に、不安、怒り、同情、自責、抑うつなどの[22] をきたすのが当然であることを[23] ことも忘れてはなりません。

自殺未遂をした児童生徒と関係の深い教職員も、同僚や SC 等と話し合う時間を持ち、自分自身の複雑な感情を十分に認識しておくことが求められます。自分の限界を知った上で、[24] ことが大切です。

専門性とは「自分のできないことが何かを知っていること」だと言われます。限界を知らずに万能感を抱いて危機にある児童生徒に関わることは、「共倒れ」という最悪の結果を招きかねません。そうならないためには、自殺未遂のような難しい問題には

1 救命措置及び安全確保を最優先で行う

2 状況報告

3 受容するように接する

4 管理職

5 報告する

6 校内連携型危機対応チーム

7 心のケア

8 混乱した事態の収拾を図る

9 ネットワーク型緊急支援チーム

10 TALK の原則

11 傾聴に努める

12 再発防止

13 継続的な見守り

14 組織的に

15 支援する

16 極めて高い

17 保護者

18 助言を受ける

19 粘り強く働きかける

20 保護者の意向

21 準備しておく

22 心理的な動揺

23 丁寧に伝える

24 できるところで精一杯関わっていく

25 チームで関わる
26 柔軟な児童生徒理解
27 強烈な感情の揺れ
28 精神科の治療
29 ポストベンション
30 自責と周囲の人々への非難
31 深刻な影響を受ける可能性が高い
32 マニュアル
33 シミュレーション

[25] _____こ とが不可欠です。問題を一人で抱えこむのでなく、できるだけ多くの教職員が組織的に関わることで、[26] _____や幅広い対応が可能になります[*101]。

(2) 事後対応における心のケア

身近な人が自殺した場合、遺された人が[27] _____や心身の症状に苦しんだり、本格的な[28] _____が必要になったりすることは稀でなく、最悪の場合には自殺の連鎖が生じることもあります。したがって、児童生徒の自殺が起きてしまったとき、学校においては、周囲の人に及ぼす影響を可能な限り少なくするために適切な[29] _____（事後対応）を行うことが求められます。

児童生徒が自殺した場合、家族に限らず、在校生やその保護者など多くの人々に影響が及びます。身近な児童生徒、教職員を中心に、「自殺の兆候に気付けなかったこと」「自殺を止められなかったこと」についての[30] _____が生じることも少なくありません。また、死の理解が未熟で身近な人の死に接した経験も少ない児童生徒の発達段階を考慮すると、近い関係になかったとしても[31] _____ことにも配慮する必要があります。

実際の対応については、文部科学省（平成22年）「子どもの自殺が起きたときの緊急対応の手引き」を参考に、各学校の実情に応じた[32] _____の作成を進めるとともに、校内研修等で自殺の危機対応の[33] _____を行うことが望まれます。対応の流れの概略と初期対応における課題を図16に示しました。

図16　事後対応の流れと初期対応の課題

また、実際の対応に当たっては、特に次の点に留意する必要があります。

① 自殺は複雑な要因が絡み合い、追いつめられた結果としての行動であるという認識の下、自殺を美化したり貶めたりすることがないようにします。

[*101]　「教師が知っておきたい子どもの自殺予防」文部科学省（平成21年）pp.19-20を参考にしている。

② 　情報発信[*102]や葬儀等において遺族に寄り添い、確信の持てないことは調査するなど ³⁴ を心がけます。

34 誠実な対応

③ 　3日以内に教職員から聴き取りを行い、時系列に整理し、教職員間で ³⁵ を図り、学校にとって都合の悪いことでも ³⁶ を保ちます。学校や教育委員会等による ³⁷ の進め方については、「子供の自殺が起きたときの背景調査の指針（改訂版）」を参考に、³⁸ ことが望まれます。

35 情報の共有
36 事実に向き合う姿勢
37 背景調査
38 平常時に検討する

④ 　心のケアに関して、眠れない、すぐに目が覚める、一人でいると怖いなどといった反応が見られますが、これは「異常な」事態に直面した際の「 ³⁹ 」反応であることを理解し、児童生徒・保護者にもそのことを周知します。

39 正常な

⑤ 　自殺した児童生徒と関係の深い人や自殺の危険の高い人、現場を目撃した人などをリストアップし、早めに関わるとともに、⁴⁰ が受けられる体制を用意します。

40 専門家のケア

⑥ 　憶測に基づくうわさ話等が広がらないように、⁴¹ 情報発信を心がける必要があります。プライバシーの保護や自殺の連鎖の防止に十分配慮しつつ、出せる情報は ⁴² という姿勢に立つことも重要です。

41 正確で一貫した
42 積極的に出していく

(3)　自殺関連行動としての自傷への対応

　手首などにカッターナイフやカミソリで傷をつける、ドライヤーやライターで髪の毛や皮膚を焼く、身体を机や壁に打ち付けるなど、自分の身体を故意に損傷する行動を「 ⁴³ 」と言います。自傷には自らの命を絶とうとする行動（ ⁴⁴ ）の一環として行われる場合と、自殺の意図を伴わずに反復される行動（ ⁴⁵ ）である場合があります[*103]。

43 自傷
44 自殺企図
45 非自殺性自傷

　自傷の背景には、⁴⁶ 、複雑な家庭環境、⁴⁷ 、子供自身の脆弱性（心の傷の残りやすさなど）、⁴⁸ などが見られます。教職員は、児童生徒の多様な背景を理解し（→第13章多様な背景を持つ児童生徒への生徒指導）、自傷のリスクとして認識しておく必要があります。また、自傷を契機として、これらの多様な背景が ⁴⁹ こともあります。

46 被虐待
47 いじめ被害
48 精神疾患
49 明らかになる

　自傷を認知した場合には、まず ⁵⁰ そのものへの対応が必要になります。その中には、養護教諭による手当から病院受診、救急搬送まで多様な水準の対応が含まれます。この判断は ⁵¹ の把握によって適切に行う必要があり、救急搬送を要する場合には迅速な救急要請が求められます。救急性がないと判断された場合には、保健室へ誘導しての対応になるのが一般的です。

50 身体的な損傷
51 身体的損傷の重症度

　手当の過程において、⁵² を尋ねたり、自傷に至った ⁵³ （直近の誘発したできごと）について聞いたりしながら、場合によれば、⁵⁴ ことも必要になります。その際、経緯の確認を急ぐあまり強い口調で問いただすと、児童生徒は責められていると感じてしまうこともあるので、静かで穏やかに対応することが大切です。

52 自傷の方法
53 きっかけ
54 自殺の意図を把握する

　対応の過程で、①身体的重症度、②自傷の方法、③自殺の意図、④直接的な誘因、⑤慢性的な困難、などについてアセスメントすることが求められます。しかし、これら

[*102]　情報発信する場合の留意点については、「自殺対策を推進するためにメディア関係者に知ってもらいたい基礎知識」WHO（2017年版）によるメディア関係者のための手引きが参考になる。

[*103]　なお、重度の知的障害、自閉症、重篤かつ慢性のチック症（トゥレット症候群）のある児童生徒においては、自己刺激行動、常同行動、チックとして、顔を殴打する、目をたたく、身体を打ち付ける、身体をつめで傷つけるといった行動が見られることがあり、これも広義には自傷に含まれるが、病理的背景が異なるため、ここでは触れない。

を羅列的に確認するのではなく、[55] 55 身体的なケアと行動に至ったつらさ に焦点を当て、気持ちをわかろうとして話を聴く中で、自然と明らかになってきますので、[56] 56 穏やかに確認していく ことが大切です。また、学校のみで明らかにしようとする必要はありません。病院受診をする中で明らかにされていくこともあります。しかし、初期段階での危険度の判断と受容的接近は、自傷を認知した教職員や、その後の対応を行う養護教諭や学級・ホームルーム担任によって行われることになります。その際、機動的連携型支援チームによる[57] 57 緊急ケース会議 を持って、誰が[58] 58 キーパーソン になって関わるのか、チームとしてどのようにその児童生徒を支えるのかなど、[59] 59 具体的な援助策 についての共通理解を図ることが必要になります。

また、深刻度が高いと判断した場合には、ためらわずに[60] 60 校内連携型支援チーム を招集し、対応策について協議し、組織的な支援を行います（→3.4.2 生徒指導と教育相談が一体となったチーム支援の実際）。なお、対応の過程で明らかになってきた背景にある課題に対しては、教職員、保護者、関係機関の連携に基づいて、具体的に解決が目指されなければなりません。

アセスメントの結果、明確な自殺の意図があると思われる場合には、たとえ現在の傷が軽いものであっても、軽視すれば直後により致死的な方法を選択する[61] 61 可能性があることに留意する 必要があります。この場合には、教職員が見守った上で病院受診を促し、背景に[62] 62 虐待を認知した場合には、児童相談所等へ通告する ことも必要になります。

一方、自殺する意図がないにもかかわらず、自傷を反復する場合には、異なる対応が求められます。自傷に対して過度な注目も望ましくありませんが、無視をしたり、冷淡に対応したりすることも避けなければなりません。また、周囲の注目や同情を引こうとしているなどという決めつけも対応を誤る原因になります。中には、頻繁に手首自傷を繰り返したり、自傷した傷跡の写真をネット上に載せたり、痛みを感じる瞬間だけ生きている自分を感じられると言ったりする児童生徒もいます。

しかし、いずれの場合にも、何らかの[63] 63 心のつらさ があり、その対処行動として[64] 64 自傷しか選べない現実がある と捉えることが必要です。傷は軽くても、その背後にある心の不安や傷つきは深いと考えざるを得ないからです。自傷という行為に依存する背景には、[65] 65 人に依存できない心理がある からだと言われます。教職員等との間に、安心して頼ることのできる人間関係を築くことも、自傷の防止において極めて重要です。傷そのものは必要十分な手当にとどめつつも、自傷に至った事実や心のつらさについては丁寧に聴いた上で、[66] 66 SC や精神科医につないでいく ことが大切です。また、複雑な背景を抱えていることがほとんどですので、明らかになった事実に対しては、[67] 67 困難課題対応的 生徒指導として組織的、継続的に取り組むことが求められます。

8.4 関係機関等との連携に基づく自殺予防の体制

8.4.1 保護者との連携

学校が児童生徒の自殺の危険を把握した場合に、[1] 1 保護者との協力体制を築く ことは最重要事項の一つです。しかし、保護者自身が経済的な困難を抱えていたり、精神疾患などの疾病があったりするために、子供の危機を受け止めて対応する力に欠けている場合もあります。また、保護者からの虐待が背景にあるなど家族との関係そのもの

が自殺に関わっている場合も考えられます。したがって、危機的な状況にある児童生徒を支援し自殺の危機から救うためには、困難を抱えていたり、子供への関わりが適切ではなかったりする家族に関わり、子供だけでなく保護者を含め、**²** を支援することのできる機関につなげたり、学校が関係機関と連携したりしながら、状況に応じて **³** などの取組も必要になります。

2 家族全体

3 家族の機能を代替できる体制をつくる

8.4.2 医療機関、福祉機関との連携・協働

各学校において、関係機関との連携を、より効果的に進めるためには、まず、地域にどのような適切な関係機関があるのかを知り、日常的に連携する体制を築き、学校に連携・協働の要となる **¹** （コーディネーター役の教職員）を位置付けるなど、一層の体制整備が求められます。学校においては、個々の教職員の役割を明確にした上で、チームとして支援する体制を築くと同時に、自殺の危険が高い児童生徒への対応においては、精神科や心療内科などの医療機関との連携を図ることが不可欠です。また、**²** ので、福祉機関と連携を取りながら悩みを抱えた **³** ことも必要になります。学校に精神科医や SC、SSW 等の専門家の視点を入れることは、多角的な支援が可能になるだけでなく、教職員が必要以上に巻き込まれることを防いだり、関わる人の **⁴** ことにもつながります。

1 キーパーソン

2 家庭環境の影響は大きい

3 保護者をサポートする

4 不安を軽減したりする

8.4.3 ICT を利活用した自殺予防体制

文部科学省における「児童生徒の自殺予防に関する調査研究協力者会議」の審議のまとめでも指摘されているように、SNS を **¹** とする児童生徒が増加しているため、危機を発信するための多様なチャンネルの一つとして、学校の内外に SNS 等を活用した **²** ことも重要です。様々な悩みや不安を抱えた児童生徒に対する多様な相談の選択肢を用意することは、**³** という点から自殺予防において不可欠な取組です。最終的には人による **⁴** ことができる体制を確保した上で、SNS の持つ危険性への理解を促すことの必要性にも留意しながら（→第11章インターネット・携帯電話に関わる問題）、SNS 等を活用した相談体制の一層の充実を図ることが求められます。また、**⁵** を活用しながら児童生徒の見守りを行うことで、心身の状態の変化に気付きやすくなるとともに、児童生徒理解の幅が広がり、悩みや不安を抱える児童生徒の **⁶** につながることが期待されます。

1 コミュニケーションツール

2 相談体制を構築する

3 問題の深刻化を未然に防ぐ

4 直接的な支援につなげる

5 ICT

6 早期発見や早期対応

第9章 中途退学

留意点

高校における中途退学者の数は年々 ¹　　　　にあります。中途退学には積極的な進路変更など前向きな理由によるものもありますが、一方で、生活、学業、進路に関する複合した問題の結果として中途退学に至ることもあります。中途退学を余儀なくされる状態を未然に防ぐためには、生徒指導、キャリア教育・進路指導が連携し、小・中学校の段階も含め、生活、学業、進路のそれぞれの側面から ²　　　　　に向けて必要な基盤となる資質・能力を身に付けるように働きかけることが大切です。

また、高校入学後の早い時期から、中学校から引き継いだ「³　　　　　」などを活用して、教職員全体で情報を共有し、⁴　　　　　　　　ことが必要です。特に、⁵　　　　による中途退学を未然に防ぐためには、普段の教科指導に加え、⁶　　　　　などを通じて、労働への適切な理解をもたらすことも重要です。さらに、中途退学後のフォローには、学校における取組のみならず、保護者の協力の下、教育支援センターや ⁷　　　　　　　　　　　　　　をはじめとする関係機関と連携しながら取組を進めることが求められます。

1 減少傾向

2 社会的・職業的自立

3 キャリア・パスポート

4 きめ細かな指導を行う

5 学業不振

6 就業体験活動

7 地域若者サポートステーション

＊注記　中途退学後のフォローは、「卒業者の ⁸　　　に関する活動」に当たります[*104]。

8 追指導

9.1　中途退学の関連法規と基本方針

9.1.1　関連法規

中途退学とは、校長の許可を受け、又は懲戒処分を受けて退学することなどを言います。校長の許可をもらう場合は自主的な退学となりますが、後者の懲戒処分における退学は、「¹　　　　　　　」（以下「施行規則」という。）第 ²　条に懲戒の一つとして挙げられています。施行規則では、退学は、³　　　　　　　　であり、条件として以下の項目が挙げられています。

1 学校教育法施行規則

2 26

3 校長が行う処分

① ⁴　　　　　　　　　　　と認められる者
② ⁵　　　　　　　　　　　と認められる者
③ 正当の理由がなくて出席常でない者
④ ⁶　　　　を乱し、その他学生又は生徒としての本分に反した者

4 性行不良で改善の見込がない

5 学力劣等で成業の見込がない

6 学校の秩序

自主的な退学、懲戒による退学にかかわらず、退学そのものの必要事項は、⁷　　　　　が定め[*105]、懲戒による退学処分の手続きについては、⁸　が定める[*106]ことと

7 文部科学大臣

8 校長

[*104]　進路指導の諸活動には、1．個人資料に基づいて生徒理解を深める活動と、正しい自己理解を生徒に得させる活動、2．進路に関する情報を生徒に得させる活動、3．啓発的な経験を生徒に得させる活動、4．進路に関する相談の機会を生徒に与える活動、5．就職や進学等に関する指導・援助の活動、6．卒業者の追指導に関する活動がある。「中学校・高等学校進路指導の手引き―進路指導主事編」文部省（昭和52年）

[*105]　学校教育法第59条　高等学校に関する入学、退学、転学その他必要な事項は、文部科学大臣が、これを定める。

[*106]　学校教育法施行規則第26条第2項　懲戒のうち、退学、停学及び訓告の処分は、校長（大学にあつては、学長の委任を受けた学部長を含む。）が行う。

されています。

9.1.2　基本方針

中途退学という教育課題への基本的方針は、「高等学校中途退学問題への対応について」の「高等学校中途退学問題への対応の基本的視点」（以下「基本的視点」という。）において以下のように(1)〜(5)に分けて示されています。

まず(1)では、「生徒の能力・適性、興味・関心、進路などは多様なものとなり、多様で個性的な生徒の実態を踏まえ、¹　　　　　　　　　　　　　　　こと」とし、生徒の実態を踏まえた高校教育の柔軟な対応を求めています。(2)では、中途退学の理由は様々であり、学校や家庭との連携で防止できるケースもあるが、積極的な進路変更による中途退学もあり、生徒の状況の²　　　　　　を求めています。(3)では、個に応じた指導のための学習指導や教育相談などの充実を挙げ、これらに³　　　　　のリーダーシップの下で取り組むことを求めています。(4)では、特に学習指導の改善・充実において「参加する授業」「分かる授業」など⁴　　　　　　　　の重要性を挙げています。(5)では、積極的な進路変更による中途退学を取り上げ、生徒の⁵　　　　　方向での指導の重要性を指摘しています。

こうした認識は、現在の中途退学への対応にも十分当てはまりますが、学校教育を取り巻く状況の変化も踏まえながら、中途退学を高校だけの問題としてとどめずに、小学校、中学校を含む児童生徒の成長や⁶　　　　　　　の視点から見ていくことが重要です。

1 高校教育の多様化、柔軟化、個性化の推進を図る

2 的確な把握

3 校長

4 魅力ある教育活動

5 自己実現を援助する

6 社会的・職業的自立

9.2　中途退学の理解

9.2.1　中途退学の要因

中途退学の多くは¹　　　　　　　　が主たる要因とされるもので占められており、これらは小学校や中学校に遡って確認されることがあります。学校生活になじめず、長期欠席や不登校を経験した生徒が高校段階における中途退学につながるケースが多く、特に高校入学後の不登校生徒への支援については、中途退学の未然防止の意味でも非常に重要な水際対策と言えます。中途退学の事由は、「²　　　　　　　　　　　　」「進路変更」「³　　　　　　」などがあり、生活の問題、進路の問題、学業の問題が複合的に存在しています。

その一方で、貧困家庭の問題や、核家族の増加、⁴　　　　　　　、インターネットやSNSによるフェイク情報の横行など、⁵　　　　　　も存在します。また、中途退学者には、曖昧な目的で高校に進学した生徒の存在も含まれると考えられ、自分がこれからどう生きるか、どう自立するかといった、自分自身が大人になる像が掴めず、⁶　　　　　　　　といった課題も内包していると言えます。

1 学校生活への不適応

2 学校生活・学業不適応

3 学業不振

4 ヤングケアラー

5 課題を増幅させる環境の変化

6 社会性が十分に育たない

9.2.2　中途退学がもたらすものと対策

中途退学の中には、前向きな進路変更という側面を持つものもあります。本人が中途退学を希望する場合の対応に当たっては、十分に状況を把握した上で¹　　　　　　　　　　　　ことが原則です。一方で、中途退学により当初の進路計画の変更を余儀なくされ、人生設計上の様々な機会を失うことも少なくないことに留意する必要があります。

1 本人の意思を尊重した支援を行う

　中途退学をした場合、学歴は中学校卒業資格となり、高校卒業の資格を前提としている多くの職業や、大学や専門学校（専修学校専門課程）などの進路への選択肢が絶たれます。行先不透明な進路から、[2]　　　　　　　　　を選択せざるを得ず、さらには[3]　　　　状態になる可能性もあるため、中途退学の未然防止と早期発見とその対応、中途退学後のフォロー（[4]　　）はそれぞれが重要な支援です。

　いずれにせよ、キャリア教育や進路指導等の日常的な教育活動を通じて、生徒が社会的・職業的自立に向けた資質・能力を身に付けるように働きかける[5]　　　　　生徒指導を充実させることが、最も重要な中途退学対策であると言えます。

　広い意味での中途退学対策と言える[6]　　　　　生徒指導、中途退学の未然防止、中途退学に至る前の早期発見・対応及び中途退学者の指導・援助に関する[7]　　　　　構造は、図17のようになります。

[2] ニートやフリーター

[3] 引きこもり

[4] 追指導

[5] 発達支持的

[6] 発達支持的

[7] 重層的支援

図17　中途退学対応の重層的支援構造

9.3　中途退学の未然防止と組織体制

　高校においては、教務、生徒指導、進路指導及び教科指導などの分掌、さらには学校内外の他組織との連携を図り、チーム学校として、発達支持的生徒指導はもちろん、未然防止や早期発見と対応、また、中途退学の可能性が高い生徒への支援、中途退学後の追指導の重要性も認識して組織的に取り組むことが求められます。

9.3.1　新入生対応における中学校との連携

　最初に理解しておくべきことは、入学後の[1]　　　　　　　が中途退学の未然防止につながるということです。中学校から高校への移行は、一つの節目であり、接続とリセットを内包する機会となるため、[2]　　　　　が大変重要になってきます。

　しかし、高校によっては数十校の中学校から生徒を受け入れる場合もあり、中学校との連携は容易ではありません。新入生の情報交換会などの開催が難しい場合は、特に高校での不適応が心配される生徒に特化して[3]　　　　　　　を設けることも考えられます。

[1] 高校生活への適応

[2] 円滑な移行

[3] 情報共有の場

また、児童生徒が自らの学習状況やキャリア形成[*107]を見通したり、振り返りをするなど自己評価を行うとともに、 ⁴　　　　　　　　　　　　　を身に付け、自己実現につなげることを目的とした「キャリア・パスポート」[*108]の活用も考えられます。その他、校種を越えた教材の活用も中高連携の一環として円滑な移行を実現する方策と捉えることができます。

4 主体的に学びに向かう力

9.3.2　高校生活への適応を支える校内体制

中学校・高校の情報交換会で共有される情報や「¹　　　　　　　　　　」の有効活用を通し、新入生一人一人への理解を進め、個々の生徒の成長を見守ります。また、生徒指導部会や学年会での情報交換を怠らないようにし、²　　　　　　　　　　　　こ とが求められます。新入生へのきめ細かい支援が生徒を含む学校全体に文化として行きわたることが大切です。

1 キャリア・パスポート

2 学校全体で支援をしていく

また、上級生との交流も学校への適応を推進する上でのよい機会です。委員会活動、部活動などの組織的活動や、新入生歓迎会、体育祭、文化祭などの学校行事も、新入生にとって高校への適応を促進します。しかし、こうした活動の中では人間関係などのいざこざが発生することもあり、教職員間による情報共有と適切な対応が求められます。

人間関係の形成は社会生活を送る上で必要不可欠ですが、他者とのコミュニケーションが苦手であったり、自己表現が得意ではなかったりする生徒も少なくありません。一様に人間関係を形成する能力を求めるのではなく、苦手な生徒に対しては、ゆっくり成長を見守り、よいところを認めて、³　　　　　　　　　　　といった工夫を行うことが大切です。

3 人間関係の形成を進めていく

9.3.3　教科指導上の留意点

各教科等の学習においては、学習意欲の低下や無気力、また、学習状況が満足できるものでなかったり、¹　　　　が多かったりすることなどにより課程の修了が認定されず、進級や卒業ができなくなった結果、中途退学に至ることがあります。

1 欠課時数

学びにおける不適応が顕著に起こる時期としては、高校 ²　　　　　　　が挙げられます。中学校時代と異なり、少しの怠学で大幅な遅れをとる可能性もあり、そのことが学習意欲の低下につながる場合があります。特にこの時期は、学習意欲の低下や学校への所属意識の低下などの傾向がある生徒について情報交換を綿密に行うとともに、学級・ホームルーム担任と教科担任の連携の下で支援を行い、学習に前向きな姿勢に転じるようにする必要があります。

2 1年生の1学期

学習状況が満足できるものでなかったり、欠課時数が多かったりする場合は、丁寧なアプローチを行い対話的に関わり、必要に応じ補習や再試験を行うことも ³　　　　として必要です。地域によっては、校長会の連携・協力の下、教育支援センターを設置して学習指導を行い、生徒が在籍する高校の定期試験を実施し、⁴　　　　　　　ところもあります。

3 教育的配慮

4 単位を認定する

[*107]　キャリア形成とは、「社会の中で自分の役割を果たしながら、自分らしい生き方を実現していくための働きかけ、その連なりや積み重ねを意味する」(高等学校学習指導要領　特別活動編、文部科学省（平成30年）p.53)とされている。
[*108]　「キャリア・パスポート」とは、児童生徒が、小学校から高等学校までのキャリア教育に関わる諸活動について、特別活動の学級活動及びホームルーム活動を中心として、各教科等と往還し、自らの学習状況やキャリア形成を見通したり振り返りをしながら、自身の変容や成長を自己評価できるよう工夫されたポートフォリオのことである。（文部科学省「キャリア・パスポート」例示資料等について（平成31年３月））

また、特定の科目の単位が未修得になった場合、⁵ 　　　　　　　　　　　 を活用するなどの工夫も考えられます。なお、単位の認定範囲については、校長の判断によりますが、学校適応委員会（仮称）[*109]などの組織での協議を通じて、学校全体の支援に広げていくことも可能です。

5 高等学校卒業程度認定試験

9.3.4 キャリア教育（進路指導）における未然防止機能

「基本的視点」の五点を概観しても分かるように、中途退学と進路の課題は不可分の関係にあります。高校時におけるキャリア教育（進路指導）の目的は、¹ 　　　　　　　　　　　　　　　により、新たな進路に円滑に移行する力を身に付けることです。また、学校生活から職業生活への長いスパンの中で培われるキャリア形成も目的に含まれています。

1 主体的な進路の選択・決定

したがって、働くことへの「見方・考え方」の育成は、慎重に行う必要があります。働くことを安易に捉えて、学校の学びは仕事には役に立たないという誤った考えを持ち、躊躇なく中途退学してしまうことがあるからです。働くことと学ぶことが ² 　　　　　　　　　ことについての理解を、教科指導や就業体験活動（³ 　　　　　　　　　　　）などの機会を通じて、適切に促すことが必要です。これまでに生徒がどのようなキャリア形成をしてきたか知る上では、「キャリア・パスポート」の記述などが有効で、それらを参考にして適切な支援につなげていくことが求められます。

2 密接に結びついている

3 インターンシップ

また、高校での ⁴ 　　　　　　　（インターンシップ）においては、生徒が職場での人間関係の構築や職業が社会で果たす役割をじっくりと観察し、考えることができる機会を提供するような就業体験活動プログラムを開発することも必要です。

4 就業体験活動

なお、キャリア教育では、「社会的・職業的自立に向けて必要な基盤となる資質・能力」の育成を目指すことから、小学校・中学校における９年間のキャリア教育で求める資質・能力の育成は、社会的・職業的自立に向けた ⁵ 　　　　　 生徒指導を展開することにつながり、中途退学の未然防止に大きく寄与するものと考えられます。

5 発達支持的

9.4 中途退学に至る予兆の早期発見・対応

中途退学に至る前に、生徒の変化に気付くことが、早期発見・対応において重要であり、以下のような観点から生徒の様子を観察していくことが求められます。

9.4.1 生活の問題

成長の過程で、学校生活への適応における ¹ 　　　 も顕著になります。生徒の個人差を十分に考慮し、² 　　　　　　 が確認された場合は、時期を空けず、また、教職員の個人的判断に委ねず、³ 　　　　　　　 ことが重要です。さらに、理由なく欠席や遅刻が増え、学校における諸活動への参加に消極的になり、話合いでの発言が減少するなどの ⁴ 　　　　　　 ことも大切です。

1 個人差

2 不適応傾向

3 組織的に対応する

4 兆候を見逃さない

また、こうした生活の問題については、他にも健康課題や性に関する課題といった個人的背景や、DV（⁵ 　　　　　　　　　　　）やネグレクト、貧困やヤングケアラーといった家庭的背景が複合的に関連し、学校の生活や行動に影響が生じることもあるた

5 Domestic Violence

[*109] 基礎学力や社会性育成を目指し、１学年から独自のキャリア形成支援を実施し、職業安定所や地域若者サポートステーション等の外部支援機関と連携したキャリア支援センターが設置され、移行支援及び卒業者への追指導を実施する高校もある。

め、個々の生徒の状況に応じて、⁶ _____ として組織的に対応してくことが求められます（→第12章性に関する課題、第13章多様な背景を持つ児童生徒への生徒指導）。

6 チーム学校

9.4.2 学業の問題

　教育活動の多くを占める¹ _____ は、学校適応の鍵を握っています。学習の遅れがちな生徒に対しては、一人一人に即した適切な指導をするため、学習内容の習熟の程度を的確に把握すること、学習の遅れがちな原因がどこにあるのか、その傾向はどの教科・科目において著しいのかなど実態を十分に把握した上で、各教科等の選択やその内容の取扱いなどに必要な配慮を加え、個々の生徒の実態に即した指導内容とするなど、² _____ ことが大切です。その際、児童生徒相互で教え合い、学び合う³ _____ を取り入れることで、生徒同士の信頼関係を構築し、やればできるという⁴ _____ を持つことができるように働きかけることも大切です。

1 教科学習

2 指導方法を工夫する

3 協働的な学び

4 自己効力感

　また、学習を進める中で、病気欠席や転居も起こり得るため、病気欠席や転居に伴い学習が遅れたことによる不安や悩みにも配慮しなければなりません。数日でも教室を離れた後の疎外感は誰もが持つものです。転入や転出する生徒に対し、教科書や教育課程上の調整を配慮するだけでも、転校先の学校の授業への円滑な移行につながります。なお、長期に療養が必要な生徒については、ICT 等も活用した学習活動を実施し、⁵ _____ 必要があります。

5 教育機会の確保に努める

9.4.3 進路の問題

　進路の問題はその基盤となるキャリア形成の問題でもあります。学校、家庭、さらには社会での生活において、¹ _____ ことがキャリア形成の促進につながります。こうした体験を高校のみならず小学校、中学校段階から展開することにより、生徒が将来社会に出てどのような役割を果たしていくかを展望し、² _____ ことを可能にします。そのことは、中途退学の大きな抑止力にもなります。

1 自らの役割を果たす

2 社会的・職業的自立を果たす

　学校という環境は、特別活動の時間をはじめとし、役割を果たす機会の宝庫と言われています。役割を果たした後には、果たした役割について常に³ _____ ことが大切です。役割の意義について考える機会は、将来の社会生活における役割（例えば職業など）を考えることになり、進路の選択決定へとつながっていきます。

3 振り返る機会を確保する

　ただし、こうした日常の学校生活における役割取得において、本人の特性や興味・関心との⁴ _____ について留意されない場合も見られます。例えば、「細かいことが苦手な」児童生徒が細かな配慮が求められる役割を担う場合、うまくいかず達成感を持てず、さらに、できなかったことを指摘され追い詰められることもあり、不適応の要因になることがあります。役割を依頼する場合には、生徒の特性や興味・関心などを十分に考慮することが必要です。

4 ミスマッチ

9.5　中途退学者の指導と関係機関との連携体制

9.5.1　中途退学者の進学や就職における関係機関

　中途退学は、一人の生徒の生き方に関わる問題であり、キャリア教育・進路指導においても多くの支援が求められます。中途退学が決まった生徒に対し教務部が学籍上の手続きを行う際には、進路指導部と連携し、その後の進学や就職の支援を行うシス

テムを構築しておく必要があります。就職や進学などに関する指導・援助は、卒業者に限定されず、中途退学者もその対象になっているからです。

(1) 就学の継続

高校を卒業することを前提に入学してきたことを考えると、まずは高校教育を継続し、卒業するように支える必要があり、多くの場合、中途退学ではなく転学を考えることになります。現在は、定時制や通信制課程を設置し、より柔軟な学習機会を提供する高校もありますので、そうした学校に転校することも考えられます。なお、通信制高校と連携する施設として、生徒に対して学習面や生活面での支援等を行うサポート校もありますが、これ自体は、高校ではなく、修学支援の制度の対象外となることも情報提供することが重要です。

定時制高校には、NPO法人などによる「 1   」が設置されるところが増え、不適応傾向のある生徒の受け皿として機能しています。生徒本人や家族が、どのような学校があるか、転入学、編入学、新規入学の相違などの十分な情報を、親身な進路相談を通して考える機会を提供することが大切です。こうした機会は、中途退学後、新たな行動を起こす際の支援となります。また、経済的な理由で就学を断念しようとする生徒には、高等学校等就学支援金や高校生等奨学給付金などの公の経済的支援や育英制度、さらには在籍校の授業料などの猶予・免除の仕組みなどを説明し、就学継続希望が叶うよう援助を行います。

1 居場所カフェ

(2) 就職支援

中途退学後の選択肢の中で就職の占める割合は極めて大きいと言えます。ただし、中途退学者の担当の教職員に就職指導経験がない場合は、指導経験のある教職員に支援を求め、2   （以下「ハローワーク」という。）とも連携して支援を進めます。

2 公共職業安定所

職業紹介事業は、原則として厚生労働省の許可を得て行われていますが、中学校及び高校は、「 3   」[*110]に基づき、4   の指導・援助を受けながら職業紹介業務ができるとされています。

3 職業安定法

4 ハローワーク

高校に送付されてくる求人票には「高校中途退学者も応募可能」と表記されているものもあります。こうした求人票が多く送付される学校では、進路指導室で求人票を閲覧する機会を提供することも重要です。しかし、就職に関する事項は学校教育の管轄外の内容も多く、教職員が十分に理解できていないという課題もあります。例えば、ハローワークとの連携を核に、次項で触れる地域若者サポートステーションや 5   など（→9.5.2 その他利用可能な関係機関）につなぐ方法もありますが、その際は、生徒が丸投げされたという意識をもたないよう、その後の経緯もフォローする必要があります。卒業後、居場所を失い、引きこもりやニートにならないよう、保護

5 ジョブカフェ

[*110] 職業安定法第27条において、公共職業安定所長は、学生、生徒等（以下「学校卒業見込者等」という。）の職業紹介を円滑に行うために必要があると認めるときは、校長の同意又は要請により、①求人の申込みを受理し、公共職業安定所に連絡すること、②求職の申込みを受理すること、③求職者を求人者に紹介すること、④職業指導を行うこと、⑤就職後の指導を行うこと、⑥公共職業能力開発施設への入所のあっせんを行うことを、校長に対して分担させることができるとされている。また、第33条の2第1項各号に掲げる施設（以下「学校等」という。）が行う学校卒業見込者等の職業紹介については、学校等の職業教育の延長としてこれを行うことにより学校卒業見込者等が受けた職業教育を有効に活用した職業に就くことが可能となることから、学校卒業見込者等の職業適性を十分把握している学校等が職業安定機関の指導・援助を受けながら自らの事業として職業紹介を行うことが実態に即するとして、法第33条の2の規定により、厚生労働大臣に届け出ることにより無料職業紹介事業を行うことができるものとされている。

者の協力の下、関係機関と連携しながら切れ目のない援助を行います。特に、中途退学者に対する追指導は大切になります。

9.5.2　その他利用可能な関係機関

中途退学に直面した生徒が利用可能な主な制度や施設は以下のとおりです。生徒指導、進路指導・キャリア教育は、ガイダンスという範疇では同一の機能を持っています。進路の課題と生活の課題はつながっているという意識の下で支援を行うことが求められます。

(1)　[1]

不登校児童生徒の社会的自立に向けた指導・援助を行う公的な施設。教育委員会が設置し、小・中学校の不登校児童生徒が対象の施設が多いですが、高校の不登校生徒を対象とする施設もあります。

(2)　高等学校就職支援教員（[2]　）

高校で、進路指導主事などと連携して、就職希望生徒に対する就職相談、求人企業の開拓などを行う人材です。就職における専門家として活用されています。

(3)　地域若者サポートステーション

働くことに悩みを抱える15歳〜49歳までを対象に、キャリアコンサルタントなどによる相談、コミュニケーション訓練などによるステップアップ、協力企業への就労体験などにより、就労に向けた支援を行う施設です。厚生労働省が委託した全国の若者支援の実績やノウハウがあるNPO法人、株式会社などが運営しています。中途退学者の希望に応じて、地域[3]　の職員が学校や自宅などへ訪問する[4]　を行います。「身近に相談できる機関」として、全ての[5]　に設置されています。

(4)　ジョブカフェ

若年者のための[6]　、いわゆるジョブカフェは、各都道府県が主体となって設置し、[7]　を生かした就職セミナーや職場体験、カウンセリング・職業相談、職業紹介など様々なサービスを行っています。

(5)　[8]

雇用保険を受けられない人などが、月10万円の生活支援の給付金を受給しながら無料の職業訓練を受講できる制度です。訓練開始前から、訓練期間中、訓練終了後まで、ハローワークが求職活動をサポートします。

(6)　[9]

ひきこもりに特化した専門的な相談窓口としての機能を有する「ひきこもり地域支援センター」を都道府県、指定都市、市町村に設置し運営する事業です。このセンターでは、社会福祉士、精神保健福祉士、臨床心理士、公認心理師などの資格を有するひきこもり支援コーディネーターが、ひきこもりの状態にある人やその家族への相談支援を行い、適切な支援に結びつけます。

---

1 教育支援センター

2 ジョブ・サポート・ティーチャー

3 若者サポートステーション

4 アウトリーチ型就労支援

5 都道府県

6 ワンストップサービスセンター

7 地域の特色

8 求職者支援制度

9 ひきこもり地域支援センター

第10章　不登校

留意点

　不登校児童生徒への支援は、「学校に登校する」という結果のみを目標にするのではなく、児童生徒が¹　　　　を主体的に捉え、²　　　　ように働きかけることが求められます。また、児童生徒によっては、不登校の時期が休養や自分を見つめ直す等の積極的な意味を持つことがある一方で、³　　　　や進路選択上の不利益、社会的自立へのリスクが存在することにも留意する必要があります。不登校に関する発達支持的生徒指導としての「⁴　　　　」を進めると同時に、課題⁵　　　　　生徒指導については、不登校の原因・背景が多岐にわたることを踏まえた上で適切に⁶　　　　を行い、支援の目標や方針を定め、多職種の専門家や関係機関とも連携・協働しながら「⁷　　　　」としての生徒指導体制に基づいて、⁸　　　　具体的な支援を展開していくことが重要です。

1 自らの進路

2 社会的に自立する方向を目指す

3 学業の遅れ

4 魅力ある学校づくり

5 予防的・困難課題対応的

6 アセスメント

7 社会に開かれたチーム学校

8 個々の児童生徒の状況に応じた

10.1　不登校に関する関連法規・基本指針

10.1.1　不登校に関する基本指針の変遷

　不登校は「何らかの心理的、情緒的、身体的あるいは社会的要因・背景により、¹　　　　、あるいは²　　　　　状況にあるため年間³　日以上欠席した者のうち、病気や経済的な理由による者を除いたもの」と定義されています。

　不登校が注目され始めたのは昭和30年代半ばで、当初は学校に行けない児童生徒の状態は「⁴　　　　」と呼ばれていました。ところが、その後、学校に行けない児童生徒が増加し、教育問題として注目され始め、呼称は「⁵　　　　」へと変化しました。

　昭和60年代頃までは、神経症的な不登校が中心で、登校時間になると頭痛や腹痛になり登校できない葛藤を抱える児童生徒が多く見られました。こうした状況を理解し対応するために、「登校拒否問題への対応について」[*111]の中では、「⁶　　　　　」という視点と、「やみくもに登校刺激を与えるのではなく、⁷　　　　」ということが強調されました[*112]。

　一方、その後も不登校の数が増え続けると同時に、不登校の原因や状態像も多様化していくなかで、神経症的な不登校に対しては「待つこと」も必要であるが、ただ「待つ」のみではなく、不登校の児童生徒がどのような状態にあり、どのような支援を必要としているのかを見極め、⁸　　　　　　　　　　ことの重要性が指摘されるようになりました。

　「待っていてはいけないケース」として、例えば、⁹　　　　　になったケースや、不登校の背景に¹⁰　　　　　ケース、¹¹　　　　から生じる二次的な問題に起因する不登校のケースなどが挙げられます。初期対応の遅れから欠席状態が長期化すると、学習の遅れや生活リズムの乱れなども生じて、その回復が困難になる場合も少なくありません[*113]。そのため、予兆への対応を含めた初期段階から、段階ごとの対

1 登校しない

2 したくともできない

3 30

4 学校恐怖症

5 登校拒否

6 不登校はどの子にも起こりうる

7 待つことが大切

8 個々の状況に応じた適切な働きかけや関わりを持つ

9 いじめから不登校

10 虐待が隠れている

11 発達障害

[*111]　「登校拒否問題への対応について」初等中等教育局長（平成4年9月24日）
[*112]　この頃より「不登校」という呼称が使われ始めた。

応を整理し、¹²　　　　　　　　　　につながるようにすることの必要性が強調されました。

10.1.2　教育機会確保法

　その後、さらに不登校の数が増加すると同時に、背景要因もますます多様化・複雑化していきました。そうした状況に対応するため、平成27年に「不登校に関する調査研究協力者会議」が発足し、多角的な議論の末、平成28年には「¹　　　　　　　　　　　　　　　　　　　　　　　　」（以下「確保法」という。）が成立しました。さらに平成29年には、確保法第²条の規定を受け、教育機会の確保等に関する施策を総合的に推進するため「義務教育の段階における普通教育に相当する教育の機会の確保等に関する基本指針」が策定されました。

　確保法では、不登校の要因や背景としては、本人・家庭・学校に関わる様々な要因が複雑に絡み合っている場合が多く、更にその背後には、社会における「³　　　　」としての学校の相対的な位置付けの低下、学校に対する保護者・児童生徒自身の意識の変化等、社会全体の変化が少なからず影響していることが指摘されています。そのため、不登校を教育の観点のみで捉えて対応することには限界があるとした上で、学校や教育関係者が一層充実した支援や家庭への働きかけ等を行うとともに、学校への支援体制を整備し、関係機関との連携協力等の⁴　　　　ことの重要性が強調されています。加えて、不登校は、多様な要因・背景により結果として不登校になっているということであり、その行為を「問題行動」と⁵　　　　　という点が前面に出されています^[*114]。

　このことは、「不登校児童生徒に問題がある」という決めつけを払拭し、教職員・保護者・地域の人々等が不登校児童生徒に寄り添い⁶　　　　　　　ことが、当該児童生徒の⁷　　　　を高めるためにも重要であり、不登校児童生徒にとっても、支援する周りの大人との信頼関係を構築していく過程が⁸　　　　　の伸長につながり、結果として、⁹　　　　　につながるという視点を重視したものと捉えることができます。

　さらに、児童生徒の多様で適切な¹⁰　　　　　が再確認されたことも、この法律の大きな柱になっています。不登校児童生徒の学びの場所として、具体的には、教育支援センター、¹¹　　　　　^[*115]、NPO法人や¹²　　　　　、そして夜間中学等を挙げることができます。そこでの学びを、一定の要件の下、校長の判断により¹³　　　　　^[*116]とすることで、児童生徒個々の状況に応じた学びを保障するような支援を実現することが望まれます。

欄外：
12組織的・計画的な支援
1 義務教育の段階における普通教育に相当する教育の機会の確保等に関する法律
2 7
3 学びの場
4 ネットワークによる支援の充実を図る
5 判断してはならない
6 共感的理解と受容の姿勢を持つ
7 自己肯定感
8 社会性や人間性
9 社会的自立
10 教育機会の確保
11 不登校特例校
12 フリースクール
13 指導要録上の出席扱い

[*113]　「今後の不登校への対応の在り方について」初等中等教育局長（平成15年5月16日）では、不登校となった要因・背景等を把握した上で、適時・適切に働きかけることや関わりを持つことの重要性を指摘。
[*114]　「不登校児童生徒への支援に関する最終報告」不登校に関する調査研究協力者会議（平成28年7月29日）
[*115]　不登校特例校とは、不登校児童生徒の実態に配慮した特別の教育課程を編成して教育を実施する必要があると認められる場合、特定の学校において教育課程の基準によらずに特別の教育課程を編成することができるとする特例措置によって文部科学大臣から指定された学校。
[*116]　学校外の公的機関や民間施設で相談・指導を受けている場合、一定の要件の下、指導要録上の出席扱いとしている。なお、一定の要件とは、学校外の公的機関や民間施設において相談・指導を受けている場合、①保護者と学校との間に十分な連携・協力関係が保たれていること、②民間施設における相談・指導が適切であるかどうかは、「民間施設についてのガイドライン」を参考に、校長が教育委員会等と連携して判断すること、③当該施設に通所又は入所して相談・指導を受けること、④学習成果を評価に反映する場合には、当該施設における学習内容等が教育課程に照らし適切であると判断できることとされている。

10.1.3　不登校児童生徒への支援の方向性

　この確保法の理念が浸透すれば、学校に行けないことで自責の念に苦しむ児童生徒や、我が子が不登校であることに負い目を感じている保護者の苦しみを、少しでも和らげることが期待されることから、確保法を学校現場に周知させるための広報や啓発を積極的に進めることが求められます。しかし実際には、不登校の要因は「[1]　　　　」、「生活リズムの乱れ、あそび、非行」、「いじめを除く友人関係をめぐる問題」、「親子の関わり方」、「[2]　　　　」、「教職員との関係をめぐる問題」と多岐にわたっています。

　さらに、一見したところではあそび・非行型の不登校に見えても、丁寧に[3]　　　　していくと、背景に親子関係の葛藤や学力の課題等が浮かび上がってくるようなケースも少なくありません。これらのケースの中には、[4]　　　　ことにより、安心して学校に通うことができるようになった児童生徒も見られます。不登校という状況が継続し、結果として十分な支援が受けられない状況が続くことは、[5]　　　　の低下を招くなど、本人の[6]　　　　　　　のために望ましいことではないことからも、適切に支援を行う重要性について再認識することが求められています。

　こうした不登校児童生徒への支援を考える上で必要なのが、不登校の背景にある要因を多面的かつ的確に把握し、[7]　　　　　　　アセスメントの視点です。教職員が考える不登校のきっかけと、児童生徒自身による回答には、ずれが生じることもあります。また、きっかけそのものが「わからない」と回答する児童生徒も少なくありません。

　そのため、「なぜ行けなくなったのか」と原因のみを追求したり、「どうしたら行けるか」という方法のみにこだわったりするのではなく、どのような学校であれば行けるのかという[8]　　　　や、本人としてはどうありたいのかという[9]　　　　（希望や願い）、本人が持っている強み（[10]　　　）や興味・関心も含め、不登校児童生徒の気持ちを理解し、思いに寄り添いつつ、アセスメントに基づく[11]　　　　　　　ことが重要です（→10.3.4 不登校児童生徒支援としての困難課題対応的生徒指導）。

1 無気力・不安

2 学業不振

3 アセスメント

4 適切に実態把握や
　支援を行う

5 自己肯定感

6 キャリアや社会的
　自立

7 早期に適切な支援
　につなげる

8 支援ニーズ

9 主体的意思

10 リソース

11 個に応じた具体的
　な支援を行う

10.1.4　支援の目標

　不登校児童生徒への支援の目標は、将来、児童生徒が精神的にも経済的にも自立し、豊かな人生を送れるような、[1]　　　　　　　です。そのため、不登校児童生徒への支援においては、学校に登校するという結果のみを目標とするのではなく、児童生徒が自らの進路を主体的に捉え、社会的自立を目指せるように支援を行うことが求められます。

　このことは、「児童生徒一人一人の[2]　　　　　　　と社会的資質・能力の発達を支えると同時に、[3]　　　　　　と社会に受け入れられる自己実現を支える」という生徒指導の目的そのものと重なるものであると言えます。

　人が社会で充実した人生を歩んでいくためには、自分と関わる人たちとの関係性を保ちながら、自らの[4]　　　　で主体的に[5]　　　　していくことができるようになることが重要です。そのため、ここでいう社会的自立は、依存しないことや支援を受けないということではなく、適切に他者に依存したり、自らが必要な支援を求めたりしながら、社会の中で[6]　　　　していくという意味であると捉えることができます。

1 社会的自立を果た
　すこと

2 個性の発見とよさ
　や可能性の伸長

3 自己の幸福追求

4 意志と判断

5 社会に参画

6 自己実現

したがって、不登校で苦しんでいる児童生徒への支援の第一歩は、将来の社会的自立に向けて、現在の生活の中で、「 7　　　　　　　　　　　　」、「コミュニケーション力やソーシャルスキルを身に付ける」、「 8　　　　　　　　　　　　」ようになることを身近で支えることに他なりません。その上で、社会的自立に至る多様な過程を個々の状況に応じてたどることができるように支援することが、次の目標になると考えられます。

> 7 傷ついた自己肯定感を回復する
>
> 8 人に上手に SOS を出せる

例えば、中学3年生の場合、本人が希望すれば、在籍中学校への復帰もありますし、地域によっては、 9　　　　　　　　　に転学することも可能です。高等学校についても、全日制高校に加え、 10　　　　　　　　　　　　　　も増えています。特に後者（定時制・通信制高校）では、複数の登校スタイル（朝昼夜の三部制や制服の有無など）や多様な課程・コース（進学・国際・理美容・声優ほか）を選択できるという学校も多く、高校からの再スタートを模索する道も多様になってきています。さらには、就職という進路も残されています。また、高校に行けなくても、 11　　　　　　　　　　　　　　　　　　を受けて大学に行くという道もあります。

> 9 不登校特例校
>
> 10 定時制高校や通信制高校
>
> 11 高等学校卒業程度認定試験

このように、個々の児童生徒に求められる自立の姿は実に多様であるため、学校復帰や転学等に際して、形だけを整えるのではなく、個に応じた 12　　　　　　　　　に向けて目標の幅を広げた支援を行うことが必要になります。

> 12 多様な社会的自立

10.2　不登校対応に求められる学校の組織体制と計画

10.2.1　教育相談体制の充実

不登校に限らず、学校の中での課題に対応するためには、まずは、教職員一人一人が児童生徒に対する共通理解の姿勢を持ち、学校全体でチームとしての指導・援助を行う体制の充実を図ることが肝要です（→3.4.2 生徒指導と教育相談が一体となったチーム支援の実際）。

校内で情報を共有し、共通理解の下で支援に当たるための一つの方法として、「 1　　　　　　　　　」[*117]を活用し、不登校児童生徒についての 2　　　　　　ことが挙げられます。保護者等との連携の下で作成されたシートに記載された情報の受け渡しなどについては、個人情報保護の原則に配慮した取扱いをした上で、 3　　　　　　の理念に基づいた校内での情報共有や校種を超えた情報の引継ぎが求められます（→3.7.3 学校と関係機関との連携・協働）。

> 1 児童生徒理解・支援シート
>
> 2 個別の支援策を作成する
>
> 3 チーム学校

特に、不登校については、 4　　　　　　　　　、非行やネット依存、 5　　　　　等との関連も指摘されています。不登校検討委員会など、不登校に特化した委員会を持たない学校も少なくない中、いじめ対策委員会や特別支援教育委員会などで不登校事案が検討されたり、不登校として把握されたケースの背景にいじめや発達障害等が見え隠れしたりするというケースもあります。校内での支援に当たっては、必要に応じて SC や SSW も加えた多職種によるネットワークを構築し、教育相談体制が 6　　　　　　ことが求められます。

> 4 いじめや虐待
>
> 5 発達障害や精神疾患
>
> 6 組織的に機能するようにする

また、公式のケース会議ではなくても、日頃から、不登校児童生徒についての情報交換と「次に取るべき対応」を検討するための非公式なケース会議を開催することも

[*117]　初等中等教育局長（令和元年10月25日）の「不登校児童生徒への支援の在り方について」児童生徒理解・支援シート（参考様式）児童生徒理解・支援シートの作成と活用について」が参考になる。

有効です（→10.3.4 不登校児童生徒支援としての困難課題対応的生徒指導）。

[7] が主導し、時間を固定せずに、昼休みや放課後を利用して、比較的短時間で臨機応変に会議を持つことが望まれます。教育相談コーディネーターが [8] としての役割を果たせるようにするとともに、そうすることが可能になるような職場の雰囲気や体制づくり（→1.4.1 教職員集団の同僚性）を進めることも重要です。

10.2.2 教育相談を支える教職員の連携・協働

日本の学校では、学級・ホームルーム担任が学習指導のみならず、学級・ホームルームで、児童生徒に寄り添い、生活面全般についての指導・援助も担当しています。このことは、集団の中において [1] を行う上で、有効なシステムと言えます。

不登校をはじめ、児童生徒への生徒指導においては、最も身近で密接な関わりを持つ学級・ホームルーム担任が、「 [2] 」、「 [3] 」、「 [4] 」、個別指導をする機会を持つことができます。また、深刻な悩みや課題を抱え、特別な指導や援助を必要とする児童生徒に対して第一義的に関わるのも、学級・ホームルーム担任です。しかし、学級・ホームルーム担任一人だけでは解決を図ることが困難な場合も少なくなく、不登校児童生徒への支援もその例外ではありません。

学校内には、不登校児童生徒に関わる際の要とも言える役割を有する者がいます。その人たちが、学級・ホームルーム担任を支え、協力して不登校児童生徒を支援することが重要です。

① [5] は、心身両面から児童生徒の健康に関わることができます。学級・ホームルーム担任や保護者との連絡を通し、不登校の早期発見や、[6] など、不登校のケースに関わる機会も多く、重要な役割を担っています。

② 教職員という立場でカウンセリングや相談業務に関わるのが [7] です。教職員という立場を活かし、即時的なニーズにも対応可能であり、他の教職員との [8] という利点もあります。

③ 特別支援教育を推進する役割を担うのが、[9] です。主に発達障害等の特別な支援を必要とする児童生徒の支援にあたり、校内委員会や研修会の企画・運営、関係諸機関との連絡・調整、保護者からの相談窓口などの役割を担います。

④ 心理的な要因が大きいケースについては、児童生徒への心のケアや教職員・保護者への助言・援助を行う [10] との連携が有効であり、福祉的な要因が見え隠れする場合は [11] との連携が重要となります。これら SC や SSW の配置については、拠点校方式や巡回校方式など、地域や学校によって配置形態に違いがあります。

SC や SSW との連携において、学校配置の SC や SSW は教職員として位置付けられていることを認識した上で、不登校児童生徒への関わりを SC や SSW などの専門家に丸投げにするのではなく、相互の情報共有を密接にし、[12] ことが重要です（→3.1.2 チーム学校として機能する学校組織）。

10.2.3 校種を越えての情報連携

不登校児童生徒への支援は、短期間で終わる場合がある一方で、校種を越えて続く

（右段・脚注）
7 教育相談コーディネーター
8 ファシリテーター
1 個別指導
2 いつでも
3 どこでも
4 だれにでも
5 養護教諭
6 保健室登校の提案と対応
7 教育相談コーディネーター
8 連携も行いやすい
9 特別支援教育コーディネーター
10 SC
11 SSW
12 チームとして取り組む

161

場合もあります。前籍校で行われてきた支援が、卒業とともに途切れて、また一から始めるのではなく、支援ニーズや支援内容についての情報を異なる校種間で丁寧に共有し、必要なことは引き継ぐ [1]　　　　　　　　　　を築くことが必要です。

その際には、個人情報保護の原則に配慮し、児童生徒 [2]　　　　　　　　を尊重しつつ、どの情報をどう伝えるのかについての確認をしておくことが求められます。その場合も、[3]　　　　　　　　　　　が役立ちます。

学校においては、校長のリーダーシップの下、学校全体で組織として対応できる体制を築き、心理や福祉の専門家、教育支援センター、医療機関、児童相談所など学校外の専門機関等との「[4]　」の連携を進めるとともに、子供の成長過程を見ながら継続的に一貫した支援を行う視点から、小学校、中学校、高等学校、高等専門学校及び高等専修学校等の「[5]　」の連携も重要です。

不登校児童生徒への支援を巡っては、多くの関係者が協力し合って子供に関わる体制を実現することにより、「[6]　　　　　　　　　　」[*118]が可能になります。

1 実効的なシステム

2 本人と保護者の意向

3 児童生徒理解・支援シート

4 横

5 縦

6 一人一人の多様な課題に対応した切れ目のない組織的な支援の推進

10.3　不登校に関する生徒指導の重層的支援構造

不登校対応の重層的支援構造は、図18のようになります。

図18　不登校対応の重層的支援構造

10.3.1　不登校対策につながる発達支持的生徒指導

(1)　魅力ある学校づくり・学級づくり

全ての児童生徒にとって、学校、とりわけ所属する学級・ホームルームが [1]　　　　　　　　となるような取組を行うことが重要です。児童生徒が、「自分という存在が大事にされている」「[2]　　　　　　　　」「学校が自分にとって大切な意味のある場になっている」と実感できる学級・ホームルームづくりを目指すことが求められます。

1 安全・安心な居場所

2 心の居場所になっている

[*118]　文部科学省不登校に関する調査研究協力者会議「不登校児童生徒への支援に関する最終報告～一人一人の多様な課題に対応した切れ目のない組織的な支援の推進～」（平成28年7月）

特に、入学直後や学級・ホームルーム替え後の時期は、人間関係を一から構築する大切な節目です。学級・ホームルーム担任は、日々の授業や特別活動を通し、³　　　　　　　にとって個々の学びを保障する分かりやすい授業を工夫し、学級・ホームルームが安心して⁴　　　　　　　雰囲気になるような居場所づくり・集団づくりを進めることが求められます。

また、⁵　　　　　　　　　　の下、いじめや暴力行為などを許さない学校運営や学級づくりを行うことは、様々な問題の芽を摘み、全ての児童生徒にとって⁶　　　　　　　を実現する一歩となります[*119]。

3 全ての児童生徒
4 楽しく過ごせる
5 校長のリーダーシップ
6 安全・安心な学校

⑵　学習状況等に応じた指導と配慮

不登校の原因として、学業の不振がその一つとなっている場合があります。授業において、児童生徒一人一人の学習状況等を把握した上での「⁷　　　　　　　」や児童生徒の興味・関心に応じた「⁸　　　　　　　」を目指して、⁹　　　　　　　を実現できるような指導の工夫をすることが大切です。「どの児童生徒も分かる授業」、「どの児童生徒にとっても面白い授業」を心がけることで、全ての児童生徒が、学業への意欲を高めたり、学級・ホームルームでの¹⁰　　　　　　　を感受したりすることが可能になります。

7 指導の個別化
8 学習の個性化
9 個別最適な学び
10 自己存在感

そのためには、児童生徒が学習内容を確実に身に付けることができるように、

- 個別指導や¹¹　　　　　指導
- 学習内容の¹²　　　　　に応じた指導
- 児童生徒の興味・関心等に応じた¹³
- ¹⁴　　　　　　　などの学習活動を取り入れた指導

11 グループ別
12 習熟の程度
13 課題学習
14 補充的な学習や発展的な学習

など、指導方法や指導体制を工夫・改善し、個に応じた学習指導の充実を図ることが求められます（→2.2.1 個に応じた指導の充実）。

10.3.2　不登校対策としての課題未然防止教育
⑴　SOS を出すことの大切さ

悩みや不安などは、いつ起こるか分かりません。悩みが生じたときにすぐに話を聴いてもらえるような、¹　　　　　　　　　　ことは、児童生徒の安心感につながります。ところが、悩みがあることは「恥ずかしいこと」と思い込み、人に相談することを否定的に捉える児童生徒も見られます。

1 気軽に相談できる体制をつくる

悩みを持つことは決して悪いことではなく、誰でも悩むことはあるということへの理解を促し、悩んだときに、人に話す・聴いてもらう（²　　　　　）ことの重要性を伝えるための取組を行うことも有効です（例えば、「SOS の出し方に関する教育を包む自殺予防教育」→第8章自殺）。

2 言語化する

そこでは、児童生徒が自らの精神的な状況について理解し、安心して周囲の大人や友人に³　　　　　　　を身に付けるための教育の推進が求められています。それに加えて、養護教諭や SC、SSW を活用した⁴　　　　　　　　　に関する教育（→13.3 健康課題に関する課題と対応）や保護者を対象とした親子関係や思春期の心理等について学ぶ学習会などを併せて実施していくことが重要です。

3 SOS を出す方法
4 心身の健康の保持増進

[*119]　「義務教育の段階における普通教育に相当する教育の機会の確保等に関する基本指針」文部科学省（平成29年3月31日）2. 不登校児童生徒等に対する教育機会の確保等に関する事項　⑴児童生徒が安心して教育を受けられる魅力ある学校づくり

(2) 教職員の相談力向上のための取組

　児童生徒が発する SOS を受けとめるためには、教職員が、児童生徒の状況を **⁵** 　　　　　　ための研修等を行い、**⁶** 　　　　　　　　　　　ことが求められます。

> 5 多面的に把握する
>
> 6 教職員の意識改革を目指す

　他方、児童生徒の健康状況や気持ちの変化等を可視化するためのツールの開発も進められつつあります。そうしたツールを有効に活用するためにも、**⁷** 　　　　　と教育相談コーディネーター、養護教諭、SC や SSW などが連携して、多角的・多面的な児童生徒理解を可能にする教育相談体制を築くことが重要です。

> 7 学級・ホームルーム担任

　そのような連携の下、教員と SC、SSW による **⁸** 　　　　　[*120] の機会を持ち、不登校の背景要因や具体的な関わりについて話し合うことにより、不登校児童生徒への対応のヒントが得られたり、保護者支援の方向が見いだせたりするなど、支援の幅が広がる効果も期待されます。また、そのような取組を通じて、教職員の教育相談に携わるための力量の向上を図ることが望まれます。

> 8 相互コンサルテーション

10.3.3 不登校対策における課題早期発見対応

(1) 教職員の受信力の向上と情報共有

　児童生徒理解は、児童生徒の日常に継続的に関わる教職員だからこそできることであり、毎日見ているという強みを生かして、「**¹** 　　　　　」「**²** 　　　　　」に気付くことも可能になります。そのためにも、日頃から児童生徒の **³** 　　　　　に気を配ると同時に、友人関係や教職員との関係や、**⁴** 　　　　　まで、幅広い事項について児童生徒の **⁵** 　　　　　に対するアンテナを高くしておく必要があります。

> 1 ちょっとした変化
>
> 2 小さな成長
>
> 3 言葉・行動・表情
>
> 4 学業成績
>
> 5 変化や成長

　児童生徒本人や周りのクラスメイト、家庭、さらには、地域の児童館や子ども食堂等との **⁶** 　　　　　が、不登校児童生徒が抱える課題の早期発見につながることが少なくありません。早期対応に向けては、気になる児童生徒について、できる限り早期に複数メンバーで情報を共有し、検討・分析するスクリーニング会議を実施することが求められます。これ以外にも、不登校の **⁷** 　　　　　ためのアセスメントツールの活用や、学級・ホームルーム担任、及び SC 等による **⁸** 　　　　　の取組などが効果的です。

> 6 情報共有
>
> 7 予兆を早期に把握する
>
> 8 全員面接

(2) 保健室・相談室との連携

　多様な困難を抱えた児童生徒が保健室や相談室を訪れることがあります。

　保健室では、**⁹** 　　　　　などの訴えに対して、養護教諭による相談等が行われます。相談室も、SC 等が在席している日は、**¹⁰** 　　　　　などを中心に **¹¹** 　　　　　に応じます。その際、児童生徒の話を受け止める養護教諭や教育相談コーディネーター、SC、SSW 等と学級・ホームルーム担任、教科担当教員等が連携し、適切に情報を共有することで、心身に不調のある児童生徒を早期に把握し、継続的に休み始める前に関わることが可能になります。

> 9 心身の不調
>
> 10 休み時間や放課後
>
> 11 個別の相談

(3) 保護者との日頃からの関係づくり

　児童生徒は学校や家庭、地域等において様々な人間関係の中で生活しています。家族との衝突が学校での反抗的な態度につながったり、家庭でのトラブルがもとになり

[*120] コンサルテーションとは、異なる専門性や役割を持つ者同士が、各々の専門性や役割に基づき、児童生徒の状況について検討し、今後の援助方針等について話し合う会議のことである。相互コンサルテーションは、コンサルタント（専門性に基づきコンサルテーションを行う人）とコンサルティ（コンサルテーションを受ける人）の援助関係が一方向ではなく、双方向性であることを強調した考え方と言える。

気持ちが沈んでしまったりと、心身の不調の背景に [12]　　　　　　が関係していることも少なくありません。その意味からも、不登校の予兆の早期発見・対応において教職員と保護者との [13]　　　　に基づく情報共有が不可欠と言えます。一方で、児童生徒が不登校になることで不安や焦りを感じている [14]　　　　　　　　　　等を通じた支援も重要です。

　学級・ホームルーム担任等は、SC、SSW の協力も得ながら、保護者の話をよく聴き、保護者との間に、不登校児童支援の協力者としての関係を築くことが重要です。そうすることで、保護者を元気づけ、心理的に安定させることが、児童生徒への有効な支援につながることも少なくありません（→10.3.4 (8) 多様な自立の在り方に向けての進路支援）。

12 家庭の要因

13 信頼関係

14 保護者へのカウンセリング

10.3.4　不登校児童生徒支援としての困難課題対応的生徒指導
(1)　ケース会議による具体的な対応の決定

　休みが続く児童生徒個々の状況や支援ニーズについては、日頃の状況をよく把握している学級・ホームルーム担任や養護教諭、生徒指導担当教諭や教育相談コーディネーター等とともに、SC、SSW 等とも連携の上、ケース会議において、児童生徒や学級への的確なアセスメントを行い、支援の目標や方向性、具体的な対応策などを検討するなどして、[1]　　　　　　　　　　　　　　　　ことが求められます。

　その際も、[2]　　　　　（→3.4.2 生徒指導と教育相談が一体となったチーム支援の実際）に基づき、「[3]　　　　要因（発達特性、病気等）」、「[4]　　　　要因（認知、感情、信念、ストレス、パーソナリティ等）」及び「[5]　　　要因（家庭や学校の環境や人間関係等）」に注目した [6]　　　　　　　　を行うことが大切です。

　また、児童生徒理解に終わるのでなく、次の一歩となる [7]　　　　　　（校内での支援体制で支えるのか、学校外の関係機関の力を借りるのか、その場合は、具体的にどの機関と連携するのか等）　　　　　　ことが肝要です。

1 実効的なチーム支援の体制を構築する

2 BPS モデル

3 生物学的

4 心理学的

5 社会的

6 多面的なアセスメント

7 具体的な支援方法まで検討する

(2)　校内における支援

　教室に居場所感が持てない児童生徒の避難場所として、また一旦不登校になったものの学校に戻りたいと思った際の通過点として、[8]　　　　を行うことは珍しくありません。

　別室として、保健室や相談室、別室用の小部屋などを用意している学校も増えてきました。また、図書室や校長室などを [9]　　　　　　　　　　　としている学校もあります。これら以外にも、教室とは別の場所に [10]　　　　　　（いわゆる校内適応指導教室）[*121] を設置し、学習支援や相談活動を行う学校も見られます。

　別室で安心して過ごせるよう、教職員の配置や学習機会の整備など、組織的に運営することが求められます。具体的な取組としては、本人の状況に合わせたプリントや課題の準備、教職員やボランティア等による学習支援、SC、SSW による個別面談などが挙げられます。その際、不登校児童生徒への安全・安心な居場所の確保、丁寧な支援による [11]　　　　　　とともに、[12]　　　　　　も重要です。また、本人の気持ちに合わせて、別室から徐々に教室に向かえるようにするための工夫、教室での自

8 別室登校

9 不登校児童生徒の居場所

10 校内教育支援センター

11 自己肯定感の向上

12 学習機会の保障

[*121]　都道府県・市町村教育委員会等の主導の下、校内の別室を活用し、退職教員や SC 等による学習支援や相談を行う等、特色ある取組を進めている支援策の一つ。「不登校に関する調査研究協力者会議報告書〜今後の不登校児童生徒への学習機会と支援の在り方について〜」文部科学省（令和 4 年 6 月）3.(2).b 学校内の居場所づくり（校内の別室を活用した支援等）。

然な迎え入れや学級・ホームルーム担任による働きかけが必要なケースも考えられます。

(3)　家庭訪問の実施

児童生徒に欠席が続いたときには、電話だけでなく、教職員自身が [13] ことも必要になります。

その際、不登校児童生徒にとって、学校を休んでいるときに学級・ホームルーム担任が家庭を訪問するというのは、[14] ことに留意する必要があります。「ばつが悪い」、「先生と顔を合わせたくない」、「逃げ出したい」と引っ込んでしまう児童生徒も少なくありません。

家庭訪問の目的の一つは、教職員が児童生徒を「気にかけている」というメッセージを伝えるとともに、[15] ことにあります。本人と直接会えない場合は、保護者と話をしたり、持参したプリント類を置いてきたりするだけでも十分に意味があります。登校を強く促したり、勉強の不安を喚起したりするなどの対応は、児童生徒にとって苦しく受け入れがたい関わりとなります。

なお、家庭訪問を行う際には、常にその意図・目的、方法及び成果を検証し、適切な家庭訪問を行うことが大切です。必要に応じて、関係機関等が連携した [16] や保護者サポートも視野に入れた [17] を活用することも考えられます。

ただし、家庭訪問や電話連絡を繰り返しても児童生徒の安否が確認できない場合などには、[18] ほか、警察等に情報提供を行うなど、適切な対処が必要となるケースもあります。

(4)　校外の関係機関等との連携

不登校の状態像が多様化する中、学校内の支援だけでは十分ではないケースも見られます。個々の不登校の状態や背景要因を適切にアセスメントし、教育センター相談室、[19]、フリースクール、[20]、クリニックなど、その児童生徒に合った関係機関につなぐ支援が必要になる場合もあります。また、関係機関だけでなく、不登校特例校や夜間中学など、児童生徒を [21] につなぐ支援も必要です（→10.4 関係機関等との連携体制）。

しかし、不登校児童生徒を関係機関等につなぐことは、学校が当該児童生徒を関係機関等に [22] ことは言うまでもありません。

学級・ホームルーム担任一人ではできないことも、教職員や多職種の専門家、関係機関がチームを組み、役割分担をすることで、指導・援助の幅や可能性が広がります。同様に、学校だけでは対応しきれない部分をカバーしたり、よりよい支援の方向性を見いだしたりするためには、[23] です。支援者の負担を分散することで支援の質を高める、つまり、校外の関係機関等との連携により、教職員は当該児童生徒への関わりの密度を高めることが可能になると考えることができます。

(5)　家庭や保護者を支える

不登校の子供を持つ保護者は、我が子の将来を案じ、自分の子育てが間違っていたのかと悩み、児童生徒の将来について不安を抱えていることが少なくありません。そうした保護者とは、児童生徒への支援等に先立ち、信頼関係を築くことが重要です。

---

13 家庭訪問を行う

14 抵抗や不安をもたらす場合もある

15 安心させる

16 アウトリーチ支援

17 家庭教育支援

18 直ちに市町村又は児童相談所への通告を行う

19 教育支援センター

20 児童相談所

21 多様な学びの場

22 全面的に委ねるものではない

23 多職種の専門家や関係機関との連携が不可欠

具体的には、保護者に対する個別面談で、丁寧に [24]

ことが、児童生徒への関わりを見直す契機となる場合もあります。保護者が抱えるネ
ガティブな感情を吐き出し、肩の力を抜くことができれば、児童生徒への関わりが改
善し、結果的に児童生徒に好ましい変化が見られることもあります。

さらに、当事者視点で語られる経験は同じ悩みを抱える保護者の大きな支えや前進
力となるため、親の会や保護者同士の学習会を紹介するなど、保護者を支えることが、
間接的に不登校の児童生徒への支援につながると考えることができます。

その一方で、虐待等の深刻な状況がある家庭への対応については、福祉・医療機関
等と連携した支援が必要となります。また、児童生徒の非行への対応や生活習慣、養
育環境の改善のための支援や、経済的支援が必要とされるケースもあります。こうし
た場合、福祉的な支援方法等を紹介し、関係機関による情報提供や [25]

があることを伝えることで、環境改善が可能になることも期待されます。

(6) 校種を越えた移行期における支援の大切さ

[26]　　　　　　　　　　、小学校、中学校、そして高等学校という校種間の
移行期は、不登校児童生徒への支援においてもきわめて重要となります。

それまでの支援が途切れ一から支援の在り方を模索するのではなく、児童生徒理
解・支援シート等を活用し、[27]　　　　　　　　　　　　　の実現が求められます。し
かし一方で、「次の学校に入学したら、新しい環境で自分を変えてみたい」というよう
に、次の環境への移行期を自らの [28]　　　　　　　　と考える児童生徒もいます。移行期
においては、情報の引継ぎを重視するとともに、それがレッテル貼りにならないよう
に、[29]　　　　　　　　　ことも必要です。

(7) ICT を活用した支援

近年、特に大きく進んだのが、ICT を活用した通信教育やオンライン教材です。
[30]　　　　　　　　　の進展により、今後、自宅や別室と教室をオンラインでつなぎ、
授業や学級の様子を視聴できるようにするなど、学校に登校できない児童生徒に対す
る [31]　　　　　　としてオンラインによる教育機会が増えていくことも予想されます。

そのためにも、オンラインによる学習を学校内でも共有し、一定のルールの下、出
席扱いとすることや、[32]　　　　　　　　第86条に基づく不登校特例校の指定を受け
て単位認定につなげられるような取組を推進することが求められます[*122]。

さらに、1人1台端末を活用し、学校に出て来ることができない不登校児童生徒の
健康状況や気持ちの変化を確認するなど、ICT を適切に活用した [33]
　　　　　　　ことも重要です。

側注:
24 保護者の不安や心配事を聴き取る
25 アウトリーチ型支援
26 幼稚園・保育所・認定こども園
27 校種を越えた切れ目のない支援
28 リセットの機会
29 柔軟な見守りの姿勢をとる
30 GIGA スクール構想
31 学びの一形態
32 学校教育法施行規則
33 客観的な児童生徒の状況把握を組織的に進める

[*122]　小学校、中学校については、自宅において ICT 等を活用した学習活動を行った場合、以下に挙げるような要件のもと、指導要
録上の出席扱いとしている。その要件とは、①保護者と学校との間に十分な連携・協力関係が保たれていること、② ICT や郵送、
FAX 等を活用して提供される学習活動であること、③訪問等による対面指導が適切に行われていること、④当該児童生徒の学習
の理解の程度を踏まえた計画的なプログラムであること、⑤校長は、対面指導や学習活動の状況等を十分に把握すること、⑥基
本的に当該児童生徒が学校外の公的機関や民間施設において相談・指導を受けられないような場合に行う学習活動であること、
⑦学習成果を評価に反映する場合には、学習内容等がその学校の教育課程に照らし適切であると判断できることとされている。
「不登校児童生徒への支援の在り方について」初等中等教育局長（令和元年10月25日）（別記2）不登校児童生徒が自宅において
ICT 等を活用した学習活動を行った場合の指導要録上の出欠の取扱いについて、2出席扱い等の要件。高等学校については、「高
等学校の全日制課程及び定時制課程における不登校生徒に対する通信の方法を用いた教育による単位認定について」初等中等教
育局長（平成21年3月31日）に基づき、学校教育法施行規則（昭和22年文部省令第11号）第86条に基づく指定を受けることによ
り、高等学校（中等教育学校の後期課程を含む。）の全日制の課程及び定時制の課程において、学校生活への適応が困難であるた
め、相当の期間高等学校を欠席していると認められる生徒を対象として、通信の方法を用いた教育により、一定の範囲内におい
て単位認定を行うことが可能である。

(8)　多様な自立の在り方に向けての進路支援

　高校段階の進路については、多様な選択肢があります。例えば、小学校や中学校で十分に力が発揮できなかった生徒を対象に [34]　　　　　　　　　を行う高等学校や、生徒の生活に合わせて通学時間帯や修業年限を選べる多部制の定時制高校などがあります。

34 学び直しの教育支援

　また、通信制高校では、[35]　　　　　　の中で生徒の進路希望に応じた多様なコースを設けている学校もあります。中には、教育相談体制や教育課程外の学びについても充実させる体制を整えている学校や、学習をサポートする施設（→9.5.1 (1) に記載の「サポート校」（修学支援の対象外）を参照）とも連携し、教育課程外の学びを多様に展開し、面接指導（[36]　　　　　　）とは別に通学の機会を設け、生徒のペース等を考慮しながら、通学頻度を選べる学校などもあります。

35 教育課程

36 スクーリング

　通信制高校は居住地域に関わらず、多くの学校を選択することができることから、自分に合った学校や教育内容が充実している学校をしっかりと選択することが大切です。

　さらに、高等学校と並ぶ後期中等教育機関であり、不登校経験者等を多く受け入れている高等専修学校（[37]　　　　　　　　）や、高校に通わずに高校卒業者と同等以上の学力があることを認定するための高等学校卒業程度認定試験の受験をサポートするような施設まで、多岐にわたる学びの場もあります。

37 専修学校高等課程

　中学校における進路指導や高校における転学・編入等の相談において、こうした多様な進路を実現するための情報提供を行い、生徒が適切な高校教育を受けることができるための支援が求められます（→9.4 中途退学に至る前の早期発見・対応）。

10.4　関係機関等との連携体制

　不登校にとどまらず、昨今学校現場で起こっている様々な出来事は [1]　　　　　　　　の傾向が強く、[2]　　　　　　　　　　　　　　　や知識・技能がますます必要とされています。多様化する不登校に対しては、学校だけの力では十分な支援が難しくなっている状況も見られます。不登校の要因の多様化に伴い、不登校児童生徒への支援の際に連携すべき関係機関は多岐にわたっています。

1 複雑化・深刻化

2 専門的なアセスメント力

10.4.1　関係機関の役割

[1]　　　　　　　が設置する教育支援センターでは、不登校児童生徒への学習支援やカウンセリングを行っているだけでなく、例えば、保護者対象の面談等を行っており、通所希望者への支援以外にも、地域での不登校児童生徒の支援の中核となることが期待されています。

1 教育委員会

　また、民間団体やNPO法人等が主催する [2]　　　　　　　　　も増えつつあります。在籍校との間で通所状況や活動記録を共有するなどの連携を行い、[3]　　　　　　　　　となるケースもあります（→10.1.2 教育機会確保法）。近年では、フリースクールのノウハウを活用した [4]　　　　　の教育支援センターの設置等も見られるようになりました。

2 フリースクール

3 指導要録上の出席扱い

4 公設民営

　他方で、虐待や貧困、保護者の精神的な病気などがある場合には、[5]　　　　　　　　　　が相談に応じています。さらに、非行や暴力行為などを伴うケースについては、警察や [6]　　　　　　　　　　が相談に応じています。

5 児童相談所や市町村

6 少年サポートセンター

また、 7 [   ] は義務教育の段階の普通教育に相当する教育を十分に受けていない者の学びの場として重要な役割を果たすことが期待されています（→3.7.3 学校と関係機関との連携・協働）。

7 夜間中学

以上のような関係機関では、児童生徒や保護者へのカウンセリングに加え、学習支援や集団活動、 8 [   ] や家庭支援まで、不登校児童生徒の社会的自立に向けた幅広い支援が行われています。その他にも、不登校児童生徒の実態に配慮し特別な教育課程での学びを提供している 9 [   ]（分教室型を含む。）もあり、多様な教育活動が展開されています。

8 ソーシャル・スキル・トレーニング

9 不登校特例校

10.4.2 学校と関係機関の連携における留意点

学校が関係機関を活用する場合、まず必要なのは、不登校児童生徒が何に困っているか、どのような関わりを必要としているかを 1 [   ] ことです（→3.4.2 生徒指導と教育相談が一体となったチーム支援の実際）。

1 正確にアセスメントする

例えば、発達障害等の障害が背景にある場合は、相談支援機関や医療機関につなぎ、適切な支援を受けることで状態が落ち着く場合もあります。深刻な非行問題は警察の少年課が相談窓口になります。また、 2 [   ]（少年鑑別所）も、心理面のアセスメントを専門とする相談機関として利用できます。また、虐待が疑われるケースについては、児童相談所に 3 [   ]。（→3.7.3 学校と関係機関との連携・協働）。

2 法務少年支援センター

3 通告することが義務付けられています

本人に必要な関係機関が見つかった場合、そこにつなげる役割が必要となります。関係機関と連携する際には、虐待が疑われるケースを除き、本人だけでなく、 4 [   ] となりますが、そのためには、当該関係機関がなぜこの児童生徒に必要であるのかの丁寧な説明が必要になります。

4 保護者の理解が必要

この説明と納得の過程（ 5 [   ]）なしに外部機関を紹介すると、児童生徒本人や保護者に「学校に見捨てられた」「学校ではどうにもならないほどひどい状態なのか」という不安を与えることにもなりかねないため、十分な配慮が求められます。

5 インフォームド・コンセント

また、外部機関とつながってからも、丸投げに終わるのではなく、学校と関係機関が責任を分け持つことが大切です。そのためにも、関係機関における対応方針の共有や、学校におけるこれまでの活動の状況、出席状況、学校行事への参加等に関する情報伝達など、 6 [   ] や SC、SSW 等が、学級・ホームルーム担任を支えながら、学校と関係機関を 7 [   ] 作業を進めることが求められます。

6 教育相談コーディネーター

7 円滑につなぐ

不登校児童生徒一人一人にとっての最善を目指す上で、多様な学習の機会や体験の場、心身のサポートを提供する関係機関等と積極的に連携し、学校の教職員と民間施設職員が連絡を取り合い、互いに訪問するなど、相互に協力・補完し合うことの意義は大きいと言えます。

第11章　インターネット・携帯電話に関わる問題

留意点

インターネットには、¹ 　　　　　　　　などの特徴があり、児童生徒へ指導や啓発を行う際には、こうした特質を² 　　　　　　　　ことが肝要です。また、インターネットの問題は、トラブルが起きてしまうと完全に解決することが³ 　　　　　　　　ため、未然防止を含めて、対策を講じるための体制を事前に整えておくことが必要です。ただし、学校だけで取り組むことは難しく、それぞれの関係機関等と連携しながら、「⁴ 　　　　　　　　」として対策を進めることが必要です。

1 匿名性、拡散性

2 十分に把握しながら進める

3 極めて難しい

4 チーム学校

11.1　関連法規・基本方針等

11.1.1　インターネット環境整備法

青少年が安全に安心してインターネットを利用できるようにし、青少年の権利の擁護に資することを目的に、平成20年に「¹ 　　　　　　　　　　　　　　　　　　」が成立しました。本法において、保護者には、子供のインターネットの利用を適切に管理することなどが求められています。

また、² 　　　　　　　が携帯電話を利用する場合は、保護者と携帯電話インターネット接続事業者は、³ 　　　　　　　利用を条件としなければならないことが定められています。各事業者はフィルタリングを無料で設定するなど、これまでも産学官を挙げた対策により成果を上げてきましたが、⁴ 　　　　　　　とされています。また、成立当初は、ガラケー（従来型携帯電話）が主流であったため、携帯電話会社の回線を制限すればほとんど課題解決に向かいましたが、平成24年頃からスマートフォンが利用されるようになると、⁵ 　　　　　　　経由でのアクセスなども可能になったため、制限が難しくなっています。

1 青少年が安全に安心してインターネットを利用できる環境の整備等に関する法律

2 18歳未満の青少年

3 フィルタリング

4 保護者の同意があれば設定しなくてよい

5 Wi-Fiやアプリ

11.1.2　出会い系サイト規制法

インターネット異性紹介事業の利用に起因する児童買春その他の犯罪から児童生徒を保護し、もって児童生徒の健全な育成に資することを目的に、平成15年に「¹ 　　　　　　　　　　　　　　　　　　　　　　」が成立しました。「『インターネット異性紹介事業』の定義に関するガイドライン」では、以下の四つの要件を全て満たすと出会い系サイトであるとされています。

1 インターネット異性紹介事業を利用して児童を誘引する行為の規制等に関する法律

① 面識のない異性との交際を希望する者（² 　　　　　　　）の求めに応じて、その者の異性交際に関する情報をインターネット上の³ 　　　　　　　サービスを提供していること

2 異性交際希望者

3 電子掲示板に掲載する

② 異性交際希望者の異性交際に関する情報を⁴ 　　　　　　　サービスであること

4 公衆が閲覧できる

③ インターネット上の電子掲示板に掲載された情報を閲覧した異性交際希望者が、その情報を掲載した異性交際希望者と電子メール等を利用して⁵ 　　　　　　　サービスであること

5 相互に連絡することができるようにする

④ 有償、無償を問わず、これらのサービスを [6]　　　　　　　　　　こと

平成20年の同法改正によりさらに成果が見られ、[7]　　　　　　での被害は減少しましたが、一方で、出会い系サイト以外のサイトでの被害が高い水準で推移しています。

6 反復継続して提供している

7 出会い系サイト

11.1.3　プロバイダ責任制限法

ウェブページで権利侵害があった場合、プロバイダ（サーバの管理者・運営者、掲示板管理者などを含む。）の損害賠償責任の制限と、[1]　　　　　　の開示を請求する権利などを定めることを目的に、平成13年に「[2]　　　　　　　　　　　　　　　　　　　　」が成立しました。

プロバイダは事実を知らなければ賠償責任を負わないとされているため、当事者から依頼を受けて適切な措置をとった後、情報を非公開にしたり、削除したりします。なお、被害者が開示請求できる発信者の情報には以下のようなものがあります。

1 発信者情報

2 特定電気通信役務提供者の損害賠償責任の制限及び発信者情報の開示に関する法律

- 発信者その他侵害情報の送信に係る者の [3]
- 発信者その他侵害情報の送信に係る者の [4]
- 発信者の [5]
- 侵害情報に係る [6]
- IP アドレスを割り当てられた電気通信設備から開示関係役務提供者の用いる特定電気通信設備に侵害情報が送信された [7]

3 氏名又は名称

4 住所

5 電子メールアドレス

6 IP アドレス

7 年月日及び時刻

11.1.4　その他の法律等

インターネット問題に関しては、ほかにも知っておくべき法律等があります。

「児童買春、児童ポルノに係る行為等の規制及び処罰並びに児童の保護等に関する法律」（以下「[1]　　　　　　　　　　　　」という。）では、児童ポルノ（[2]　　　　　　の、ことさらに性的な部位が露出されたり強調されたりしているもの等）を自己の性的好奇心を満たす目的で所持すると [3]　　　　　　ことがあります。また、18歳未満の者の裸等を携帯電話等で撮影する行為は、「児童ポルノの製造」に当たるとされています。

また、インターネット上の書き込みで [4]　　　　　　（公然と事実を摘示し、人の名誉を毀損）や [5]　　　　　　（事実を摘示せずに、公然と人を侮辱）に問われることがあります。学校での携帯電話等の持込みについては、文部科学省より通知[*123]が発出されており、小・中学校は原則 [6]　　　　　　、高等学校は原則 [7]　　　　　　、特別支援学校は [8]　　　　　　　　　　 こととし、中学校については次の四つの条件を満たすと持込みができることなどを示しています。

1 児童買春・児童ポルノ禁止法

2 18歳未満の男女

3 罪に問われる

4 名誉毀損罪

5 侮辱罪

6 校内持込禁止

7 校内使用禁止

8 実態を踏まえて判断する

- 学校と生徒らが協力した [9]
- 学校での [10]　　　　と紛失時の責任の明確化
- 閲覧対象を制限する「フィルタリング」を [11]
- 学校や家庭による [12]

9 ルール策定

10 管理方法

11 保護者の責任で設定

12 危険性の指導

[*123]「学校における携帯電話の取扱い等について」初等中等教育局長（令和2年7月31日）

11.2　インターネット問題への組織的取組

11.2.1　指導・啓発における留意事項

(1)　ネットの匿名性

　インターネットは匿名で様々な行為をすることが可能です。そのため子供たちはインターネット上で、リアルの生活では行わないような、¹　　　　や場合によっては²　　　　を行ってしまうことがあります。

　その結果、³　　　　などの人間関係上のトラブルや、ネット上での⁴　　　やネット炎上などの犯罪につながる行為に発展することも珍しくありません。

1 好ましくない行為

2 法に触れる行為

3 ネットいじめ

4 誹謗中傷

(2)　ネットの拡散性

　特に、⁵　　　　　　　　　に留意が必要です。インターネットの投稿は、一度発信されると瞬時に広がり、削除することができないので、「⁶　　　　　　　　」と呼ばれています。SNSや動画共有アプリのコメント欄などは、匿名で書き込めるため、躊躇なくひどい誹謗中傷が行われることもあります。

　さらに多くの人が目にするため、拡散性が高く、炎上状態になり、⁷　　　　　ことも珍しくありません。その場合には、子供の将来に⁸　　　　　　　ことも起こり得ます。また、交際していた相手の恥ずかしい写真を、別れた腹いせにインターネット上で拡散する等のトラブルは「⁹　　　　　　　」と言われています。

5 インターネットの
拡散性

6 デジタルタトゥー

7 個人が特定される

8 深刻な影響を及ぼ
す

9 リベンジポルノ

(3)　ネットいじめ

　ガラケー時代の子供たちは、メールの他にも、プロフ・ホムペと称する、いわゆる「¹⁰　　　　　　」で交流していることが多く見受けられました。これらは匿名で書き込むことが可能であったため、過激な表現を用いた直接的な誹謗中傷や、特定の個人を名指しした¹¹　が目立ちました。

　スマートフォンが主流になってからは、無料通話アプリやSNSでの交流が中心となり、これらは基本的に記名が必要となるため、直接的な攻撃よりも、グループから外したり、¹²　　　　　　ことが多くなっています。

　スマートフォンが主流の今も、ネット上で名指しで攻撃される場合もあります。その場合は、ガラケー時代よりも深刻な状況だと捉える必要があります。被害者が「¹³　　　　　　　　　　」と認識されてしまっている可能性が高いからです。24時間逃げ場がなく、拡散性が高いので、あっという間に広まり、すぐに¹⁴　　　　ことが少なくありません（→第4章いじめ）。

10学校裏サイト

11デマ

12対象をぼかしたり
する

13公然と攻撃してよ
い対象

14深刻な事態に発展
する

(4)　ネットの長時間利用

　SNSでのやり取りや動画視聴等が長時間に及び、生活に支障が出ることがあります。こうしたネットの長時間利用により日常生活に支障が出るような状態については、¹⁵　　　　　　　ことも状況によっては必要になります。

15生徒指導上の課題
として捉える

11.2.2　組織的取組

(1)　インターネット問題に関する組織的な取組の例

　インターネット問題は、起きてしまうと¹　　　　

1 完全な解決は難し
く、情報が瞬時に
拡散されてしまう

ため、特に ²　　　　　　　　　　　が求められます。また、インターネットに夢中になり、日常生活に ³　　　　　こともあるため、多方面の専門家などからなる対策委員会を設置し、SC、SSW、警察、消費生活センター、児童相談所等、多角的な視点から状況を把握し、的確な対応ができるように準備しておくことが必要です。併せて、インターネット・ホットラインセンター等、⁴　　　　　　　　を普段から確認しておくことも重要です。

① インターネット対策の中心組織の設置

　　　インターネットに関する問題が発生した際には、⁵　　　　　　　　　　　　が求められます。そのため生徒指導担当者だけでの対応では不十分で、⁶　　　　　を挙げての取組が必要です。インターネット対策の中核となって、以下のような取組について情報交換と方針策定のための協議を行う組織を、⁷　　　　　　　ことが求められます。

- ⁸　　　　　　　
学校で起きているインターネット問題の集約と、対策の方針決定を行うために定期的に会議を行います。

- ⁹
インターネットの利用内容、利用時間、ネットの知識の把握等、児童生徒のインターネット利用の実態把握のためのアンケート調査を行います。

- ¹⁰
講演会等を通じて児童生徒への啓発を図るだけでなく、児童生徒が授業（技術家庭、道徳科、特別活動など）の中で系統的にインターネットの知識や課題解決方法について学ぶ機会を設けることが求められます。

- ¹¹　　　　　　　　　　　　　
インターネット利用は学校だけではなく、家庭での利用も多いので、教職員や保護者が一方的に教えたり指導したりするだけではなく、児童生徒がインターネットの扱いについて主体的に考えて、その利便性や影響について議論しながら、身近な課題としてルールを定める機会を用意することも大切です。

　　　インターネットトラブルの発生を把握した場合、¹²　　　　を開催し、トラブル情報の共有、¹³　　　　　　　　　　　への対応に当たります。

② インターネット問題の相談・通報窓口

　　　児童生徒がトラブルに巻き込まれた場合、しかるべき大人に早急に相談することが必要です。インターネットトラブルは、教職員や保護者からは見えにくいので、児童生徒が ¹⁴　　　　　　　　　　　の設置が不可欠です。また、学級・ホームルーム担任や養護教諭等が相談を受けた場合、個人の判断で対応せず、¹⁵　　　　　　　ことが求められます。

(2) **学校内外の連携に基づく組織的対応の必要性**

　学校の組織において、インターネットの問題に係る担当は、学校の生徒指導担当、情報教育担当、人権教育関係担当など、複数の担当者にまたがっている場合があります。GIGA スクール構想の下で授業内での ¹⁶　　　　　　が進み、学校内において適切にインターネットを活用していくためにも、改めて校内体制を ¹⁷　　　　　　　よう見直しを図ることが求められます。

2 充実した未然防止体制の構築

3 支障が出る

4 緊急時の相談先

5 緊急かつ広い範囲での対応

6 学校・地域・家庭

7 校務分掌に位置付ける

8 情報集約と方針決定

9 アンケートの実施

10 啓発活動の実施

11 児童生徒間の話合い、ルールづくり

12 緊急会議

13 当該児童生徒及び周辺児童生徒

14 自主的に相談・通報できる窓口

15 組織的に対応する

16 情報端末の活用

17 実効性のあるものにする

また、インターネット問題は、学校内だけでは対応できない場合が多いため、警察、法律や ¹⁸ 等の専門家等の見解を踏まえた対応を行うことが求められます。そのためにも、学校や教育委員会等は、普段から専門家等とインターネット問題についての情報交換を緊密に行い、課題が発生した際の対応方法について協議しておくことが、今後一層必要になると考えられます。

18消費者問題

11.3　インターネットをめぐる課題に対する重層的支援構造

各学校においては、教職員がインターネットをめぐる課題への対応についての理解を深めた上で、児童生徒がインターネット問題の対応についての ¹ ように働きかけるととともに、インターネットトラブルを ² ことが不可欠です。加えて、トラブルが発生しても自分たちで解決できる ³ や教職員への ⁴ を図り、さらに課題解決に向けて児童生徒と教職員、保護者及び地域等が連携して対応できる ⁵ ような体制を整備することが急務です。

学校及び学校の教職員には、以上を踏まえた上で、① ⁶ 、② ⁷ 、③ ⁸ という三つの局面において、計画に基づく取組を進めることが求められます。

1 知識を身につける
2 生まない環境づくりを目指す
3 人間関係づくり
4 相談体制の充実
5 システムづくりを推進する
6 未然防止
7 早期発見
8 適切かつ迅速な対処

11.3.1　前提としての方針確認

インターネット問題については、教職員の間で認識の違いが大きく、感情的で個人的な見解に固執して方向性が定まらないことも多いため、¹ 必要があります。時代の変化を踏まえつつ丁寧な議論を重ねていくことが不可欠ですが、以下のような前提を確認しておくことが求められます。

1 定期的に方針を確認する

⑴　法に基づく対応

インターネット利用の基本は、法律等である程度定められています（→11.1 関連法規・基本方針等）。各学校等における極端な制限・禁止や、ネット利用の過度の推進については ² です。

2 慎重な態度が必要

⑵　GIGA スクール構想により整備された１人１台端末の扱い

³ により、学校の授業等で１人１台端末が活用されています。自宅等で自分の端末を利用する際と学校配布の端末で利用する際では、管理方法等に違いが生じます。

学校配布の端末は、学習で利用することを目的として整備されたツールであり、フィルタリングや ⁴ は、児童生徒の発達段階や ⁵ の習熟度合も踏まえながら、学習での利用に ⁶ ことができます。

チャット機能等、児童生徒が端末を使ってやり取りをする場面では、教職員が児童生徒の書き込みを ⁷ などの配慮が必要です。さらに、端末利

3 GIGAスクール構想
4 機能制限
5 情報活用リテラシー
6 必要な範囲に定める
7 確認できるように設定する

[*124]　GIGA スクール構想の実現について　文部科学省ホームページ

用に際して、学校等は⁸　　　　　　を提示し、⁹　　　　　　を得ておくことも不可欠です[*124]。

8 明確なルール

9 保護者の理解

11.3.2　インターネット問題の未然防止

(1)　教育課程全体での未然防止

インターネット問題は、¹　　　　　　が事態を把握することさえ難しく、気付いたときには取り返しのつかない、大きな問題に発展していることもあります。

そのため、各学校においては、²　　　　　　[*125]などを通して、未然防止の取組を講じることが重要です。特定の時間だけでの指導ではなく、³　　　　　　（家庭科・技術家庭科、道徳科、特別活動等）を横断して⁴　　　　　　ことが必要です。

SNS 等で学校外の⁵　　　　を巻き込んでいる事案、法に触れてしまっている事案など、インターネット問題は、学校内だけでは解決が難しい場合もあります。したがって児童生徒自身が、インターネットが広く社会全体につながり、リアル社会と同じように⁶　　　　　　ことをしっかりと把握する必要があります。

法的制裁の対象になっていないことであっても、⁷　　　　　　こともあるため、ネット利用上の⁸　　　　　　ことが必要です。

1 学校や教職員

2 情報モラル教育

3 教育課程全体

4 未然防止に取り組む

5 不特定多数

6 法律で制御されている

7 道義的に許されない

8 マナーについても理解する

(2)　児童会、生徒会で取り組む未然防止

児童生徒の帰宅後のインターネットの利用状況について、教職員が十分に把握することは困難です。したがって、インターネットの利便性や影響について児童生徒自身が主体的に議論しながら⁹　　　　を定める機会を持つことが求められます。また、そのことは、¹⁰　　　　　　を生き抜いていく児童生徒にとって重要な経験となります。

児童生徒が、学級・ホームルームや児童会・生徒会等で議論しながら主体的にルールを定めることは、児童生徒がルールを守ることの重要性を自覚するきっかけになります。

9 ルール

10 高度情報化社会

11.3.3　インターネット問題の早期発見

(1)　早期発見の基本的な考え方

インターネット問題が起きた場合、SNS 等で広がった後で、学校や学校の教職員が知ることが少なくありません。多くの場合、児童生徒が事前に知っていて¹　　　　　　にもかかわらず、どこに相談するべきかわからなかったり、教職員が対応しくれるのか、相談する事で大きくならないかといった²　　　　　　ことから、学校や学校の教職員に相談しないでいるようなことも少なくありません。

そのため、まず教職員がインターネット問題に興味を持ち、児童生徒のインターネット³　　　　　　に敏感であることが必要です。さらにインターネット問題だけではなく、日常の些細な困難や悩み事を気軽に教職員等に相談できる⁴　　　　　　ことと、この問題に特化した相談窓口整備を含めた⁵　　　　　　ことが求められます。

インターネット問題は、SNS 等、多くの人が目にする場所で起きることが多いので、発見ルートとして、本人からの訴えや当該保護者からの訴えだけではなく、級友等からの報告も重要です。また、⁶　　　　　　等、外部の機関の協力を得ることも重

1 対応に苦慮している

2 不安があったりする

3 利用実態の変化

4 信頼関係を築く

5 システムを構築する

6 ネットパトロール

[*125]　情報モラル教育の充実等（教員・児童生徒等向け）　文部科学省ホームページ、普及啓発リーフレット集（児童生徒・保護者向け）　内閣府

要な方策です。

(2) 保護者や地域への啓発活動

インターネット問題には、[7]　　　　　　　　　が連携して取り組む必要があります。危険性の周知だけではなく、フィルタリング等の普及やルールづくりの必要性を伝えておくと、早期発見につながる場合があります。児童生徒への周知に加えて、リーフレットなども活用しながら、保護者等に対してもフィルタリング設定の必要性や[8]　　　　の扱いなどについて伝えておくことが必要です。

7 学校、家庭、地域

8 パスワード

(3) 学校、家庭、地域での居場所づくり

各種調査から、学校、家庭、地域に居場所がない児童生徒が、逃げ場としてインターネットを利用していることが分かってきています。そのため、児童生徒が[9]　　　　　　　　づくりに取り組むことも重要です。

9 安心できる居場所

11.3.4　インターネット問題への適切かつ迅速な対処

(1) 対応原則の共通理解

インターネットに関する問題を把握した場合、当該児童生徒の[1]　　　　　　こと
を最優先します。インターネット上の情報は[2]　　　　　　ので、一刻を争う事態も少なくありませんが、まず当該児童生徒及び保護者等と一緒に[3]　　　　ことが必要です。

1 被害拡大を防ぐ

2 拡散性が強い

3 解決していく姿勢
　を示す

当該児童生徒の意向を把握しないで、学級会や学年集会、保護者集会等を開催して解決に向かおうとすると、[4]　　　　　　　　　 こともあります。法的な問題に直面することも多いので、専門家の見解を踏まえながら、対応の方針について具体的な方策を提示し、児童生徒や保護者に[5]　　　　ことも重要です。

4 信頼の喪失につな
　がる

5 選択させる

近年、インターネット問題として学校及び学校の教職員が、生徒指導事案として対応を求められていることは、次の三点に大別できます。

① 法的な対応が必要な指導
  - 違法投稿（[6]　　　　　、薬物等）
  - [7]　　　　
  - [8]　　　　
  - [9]　　　　　　　　　　　　　　　（自画撮り被害等）
② 学校における指導等
  - [10]　　　、炎上等[11]　　　　　　
  - [12]　　　　[*126]
③ 家庭への支援
  - ネットの[13]　　　　
  - 家庭での[14]　　　　
  - 児童生徒の[15]　　　

6 著作権法違反

7 ネット上の危険な
　出会い

8 ネット詐欺

9 児童買春・児童ポ
　ルノ禁止法違反

10 誹謗中傷

11 悪質な投稿

12 ネットいじめ

13 長時間利用

14 ルールづくり

15 孤立状況の把握・
　サポート

①については、迷わずに、警察等の専門家に早急な対応を求め、加害、被害を問わ

[*126]　インターネット上の誹謗中傷等の投稿についても、その態様によっては、刑事罰（名誉毀損、侮辱罪等）や損害賠償責任の問題にもなるため、法的な対応が必要となる場合も十分に想定される。

ず、児童生徒を [16]　　　　から救い出さなければなりません。

　②についても、放置すると [17]　　　　　　に発展する可能性があるので、関係機関等と連絡を密接に取り合いながら対応を進める必要があります。誹謗中傷や [18]　事案への対応では、インターネットに精通した専門家の支援の下、児童生徒自身や保護者から [19]　　　　　　　　　 こともあります。

　③については、都道府県・市町村単位での、地域を挙げた [20]　　　　　　と、その [21]　　　　が急務です。学校や家庭に居場所がない児童生徒が、孤立してインターネットで過ごす時間が [22]　　　　　　　　　ことを念頭に置く必要があります。

(2) 対応方針の前提

① 情報収集と丁寧な聴き取り

　インターネット上には膨大な情報があふれており、被害者、加害者がどの程度の影響を受けているのか、又は及ぼしているのか [23]　　　　　　　　　　　など、インターネットに関する問題は、[24]　　　　　　　　　のが特徴です。そのため、一部の情報やコメントだけで方針を決定するのは危険であり、不断の [25]　　　　と丁寧な [26]　　　が必要になります。

　また、児童生徒の [27]　　　　　　　によって対応が大きく変わってきます。インターネットにおける問題は、被害者・加害者に加え、その他学年・学校の児童生徒にも急速に広がることもあり、広く児童生徒への周知及び指導が必要な場合もあります。方針確定のために周囲の児童生徒への聴き取りが必要な場面も少なくありませんが、そのことによってデリケートな個人情報が流布してしまい、さらにSNS等で拡散されることもあるので、[28]　　　　　　　　　です。

② アセスメントに基づいた対応方針のすり合わせ

　丁寧な情報収集による [29]　　　　　　に基づいて、対応方針をすり合わせることが必要です。学年等での教職員間の [30]　　　　　　　　　ことは必須ですが、異なる自治体の児童生徒が関わることも珍しくないため、その際には学校と教育委員会等や学校間で連携を図り対応していくことも必要になります。

(3) 具体的な対応方法

① 法的な対応が必要な指導

　違法な投稿は、学校だけの指導では完結しません。速やかに関係機関と連絡を取り合って対応することが、児童生徒を守ることにつながります。

- [31]　　　　（著作権法違反、薬物等）

　　児童生徒が著作権法違反や違法薬物に関する投稿をしていることを把握した場合、まず警察や [32]　　　　　　などの関係機関と連絡を取り合い対応します。[33]　　　　　　（受け子等）が発生した場合には、関係した児童生徒だけではなく、学校全体に周知し、[34]　　　　　　　　　が増えることを食い止めなければなりません。

- ネット詐欺

　　ネット詐欺により、[35]　　　　　　が発生した場合、[36]　　だけではなく、消費生活センター等とも協働することで、事態が解消に向かうこともあります。特に未成年者が間違ってお金を使った場合には、民法第 [37] 条における [38]　　　　　　　を使うことができる場合もあります。

16 違法状態

17 大きなトラブル

18 なりすまし

19 削除要請しなければならない

20 支援体制構築

21 周知徹底

22 増加する可能性が高い

23 当事者自身が把握できない

24 全貌が分かりにくい

25 情報収集

26 聴き取り

27 事案の認知状況

28 慎重な対応が必要

29 アセスメント

30 対応を統一しておく

31 違法投稿

32 消費生活センター

33 詐欺行為への加担

34 加害者及び被害者

35 金銭が絡む事案

36 警察

37 5

38 未成年者取消権

- [39]

　面識がない人とインターネット上でのやり取りをすることが [40]　　　　　　で
はなくなってきており、インターネット上の知り合いに誘拐される事件等が
発生しています。共通の趣味を持つように装う、悩みの相談に乗るなど、言
葉巧みに児童生徒を信用させ、最終的に児童生徒が自ら会いに行こうとする
場合もあります。児童生徒のインターネットでの [41]　　　　　になる場合が
多いため、ネットの利用状況について、気になる状況を把握した場合には、学
校において注視するとともに、早期に組織的に情報を共有しておくことも必
要です。

- [42]　　　　　　　　　　　　　　　（自画撮り被害等）

　自画撮り被害とは、[43]　　未満の者が自分の裸の画像等を撮影させられた上、
SNS 等で送らされる被害です[*127]。これらの被害は [44]　　に起因する場合が
多く、相手方が性別や年代を偽る「[45]　　　　　　」により児童生徒に接触して
きたり、また、一度送信した画像は広く流布されたりする可能性があること
から、こうした事案を例に、インターネットの [46]　　　　　　　　　　　　　につ
いて児童生徒に [47]　　　　　ことも重要です。

② 学校における指導等

- 誹謗中傷、炎上等悪質な投稿

　児童生徒がインターネット上で [48]　　　　　を受けたり、自分の投稿に対して
[49]　　　　　を数多く書かれたりすることがあります。内容や状況によっては、
学校及び教職員等は、[50]　　　　　　　に応じて、「インターネット上の
誹謗中傷に関する相談窓口のご案内」を参照するなどして、適切な相談窓口
を伝える等の [51]　　　　　ことが求められます。

- ネット起因の人間関係のもつれ

　インターネット上の [52]　　　　　をきっかけに児童生徒間の人間関係がこじれ
ることがあります。SNS でのやりとりは基本的に文字を中心としたコミュニ
ケーションであるため、[53]　　　　　　　　　　　をきっかけにトラブルに
発展することも珍しくありません。インターネット上で過激な表現を用いた
[54]　　　　　　　に加え、不特定多数の人が目にするような場所に誰がタ
ーゲットか一見分からないような言葉を書き込んだり、[55]　　　　　を除いた
メンバーでやり取りしたりすることが増えています。

　インターネット上での [56]　　　　　　　は、その記録を何度も見直すこと
ができるため、怒りが持続し、さらに広く児童生徒のコミュニティに拡散さ
れてしまい、解決が困難になります。児童生徒にとって、インターネット上
のコミュニケーションは、リアルのコミュニケーションと [57]
　　　　ため、文字でのコミュニケーションの難しさ等について、[58]
　　　　を通じて啓発、指導していくことが求められます（→11.2.1 指導・啓発に
おける留意事項）。

③ 家庭への支援

　ネットの [59]　　　　　など、学校だけでは解決することが難しい、家庭における
インターネット利用上の課題もあります。そのため、学校、家庭、地域を挙げた

39 ネット上の危険な出会い
40 特別なこと
41 言動がヒント
42 児童買春・児童ポルノ禁止法違反
43 18歳
44 SNS
45 なりすまし
46 匿名性や拡散性のリスク
47 理解を促す
48 誹謗中傷
49 批判や悪口
50 本人又は保護者の意向
51 手助けをする
52 書き込み
53 勘違いや間違った思い込み
54 直接的な言葉の攻撃
55 特定の人物
56 人間関係のもつれ
57 同程度に重要である
58 あらゆる教育活動
59 長時間利用

[*127]　「なくそう、子供の性被害。」警察庁ホームページ

取組が必要であり、家庭における、利用時間・場所などの [60] についての指導・援助が求められます。各学校や教育委員会等は、保護者を対象とした集会の際などに、ルール設定のモデルを提示するなどの [61] ことも考えられます。

60 ルールづくりやフィルタリングの設定

61 取組を行う

11.4 関係機関等との連携体制

インターネット問題は、影響が多岐にわたり、解決のためには [1] ですので、教職員と保護者、地域の人々、関係機関が協力し合うことが求められます。特にインターネット問題の解決には、[2] が必要なことが多いため、それぞれの専門性を理解し、[3] ことが重要です。

1 連携が必須

2 特別な知識と対応方法

3 協働していく

11.4.1 保護者との連携

インターネット問題の適正な管理・対応については、[1] です。連携に際しては、入学式等、早い時期に学校の姿勢を示し、利用方法等について [2] ことが求められます。特に1人1台端末は、学校での学習活動に加え、家庭に持ち帰ることが想定されているので、[3] に従って活用することについての [4] ことが肝要です[*128]。

1 保護者との連携が必須

2 承諾書等で賛同を得ておく

3 学校の方針

4 理解を得ておく

11.4.2 関係機関との連携と相談窓口の周知

(1) 警察との連携

これまでも [1] の場等において、学校と警察の連携が図られてきましたが、インターネット問題についての [2] です。また、「非行防止教室」等、警察官が学校に出向いた講話の機会に、インターネット問題について話してもらうことも効果的です。またインターネットトラブルが起きたときにすぐに対応してもらえるように、普段から情報交換を含めて、密接に [3] が求められます。

1 学校警察連絡協議会

2 情報交換は必須

3 連絡を取り合っておくこと

(2) 消費生活センターとの連携

児童生徒がインターネット上で、保護者に [4] ことがあり、詐欺だけではなく、[5] に巻き込まれることもあります。学校や教育委員会等において当該事案を把握した際には、抱え込むのではなく、早期に [6] などの支援を行うことも必要です。

4 無断でお金を使う

5 金銭問題

6 消費生活センターへの相談を勧める

(3) 相談機関の周知

インターネット上で様々な問題に直面した際には、上記関連機関に加え、相談内容に応じて各種相談窓口[*129]に問い合わせることも考えられます。

居住地域にどのような関係機関や相談窓口があるかを、[7] などして、児童生徒や保護者に周知しておくことも大切です。

7 相談機関一覧表を配布する

[*128] 「普及啓発リーフレット集（児童生徒・保護者向け）」 内閣府ホームページ

[*129] 内閣府ホームページでは、インターネット上で生じる様々な課題や有害情報等に関するその他各種相談窓口が紹介されている。また、インターネット上の誹謗中傷に関する相談窓口も参考になる。

第12章　性に関する課題

留意点

　児童生徒を取り巻く性に関する状況において、若年層のエイズ及び [1]　　　　　、人工妊娠中絶、[2]　　　　　　、性の多様性など様々な課題が見られます。

　これらは、[3]　　　　　にも直結する課題であると言えます。性に関する課題への対応では、関連する法律などの理解や人権に配慮した丁寧な関わり、児童生徒が多様性を認め、[4]　　　　　　　ことが出来、安心して過ごせる環境や [5]　　　　　　　の整備、それらを支える「[6]　　　　　」として組織づくりを進めることが求められます。

1 性感染症

2 性犯罪・性暴力

3 生徒指導

4 自分と他人を尊重する

5 相談しやすい体制

6 チーム学校

12.1　性犯罪・性暴力対策の強化の方針

　性犯罪・性暴力は、被害者の尊厳を著しく踏みにじる行為であり、その心身に長期にわたり [1]　　　　　　ものであることから、その根絶に向けた取組や [2]　　　　を強化していく必要があります。

　令和2年には、政府の「性犯罪・性暴力対策強化のための関係府省会議」において、「[3]　　　　　　」が決定されました。この方針を踏まえ、児童生徒が生命（いのち）を大切にし、性犯罪・性暴力の加害者にも、被害者にも、傍観者にもならないよう、全国の学校において「[4]　　　　　　　　　　」を推進することが求められています。

1 重大な悪影響を及ぼす

2 被害者支援

3 性犯罪・性暴力対策の強化の方針

4 生命（いのち）の安全教育

12.1.1　性同一性障害者の性別の取扱いの特例に関する法律

　性同一性障害に関しては、当事者が社会生活上様々な問題を抱えている状況にあり、その治療の効果を高め、[1]　　　　　　　　　　　　　　　ため、平成15年に「性同一性障害者の性別の取扱いの特例に関する法律」が成立しました。また、学校における性同一性障害に係る児童生徒への支援についての社会の関心も高まり、その対応が求められるようになってきました。こうした中、文部科学省では、平成22年に「児童生徒が抱える問題に対しての教育相談の徹底について」を発出し、性同一性障害に係る児童生徒については、その [2]　　　　　　　　　　　　　　　　　　よう要請が行われました。

　さらに、平成27年には「性同一性障害に係る児童生徒に対するきめ細かな対応の実施等について」が発出され、[3]　　　　　　　などが示されました。また、この通知において、悩みや不安を受け止める必要性は、性同一性障害に係る児童生徒だけでなく、いわゆる「[4]　　　　　　　」とされる児童生徒全般に [5]　　　　　　ことが明記されました。また、平成24年に閣議決定された「自殺総合対策大綱」においては、「自殺念慮の割合等が高いことが指摘されている性的マイノリティについて、無理解や偏見等がその背景にある [6]　　　　　　であると捉えて、[7]　　　　　を促進する」ことの必要性が示されました。

1 社会的な不利益を解消する

2 心情等に十分配慮した対応をする

3 具体的な配慮事項

4 性的マイノリティ

5 共通するものである

6 社会的要因の一つ

7 教職員の理解

12.1.2　学校における性に関する指導

　学校における [1]　　　　　は、学習指導要領に基づき、児童生徒が性について正

1 性に関する指導

しく理解し、適切に行動を取れるようにすることを目的に実施し、体育科、保健体育科や特別活動をはじめ、学校教育活動全体を通じて指導することとされています[*130]。

指導に当たっては、

- 2 発達の段階を踏まえる こと
- 3 学校全体で共通理解を図る こと
- 4 保護者の理解を得る こと
- 事前に、集団で一律に指導（ 5 集団指導 ）する内容と、個々の児童生徒の状況等に応じ個別に指導（ 6 個別指導 ）する 7 内容を区別しておく こと

などに留意し、計画性をもって実施することが求められています。また、地域や学校の実情に応じて、産婦人科医や助産師等の 8 外部講師を活用する ことも考えられます。

12.2　性に関する課題の早期発見・対応

12.2.1　早期発見と早期対応の基本

問題や心配事を抱えた児童生徒は、表情や態度などを通じて 1 何らかのサイン を発することが少なくありません。 2 課題予防的生徒指導 の観点から、教職員はそうしたサインに気付けるよう努めるとともに、気付いた際は、 3 事態を深刻化させない ためにチーム支援に基づく 4 迅速な対応を行う ことが必要です。

12.2.2　養護教諭と他の教職員との連携

養護教諭の活動の中心となる 1 保健室 は、誰でもいつでも利用でき、児童生徒にとっては、安心して話を聞いてもらえる場所でもあります。養護教諭は、けがなどの救急処置や身体の不調を訴えて来室する児童生徒はもとより、 2 不登校傾向 や非行傾向のある児童生徒、性に関する課題のある児童生徒などにも日常的に保健室で関わる機会が多く、 3 いじめや虐待 などの問題についても発見しやすい立場にあります。

また、発見しにくい性的虐待や性被害なども、 4 本人からの訴え や健康相談、保健室での会話や 5 様子の観察 から、発見されることもあります。そのため、対応に当たっては、養護教諭と関係する教職員が情報の共有を図り、緊密な連携に基づく 6 支援を行う ことが重要です。

12.2.3　実効性のある組織体制の確立

問題への対応に当たっては、教職員の誰かが得た情報を教職員間で共有する場を設け、生徒指導部、教育相談部、保健部などのそれぞれの組織が情報を共有し、役割を分担した上でチームとして取組を進めることができる 1 実効性のある組織体制を築いていく ことが重要です。

12.2.4　地域ぐるみの援助

児童生徒に直接・間接に影響を与えるものとして、児童生徒を取り巻く 1 地域環境 の

[*130]　学習指導要領解説（保健体育編）

問題があります。学校、家庭、地域が一体となって、緊密な連携の下に児童生徒の [2]
ために、[3] が展開される必要があります。

2 健全な成長を支える

3 地域ぐるみの青少年育成活動

12.3 性犯罪・性暴力に関する生徒指導の重層的支援構造

性犯罪・性暴力には、[1] 、デート DV（Domestic Violence）、SNS を通じた被害、[2] などがあります。DV とは、配偶者など親密な間柄の相手から振るわれる暴力のことです。特に、交際相手との間に起こる暴力のことを「[3] 」といいます。暴力には、身体的暴力のほか、[4] 、性的暴力、[5] など、様々な種類があります。[6] としては、性行為を強要する、避妊に協力しない、裸の撮影を強要するなどの行為を挙げることができます。

性犯罪・性暴力に関する対応について、生徒指導の観点から捉えると、図19のように整理することができます。[7] 生徒指導としては、各教科の学習や人権教育等を通して、「[8] 」に育つように働きかけます。

1 性的虐待

2 セクシャルハラスメント

3 デート DV

4 精神的暴力

5 経済的暴力

6 性的暴力

7 発達支持的

8 多様性を認め、自他の生命や人権を尊重することができる人

図19　性犯罪・性暴力に関する生徒指導の重層的支援構造

課題未然防止教育としては、各教科や道徳科、学級・ホームルーム活動等において、全ての児童生徒が性犯罪・性暴力に対して [9] を身に付けることができるように「[10] 」を実施します。

課題早期発見対応としては、健康観察等から [11] を見逃さず、気付いたら [12] を第一に迅速な対応を行います。問題が深刻化している場合には、学校内外の連携に基づき「[13] 」として、組織的な指導・援助を行うことになります。

9 適切な行動をとれる力

10 生命（いのち）の安全教育

11 問題の予兆

12 被害者の安全確保

13 チーム学校

12.3.1 「生命（いのち）の安全教育」による未然防止教育の展開

⑴ **趣旨・目標・ねらい**

前述した「[1] 対策の強化の方針」を踏まえ、令和３年には文部科学省

1 性犯罪・性暴力

と内閣府が連携し、「生命（いのち）の安全教育」のための教材及び指導の手引き等を作成しました。

この指導の手引きにおいて、性犯罪・性暴力を根絶していくためには、　²

、　³　　　　　、　⁴　　　　　　　ための教育と啓発を行っていくことに加えて、児童生徒に対して、また、社会に対して、次のような　⁵

ことの重要性が明示されました。

① 生命（いのち）の尊さや素晴らしさ
② 　⁶　　　　　　　　　こと（被害者にならない）
③ 　⁷　　　　　　　　　こと（加害者にならない）
④ 　⁸　　　　　　　　　　こと（傍観者にならない）

具体的には、　⁹　　　　を学び、性暴力の根底にある　¹⁰　　　　　　、また、性暴力が及ぼす影響などを　¹¹　　　　した上で、生命を大切にする考えや、自分や相手を尊重する態度などを、　¹²　　　　　　　　　　　ことを目標としています。

このような「生命（いのち）の安全教育」を推進する基盤として、　¹³

をつくることも不可欠です。各段階に応じたねらいを表3に示しました。

2 加害者にならない
3 被害者にならない
4 傍観者にならない
5 メッセージを送り続ける

6 自分を尊重し大事にする
7 相手を尊重し大事にする
8 一人一人が大事な存在である
9 生命の尊さ
10 誤った認識や行動
11 正しく理解
12 発達段階に応じて身に付ける
13 安全で安心な学校環境

表3 「生命（いのち）の安全教育」の各段階におけるねらい

段階	ねらい
幼児期	幼児の発達段階に応じて自分と相手の体を大切にできるようにする。
小学校（低・中学年）	自分と相手の体を大切にする態度を身に付けることができるようにする。また、性暴力の被害に遭ったとき等に、適切に対応する力を身に付けることができるようにする。
小学校（高学年）	自分と相手の心と体を大切にすることを理解し、よりよい人間関係を構築する態度を身に付けることができるようにする。また、性暴力の被害に遭ったとき等に適切に対応する力を身に付けることができるようにする。
中学校	性暴力に関する正しい知識をもち、性暴力が起きないようにするための考え方・態度を身に付けることができるようにする。また、性暴力が起きたとき等に適切に対応する力を身に付けることができるようにする。
高校	性暴力に関する現状を理解し、正しい知識を持つことができるようにする。また、性暴力が起きないようにするために自ら考え行動しようとする態度や、性暴力が起きたとき等に適切に対応する力を身に付けることができるようにする。
特別支援学校	障害の状態や特性及び発達の状態等に応じて、個別指導を受けた被害・加害児童生徒等が、性暴力について正しく理解し、適切に対応する力を身に付けることができるようにする。

(2) 指導内容

「生命（いのち）の安全教育」の教材は、児童生徒の発達の段階や学校の状況を踏まえ、各学校の判断により、教育課程内外の様々な活動を通じて活用することができるように作成されています。

各教科等の授業の中で本教材を使用する場合は、各教科等の目標や内容などを踏まえた上で、適切に活用するよう留意することが必要です[*131]。

[*131] 教材の内容や指導方法等については、文部科学省「生命の安全教育指導の手引き」（令和2年）を参照。

なお、[14]＿＿＿＿＿＿＿＿＿の「生命の安全教育の推進に当たっての留意事項」として、以下の点が示されています。

- 授業後に、児童生徒が性暴力被害を受けた、受けていることを開示してきた場合の[15]＿＿＿＿＿＿＿必要がある。
- 家庭で被害経験（性暴力被害のみならず、身体的虐待や心理的虐待、ネグレクトの被害を含む）がある児童生徒は、「[16]＿＿＿＿＿」等の内容を理解、実践できない可能性がある。
- 挨拶の際の行動や、距離感等の考え方が、文化によって異なる場合がある。外国人児童生徒の[17]＿＿＿＿に十分配慮し、外国人児童生徒の行動が他の児童生徒からの[18]＿＿＿＿となったり、外国人児童生徒の[19]＿＿＿＿を低下させたりするようなことがないようにする必要がある。

未然防止教育では、[20]＿＿＿＿＿＿＿＿＿を正しく理解することが出発点になります。その上で、[21]＿＿＿＿、相手の意思を尊重した行動がとれるような態度や姿勢を身に付けることができるように働きかけます。具体的には、次のような取組を行います。

- 幼児期や小学校低学年の早い時期から、他の人の水着で隠れる部分を見たり触ったりすること、口や体に触れることは、[22]＿＿＿＿＿＿ことであることを、発達を踏まえ、分かりやすく指導する。
- 小学校高学年や中学校の段階では、裸の写真を撮らせる・送らせることは、[23]＿＿であり犯罪を含む危険があることを理解させる。
- 中学校や高校の段階では、「[24]＿＿＿＿」等を例に挙げ、親密な間柄でも[25]＿＿＿＿、という認識の醸成に向けた指導を行う。
- 高校や大学等の段階では、[26]＿＿＿＿＿の危険性や相手の酩酊状態に乗じた性的行為の問題、[27]＿＿＿＿＿などの性的暴力について周知する。また、相手の望まない性的な行為は[28]＿＿＿＿こと、性暴力は決して許されないものであり、[29]＿＿＿＿こと、性暴力は刑法の処罰の対象になることを理解させる。
- 障害のある児童生徒等については、個々の[30]＿＿＿＿＿等を踏まえた適切な指導を行う。

12.3.2　性的被害者への対応

被害に遭った児童生徒に対しては、誤った指導を行うことで[1]＿＿＿＿が生じないように、[2]＿＿＿＿ことが求められます。対応に当たっては、[3]＿＿に関する知識と理解を持つことが不可欠です。そうでないと、トラウマの影響を見過ごしたり、[4]＿に当該児童生徒を傷つけたりしてしまうことにもなりかねません。

また、学校が抱え込まずに、関係機関（警察、性犯罪・性暴力被害者のための[5]＿＿＿＿＿、児童相談所等）と連携することが大切です。児童生徒から相談を受けた場合の対応のポイントは、以下のとおりです。

① 被害開示を受けた場合、児童生徒が[6]＿＿＿＿＿します。最初の

側注：

14 生命の安全教育指導の手引き

15 対応を事前に検討しておく

16 自分の体も相手の体も大切

17 文化的な背景
18 非難の対象
19 自尊感情

20 どのような被害が起きるのか

21 自ら考え

22 相手に不快な思いをさせる

23 性的加害

24 デートDV

25 相手が嫌ということはしない

26 レイプドラッグ

27 セクシャルハラスメント

28 全て性暴力に当たる

29 悪いのは加害者であって被害者は悪くない

30 障害の特性や状態

1 二次的な問題

2 最大限に配慮する

3 トラウマ

4 無自覚

5 ワンストップ支援センター

6 安心して話せる場所に移動

段階では「⁷　　　　　　　　」を聴き取り、「あなたは悪くない」「⁸
　　　　　　　」と繰り返し伝え、最後に「話してくれてありがとう」と伝えます。児童生徒が自発的に被害を話し始めたら、⁹　　　　　　　　　こと
が求められます。その際は、児童生徒が話す以上のことを聴き出そうとせず、児童生徒の使った表現や言葉をそのまま記録に残すことが大切です。詳細については無理に聴きすぎず、「性的な被害を受けた」ことが聴ければ、警察等の¹⁰
　　　　　　ことになります。また、家族や、他の教職員、関係機関とどこまで情報を共有してよいのかということについて、本人から¹¹　　をとります。

② 聴き取りの際、「なぜ」「どうして」という¹²　　　　　　　　は避け、「どういうことで」に言い換えるようにします（例：「どうしてそこに行ったの？」ではなく、「どういうことがあって、そこに行くことになったの？」など）。

③ 被害開示を受けた教職員が怒りや動揺を見せると、被害児童生徒はそれ以上話ができなくなってしまうことがあるため、¹³　　　　　　　　よう留意します。

④ 他の教職員に同じ話を聴かれて被害体験を思い出させられることは、¹⁴
　　　　　　　ことにつながり、被害児童生徒の話の内容や記憶が変化してしまう可能性もあります。¹⁵　　　　　　　　　ようにします。聴き取りの際は、¹⁶　　　　　　複数の教職員（SC、SSW等を含む。）が対応するようにします。

⑤ 障害のある児童生徒等については、個々の障害の特性や状態等を踏まえた対応が求められます。

12.3.3　性的被害者の心身のケア

性的虐待や¹　　　　などに遭遇した児童生徒は、心的外傷後ストレス障害（²　　）を引き起こすことも多く、心身に及ぼす影響は³　　　　　　　ため、慎重な対応が求められます。児童生徒の聴き取りも⁴　　　　　　ことから、早期に専門家に相談することが必要です。その上で、養護教諭、学級・ホームルーム担任、学校医、SCやSSWなどが⁵　　　　　　　とともに、関係機関や医療機関などと⁶　　　　　　ことが大切です。

性的虐待は、加害者が、保護者や家族・親族・同居人等、⁷　　　　　　　　である場合や、子供自身も被害に遭っているという⁸　　　　　　　場合もあり、表面化しにくく、発見しにくい虐待の一つです。被害に遭った子供の⁹　　以外に発見できる可能性が低く、¹⁰　　　　　　　ため、被害についての開示があった場合は、¹¹　　　　　　　ことが不可欠です。

被害児童生徒は、心身に一生消えない大きな傷を負い、眠れない・食べられないなどの¹²　　　を示したり、様々な¹³　　　　　が現れたりします。苦しさ・辛さを分かろうとする教職員の姿勢と、今起きていることは自然な反応であることを伝えるなど、不安をやわらげる対応が、被害児童生徒の¹⁴　　　につながります。なお、SCやSSW等との連携や、場合によっては外部の関係機関などとの連携も重要です。¹⁵
　　　　　　ことで、よりよい支援が可能になります。

また、被害児童生徒の様子を見守りつつ、保護者と定期的に連絡を取り、被害児童

7 誰に何をされたか
8 あなたに落ち度も責任もない
9 話を遮らず、丁寧に聴き取る
10 関係機関に通告をする
11 同意
12 圧力をかける言葉
13 感情的な対応にならない
14 トラウマ体験を深める
15 繰り返し同じ話を聞くことは避ける
16 児童生徒が信頼できる

1 性的被害
2 PTSD
3 深刻なものが多い
4 専門的な技術を要する
5 連携して援助していく
6 連携して対応に当たる
7 子供と近い関係性の者
8 認識を持っていない
9 告白
10 客観的な証拠も少ない
11 速やかに児童相談所等へ通告をする
12 身体症状
13 トラウマ反応
14 心のケア
15 一人で抱えることなく組織で対応する

生徒の心身の回復に向けて必要なことや [16] を、教職員が理解することも大切です。

16保護者が望んでいること

12.4 「性的マイノリティ」に関する課題と対応

「性同一性障害者の性別の取扱いの特例に関する法律」第 [1] 条においては、性同一性障害者とは、「[2] には性別が明らかであるにもかかわらず、[3] にはそれとは別の性別（以下「他の性別」という。）であるとの [4] を持ち、かつ、自己を身体的及び社会的に他の性別に適合させようとする意思を有する者であって、そのことについてその診断を的確に行うために必要な知識及び経験を有する [5] の医師の一般に認められている [6] が一致しているもの」とされます。

このような性同一性障害に係る児童生徒については、学校生活を送る上で [7] ことから、個別の事案に応じ、児童生徒の [8] ことが求められています。生物学的な性と性別に関する自己意識（以下「[9]」という。）と「[10]」は異なるものであり、[11] ことが必要です。性的指向とは、[12] が誰であるかを示す概念とされています。

LGBT とは、L が [13]（Lesbian 女性同性愛者）、G が [14]（Gay 男性同性愛者）、B が [15]（Bisexual 両性愛者）、T が [16]（Transgender 身体的性別と性自認が一致しない人）、それぞれ四つの性的なマイノリティの頭文字をとった総称で、性の多様性を表す言葉です。このうち、LGB は「〇〇が好き」というような [17] に関する頭文字ですが、T は「心と体の性別に違和感を持っている」[18] に関する頭文字で、性的指向を表す頭文字ではありません。また、いわゆる「性的マイノリティ」は、この四つのカテゴリーに限定されるものではなく、LGBT のほかにも、身体的性、性的指向、性自認等の様々な次元の要素の組み合わせによって、多様な [19] を持つ人々が存在します。なお、Sexual Orientation（性的指向）と Gender Identity（性自認）の英語の頭文字をとった「[20]」という表現が使われることもあります。

1 2
2生物学的
3心理的
4持続的な確信
5二人以上
6医学的知見に基づき行う診断
7特別の支援が必要な場合がある
8心情等に配慮した対応を行う
9性自認
10性的指向
11対応に当たって混同しない
12恋愛対象
13レズビアン
14ゲイ
15バイセクシャル
16トランスジェンダー
17性的指向
18性別違和
19性的指向・性自認
20SOGI

12.4.1 「性的マイノリティ」に関する理解と学校における対応

性的マイノリティに関する大きな課題は、当事者が社会の中で [1] にさらされるなどの [2] です。少数派であるがために正常と思われず、場合によっては職場を追われることさえあります。このような性的指向などを理由とする [3] については、現在では不当なことであるという認識が広がっていますが、いまだに [4] のが現状です。

文部科学省では、性同一性障害や性的指向・性自認に係る児童生徒に対するいじめを防止するため、「いじめ防止対策推進法」に基づく「いじめの防止等のための基本的な方針」を平成29年に改定し、「性同一性障害や性的指向・性自認について、教職員への正しい理解の促進や、学校として必要な対応について周知する」ことが追記されました（→第4章いじめ）。教職員の理解を深めることは言うまでもなく、[5]

1 偏見の目
2差別を受けてきたこと
3差別的取扱い
4偏見や差別が起きている
5生徒指導の観点

からも、児童生徒に対して日常の教育活動を通じて[6]　　　　　　　ことが大切です。学校においては、具体的に以下のような対応が求められます。

① 学級・ホームルームにおいては、いかなる理由でも[7]　　　　　　　適切な生徒指導・人権教育等を推進することが、悩みや不安を抱える児童生徒に対する支援の土台となります。教職員としては、悩みや不安を抱える児童生徒の[8]　　　　　となるよう努めることは当然であり、このような[9]　　　　　ことの必要性は、「性的マイノリティ」とされる[10]　　　　　　　　ものです。

② 「性的マイノリティ」とされる児童生徒には、自身のそうした状態を[11]　　　　　　ことなどを踏まえつつ、学校においては、日頃から児童生徒が相談しやすい環境を整えていくことが望まれます。

　そのためには、まず教職員自身が理解を深めるとともに、[12]　　　　　　ことはもちろん、[13]　　　　　　　　を想像できる[14]　　ことが求められます。

③ 当該児童生徒の支援は、最初に相談（入学などに当たって児童生徒の保護者からなされた相談を含む。）を受けた者だけで抱え込むことなく、[15]　　　ことが重要であり、学校内外の連携に基づく「[16]　　　　　」をつくり、ケース会議などのチーム支援会議を適時開催しながら対応を進めるようにします。

　教職員間の情報共有に当たっては、児童生徒自身が可能な限り[17]　　　　　ことなどに留意が必要です。一方で、学校として効果的な対応を進めるためには、[18]　　　　　　　し組織で対応することは欠かせないことから、当事者である児童生徒やその保護者に対し、情報を共有する意図を十分に説明・相談し[19]　　　　　働きかけも忘れてはなりません。

④ 学校生活での各場面における支援の一例[*132]として、表4に示すような取組が、学校における性同一性障害に係る児童生徒への対応を行うに当たって参考になります。

　学校においては、「[20]　　　　　　　」とされる児童生徒への配慮と、他の児童生徒への配慮との均衡を取りながら支援を進めることが重要です。「性的マイノリティ」とされる児童生徒が求める支援は、当該児童生徒が有する違和感の強弱などに応じて様々です。また、こうした違和感は、成長に従い減ずることも含めて[21]　　　　　　　ものとされているため、学校として、先入観をもたず、その時々の児童生徒の状況などに応じた支援を行うことが必要です。さらに、他の児童生徒や保護者との情報の共有は、当事者である児童生徒や保護者の意向などを踏まえ、[22]　　　　　　　　　必要があります。

　医療機関を受診して診断がなされなかった場合であっても、医療機関との相談の状況、児童生徒や保護者の意向などを踏まえつつ、児童生徒の[23]　　　　に寄り添い、支援を行うことが重要です。

----

6 人権意識の醸成を図る
7 いじめや差別を許さない
8 よき理解者
9 悩みや不安を受け止める
10 児童生徒全般に共通する
11 秘匿しておきたい場合がある
12 心ない言動を慎む
13 見た目の裏に潜む可能性
14 人権感覚を身に付けていく
15 組織的に取り組む
16 支援チーム
17 秘匿しておきたい場合がある
18 教職員間で情報共有
19 理解を得る
20 性的マイノリティ
21 変動があり得る
22 個別の事情に応じて進める
23 悩みや不安

[*132] 「性同一性障害に係る児童生徒に対するきめ細かな対応の実施等について」初等中等教育局児童生徒課長（平成27年4月30日）別紙

187

表4　性同一性障害に係る児童生徒に対する学校における支援の事例

項　目	学校における支援の事例
服装	・自認する性別の制服・衣服や、体操着の着用を認める。
髪型	・標準より長い髪形を一定の範囲で認める（戸籍上男性）。
更衣室	・保健室・多目的トイレ等の利用を認める。
トイレ	・職員トイレ・多目的トイレの利用を認める。
呼称の工夫	・校内文書（通知表を含む。）を児童生徒が希望する呼称で記す。・自認する性別として名簿上扱う。
授業	・体育又は保健体育において別メニューを設定する。
水泳	・上半身が隠れる水着の着用を認める（戸籍上男性）。・補習として別日に実施、又はレポート提出で代替する。
運動部の活動	・自認する性別に係る活動への参加を認める。
修学旅行等	・1人部屋の使用を認める。入浴時間をずらす。

⑤　指導要録の記載については [24] 　　　　の記載に基づき行い、卒業後に法に基づく戸籍上の性別の変更などを行った者から卒業証明書などの発行を求められた場合は、戸籍を確認した上で、当該者が不利益を被らないよう適切に対応します。

24 学齢簿

12.4.2　「性的マイノリティ」に関する学校外における連携・協働

(1)　当事者である児童生徒の保護者との関係

保護者が、その子供の性同一性に関する悩みや不安などを受容している場合は、学校と保護者とが [1] 　　　　　　　　　　　　　　ことが必要です。保護者が受容していない場合にも、学校における児童生徒の悩みや不安を軽減し [2] 　　　　　　　　　などを進めることを目的として、保護者と [3] 　　　　　　　　　ことが考えられます。

1 緊密に連携しながら支援を進める

2 問題行動の未然防止

3 十分に話し合い、支援を行っていく

(2)　教育委員会等による支援

教職員の資質向上の取組としては、[4] 　　　　や生徒指導担当者、[5] 　　　等を対象とした研修などが考えられます。また、学校の管理職についても研修などを通じ適切な理解を図るとともに、学校医や SC を講師とした研修などで、[6] 　　　　　　　　　を取り上げることも重要です。児童生徒やその保護者から学校に対して性の多様性に関する相談があった際は、教育委員会等として、例えば、学校における体制整備や支援の状況を聴き取り、必要に応じ医療機関等とも相談しつつ、「[7] 　　　　」の設置など適切な助言を行っていきます。

4 人権教育担当者

5 養護教諭

6 性の多様性に関する課題

7 支援チーム

(3)　医療機関との連携

医療機関による診断や助言は学校が [8] 　　　　　　　　　　　　　　とともに、教職員や他の児童生徒・保護者などに対する説明のための情報にもなります。また、児童生徒が性に違和感を持つことを打ち明けた場合であっても、当該児童生徒が適切な知識を持っているとは限らず、そもそも性同一性障害なのか、その他の傾向があるのかも判然としていない場合もあることなどを踏まえ、学校が支援を行うに当たっては、

8 専門的知見を得る重要な機会となる

[9]　　　　　　　　　　　　　　ことが重要です。

　我が国においては、専門的な医療機関が少なく、専門医や専門的な医療機関については関連学会などの提供する情報を参考とすることも考えられます。また、都道府県等の[10]　　　　　　　　では、性同一性障害の相談を受けており、必要な関係機関につなぐようにしています。医療機関との連携に当たっては、当事者である[11]　　　　　　　　　　　　ことが原則ですが、当事者である児童生徒や保護者の同意が得られない場合でも、具体的な個人情報に関連しない範囲で[12]　　　　　　　　ことはその後の有効な支援に結び付きます。

(4)　その他の留意点

　以上の内容は、画一的な対応を求める趣旨ではなく、学校は、個別の事案における本人や家庭の状況などに応じた取組を進めることが肝要です。

9 医療機関との連携を図る

10 精神保健福祉センター

11 児童生徒や保護者の意向を踏まえる

12 一般的な助言を受ける

第13章　多様な背景を持つ児童生徒への生徒指導

留意点

　本章で取り上げる、¹　　　　、精神疾患、²　　　、³　　　　　　　　などは、その一つ一つが直接に学習指導や生徒指導上の課題となる場合もあります。加えて、第Ⅱ部各章で取り上げた課題の背景に、本章の課題が存在するという場合も少なくありません。特に近年、それぞれの課題とその影響がクローズアップされ、関連する法律や通知なども整備される中で、生徒指導においてもそのことを理解した上で取り組むことが強く求められるようになってきています。そのため、教職員は生徒指導を進める前提として、日頃から本章の内容を理解しておくことが求められます。また、課題が見えにくい場合も多いため、⁴　　　　　　を通じて、的確に⁵　　　　　　よう努める必要があります。

1 発達障害

2 健康

3 家庭や生活背景

4 アセスメント

5 気付きと対応を行う

13.1　発達障害に関する理解と対応

13.1.1　障害者差別解消法と合理的配慮

　発達障害を含む障害者への差別の解消に関して、平成28年4月に「障害を理由とする差別の解消の推進に関する法律」（いわゆる「¹　　　　　　　　」）が施行されました。この法律では、障害を理由とする「²　　　　　　　　」の禁止と障害者への「³　　　　　　　　」が求められています。不当な差別的な取扱いとは障害者の⁴　　　　　　　　です。合理的配慮の提供とは、障害者から⁵　　　　　　　　を必要としている旨の意思の表明があった場合は、その実施に伴う負担が過重でないときは、障害者の権利利益を侵害することとならないよう、社会的障壁の除去の実施について必要かつ⁶　　　　　　　　　　　　ということです。

　発達障害のある児童生徒への合理的配慮については、⁷　　　　　　　　　　　を改善・克服するための配慮として、読み書きや計算、記憶などの⁸　　　の特性による困難さ、及び不注意や多動性、衝動性など⁹　　　の特性による困難さ、¹⁰　　　　　　に関する特性による困難さに対する¹¹　　　　　　　になります。学習内容についての変更・調整をしたり、ICT 等を活用するなどして情報提供やコミュニケーション、教材等への配慮、¹²　　　　　　　　　を設けたりすることなどが考えられます。また、失敗経験の繰り返しによる¹³　　　　　　　　　　等による二次的な問題を防ぐためには、¹⁴　　　　　　の配慮も大切になります。

　特定の児童生徒に対する合理的配慮を学級集団の中で提供するためには、合理的配慮を特別視せずに¹⁵　　　　　　　　　　ことが重要な基盤になると考えられます。

1 障害者差別解消法

2 不当な差別的な取扱い

3 合理的配慮の提供

4 権利利益を侵害すること

5 社会的障壁の除去

6 合理的な配慮に努めなければならない

7 学習上又は生活上の困難

8 学習面

9 行動面

10 対人関係やコミュニケーション

11 個別的な配慮が必要

12 体験的な学習の機会

13 意欲の低下や対人関係でのトラブル

14 心理面、健康面

15 お互いを認め合い支え合う学級づくりを行う

13.1.2 発達障害に関する理解

「発達障害」とは、「[1]　　　　　　　」において、「自閉症、[2]　　　　　　　その他の広汎性発達障害、[3]　　　、[4]　　　　　　　その他これに類する脳機能の障害であってその症状が通常[5]　　　　　　　　として政令で定めるものをいう。」と定義されています。また、「発達障害者」とは、「発達障害がある者であって発達障害及び[6]　　　により日常生活又は社会生活に[7]　　　　　　　」であり、「社会的障壁」とは、「発達障害がある者にとって[8]　　　　　　　を営む上で障壁となるような社会における[9]　　　　　　　　　をいう。」とされています。この定義には、障害は個人の心身機能が要因であるという「[10]　　　　」と、「障害者の権利に関する条約」の中で示された障害は社会や環境の在り方や仕組みがつくりだしているという「[11]　　　」の二つの考え方が反映されています。

「障害のある子供の教育支援の手引～子供たち一人一人の　教育的ニーズを踏まえた学びの充実に向けて～（令和3年6月30日改訂）」では、発達障害も含め[12]　　　　の内容を障害種ごとに具体化し、就学先となる学校や[13]　　　を判断する際に重視すべき事項等が整理されています。最新の医学的な診断基準では、知的障害や言語障害なども[14]　　　　　のカテゴリーに含まれていますが、文部科学省では主として、自閉症、注意欠陥多動性障害、学習障害を[15]　　　　として扱い、知的障害や言語障害とは分けて整理しています。

なお、発達障害の診断がつくほどではありませんが、対人関係や社会性、行動面や情緒面、学習面において[16]　　　　　　につながる特性を有しているいわゆる[17]　　　　にある児童生徒もいます。発達障害のある児童生徒と同様に適応上の困難さを抱えている児童生徒は決して少なくありませんので、診断の有無により対応を考えるのではなく、児童生徒が抱える[18]　　　　　　　　　ことが大切です。

医学的な診断については、世界保健機関（WHO）[*133]が作成した分類及び[19]　　　　　　　が作成した精神疾患の診断・統計マニュアル第5版（[20]　　　）において、神経発達障害としてまとめられています。発達障害の基本的な特性は生涯にわたりますが、幼少期には目立たなかった症状が[21]　　　　　　　ことや、成長に伴い特性が[22]　　　　こともあります。また、他の発達障害と特性が重なっている場合もあります。発達障害の特性は生まれつきの[23]　　　によるものです。原因は脳の働きにあり個人の努力不足や意欲の問題ではありませんが、配慮や支援においては、[24]　　　　　　　関わりなど、[25]　　　に対する対応が非常に重要になります。

13.1.3 発達障害に関する課題

発達障害は、[1]　　　　　　　　　により、対人関係や社会性、行動面や情緒面、学習面に特徴がある状態です。学習活動において困難さを抱えるものもあれば、容易に取り組めるものもあります。学業成績が優秀であっても生活上の困難さを抱えている場合もあります。

そのため、発達障害による能力的な偏りに気付かれず、苦手なことは誰にでもあること、[2]　　　　　　、意欲の問題、[3]　　　　　　などと誤って捉えられてしまう

1 発達障害者支援法
2 アスペルガー症候群
3 学習障害
4 注意欠陥多動性障害
5 低年齢において発現するもの
6 社会的障壁
7 制限を受けるもの
8 日常生活又は社会生活
9 事物、制度、慣行、観念その他一切のもの
10 医学モデル
11 社会モデル
12 教育的ニーズ
13 学びの場
14 神経発達障害
15 発達障害

16 適応上の困難さ
17 グレーゾーン

18 困難さから対応を考える
19 アメリカ精神医学会
20 DSM-5
21 児童期以降に見られる
22 目立たなくなる
23 脳の働き方
24 安心感や自信や意欲を高める
25 心の問題

1 生まれつきの脳の働き方の違い

2 経験や努力不足
3 甘えやわがまま

[*133]　WHOにおいて、平成30年に国際疾病分類の第11回改訂版（ICD-11）が公表

ことも少なくありません。つまずきや失敗が繰り返され、[4 _____]が高まると、[5 _____]を失い、暴力行為、[6 _____]、不安障害など様々な二次的な問題による症状が出てしまうことがあります。これらの二次的な問題による不適応の問題を考える際は、見えている現象への対応だけでなく、[7 _____]にも意識を向け、[8 _____]を考えて対応することが大切です。

　ここでは、自閉症、注意欠陥多動性障害、学習障害について、それぞれの抱える課題について説明していきます。

(1) 自閉症

　自閉症は、「[9 _____]」、「言葉の発達の遅れ」、「興味や関心が狭く[10 _____]こと」を特徴としています。

　[11 _____]や自分の言動の周りへの影響を把握することに難しさがあり、暗黙の了解や例え話、遠回しの表現など[12 _____]に困難さを抱えます。また、[13 _____]ため、予想外の出来事が多い学校生活において、[14 _____]こともあります。

(2) 注意欠陥多動性障害

　注意欠陥多動性障害は、[15 _____]を特徴とし、社会的な活動や学校生活を営む上で著しい困難を示します。
　自分の感情や行動をコントロールしきれずに無意識にとった行動が、結果として[16 _____]こともあります。早合点やうっかりミス、不注意な誤りによる失敗も多く経験しています。また、指示通りに活動できない、ルールや約束が守れないことは、友達関係の維持に影響します。注意や叱責を受ける機会が多いことは、[17 _____]ともなります。

(3) 学習障害

　学習障害は、全般的な知的発達に遅れはありませんが、聞く、話す、読む、書く、計算する又は推論する能力のうち、[18 _____]に著しい困難を示します。
　課題は理解できても、学習の取組に成果を上げることに困難があります。できることと難しいことの[19 _____]ことも特徴であり、やる気の問題や努力不足と見られがちです。失敗経験の積み重ねは学習に対する[20 _____]を招きます。

13.1.4　学校における組織的な対応

(1) 校内の支援体制

　発達障害を含む障害等に対する[1 _____]への支援については、校内の支援体制がうまく機能するように、[2 _____]を中心に校内委員会で検討します。校内委員会及び特別支援教育コーディネーターの役割については、平成29年3月に作成された「発達障害を含む障害のある幼児児童生徒に対する教育支援体制整備ガイドライン～発達障害等の可能性の段階から、教育的ニーズに気付き、支え、つなぐために～」にまとめられています。
　学校生活における困難な状況の背景には、[3 _____]課題と教職員や周りの児童

4 苦手意識や挫折感
5 心のバランス
6 不登校
7 見えない部分
8 背景や要因

9 他者との社会的関係の形成の困難さ
10 特定のものにこだわる
11 相手の気持ちを推し量ること
12 抽象度が高い内容の理解
13 先の見通しを持てないことへの不安が強い
14 大きな不安感を抱えてしまう

15 年齢あるいは発達に不釣り合いな注意力又は衝動性・多動性
16 問題となる行動につながりやすい

17 自己評価や自己肯定感を下げる要因

18 特定のものの習得と使用

19 ギャップが大きい

20 自信や意欲の低下

1 特別な教育的ニーズのある児童生徒
2 特別支援教育コーディネーター

3 個人が抱える

生徒との ⁴　　　　　　　　　に関する課題の両面が影響しています。指導や支援[*134]だけでなく、学級全体の全ての児童生徒への指導や支援から学級の中での個別的な指導や支援、そして、必要に応じて個別的な場での個別的な指導や支援を ⁵　　　で考えます。

　まず、発達障害のある児童生徒を含む全ての児童生徒を対象に学級全体での指導や支援を行います。分かりやすい授業、⁶　　　　　　　　　　　　　が基盤になります。学級全体への指導や支援だけでは不十分な場合は、学級の中で ⁷　　　　　　　　　　を工夫します。また、本人や保護者の意向や個々の障害の状態等によっては、「⁸　　　　　　」の活用も考えられます。本人及び保護者の意向を踏まえつつ、必要に応じて市町村教育委員会等とも連携し、適切な学びの場及び学習方法を検討することが必要です。また、「通級による指導」の実施に当たっては、⁹　　　　　　　　　　　　と通級担当教員等との連携を図り、¹⁰　　　　　　　　ことが求められます。

(2) 学習面、行動面、対人関係への指導・支援

　発達障害に関する指導・支援に当たっては、¹¹　　　　　　　　　を意識しながら、重層的に展開することが重要です。

　学習面に困難のある児童生徒への対応は、できていないことやうまく取り組めていないことに注目しがちになります。しかし、苦手なことに対しても意欲を高めていくためには、できていることを認め、得意な面をうまく生かして指導や支援を行うことが大切になります。そのためには、¹²　　　　　　　　　　　に変えたり、¹³を用いたりして、実力を発揮し、伸ばし、評価される支援を考えます。失敗経験の積み重ねにより、自分にはできないなどと自己評価が低くなっている場合も多く見られます。個別的な指導や支援を行う際には、特別な扱いをされることが、逆に心の痛手にならないように、¹⁴　　　　　　　　　　　　ことも重要です。

　行動面については、注意や叱責だけでは改善は難しいという前提に立ち、¹⁵　　　　　　　　という視点を持つことが大切です。起きている行動だけに注目せず、きっかけになることや行動の結果など前後関係を通して要因を分析し、対応を考えます。失敗を指摘して修正させる対応ではなく、¹⁶　　　　　　　　　　を具体的に教え、¹⁷　　　　　　　　　　などの指導を通じて、成功により ¹⁸　　　　　　と、それを認めてくれる ¹⁹　　　　　　　　　　ことが、何よりも大切です。

　対人関係では、相手の状況を考えずに発言したことがトラブルのきっかけになったり、友達からの何気ない一言で心が傷つき不適応につながったりするなど、思い違いや勘違いが影響することもあります。場面や状況を説明しながら、相手の気持ちや感情をどう読み取るか、コミュニケーションをどう取るか、ということについて、²⁰　　　　　　　　などして、²¹　　　　　　　　　　　　ようにします。

(3) 相談できる人や場の確保

　発達障害のある児童生徒の場合は、不安や悩みを身近な人に伝えて理解してもらう

4 人間関係や学習環境

5 階層構造

6 認め合い支え合う学級集団

7 個別的な指導や配慮

8 通級による指導

9 通常の学級の担任・教科担任

10 切れ目ない支援を行う

11 2軸3類4層の支援

12 強みを活かした学習方法

13 合理的配慮

14 プライドや自尊感情に配慮する

15 適切な行動を増やしていく

16 どういう行動をとればよいか

17 実行できたら褒める

18 成就感や達成感が得られる経験

19 望ましい人間関係が周囲にある

20 イラストやロールプレイを用いる

21 具体的な指導や支援を行う

[*134]　特別支援教育は、障害のある幼児児童生徒の自立や社会参加に向けた主体的な取組を支援するという視点に立ち、幼児児童生徒一人一人の教育的ニーズを把握し、その持てる力を高め、生活や学習上の困難を改善又は克服するため、適切な指導及び必要な支援を行うものであり、学校現場等において本提要が活用されることを想定し、13.1では「指導や支援」の表記を使用している。

ことや、課題解決のために援助を求めることが苦手なため、[22]

ところがあります。集団でうまく適応できていない児童生徒の中には、こうした課題を共通に抱えている場合も多いと思われます。児童生徒が抱えている悩みや課題を真摯に受け止め、いつでも相談できる人や場所を校内に確保することが求められます。

22 自己解決能力が育ちにくい

13.1.5 関係機関との連携

児童生徒の発達上の課題を想定するために、関係機関と連携し、検査による評価を行うこともあります[*135]。学校が連携する関係機関としては、教育委員会の[1]
や専門家チーム、[2]   、療育機関や[3]
        等があり、発達上の課題の分析や検査による評価を基にした指導や助言を行っています。

関係機関との連携を図るためには、①「目的と内容の明確化」、②「保護者との信頼関係」、そして③「[4]   」がポイントとなります。実態把握やアセスメントの方法が知りたいのか、課題の分析についての助言が欲しいのか、指導と評価について助言が必要なのか、[5]   を明確にします。関係機関から得たいものは、生活上、学習上の困難さに関する特性の見方とそれに対する指導、支援の方法です。困難さに対する支援の手立てを具体的に考えるための助言を得ることにより、保護者、教職員が共通理解した上で、協働して支援を行うことが可能になります。そのためには、保護者との信頼関係が不可欠です。相談を勧められたのが初めての経験であれば、保護者の不安感は大きくなるのは当然です。問題を共有し、保護者の孤立感に対する精神的な支えとなるように、[6]
ことが重要になります。

その際、苦手なところばかりに注目するのではなく、長所にも注目し、児童生徒の
[7]   ことが求められます。相談することにより方向性が見つかり、安心感が得られる経験を積み重ねることにより、相談することがメリットとなります。その上で、相談から得られた知見を個別の教育支援計画に反映させます。[8]
       は、医療、保健、福祉、教育、労働等の各機関において、必要な情報を共有し、連携して相談、[9]   であり、生涯にわたり活用されることが望まれます。

特に学校教育を受けている間は、幼稚園等、小学校、中学校、高等学校、大学等の
[10]   となります。加えて、地域の関係機関と連携を図るための情報共有の支援ツールとして、[11]   ことが求められます。

1 巡回相談員

2 センター的機能を有する特別支援学校

3 発達障害者支援センター

4 個別の教育支援計画の活用

5 連携する目的と内容

6 教職員と保護者が信頼関係を構築する

7 全体像を共通理解する

8 個別の教育支援計画

9 支援を行うための支援ツール

10 学校間で引き継ぐ重要な資料

11 効果的に活用する

13.2 精神疾患に関する理解と対応

13.2.1 精神疾患に関する基本的構えと対応

生徒指導上の課題の背景として、精神疾患がその要因となっている場合があります。多くの精神疾患は[1]   と言われています。さらに、自らは[2]
       という特徴もあります。

1 思春期から青年期に始まる

2 病気と気付きにくい

[*135] 例えば、知的発達の水準や認知特性をみるには WISC-Ⅳや WISC-Ⅴ、認知能力と習熟度の差をみるには KABC-Ⅱ、適応行動の発達水準を幅広く捉えるには Vineland-Ⅱが活用されます。

また、多くの精神疾患は、³　　　　　　　　　　などから始まりますが、これらは思春期であれ、大人であれ、「よくありがちな」症状とも言えます。しかし、そのまま対処せずにいると、次第に個々の疾患に特徴的な症状へと発展する恐れもあるため、こうした症状を「よくあること」として見過ごさず、改善すべきこととして、生活リズムや生活環境の改善等に配慮するなどして、⁴　　　　　　　　ことが望まれます。

一方、これらの症状は誰にでも生じるものでもあり、全てが病的なものとは限りません。健康な悩みや不安、憂鬱な気分と、病的な精神症状を区別することは容易ではなく、思春期にありがちな心の動きなのか、場面や状況に則した心の動きなのか、イベントに対して年齢にふさわしい反応の大きさや内容であるのかなど、仮に専門家が見ても難しい場合もあります。大切なことは、日頃から、その人の性格や特性といった⁵　　　　　　をよく知っておき、その人らしさと違ったことが出てきた場合に注意する、ということです。精神疾患を巡る全体的な理解としては、①精神疾患に罹患することは⁶　　　　　　　　　という認識、②精神疾患の発症には睡眠などの⁷　　　　　　こと、及び③精神疾患や心の不調を疑ったら（その人らしからぬ行動があったり、久々に登校する日に来なかったりというような）⁸　　　　　　　　ことを児童生徒も周囲の大人も⁹　　　　　　　　　　ことが大切です。学齢期においては、親や教員よりも、友人に相談したりインターネットから情報を得たりしがちです。周囲の大人が知らないうちに時間が過ぎていく前に、学級・ホームルーム担任や養護教諭、SC等に¹⁰　　　　　　　　　　　を進めることが重要です。

児童生徒から相談を受けた際には、まずは¹¹　　　　　　　　ことが大切です。一方、SC等であっても、病理に関して十分な知識を持ち合わせないこともあることを考慮し、精神疾患が疑われるときには、¹²　　　　　　　　、学校医等を介し、¹³　　　　　　　ことが不可欠です。思春期の心性に配慮した診療を得意とする精神科医の所在は、保健所、保健センターなどに情報があります。日頃から、こうした¹⁴　　　　　　　　　　　　　ことが求められます。

13.2.2 主な精神疾患の例
(1) うつ病

気分障害、感情障害などと呼ばれることもあります。うつ病では、①抑うつ気分、興味や喜びの喪失、自責感といった¹　　　　　、②²　　　　　　　　、注意や集中力の低下、³　　　　　　　　、③頭が回転しない、思考制止などの⁴　　　　　、④易疲労性、⁵　　　　　　　　　　があり、時には希死念慮や、症状の日内変動も認められます。治療は、⁶　　、精神療法、⁷　　　　などがあります。

一方、気分が高揚し、活動性が亢進した状態を⁸　　　と言います。うつ状態と躁状態と両者を繰り返すものを⁹　　　と呼び、区別されます。

(2) 統合失調症

¹⁰　　　　　　　　で発症し、知覚、思考、感情、対人関係などに障害をきたす¹¹　　　　　であり、¹²　　　　　が罹患します。感情鈍麻、意欲の低下などの症状、記憶

［右欄　解答］

3 不安、抑うつ気分、不眠
4 適切に対応する
5 その人らしさ
6 誰にも起こり得る
7 生活習慣が影響する
8 早めに誰かに相談する
9 理解し行動できるようにする
10 相談を持ち掛けやすい環境づくり
11 話を傾聴し、不安を受け止める
12 学校長や養護教諭
13 地域の専門医につなげる
14 地域の関係機関とのネットワークを築いておく

1 感情の障害
2 意欲や行動の低下
3 自信の喪失や自己評価の低下
4 思考の障害
5 食欲低下や睡眠障害などの身体症状
6 休養
7 薬物療法
8 躁状態
9 躁うつ病
10 10代後半から20代前半
11 脳の疾患
12 120人に1人

や注意、遂行機能などの ¹³　　　　　　　　　も特徴です。未治療では幻覚や妄想を経験する急性の状態を繰り返し、その後、慢性に経過し、¹⁴　　　　　　　　　　　　　こ とがあります。一方、早期に治療を開始し、適切な心理社会的治療や薬物療法を行うことで再発を予防し、社会的に自立した生活を行うまで回復することも可能であるため、¹⁵　　　　　　　　　　です。

　特に、幻覚や妄想、まとまりのない会話などが弱いながら持続しているような統合失調症等を発症するリスクの高い状態での治療が重要で、¹⁶　　　　　　　　　　　　　　です。この時期には、抑うつ気分や不安も併せて訴えることが多く、環境調整やストレスマネジメント、また、¹⁷　　　　　　　　も有効です。なお、家族を含めた支援が必要なことも少なくありません。

(3) 不安症群

　パニック症、¹⁸　　　　　　、社交不安症、¹⁹　　　　　　　　　、恐怖症などが含まれ、不安症全体では約9％の人が経験する、²⁰　　　　　　　　　　　　　　　　です。

　人前での緊張を特徴とする社交不安症、動物や高所への ²¹　　　　　、突然の動悸を中心とする ²²　　　　　　は10代で始まることが多く、回復に時間がかかることもあります。不安症が先行し、後にうつ病を発症した場合には回復しづらいので、早期における ²³　　　　　　が必要です。不安は、健常な心の動きである一方で、統合失調症など他の精神疾患の ²⁴　　　　　である可能性もあり、注意が必要です。

(4) 摂食障害

　²⁵　　　　　　　　　　、過食性障害があります。食行動や身体症状は異なりますが、心理面では共通するところが多いと考えられます。かつては ²⁶　　　　　　　　　と呼ばれていたように、10代の女性が中心でしたが、小学生の発症や成人期に発症する例もあります。

　摂食障害は、受診者が限られ、発生率や有病率を正確に把握することが難しい疾患です。なお、性比については、女性に多く見られますが、男性でも起こることが報告されています。神経性やせ症の特徴は、²⁷　　　　　　でBMI[*136]が17あるいは18前後で ²⁸　　　　　　　が見られます。本人は自覚がないことが多く、体脂肪の減少により女性ホルモンが減少し、²⁹　　　　　　　などが進行し、³⁰　　　　　　　 こともあります。症状としては肥満恐怖があり、³¹　　　　　　　　が特徴です。

　神経性過食症では、過食に加え、過食を止められない「³²　　　　　　　　　　」が伴います。夜中に過食をするため、生活リズムが乱れ、過食後には ³³　　　　　　　　、下剤使用、絶食、過剰な運動などの ³⁴　　　　　　を行います。代償行動が著しくない場合は、³⁵　　　　　　と呼ばれます。

　治療は、神経性やせ症では ³⁶　　　　　と低い自己評価への働きかけのような ³⁷

---

13 認知機能の軽度の低下

14 社会生活に支障をきたす

15 未治療期間の短縮が重要

16 精神科医への相談が必須

17 認知行動療法

18 全般不安症

19 分離不安症

20 我が国で最も多く見られる精神疾患

21 恐怖症

22 パニック症

23 適切な対処

24 前駆症状

25 神経性やせ症と神経性過食症

26 思春期やせ症

27 著しい低体重

28 月経不順

29 骨粗しょう症

30 身長の伸びが止まる

31 過活動や運動強迫

32 失コントロール感

33 自己誘発性嘔吐

34 代償行動

35 過食性障害

36 栄養回復

37 心理面の治療

[*136] BMI（Body Mass Index）はボディマス指数と呼ばれ、体重と身長から算出される肥満度を表す指数。日本肥満学会では、BMIが22を適正体重（標準体重）としている。

、神経性過食症では ³⁸　　　　　、³⁹　　　　　と症状の記録などによる ⁴⁰　　　　　が必要です。また、家族関係の改善やコミュニケーションの支援が必要な場合もあります。

38病気の理解
39生活の規則化
40食行動のコントロール

13.3　健康課題に関する理解と対応

13.3.1　健康課題に関連した基本法規等

学校における児童生徒の健康課題に関連した基本法規として、「¹　　　　　」があり、児童生徒等及び ²　　　　の健康の保持増進を図るため、学校における ³　　　　に関する必要な事項等が定められています。

1 学校保健安全法
2 教職員
3 保健管理

また、児童生徒の心身の健康課題への対応の参考となる資料等として、「学校保健の課題とその対応」や「教職員のための子供の健康相談及び保健指導の手引」、文部科学省ホームページの「学校保健の推進」などがあります。なお、児童生徒の主な心身の健康課題については、「教職員のための子供の健康相談及び保健指導の手引」の資料編において、具体的に解説されています。この他、厚生労働省の「e-ヘルスネット［情報提供］」において、正しい健康情報が分かりやすく提供されています。

13.3.2　健康課題への対応

児童生徒の心身の健康課題（精神疾患については、13.2 精神疾患に関する理解と対応を参照）については、学校保健安全法第 8 条[*137]に規定される ¹　　　　や同法第 9 条[*138]に規定される ²　　　　により ³　　　　ことが重要です。

1 健康相談
2 健康観察
3 把握に努める

学校における健康観察は、⁴　　　　　　　　　　や養護教諭が中心となり、教育活動全体を通じて ⁵　　　により行います。また、健康相談は、⁶　　　、学校医・学校歯科医・学校薬剤師、学級・ホームルーム担任等の関係者が連携しながら、それぞれの専門性に応じて行います。

4 学級・ホームルーム担任
5 全教職員
6 養護教諭

児童生徒の心身の健康課題の背景は多様化しており、課題の把握に当たっては、一人の情報では不十分であるため、学級・ホームルーム担任や養護教諭をはじめとする関係者間で情報交換を行い、児童生徒を多面的に理解した上で、課題の本質（⁷　　　　　　　　　　　　　　　　　）を捉えていく必要があります。

7 医学的要因・心理社会的要因・環境要因

そのため、校内組織等で情報交換し、的確に課題の背景をつかむようにするとともに、学校内の支援活動で解決できるものか、医療や関係機関等の連携が必要かを見極めることが大切です。

13.3.3　生徒指導における健康課題への対応と関わり

生徒指導上の課題の背景に、児童生徒の ¹　　　　　　　が潜んでいる場合があります。そのような状況を把握するためには、養護教諭を生徒指導部会の構成メンバーとして位置付け、²　　　　　　　　　　　　　　　　　ことが不可欠です。文部科学省（平成29年）の「現代的健康課題を抱える子供たちへの支援～養護教諭の役

1 心身の健康課題

2 生徒指導主事と養護教諭との密接な連携を図る

[*137]　第 8 条　学校においては、児童生徒等の心身の健康に関し、健康相談を行うものとする。

[*138]　第 9 条　養護教諭その他の職員は、相互に連携して、健康相談又は児童生徒等の健康状態の日常的な観察により、児童生徒等の心身の状況を把握し、健康上の問題があると認めるときは、遅滞なく、当該児童生徒等に対して必要な指導を行うとともに、必要に応じ、その保護者（学校教育法第十六条に規定する保護者をいう。第二十四条及び第三十条において同じ。）に対して必要な助言を行うものとする。

割を中心として～」において、様々な健康課題を抱える児童生徒が、どの学校においても課題解決に向けた支援を確実に受けられるように、 **3** が中心となって情報を収集し、組織的な支援に取り組むための手順が示されています。そのなかで、多様化・複雑化する健康課題の解決に向けて、養護教諭は日常的に他の教職員と連携することが求められています。

また、中央教育審議会「チームとしての学校の在り方と今後の改善方策について」（平成27年）では、養護教諭は職務の特質から、児童生徒の身体的不調から背景にあるものにいち早く気付くことのできる立場にあることや、 **4** においても重要な役割を果たしていることなどから、 **5** でも重要な役割を担っていると指摘されています。つまり、児童生徒の心身の状況についての問題の発見者・情報収集者（ **6** ）、予防的・治療的相談者（ **7** ）、学級・ホームルーム担任や保護者への助言者（ **8** ）、専門機関の紹介や援助資源の連絡調整役（ **9** ）など幅広い役割の担い手であるということです。したがって、養護教諭は校内の生徒指導、教育相談において重要な位置を占め、チーム支援には **10** と言えます。

養護教諭の職務の特質を生かして、「特段の用事がないのに度々保健室に顔を出す」「不自然なけがや、頻発するけがでよく来室する」「何かと身体の不調を訴える」など、 **11** などを見逃さないようにすることが大切です。兆候に気付いた時点で学級・ホームルーム担任等と話し合い、普段の学校生活の様子や学業成績、友人関係、家庭状況などの情報を照らし合わせて対応を検討します。必要に応じて生徒指導主事や **12** 、特別支援教育コーディネーター、SC、SSW、 **13** などと校内連携を図ります。そうすることで、課題を抱えた児童生徒への支援やアプローチを多角的、重層的に進めることが可能になります。

また、養護教諭は、教員に向けて、 **14** （疾病・けが別来室者、頻回来室者等）、健康相談結果、児童生徒の生活時間や家庭での食事状況などの **15** などの情報提供を行い、生徒指導や教育相談を実施する上での資料を提供します。このように、教職員間の情報共有、共通理解に、 **16** ことで、児童生徒のアセスメントにおいて、BPS モデルの **17** （生物学的）視点を加えることが可能となります（→3.4.2(1)①チーム支援の判断とアセスメントの実施）。

13.3.4　健康課題に関する関係機関との連携

児童生徒の心身の健康課題が多様化し、 **1** 事例も増えていることから、全て課題を学校のみで解決することは困難な状況にあります。そのため、「学校保健安全法」では、 **2** 等の関係機関と **3** ことが規定されています。

連携に当たっては、教職員が各機関の役割や専門性などを **4** とともに、連携方法や担当窓口などについて、日頃から **5** 必要があります。 **6** も、生徒指導上の課題と心身の健康課題が相互に絡み合った事例が増加していることから、養護教諭等と連携しながら、積極的に地域の関係機関等との **7** ことが求められます。

3 養護教諭

4 健康相談
5 生徒指導面
6 アセスメント
7 カウンセリング
8 コンサルテーション
9 コーディネーション
10 欠かすことのできない存在

11 身体に表れるサインや児童虐待の兆候

12 教育相談コーディネーター
13 学校医
14 保健室利用状況
15 心身の健康に関する調査結果
16 健康的側面を積極的に取り入れる
17 Bio

1 医療の支援を必要とする
2 地域の医療機関
3 連携を図る
4 正しく理解する
5 正しく把握しておく
6 生徒指導主事
7 連携体制づくりに参与する

13.4 支援を要する家庭状況

13.4.1 家庭の養育機能と行政の役割

家庭は、子供たちの健やかな育ちの基盤であり、家庭教育は [1]
と考えられます。その一方で、近年、家庭状況の多様化が進み、家庭が子供の成長・発達に果たす役割も複雑になっています。

(1) 児童の権利に関する条約

「[2]   」(以下「条約」という。)は、その [3]   で、「家族が、社会の基礎的な集団として、並びに家族の全ての構成員、特に児童[*139] の [4]
のための自然な環境として、社会においてその責任を十分に引き受けることができるよう [5]   ことを確信」すると規定しています。
また、「児童が、その人格の完全なかつ調和のとれた発達のため、[6]   で幸福、愛情及び理解のある雰囲気の中で [7]   ことを認め」るとしています。
しかしながら、このような家庭の条件が整わない児童生徒も少なくありません。その場合、国は「児童の福祉に必要な [8]   ことを約束し、このため、全ての適当な [9]   」とも示しています。

(2) 児童福祉法

「[10]   」(以下「児福法」という。)は、条約を踏まえて、「児童の保護者は、児童を心身ともに健やかに育成することについて [11]   」とした上で、「[12]
        は、児童の保護者とともに、児童を心身ともに健やかに育成する [13]
        」と定めています。
そのため、保護者の [14]   を示しつつ、それと連帯する形で、行政機関にも [15]   ことになります。つまり、家庭での養育に課題がある場合には、行政にも健全育成の責任があることから、児童生徒のことは何でも保護者だけが決めるということではなく、[16]   ことを示しています。
また、「この原理は、全て児童に関する法令の施行に当たって、常に尊重されなければならない。」とも規定されていることから、福祉だけでなく、教育や医療など [17]
            ものであると言えます。学校は、特に児童生徒に近い存在であり、児童生徒の困難に気付くチャンスが多く、支援もしやすい立場にあります。そのため、積極的に困難を抱える児童生徒の発見に努め、適切に支援し、あるいは支援できる機関や仕組みにつなげることが必要となります。

13.4.2 学校が行う家庭への支援

学校が家庭を支援するに当たっては、家庭の在り方を批判したり、指導したりするのではなく、その [1]   、あくまでも [2]
という姿勢で臨むことが必要です。子供の最善の利益に合致していないなど家庭の子育てが気になる場合も、そうならざるを得ない事情があるという視点を持ち、児童生徒に関してどのような問題を孕んでいるのかを考えつつ、[3]   ことが求められます。

---

1 全ての教育の出発点となる

2 児童の権利に関する条約

3 前文

4 成長及び福祉

5 必要な保護及び援助を与えられるべきである

6 家庭環境の下

7 成長すべきである

8 保護及び養護を確保する

9 立法上及び行政上の措置をとる

10 児童福祉法

11 第一義的責任を負う

12 国及び地方公共団体

13 責任を負う

14 養育権限や責任

15 養育責任を課している

16 行政が介入することもあり得る

17 全ての分野に適用される

---

1 多様性を認め

2 家庭と協働して児童生徒の教育に当たる

3 家庭と連携する

[*139] 「児童の権利に関する条約」第1条において、「児童とは、18歳未満のすべての者をいう。」とされている。

(1)　家庭支援における学校の役割

　子供が成長・発達することで、家庭に期待される役割も変化します。しかし、家庭にも様々な事情があり、その変化に対応できなかったり、他の事情を優先するあまり、子供の最善の利益が後回しになったりするということも起こり得ます。児童生徒に問題やリスクが生じる場合には、福祉機関などの行政は保護者の意向を超えてでも、[4]　　　　　　　　　　　　ことになり、このことに学校も協力します。しかし、学校が単独で保護者の指導をしたり、家庭に強く介入したりする役割を負っているわけではありません。学校のなすべき役割を理解し、単独で抱え込まない家庭支援が求められます。

　また、学校が家庭に対して行う支援等は、原則的に[5]　　　　　　　　　ため、保護者に困難さを表出してもらい、支援を受け入れてもらうことが大切です。しかし、多くの保護者は、学校に率直に困難さを表出することに抵抗感を持っています。そのため、適切な生徒指導や教育相談を進めるには、このような援助要請を[6]　　　　　　　　　も求められます。

4 児童生徒を支援するため家庭に介入する

5 保護者の了解や同意を前提とする

6 的確に引き出す力

(2)　家庭訪問における留意点

　学校として本人や家庭に働きかけようとしても、そもそも対面することや電話などで連絡することもできないということが、しばしば起こります。そこで、[7]　　　　　をすることになりますが、この場合も本人や保護者の思いに配慮することが必要です。令和元年に文部科学省が発出した「不登校児童生徒への支援の在り方について（通知）」では、以下のとおり示されています。

7 家庭訪問

- 学校は、[8]　　　　　　　　に配慮しつつ、定期的に家庭訪問を実施して、児童生徒の理解に努める必要があること。また、家庭訪問を行う際は、常にその[9]　　　　　、[10]　　　　　を検証し適切な家庭訪問を行う必要があること。
- 家庭訪問や電話連絡を繰り返しても[11]　　　　　　　　　　　　　　等の場合は、直ちに[12]　　　　　　　　　　　　　　　ほか、警察等に情報提供を行うなど、適切な対処が必要であること。

8 プライバシー

9 意図・目的

10 方法及び成果

11 児童生徒の安否が確認できない

12 自治体又は児童相談所への通告を行う

　この通知は不登校に関するものですが、家庭への働きかけという点では、[13]　　　　　　　　　　ものです。プライバシーに配慮すること、訪問の目的を明確にし、方法や成果を検証して適切に実施することなどは非常に重要なポイントです。ただ訪問すればよいということではないことに、十分留意することが必要です。

13 全ての生徒指導に共通する

(3)　家庭支援における福祉・司法との連携

　安否確認などの家庭の監護に関する最終判断は、福祉や司法が担当すべきものです。学校は、通告や情報提供など法令に定められた場合はもちろん、学校としての支援の限界が見えた場合には、適切に福祉機関や警察と連携するという姿勢を対応の基本とする必要があります。

　家庭の援助要請が示されたならば、自治体における家庭支援の仕組みとして、教育分野の「[14]　　　　　　　　　　　」や、福祉分野の「[15]　　　　　　　　　　[*140]」などの整備も進んでおり、これらを保護者に紹介するなどして、家庭支援を効果的なものにすることも有効です。

14 家庭教育支援チーム

15 子ども家庭総合支援拠点

次の項からは、児童生徒の困難に関する家庭的背景の課題をいくつかのグループに分けて説明します。

13.4.3　特に行政が積極的に支援を行うもの

児福法により、行政が積極的に介入することが求められる児童等の区分に、要保護児童、要支援児童、特定妊婦があります。それぞれの定義は以下のとおりです。

要保護児童	保護者のない児童又は保護者に監護させることが不適当であると認められる児童
要支援児童	保護者の養育を支援することが特に必要と認められる児童
特定妊婦	出産後の養育について出産前において支援を行うことが特に必要と認められる妊婦

これらは、児童虐待と同様に、児童生徒本人や保護者の意向にかかわらず、¹　や²　　　　が課せられます（→第7章児童虐待）。通告や情報提供については、³　　　　　　ので、学校は福祉機関に適切に情報を伝えることが求められています。

(1)　要保護児童・要支援児童

⁴　　　は、支援がないと児童虐待や非行などの⁵　　　　になるリスクがある段階の児童を指します。虐待などの課題が現れてからの対応ではなく、その予防的段階として支援体制を組むことで⁶　　　　ことを目的としていることを理解した上で、適切な⁷　　　が求められます（→3.7 学校・家庭・関係機関等との連携・協働）。

また、いわゆる⁸　　　　　　にある児童なども、保護者が適切な援助要請を表明できない場合は、要支援児童や要保護児童に該当する可能性があるため、この枠組みを用いて、福祉と連携する必要が生じます。

(2)　⁹

児童生徒の予期しない妊娠による0日児の虐待死亡事例も発生していることから、児童生徒が妊娠した場合、¹⁰　　　等の相談機関の情報提供のみではなく、確実に医療機関につなぎ、その後も児童生徒が孤立しないよう、¹¹　　　など関係機関と連携して支援を行っていくことが必要になります。

その際、「公立の高等学校における妊娠を理由とした退学等に係る実態把握の結果等を踏まえた妊娠した生徒への対応等について」の内容について留意した対応が求められます。

(3)　要保護児童対策地域協議会

児童虐待を含む要保護児童や要支援児童及び特定妊婦については、通告などの後に、

側注：
1 通告の義務
2 情報提供の努力義務
3 守秘義務が適用されません

4 要支援児童
5 要保護児童
6 深刻化を防止する
7 法令遵守

8 ヤングケアラーや貧困状態

9 特定妊婦

10 妊娠SOS
11 保健所

[*140]　子ども家庭総合支援拠点は、児童福祉法第10条の2に基づき、児童等を対象として、地域の実情の把握、相談対応、調査、継続的支援等を行うものであり、政令指定都市においては、行政区ごとに設置することが求められている。市町村においては、令和6年4月から、子ども家庭総合支援拠点（児童福祉）と子育て世代包括支援センター（母子保健）の設立の意義や機能は維持した上で組織を見直し、全ての妊産婦、子育て世帯、子供へ一体的に相談支援を行う機能を有する機関（こども家庭センター）の設置に努めることとなる。

自治体が [12]　　　　　　　　　　（以下「要対協」という。）の対象ケースとすることが通例であり、その支援は要対協を通じた関係機関間の連携の下で行うこととなっています。児童生徒や新生児の安全を守るためにも積極的に自治体の [13]　　　　　　ことが求められます。

[12]要保護児童対策地域協議会

[13]児童福祉担当部署に連絡する

13.4.4　経済的困難を抱える場合

(1)　見えにくい子供の貧困

　家庭的背景の課題の一つに、経済的困窮があります。近年では、[1]　　　　　　という視点から対応が求められており、平成25年に「[2]　　　　　　　　　　　　　」が成立し、それに基づいた「子供の貧困対策に関する大綱～日本の将来を担う子供たちを誰一人取り残すことがない社会に向けて～」も閣議決定されています。同大綱においては、貧困対策のプラットフォームとしての [3]　　　　　　や、就学援助・支援や進路指導などの指標も含めた [4]　　　　　が示されています。

　近年の子供の貧困は、見えにくくなっているとの指摘もあります。貧困の影響は、食事がとれない、物が買い揃えられないといった [5]　　　　　　　　だけではなく、学力不振や進路に希望が持てない、生きる意欲が湧かないなど様々な面で影響があるとされています。こうした貧困による影響やその兆しが見られた場合は、[6]　　をはじめとする学校内外の関係者と連携して、児童生徒やその家庭に対する状況の把握や [7]　　　　　　　を行うことが求められます。

[1]子供の貧困

[2]子どもの貧困対策の推進に関する法律

[3]学校の在り方

[4]支援の方針

[5]貧困の直接的影響

[6]SSW

[7]必要な支援の提供

(2)　ひとり親家庭支援

　ひとり親家庭にあっては、その約半数が [8]　　　　　　[*141]と呼ばれる状況に該当するなど、経済的に看過できない状態にあります。そこで「[9]　　　　　　　　」において、[10]　　　　　　　　　　　　　　が図られており、その主たる内容は、子育て・生活支援、[11]　　　　、養育費確保支援、[12]　　　　　　など多岐にわたっています。そのため、必要な場合にはこれらの支援が活用できるよう広報を工夫したり、[13]　　　　　　　　を行ったりするなど、考慮することが求められます。

[8]相対的貧困

[9]母子及び父子並びに寡婦福祉法

[10]ひとり親家庭の支援の充実

[11]就業支援

[12]経済的支援

[13]SSW を活用した連携

(3)　就学援助

　経済的理由により就学が困難な小・中学校の児童生徒の保護者に対して、市町村が [14]　　　　、修学旅行費、[15]　　　　　等を援助しています。支援の内容、申込みの手続きは各市町村によって異なっていますが、各地域の制度について [16]　　　　　とともに、必要な場合は SSW と協力するなどして、保護者が制度を活用できるよう [17]　　　　　　　ことが必要です[*142]。

[14]学用品費

[15]学校給食費

[16]全ての保護者に周知する

[17]積極的な支援を行う

(4)　保険料滞納世帯の子どもに対する短期被保険者証の交付

　かつて保護者が保険料を滞納したため被保険者証を返還し [18]　　　　　　　が交付され、医療費を窓口で [19]　　　[*143]しなければならないため、児童生徒が病気の際に通院を控えてしまうなどという事例がありました。現在、[20]　　　　　　では、被保険者資格証明書を交付する世帯に18歳の誕生日の属する日の年度末までの子どもが

[18]被保険者資格証明書

[19]全額負担

[20]国民健康保険法

[*141]　相対的貧困とは、その国の文化水準、生活水準と比較して困窮した状態に置かれていることを意味する。具体的には、世帯の所得が、その国の等価可処分所得の中央値の半分（貧困線）に満たない状態を指す。日本の2018年の貧困線は、127万円である。

[*142]　「就学援助制度について（就学援助ポータルサイト）」文部科学省ホームページ

[*143]　事後に市町村に申請すれば、保険給付分は「特別療養費」として償還払いを受けられる仕組みとなっている。

属している場合、その子どもに対し [21] 　　　　　の「短期被保険者証」を交付しなければならない仕組みを設けており、自治体も出来るだけ速やかに [22] 　　　　　　を子どもの手元に届けるよう努めています。

　また、自治体によっては、子供の医療費を無料とするなどの施策も行われているので、地域の制度を確認の上、保護者と連携し、適切な支援を活用できるようサポートを行うことが必要です。なお、このような場合も、保護者が適切に申請などできない場合には、学校だけの支援ではなく、[23] 　　　　　として情報提供を行うなど、行政機関との支援ネットワークを組んでおくことも必要となります。

13.4.5　児童生徒の家庭での過重な負担についての支援

　いわゆるヤングケアラー[*144]は、法令上の定義はありませんが、一般に、本来大人が担うと想定されている [1] 　　　　　[*145]などを、[2] 　　　　　　ような子供を指します。

　いわゆる「お手伝い」の範囲を超え、子供の年齢や成長の度合いに見合わない重い責任や負担を負うことで、友達と遊ぶ、学習する、クラブ活動に参加するなどの、子供としての生活体験が奪われたり、時には通学や睡眠時間も制限されたり、子供自身の生活の大部分を家族のケアに充てるといったケースも見られます。その影響は成人した後も残る場合があります。また、子供自身やその家族がそのような状態を子供にとっての困難な状態と認識しておらず、[3] 　　　　　　　ことも特徴です。

　このため、学校の教職員は、ヤングケアラーの特徴や実情を正しく理解するため、日頃から支援に係る [4] 　　　　　ことが重要です。教職員が [5] 　　　　　　　　を踏まえて子供本人や保護者と接することで、家庭における子供の状況に気付き、必要に応じて学校におけるケース会議等において関係者間で情報を共有する等の取組が、ヤングケアラーの早期発見・対応につながる可能性があります。支援が必要なヤングケアラーの可能性がある児童生徒を把握した場合には、SSW と連携して市町村の福祉部門等を通じて必要な支援につなげることが求められます。

　他方、家族のケアをすることは、子供にとって生きがいになっていることもあり、本人にとってかけがえのない人生の一頁にもなり得るものです。単純に家族ケアを「悪いこと」とし、ヤングケアラーを「かわいそうな子」と捉えるのではなく、家族ケアの価値を認めつつ、[6] 　　　　　　　　　　ことも大切です。過度な負担や責任によって子供の育ちなどに影響が出ないよう、周囲の大人が理解した上で [7] 　　　　がなされるような環境を整えることが求められます。

　例えば、典型的なヤングケアラーとして、保護者や家族の精神疾患や精神的課題について、看病や見守り、通院付き添いなどをする子供がいます。このような場合、子供の養育が不適切であれば [8] 　　　　、現実の問題は生じていないものの家族外からの支援が必要ならば [9] 　　　　ということになり、それぞれ福祉につなぐ必要があります。また子供との関係だけでなく、保護者の精神疾患の程度が重い場合は、「[10] 　　　　　　　　　　」の手立てを活用することについて検討することも必要になります。任意の相談という対応だけでは不十分な場合もあり、SSW なども

[*144] 「ヤングケアラーについて」厚生労働省ホームページ
[*145] 核家族化や共働き世帯の増加等、家庭を取り巻く環境が変化する中、病気や障害、精神的な問題を抱える家族のケアや幼い兄弟姉妹の身の回りの世話、日本語を母国語としない親への通訳など多岐にわたる。

（側注）

21 有効期間 6 カ月
22 短期被保険者証

23 要支援児童

1 家事や家族の世話
2 日常的に行っている

3 問題が表面化しにくい

4 研修に参加する
5 ヤングケアラーの特性

6 子供の声をよく聞き、気持ちに寄り添う姿勢を持つ
7 社会的支援

8 要保護児童
9 要支援児童
10 精神保健及び精神障害福祉に関する法律

参画した校内での [11]　　　　　で [12]　　　　　　　　　　　　　を実施し、支援を行うことが大切です。

11ケース会議

12アセスメントとプランニング

13.4.6　社会的養護の対象である児童生徒

(1)　社会的養護の対象と関係施設等

社会的養護とは、保護者のない児童や、保護者に監護させることが適当でない児童、つまり要保護児童等について、[1]　　　　　　　　　　　　　　　　ことをいいます。この社会的養護の対象のうち、保護者と分離されて養育支援される場合を [2]　　　　と呼んでいます。

1 公的責任で社会的に養育や保護を行う

2 代替養育

主として児福法に基づいた、[3]　　　　　　　や児童心理治療施設、[4]　　　　　　　　　、母子生活支援施設、[5]　　　　　　　　　のほか、場合によっては障害関係の施設で生活する例もあります。また近年は、施設よりも [6]　　　やグループホームと呼ばれる [7]　　　　での養育が優先されるようになっています。

3 児童養護施設

4 児童自立支援施設

5 自立援助ホーム

6 里親

7 家庭的な場所

社会的養護の対象となる子供の多くは、何らかの事情で心身に傷ついた経験を有し、元の住居から離れ、保護者や家族とも離れ生活している点で、大きな困難を抱えています。そのため、施設や里親は、そのような困難の支援も視野に入れて取り組むことになります。しかし、その対応は容易ではなく、周囲から適切な理解が得られないなどの理由から、学校で [8]　　　　　　　　　　　　　といった状況も生じます。また、場合によって、施設に入所していることを家族に隠す必要があったり、関係者の強制的な引き取りなどのリスクに対応する必要があったりする場合なども想定されます。

8 問題行動などが発現しやすい

(2)　学校における対象児童生徒への配慮

上記のことにより、学校は、施設や里親と連携して、アセスメントを共有するなど [9]　　　　　　　　　　　　　ことが大切です。また、措置を行った児童相談所との連携も重要になります。

9 支援の方針を一致させる

なお、児童自立支援施設や一部の児童心理治療施設等には、施設内に学校が設置されており、元の学校との関係で、学籍異動や高校進学時の在籍校の調整などの必要性が生じることもあるなど、[10]　　　　　　　　　　　　　　　　も求められます。

10 社会的養護の対象児童生徒特有の配慮

社会的養護を受けている児童生徒については、高校などに進学した場合には、[11]　　を超えても福祉が [12]　　　　　　　　　　となります。それでも施設等の退所後に自立に向けては大きな困難を抱える場合もあり、長期にわたり支援が続けられる体制を組むことが社会全体に求められています。学校も、特にそのための配慮を行うことが必要になります。

11 18歳

12 支援をすることが可能

また、児童相談所による一時保護中の児童生徒については、一時保護等が行われている児童生徒の [13]　　　　に係る適切な対応及び [14]　　　　　　　　　に係る対応についての通知があり、[15]　　　　　　　　　　　　点にも留意する必要があります。

13 指導要録

14 児童虐待防止対策

15 特段の配慮が求められている

近年は、社会的養護の対象となる子供について、積極的に養子縁組が推奨される流れがあります。特に [16]　　　　と呼ばれる、通常養子であることが戸籍上なども判断できない形態の養子縁組も増加しつつあり、それに伴って養親から学校に配慮を求める申し入れを行うという動きも増えています。

16 特別養子縁組

その背景には、学校の授業や行事などで、実親に育てられていないことや、出生以降の家庭生活が継続していないという事情を考慮しない取組がなされ、そのことが子供を傷つけることになるという場合が想定されるからです。学校には、そのような体

験を持つ児童生徒が [17] 　　　　　ということに [18] 　　　が求められます。

17 少なからず存在する

18 配慮した取組

1 国際結婚家庭の児童生徒

2 複合的困難に直面する

3 多様性を認め、互いを理解し、尊重し合う学校づくりに努める

4 ヤングケアラー

5 適切な支援につなぐ

6 適切な対応を行う

13.4.7 外国人児童生徒等

外国籍の児童生徒のみならず、帰国児童生徒や [1] 　　　　　など、多様な文化的・言語的背景を持つ児童生徒が増加しています。こうした児童生徒は文化の違いや言語の違いのみならず、これらに起因する [2] 　　　　　ことが多く、不登校やいじめ、中途退学などに発展する場合があります。教職員が児童生徒や保護者に寄り添ったきめ細かな支援を行うとともに、[3]
　　　　　ことが、何よりも大切です。

また、保護者が日本語を話さないために通訳をしたり、家族の世話をしたりするなど、児童生徒がいわゆる [4] 　　　　とされる状態にある場合には、そもそも支援に関する情報を得ることが困難であることを踏まえ、学校が積極的に本人や保護者のニーズを把握し、[5] 　　　　　ことが必要です。

なお、外国人児童生徒等を巡る生徒指導の実施に当たっては、「外国人児童生徒受入れの手引き」や「外国人児童生徒等教育に関する動画コンテンツ」などを参考にし、[6]
　　　　　ことが求められます。

〔過去問チャレンジ編〕

第1章 生徒指導の基礎

1 次の文章は、「生徒指導提要」（令和4年12月改訂 文部科学省）における、生徒指導の定義である。文章中の（ a ）、（ b ）にあてはまる語句の組合せとして、最も適切なものを選びなさい。

2024年度 千葉県 19

> 生徒指導の定義
>
> 生徒指導とは、児童生徒が、社会の中で（ a ）生きることができる存在へと、自発的・主体的に成長や発達する過程を支える教育活動のことである。なお、生徒指導上の課題に対応するために、必要に応じて（ b ）を行う。

① a自分らしく　　　　b指導や援助
② a困難に立ち向かい　b指導や援助
③ a自分らしく　　　　bキャリア教育
④ a困難に立ち向かい　bキャリア教育
⑤ a自分らしく　　　　bアクティブラーニング

解答 ①

解説 「生徒指導提要」（2022年12月）の「第Ⅰ部 生徒指導の基本的な進め方」「第1章 生徒指導の基礎」「1.1 生徒指導の意義」「1.1.1 生徒指導の定義と目的」「(1) 生徒指導の定義」を参照。

2 次の文は、「生徒指導提要」（令和4年12月 文部科学省）の「第Ⅰ部 第1章 生徒指導の基礎」に関する記述である。(1)、(2)の各問いに答えなさい。

2024年度 熊本市 5

> 生徒指導の定義
>
> 生徒指導とは、児童生徒が、社会の中で自分らしく生きることができる存在へと、（ ア ）に成長や発達する過程を支える教育活動のことである。なお、生徒指導上の課題に対応するために、必要に応じて指導や援助を行う。

生徒指導は、児童生徒が自身を個性的存在として認め、自己に内在している（ イ ）に自ら気付き、引き出し、伸ばすと同時に、社会生活で必要となる社会的資質・能力を身に付けることを支える働き（機能）です。したがって、生徒指導は学校の教育目標を達成する上で重要な機能を果たすものであり、学習指導と並んで学校教育において重要な意義を持つものと言えます。

(1) （ ア ）に当てはまる語句を、下の①～⑤から一つ選び、番号で答えなさい。
　　① 積極的・肯定的　　② 自発的・主体的　　③ 組織的・計画的
　　④ 自律的・発展的　　⑤ 個性的・個別的

(2) （ イ ）に当てはまる語句を、下の①～⑤から一つ選び、番号で答えなさい。
　　① 将来展望　　② よさや可能性　　③ 興味・関心　　④ 自己有用感　　⑤ 自己理解

解答　ア—⑵　イ—⑵
解説　「生徒指導提要」（2022年12月）の「第Ⅰ部　生徒指導の基本的な進め方」「第1章　生徒指導の基礎」「1.1　生徒指導の意義」「1.1.1　生徒指導の定義と目的」「⑴　生徒指導の定義」を参照。

3　「生徒指導提要」（令和4年12月改訂　文部科学省）の第Ⅰ部　生徒指導の基本的な進め方の「第1章　生徒指導の基礎」では、生徒指導を、「生徒指導とは、児童生徒が、社会の中で自分らしく生きることができる在存へと、自発的・主体的に成長や発達する過程を支える教育活動のことである。なお、生徒指導上の課題に対応するために、必要に応じて指導や援助を行う。」と定義した上で、さらに、以下のように説明している。文中の（　A　）〜（　C　）に入る語句の正しい組合せを、下の1〜5のうちから一つ選べ。

2024年度　大分県　【2】（6）

　生徒指導は、児童生徒が自身を（　A　）として認め、（　B　）よさや可能性に自ら気付き、引き出し、伸ばすと同時に、社会生活で必要となる社会的資質・能力を身に付けることを（　C　）（機能）です。したがって、生徒指導は学校の教育目標を達成する上で重要な機能を果たすものであり、学習指導と並んで学校教育において重要な意義を持つものと言えます。

	A	B	C
1	社会的存在	潜在的に有している	指導する働き
2	社会的存在	自己に内在している	支える働き
3	個性的存在	自己に内在している	指導する働き
4	個性的存在	自己に内在している	支える働き
5	個性的存在	潜在的に有している	指導する働き

解答　4
解説　「生徒指導提要」（2022年12月）の「第Ⅰ部　生徒指導の基本的な進め方」「第1章　生徒指導の基礎」「1.1　生徒指導の意義」「1.1.1　生徒指導の定義と目的」「⑴　生徒指導の定義」を参照。

4　次は、「生徒指導提要」（令和4年12月　文部科学省）の「1.1.1　生徒指導の定義と目的」の一部です。文中の　①　〜　③　にあてはまる語句の組み合わせとして正しいものを、下の1〜4の中から1つ選びなさい。

2024年度　埼玉県　42

　生徒指導の目的
　　生徒指導は、児童生徒一人一人の　①　の発見とよさや可能性の伸長と　②　の発達を支えると同時に、自己の幸福追求と社会に受け入れられる　③　を支えることを目的とする。

1	①	強み	②	社会的資質・能力	③	自己実現
2	①	強み	②	社会情緒的能力	③	キャリア達成
3	①	個性	②	社会情緒的能力	③	キャリア達成
4	①	個性	②	社会的資質・能力	③	自己実現

解答 4

解説 『生徒指導提要』(2022年12月)の「第Ⅰ部　生徒指導の基本的な進め方」「第1章　生徒指導の基礎」「1.1　生徒指導の意義」「1.1.1　生徒指導の定義と目的」「(2)　生徒指導の目的」を参照。

5　次の文は、文部科学省が令和4年12月に改訂した「生徒指導提要」の一部である。 ① ～ ③ に当てはまる語句の組合せとして**適切なもの**は、下の1～5のうちどれか。

2024年度　新潟県 23 ／ 2024年度　新潟市 16

　生徒指導の目的を達成するためには、児童生徒一人一人が ① を身に付けることが重要です。児童生徒が、深い ② に基づき、「何をしたいのか」、「何をするべきか」、主体的に ③ を発見し、自己の目標を選択・設定して、この目標の達成のため、自発的、自律的、かつ、他者の主体性を尊重しながら、自らの行動を決断し、実行する力、すなわち、「 ① 」を獲得することが目指されます。

1　①自己判断力　②自己理解　③問題や課題
2　①自己判断力　②自己探究　③価値や課題
3　①自己判断力　②自己探究　③問題や課題
4　①自己指導能力　②自己探究　③価値や課題
5　①自己指導能力　②自己理解　③問題や課題

解答 5

解説 『生徒指導提要』(2022年12月)の「第Ⅰ部　生徒指導の基本的な進め方」「第1章　生徒指導の基礎」「1.1　生徒指導の意義」「1.1.1　生徒指導の定義と目的」「(2)　生徒指導の目的」を参照。

6　次の文中の（　　）に最も適するものを、下のア～エからそれぞれ1つずつ選び、記号で答えよ。

2024年度　富山県 2 (1)

　「生徒指導提要」(令和4年12月　改訂)において、「生徒指導は、児童生徒一人一人の個性の発見とよさや可能性の伸長と社会的資質・能力の発達を支えると同時に、自己の幸福追求と社会に受け入れられる（　　）を支えることを目的とする。」とされている。
　ア　人間関係　イ　自己実現　ウ　生活習慣　エ　自己理解

解答 イ

解説 『生徒指導提要』(2022年12月)の「第Ⅰ部　生徒指導の基本的な進め方」「第1章　生徒指導の基礎」「1.1　生徒指導の意義」「1.1.1　生徒指導の定義と目的」「(2)　生徒指導の目的」を参照。

7 次の空欄に入るものとして最も適当なものを、それぞれ下の①～④から一つずつ選びなさい。

2024年度　石川県　① (8)

　12年ぶりに改訂が行われた生徒指導提要（令和4年12月文部科学省）では、生徒指導の目的を達成するためには、児童生徒一人一人が□□□□を身につけることが重要であるとしている。

① 自己実現力　　② 自己指導能力　　③ 自己表現能力　　④ 自己理解能力

解答 ②

解説 『生徒指導提要』（2022年12月）の「第Ⅰ部　生徒指導の基本的な進め方」「第1章　生徒指導の基礎」「1.1　生徒指導の意義」「1.1.1　生徒指導の定義と目的」「(2)　生徒指導の目的」を参照。

---

8 次の文章は、「生徒指導提要」（令和4年12月　文部科学省）で述べられている「1.1.1　生徒指導の定義と目的　(2)生徒指導の目的」の一部である。□A□～□E□に当てはまる語句の組合せとして正しいものを、次の①～⑤の中から選べ。

2024年度　岐阜県　7

　生徒指導の目的は、□A□の内外を問わず、学校が提供する全ての教育活動の中で児童生徒の人格が尊重され、個性の発見と□B□の伸長を児童生徒自らが図りながら、多様な社会的資質・能力を獲得し、自らの資質・能力を適切に行使して□C□を果たすべく、自己の幸福と社会の発展を児童生徒自らが追求することを支えるところに求められます。
（中略）
　児童生徒は、学校生活における多様な他者との関わり合いや学び合いの経験を通して、学ぶこと、生きること、働くことなどの価値や課題を見いだしていきます。その過程において、自らの□D□や人生の目標が徐々に明確になります。学校から学校への移行、学校から社会への移行においても、主体的な選択・決定を促す□E□が重要です。

① A　教育課程　　B　自己学習能力　　C　自己実現
　 D　在り方　　　E　主体的に学ぶ態度
② A　教育課程　　B　よさや可能性　　C　自己実現
　 D　生き方　　　E　自己指導能力
③ A　学校生活　　B　自己学習能力　　C　アイデンティティの確立
　 D　在り方　　　E　主体的に学ぶ態度
④ A　教育課程　　B　よさや可能性　　C　アイデンティティの確立
　 D　生き方　　　E　自己指導能力
⑤ A　学校生活　　B　よさや可能性　　C　自己実現
　 D　生き方　　　E　主体的に学ぶ態度

解答 ②

解説 『生徒指導提要』（2022年12月）の「第Ⅰ部　生徒指導の基本的な進め方」「第1章　生徒指導の基礎」「1.1　生徒指導の意義」「1.1.1　生徒指導の定義と目的」「(2)　生徒指導の目的」を参照。

9 次の　　　内の文は、令和4年12月に公表された「生徒指導提要」の「第1章　生徒指導の基礎」の一部を示そうとしたものである。文中の（　　　）内にあてはまる語句は何か。あとの①〜④から一つ選べ。

> 生徒指導の目的
> 　生徒指導は、児童生徒一人一人の個性の発見と（　　　）の伸長と社会的資質・能力の発達を支えると同時に、自己の幸福追求と社会に受け入れられる自己実現を支えることを目的とする。

①　規範意識や道徳性　　②　よさや可能性　　③　主体性や積極性　　④　自主性や社会性

解答 ②

解説 『生徒指導提要』（2022年12月）の「第Ⅰ部　生徒指導の基本的な進め方」「第1章　生徒指導の基礎」「1.1　生徒指導の意義」「1.1.1　生徒指導の定義と目的」「(2)　生徒指導の目的」を参照。

10 次の文は「生徒指導提要」（令和4年12月文部科学省）「第1章　生徒指導の基礎」「1.1　生徒指導の意義」の一部を抜粋したものである。文中の（　ア　）〜（　エ　）に当てはまる語句の正しい組合せを選びなさい。

> 　生徒指導の目的は、教育課程の（　ア　）、学校が提供する全ての教育活動の中で児童生徒の人格が尊重され、（　イ　）の発見とよさや可能性の伸長を児童生徒自らが図りながら、多様な（　ウ　）資質・能力を獲得し、自らの資質・能力を適切に行使して（　エ　）を果たすべく、自己の幸福と社会の発展を児童生徒自らが追求することを支えるところに求められます。

	ア	イ	ウ	エ
①	内外を問わず	課題	社会的	自己の責任
②	範囲内で	個性	社会的	自己の責任
③	範囲内で	課題	汎用的	自己実現
④	内外を問わず	個性	社会的	自己実現
⑤	内外を問わず	課題	汎用的	自己実現

解答 ④

解説 『生徒指導提要』（2022年12月）の「第Ⅰ部　生徒指導の基本的な進め方」「第1章　生徒指導の基礎」「1.1　生徒指導の意義」「1.1.1　生徒指導の定義と目的」「(2)　生徒指導の目的」を参照。

11 次の文章は、「生徒指導提要（令和 4 年12月文部科学省）」の一部である。空欄ア〜エに当てはまる語句の組み合わせとして正しいものを、下の①〜⑤から 1 つ選び、番号で答えなさい。

2024年度　熊本県　[7]　(4)

(2) 生徒指導の目的

　生徒指導の目的は、教育課程の内外を問わず、学校が提供する全ての教育活動の中で児童生徒の　ア　が尊重され、個性の発見とよさや　イ　の伸長を児童生徒自らが図りながら、多様な社会的資質・能力を獲得し、自らの資質・能力を適切に行使して　ウ　を果たすべく、　エ　を児童生徒自らが追求することを支えるところに求められます。

① ア 人格　イ 主体性　ウ 自己実現　エ 世界の平和と人類の福祉
② ア 人格　イ 可能性　ウ 自己実現　エ 自己の幸福と社会の発展
③ ア 人格　イ 可能性　ウ 社会参画　エ 自己の幸福と社会の発展
④ ア 人権　イ 主体性　ウ 社会参画　エ 世界の平和と人類の福祉
⑤ ア 人権　イ 可能性　ウ 自己実現　エ 自己の幸福と社会の発展

解答 ②

解説 『生徒指導提要』（2022年12月）の「第Ⅰ部　生徒指導の基本的な進め方」「第 1 章　生徒指導の基礎」「1.1　生徒指導の意義」「1.1.1　生徒指導の定義と目的」「(2)　生徒指導の目的」を参照。

12 「生徒指導提要」（令和 4 年12月　文部科学省）「第 1 章　1.1　生徒指導の意義」で示されている内容について、次の　　　　内の文の記号に当てはまる語句の組合せを、下の選択肢から 1 つ選び、番号で答えなさい。

2024年度　宮崎県　3　(1)

　生徒指導の目的は、教育課程の内外を問わず、学校が提供する全ての教育活動の中で児童生徒の（ ア ）が尊重され、（ イ ）の発見とよさや（ ウ ）の伸長を児童生徒自らが図りながら、多様な社会的資質・能力を獲得し、自らの資質・能力を適切に行使して（ エ ）を果たすべく、自己の（ オ ）と社会の発展を児童生徒自らが追求することを支えるところに求められます。

1 ア：人権　イ：個性　ウ：道徳性　エ：自己実現　オ：幸福
2 ア：人格　イ：特性　ウ：人間性　エ：社会的自立　オ：成長
3 ア：人格　イ：強み　ウ：道徳性　エ：自己実現　オ：幸福
4 ア：人権　イ：強み　ウ：人間性　エ：社会的自立　オ：成長
5 ア：人格　イ：個性　ウ：可能性　エ：自己実現　オ：幸福

解答 5

解説 『生徒指導提要』（2022年12月）の「第Ⅰ部　生徒指導の基本的な進め方」「第 1 章　生徒指導の基礎」「1.1　生徒指導の意義」「1.1.1　生徒指導の定義と目的」「(2)　生徒指導の目的」を参照。

13　次の文は、「生徒指導提要」（文部科学省　令和4年12月）で述べられている「生徒指導の定義」と「生徒指導の目的」である。文中の　ア　～　エ　に当てはまることばを下記のa～mから選び、その記号を書きなさい。

2024年度　福島県（小・中学校）⑧

生徒指導の定義
　生徒指導とは、児童生徒が、社会の中で　ア　生きることができる存在へと、自発的・主体的に成長や発達する過程を支える教育活動のことである。なお、生徒指導上の課題に対応するために、必要に応じて指導や援助を行う。
生徒指導の目的
　生徒指導は、児童生徒一人一人の個性の　イ　とよさや可能性の　ウ　と社会的資質・能力の発達を支えると同時に、自己の幸福追求と社会に受け入れられる　エ　を支えることを目的とする。

a	たくましく	b	伸長	c	自己理解	d	獲得	e	気づき
f	生きる力	g	自分らしく	h	適応能力	i	発見	j	自己実現
k	しなやかに	l	理解	m	人間性				

解答　アーg　イーi　ウーb　エーj
解説　『生徒指導提要』（2022年12月）の「第1部　生徒指導の基本的な進め方」「第1章　生徒指導の基礎」「1.1　生徒指導の意義」「1.1.1　生徒指導の定義と目的」「(1)　生徒指導の定義」及び「(2)　生徒指導の目的」を参照。

14　次の文は、生徒指導提要（令和4年12月文部科学省）の「第1章生徒指導の基礎」で示された内容の一部を抜粋したものである。下の問いに答えなさい。

2024年度　福島県（特別支援学校）⑤

生徒指導の定義
　生徒指導とは、児童生徒が、　ア　の中で自分らしく生きることができる存在へと、　イ　・主体的に成長や発達する過程を支える教育活動のことである。なお、生徒指導上の課題に対応するために、必要に応じて指導や援助を行う。
生徒指導の目的
　生徒指導は、児童生徒一人一人の個性の発見とよさや　ウ　の伸長と社会的資質・能力の発達を支えると同時に、自己の　エ　追求と社会に受け入れられる　オ　を支えることを目的とする。

文中の　ア　～　オ　に当てはまることばを下記のa～kから選び、その記号を書きなさい。

a	社会	b	役割	c	自発的	d	能力
e	自己実現	f	学校	g	創造性	h	自律的
i	キャリア発達	j	幸福	k	可能性		

解答　アーa　イーc　ウーk　エーj　オーe
解説　『生徒指導提要』（2022年12月）の「第1部　生徒指導の基本的な進め方」「第1章　生徒指導の基礎」「1.1　生徒指導の意義」「1.1.1　生徒指導の定義と目的」「(1)　生徒指導の定義」及び「(2)　生徒指導の目的」を参照。

15 「生徒指導提要（令和4年12月　文部科学省）」について、問いに答えなさい。

第1章では．生徒指導の定義と目的について、次のとおり述べられている。（　A　）、（　B　）に入る語句の組合せとして正しいものを、以下の**ア～エ**から一つ選び、記号で答えなさい。

生徒指導の定義

生徒指導とは、児童生徒が、社会の中で自分らしく生きることができる存在へと、自発的・主体的に成長や発達する過程を支える教育活動のことである。なお、生徒指導上の課題に対応するために、必要に応じて指導や（　A　）を行う。

生徒指導の目的

生徒指導は、児童生徒一人一人の個性の発見と（　B　）の伸長と社会的資質・能力の発達を支えると同時に、自己の幸福追求と社会に受け入れられる自己実現を支えることを目的とする。

ア A：助言　B：向上心や可能性		**イ** A：助言　B：よさや自主性	
ウ A：補助　B：向上心や自主性		**エ** A：援助　B：よさや可能性	

解答 エ

解説 『生徒指導提要』（2022年12月）の「第Ⅰ部　生徒指導の基本的な進め方」「第1章　生徒指導の基礎」「1.1　生徒指導の意義」「1.1.1　生徒指導の定義と目的」「(1)　生徒指導の定義」及び「(2)　生徒指導の目的」を参照.

---

16 次の文章は、「生徒指導提要」（令和4年12月　文部科学省）の「第Ⅰ部　生徒指導の基本的な進め方」「第1章　生徒指導の基礎」「1.1　生徒指導の意義」「1.1.1　生徒指導の定義と目的」の抜粋である。（　a　）～（　d　）にあてはまる語句の組み合わせとして正しいものを、①～⑥の中から一つ選びなさい。

生徒指導の定義

生徒指導とは、児童生徒が、社会の中で自分らしく生きることができる存在へと、（　a　）・（　b　）に成長や発達する過程を支える教育活動のことである。なお、生徒指導上の課題に対応するために、必要に応じて指導や（　c　）を行う。

生徒指導の目的

生徒指導は、児童生徒一人一人の個性の発見とよさや可能性の伸長と社会的資質・能力の発達を支えると同時に、自己の幸福追求と社会に受け入れられる（　d　）を支えることを目的とする。

	（ a ）	（ b ）	（ c ）	（ d ）
①	自発的	主体的	援助	自己実現
②	段階的	継続的	懲戒	社会的自立
③	段階的	主体的	援助	社会的自立
④	自発的	継続的	懲戒	自己実現
⑤	段階的	継続的	援助	自己実現
⑥	自発的	主体的	懲戒	社会的自立

解答 ①
解説 『生徒指導提要』（2022年12月）の「第Ⅰ部　生徒指導の基本的な進め方」「第1章　生徒指導の基礎」「1.1　生徒指導の意義」「1.1.1　生徒指導の定義と目的」「(1)　生徒指導の定義」及び「(2)　生徒指導の目的」を参照。

---

17 次は、「生徒指導提要」（令和4年12月　文部科学省）に示されている生徒指導の定義と目的である。文中の（　A　）～（　D　）にあてはまる語句の正しい組合せはどれか。**1**～**6**から選びなさい。

2024年度　滋賀県　問18

> **生徒指導の定義**
>
> 生徒指導とは、児童生徒が、社会の中で（　A　）を生きることができる存在へと、自発的・主体的に成長や発達する過程を支える教育活動のことである。なお、生徒指導上の課題に対応するために、必要に応じて指導や（　B　）を行う。

> **生徒指導の目的**
>
> 生徒指導は、児童生徒一人一人の個性の発見とよさや（　C　）の伸長と社会的資質・能力の発達を支えると同時に、自己の（　D　）と社会に受け入れられる自己実現を支えることを目的とする。

	A	B	C	D
1	自分らしく	援助	可能性	幸福追求
2	自分らしく	アセスメント	創造性	幸福追求
3	自分らしく	援助	創造性	健全な成長
4	自信をもって	アセスメント	可能性	健全な成長
5	自信をもって	援助	可能性	幸福追求
6	自信をもって	アセスメント	創造性	健全な成長

解答 1
解説 『生徒指導提要』（2022年12月）の「第Ⅰ部　生徒指導の基本的な進め方」「第1章　生徒指導の基礎」「1.1　生徒指導の意義」「1.1.1　生徒指導の定義と目的」「(1)　生徒指導の定義」及び「(2)　生徒指導の目的」を参照。

---

18 次の文は、令和4年12月に改訂された「生徒指導提要」の一部である。下のア、イの各問いに答えよ。

2024年度　山口県　4　(2)

> 生徒指導は、児童生徒が自身を（　①　）として認め、自己に内在しているよさや可能性に自ら気付き、引き出し、伸ばすと同時に、社会生活で必要となる社会的資質・能力を身に付けることを支える働き（機能）です。したがって、生徒指導は学校の教育目標を達成する上で重要な機能を果たすものであり、学習指導と並んで学校教育において重要な意義を持つものと言えます。
>
> （中略）

　　生徒指導の目的は、教育課程の内外を問わず、学校が提供する全ての教育活動の中で児童生徒の（　②　）され、個性の発見とよさや可能性の伸長を児童生徒自らが図りながら、多様な社会的資質・能力を獲得し、自らの資質・能力を適切に行使して自己実現を果たすべく、自己の幸福と社会の発展を児童生徒等自らが追求することを支えるところに求められます。

ア　（　①　）に入る適切な語句を次の語群から選び、記号で答えよ。

語　群	1　唯一無二の存在　　2　普遍的存在　　3　かけがえのない存在
	4　個性的存在

イ　（　②　）に入る適切な語句を次の語群から選び、記号で答えよ。

語　群	1　人格が尊重　　2　人権が尊重　　3　人格が配慮　　4　人権が配慮

解答　ア：4　イ：1

解説　「生徒指導提要」（2022年12月）の「第Ⅰ部　生徒指導の基本的な進め方」「第1章　生徒指導の基礎」「1.1　生徒指導の意義」「1.1.1　生徒指導の定義と目的」「(1)　生徒指導の定義」及び「(2)　生徒指導の目的」を参照。

19　次の文は、生徒指導提要（令和4年12月文部科学省）の「第1章　生徒指導の基礎　1.1　生徒指導の意義」の一部である。文中の（　ア　）～（　オ　）に当てはまる言葉を下のA～Jから一つずつ選び、その記号を書け。

2024年度　愛媛県（小中高養栄）　4　／　愛媛県（特）　2

【生徒指導の定義】

　　生徒指導とは、児童生徒が、社会の中で（　ア　）生きることができる存在へと、自発的・主体的に成長や発達する過程を支える教育活動のことである。なお、生徒指導上の課題に対応するために、必要に応じて指導や援助を行う。

　○　生徒指導は、児童生徒が自身を（　イ　）として認め、自己に内在しているよさや可能性に自ら気付き、引き出し、伸ばすと同時に、社会生活で必要となる社会的資質・能力を身に付けることを支える働き（機能）です。したがって、生徒指導は学校の教育目標を達成する上で必要な機能を果たすものであり、（　ウ　）と並んで学校教育において重要な意義を持つものと言えます。

【生徒指導の目的】

　　生徒指導は、児童生徒一人一人の個性の発見とよさや可能性の伸長と社会的資質・能力の発達を支えると同時に、自己の（　エ　）と社会に受け入れられる自己実現を支えることを目的とする。

　○　生徒指導の目的を達成するためには、児童生徒一人一人が自己指導能力を身に付けることが重要です。児童生徒が、深い（　オ　）に基づき、「何をしたいのか」、「何をするべきか」、主体的に問題や課題を発見し、自己の目標を選択・設定して、この目標の達成のため、自発的、自律的、かつ、他者の主体性を尊重しながら、自らの行動を決断し、実行する力、すなわち、「自己指導能力」を獲得することが目指されます。

A　他者とよりよく	B　個性的存在	C　学習指導	D　自己理解
E　存在感	F　社会的存在	G　進路指導	H　幸福追求
I　自分らしく	J　他者理解		

解答 アーI　イーB　ウーC　エーH　オーD

解説 『生徒指導提要』（2022年12月）の「第Ⅰ部　生徒指導の基本的な進め方」「第1章　生徒指導の基礎」「1.1　生徒指導の意義」「1.1.1　生徒指導の定義と目的」「(1)　生徒指導の定義」及び「(2)　生徒指導の目的」を参照。

20　次の文は、「生徒指導提要」（令和4年12月　文部科学省）に示されている生徒指導の定義と目的である。文中の（　①　）～（　④　）に該当する語句の組み合わせとして正しいものを、下の1～5から一つ選びなさい。

2024年度　高知県　問23

【生徒指導の定義】

　生徒指導とは、児童生徒が、社会の中で（　①　）生きることができる存在へと、自発的・主体的に成長や発達する過程を支える（　②　）のことである。なお、生徒指導上の課題に対応するために、必要に応じて指導や援助を行う。

【生徒指導の目的】

　生徒指導は、児童生徒一人一人の（　③　）の発見とよさや可能性の伸長と社会的資質・能力の発達を支えると同時に、自己の（　④　）と社会に受け入れられる自己実現を支えることを目的とする。

1　①　誇らしく　　②　教育相談　　③　個性　　④　課題解決
2　①　自分らしく　②　教育相談　　③　長所　　④　幸福追求
3　①　誇らしく　　②　教育活動　　③　個性　　④　幸福追求
4　①　自分らしく　②　教育活動　　③　個性　　④　幸福追求
5　①　自分らしく　②　教育相談　　③　長所　　④　課題解決

解答 4

解説 『生徒指導提要』（2022年12月）の「第Ⅰ部　生徒指導の基本的な進め方」「第1章　生徒指導の基礎」「1.1　生徒指導の意義」「1.1.1　生徒指導の定義と目的」「(1)　生徒指導の定義」及び「(2)　生徒指導の目的」を参照。

21　次の文は、「生徒指導提要」（令和4年12月　文部科学省）における、「生徒指導の実践上の視点」の一部（抜粋）である。文中の空欄（　ア　）～（　ウ　）に当てはまる語句の組合せとして、正しいものはどれか。答えは①～⑤のうちから1つ選びなさい。

2024年度　群馬県　8　(1)

　児童生徒の教育活動の大半は、集団一斉型か小集団型で展開されます。そのため、集団に個が埋没してしまう危険性があります。そうならないようにするには、学校生活のあらゆる場面で、「自分も一人の人間として大切にされている」という（　ア　）を、児童生徒が実感することが大切です。また、ありのままの自分を肯定的に捉える（　イ　）や、他者のために役立った、認められたという（　ウ　）を育むことも極めて重要です。

① ア　自己存在感　イ　自己有用感　ウ　自己満足感
② ア　自己効力感　イ　自己肯定感　ウ　自己満足感
③ ア　自己存在感　イ　自己肯定感　ウ　自己有用感
④ ア　自己効力感　イ　自己肯定感　ウ　自己有用感
⑤ ア　自己効力感　イ　自己有用感　ウ　自己満足感

解答 ③

解説 『生徒指導提要』（2022年12月）の「第Ⅰ部　生徒指導の基本的な進め方」「第1章　生徒指導の基礎」「1.1　生徒指導の意義」「1.1.2　生徒指導の実践上の視点」「(1)　自己存在感の感受」を参照。

---

22 次の文は、「生徒指導提要」（令和4年12月　文部科学省）に関するものである。<u>誤っているもの</u>を①～⑤から一つ選べ。

2024年度　島根県（小、情報を除く）　問6

① 生徒指導と同様に、児童生徒の社会的自己実現を支える教育活動としてキャリア教育がある。生徒指導を進める上で、両者の相互作用を理解して、一体となった取組を行うことが大切である。

② 小・中学校学習指導要領の総則においては、キャリア教育について「児童（生徒）が、学ぶことと自己の将来とのつながりを見通しながら、社会的・職業的自立に向けて必要な基盤となる資質・能力を身に付けていくことができるよう、特別活動を要としつつ各教科等の特質に応じて、キャリア教育の充実を図ること。」と示されている。

③ キャリア教育を学校教育全体で進めるという前提の下、これまでの教科の学びや体験活動等を振り返るなど、教育活動全体の取組を自己の将来や社会につなげていくことが求められている。

④ 進路指導の中にキャリア教育が包含されており、小・中・高のそれぞれの段階における進路指導の一環としてキャリア教育を実施することが望ましい。

⑤ いじめや暴力行為などの生徒指導上の課題への対応においては、児童生徒の反省だけでは再発防止力は弱く、自他の人生への影響を考えること、自己の生き方を見つめること、自己の内面の変化を振り返ること及び将来の夢や進路目標を明確にすることが重要である。

解答 ④

解説 『生徒指導提要』（2022年12月）の「第Ⅰ部　生徒指導の基本的な進め方」「第1章　生徒指導の基礎」「1.1　生徒指導の意義」「1.1.3　生徒指導の連関性」「(1)　生徒指導とキャリア教育」を参照。④：正しくは「キャリア教育の中に進路指導が包含されており、（中略）小・中・高を通したキャリア教育の積み重ねの重要性が指摘されています」と示されている。

---

23 令和4年12月に改訂された生徒指導提要について、次の問いに答えなさい。

2024年度　岩手県　1　(1)

次の文は、生徒指導提要の「第Ⅰ部　生徒指導の基本的な進め方」の「第1章　生徒指導の基礎」からの抜粋です。文中の（　ア　）～（　オ　）にあてはまる語句を下のA～Oから一つずつ選び、その記号を書きなさい。

○ 生徒指導とは、児童生徒が、社会の中で自分らしく生きることができる存在へと、（　ア　）に成長や発達する過程を支える教育活動のことである。なお、生徒指導上の課題に対応するために、必要に応じて指導や援助を行う。

○ 生徒指導は、児童生徒一人一人の個性の発見とよさや可能性の伸長と社会的資質・能力の発達を支えると同時に、自己の（　イ　）と社会に受け入れられる自己実現を支えることを目的とする。

○ 生徒指導の目的を達成するためには、児童生徒一人一人が（　ウ　）を身に付けることが重要です。

217

○ 学習や生活の基盤として、教師と児童（生徒）との信頼関係及び児童（生徒）相互のよりよい人間関係を育てるため、日頃から学級経営の充実を図ること。また、主に集団の場面で必要な指導や援助を行う（ エ ）と、個々の児童（生徒）の多様な実態を踏まえ、一人一人が抱える課題に個別に対応した指導を行う（ オ ）の双方により、児童（生徒）の発達を支援すること。

A	プログラム	B	主体的・対話的	C	自己理解能力
D	人格形成	E	自己指導能力	F	カウンセリング
G	自発的・主体的	H	カリキュラム	I	社会的自立
J	ソーシャルスキル	K	自発的・自律的	L	ガイダンス
M	幸福追求	N	エンカウンター	O	他者共感能力

解答 (1)アーG イーM ウーE エーL オーF

解説 『生徒指導提要』（2022年12月）の「第Ⅰ部 生徒指導の基本的な進め方」「第1章 生徒指導の基礎」を参照。
ア：「1.1 生徒指導の意義」「1.1.1 生徒指導の定義と目的」「(1) 生徒指導の定義」を参照。イ・ウ：「1.1 生徒指導の意義」「1.1.1 生徒指導の定義と目的」「(2) 生徒指導の目的」を参照。エ・オ：「1.3 生徒指導の方法」「1.3.3 ガイダンスとカウンセリング」を参照。

---

24 次の文は、「生徒指導提要（令和4年12月改訂）」の第1部「生徒指導の基本的な進め方」の第1章「生徒指導の基礎」からの抜粋である。文の空欄にあてはまる語句の組み合わせとして適切なものを、下の①〜⑥の中から1つ選んで番号で答えなさい。

2024年度　福井県　25

○ 日常の生徒指導を基盤とする ア 生徒指導と組織的・計画的な イ 防止教育は、積極的な先手型の常態的・先行的（プロアクティブ）生徒指導と言えます。
○ 課題の予兆的段階や初期状態における指導・援助を行う ウ 対応と、深刻な課題への切れ目のない指導・援助を行う エ 対応的生徒指導は、事後対応型の即応的・継続的（リアクティブ）生徒指導と言えます。

① ア：教育相談的　イ：いじめ・事故　ウ：課題初期　エ：困難課題
② ア：教育相談的　イ：課題未然　ウ：課題早期発見　エ：事後継続
③ ア：教育相談的　イ：いじめ・事故　ウ：課題初期　エ：事後継続
④ ア：発達支持的　イ：課題未然　ウ：課題早期発見　エ：困難課題
⑤ ア：発達支持的　イ：いじめ・事故　ウ：課題早期発見　エ：事後継続
⑥ ア：発達支持的　イ：課題未然　ウ：課題初期　エ：困難課題

解答 ④

解説 『生徒指導提要』（2022年12月）の「第Ⅰ部 生徒指導の基本的な進め方」「第1章 生徒指導の基礎」「1.2 生徒指導の構造」「1.2.1 2軸3類4層構造」「(1) 生徒指導の2軸」を参照。
ア・イ：「(1) 常態的・先行的（プロアクティブ）生徒指導」を参照。ウ・エ：「(2) 即応的・継続的（リアクティブ）生徒指導」を参照。

25 「生徒指導提要」(令和4年12月 文部科学省)「第1章 1.2 生徒指導の構造」で示されている内容について、誤っているものを、次の選択肢から1つ選び、番号で答えなさい。

2024年度 宮崎県 3 (2)

1 発達支持的生徒指導は、全ての児童生徒の発達を支えるもので、そこでは日々の教職員の児童生徒への挨拶、声かけ、励まし、賞賛、対話、及び、授業や行事等を通した個と集団への働きかけが大切になる。

2 課題予防的生徒指導は、課題未然防止教育と課題早期発見対応から構成され、課題の前兆行動が見られる一部の児童生徒を対象としている。

3 困難課題対応的生徒指導においては、校内の教職員だけでなく、校外の関係機関との連携・協働による課題対応を行う。

4 発達支持的生徒指導と課題未然防止教育は、積極的な先手型の常態的・先行的(プロアクティブ)生徒指導と言える。

5 課題早期発見対応と困難課題対応的生徒指導は、事後対応型の即応的・継続的(リアクティブ)生徒指導と言える。

解答 2

解説 『生徒指導提要』(2022年12月)の「第Ⅰ部 生徒指導の基本的な進め方」「第1章 生徒指導の基礎」「1.2 生徒指導の構造」を参照。2:「1.2.3 課題予防的生徒指導:課題未然防止教育」及び「1.2.4 課題予防的生徒指導:課題早期発見対応」を参照。課題未然防止教育は「全ての児童生徒」、「課題早期発見対応」は「課題の予兆行動が見られたり、問題行動のリスクが高まったりするなど、気になる一部の児童生徒」を対象にする。
1:「1.2.2 発達支持的生徒指導」を参照。3.「1.2.5 困難課題対応的生徒指導」を参照。4:「1.2.1 2軸3類4層構造」「(1) 生徒指導の2軸」「① 常態的・先行的(プロアクティブ)生徒指導」を参照。5:「1.2.1 2軸3類4層構造」「(1) 生徒指導の2軸」「② 即応的・継続的(リアクティブ)生徒指導」を参照。

---

26 次は、「生徒指導提要(令和4年12月改訂 文部科学省)」で示された生徒指導の分類を表した図である。生徒指導の対象となる児童生徒の範囲が、全ての児童生徒となるものを図中の下線部①〜④から全て選べ。

2024年度 秋田県 13

解答 ①、③

解説 『生徒指導提要』(2022年12月)の「第Ⅰ部 生徒指導の基本的な進め方」「第1章 生徒指導の基礎」「1.2 生徒指導の構造」「1.2.1 2軸3類4層構造」及び「1.2.1 2軸3類4層構造」「(2) 生徒指導の3類」を参照。

27 次の図は、「生徒指導提要第1章　1.2生徒指導の構造」(令和4年12月文部科学省)において、4層から成る生徒指導の重層的支援構造を示したものである。図中の (1) から (4) にあてはまる語句の組合せとして最も適切なものを、下の**ア**から**エ**のうちから一つ選べ。

2024年度　栃木県　⑨

図　生徒指導の重層的支援構造

ア　(1)対応　(2)予防　(3)支持　(4)先行
イ　(1)対応　(2)予防　(3)段階　(4)普遍
ウ　(1)予防　(2)対応　(3)支持　(4)先行
エ　(1)予防　(2)対応　(3)段階　(4)普遍

解答　ア

解説　『生徒指導提要』(2022年12月)の「第Ⅰ部　生徒指導の基本的な進め方」「第1章　生徒指導の基礎」「1.2　生徒指導の構造」「1.2.1　2軸3類4層構造」「(3)　生徒指導の4層」を参照。2軸3類についても必ず押さえておくこと。

28　次の図は、生徒指導の重層的支援構造を示したものである。図の（　①　）～（　③　）に入る語句を、以下のア～カから一つずつ選び、記号で答えなさい。

2024年度　静岡県　⑧　(2)

図　生徒指導の重層的支援構造

ア　発達支持的　　　イ　基礎基本的　　　ウ　困難課題対応的
エ　重大課題対応的　　オ　課題予防的　　　カ　予測対応的

解答　①－ウ　②－オ　③－ア

解説　『生徒指導提要』（2022年12月）の「第Ⅰ部　生徒指導の基本的な進め方」「第1章　生徒指導の基礎」「1.2　生徒指導の構造」「1.2.1　2軸3類4層構造」「(3)　生徒指導の4層」を参照。2軸3類についても必ず押さえておくこと。

29 次の図は、「生徒指導提要（改訂版）」（令和4年12月 文部科学省）の中の、生徒指導の重層的支援構造を示している。空欄A〜Dに当てはまる語句の正しい組合せはどれか。1〜5から一つ選べ。

2024年度 大阪府 ⑨

	A	B	C	D
1	発達支持	課題未然防止教育	課題早期発見対応	困難課題対応
2	発達支持	課題早期発見対応	課題指導実践評価	教育支援計画
3	発達段階	課題未然防止教育	課題早期発見対応	困難課題対応
4	発達支持	課題指導実践評価	課題未然防止教育	教育支援計画
5	発達段階	課題早期発見対応	課題指導実践評価	困難課題対応

解答 1

解説 『生徒指導提要』（2022年12月）の「第Ⅰ部 生徒指導の基本的な進め方」「第1章 生徒指導の基礎」「1.2 生徒指導の構造」「1.2.1 2軸3類4層構造」「(3) 生徒指導の4層」を参照。2軸3類についても必ず押さえておくこと。

---

30 生徒指導は、生徒指導の課題性と課題への対応の種類から分類すると、「発達支持的生徒指導」、「課題予防的生徒指導」、「困難課題対応的生徒指導」の3類になります。

このうち、「発達支持的生徒指導」について説明している文として正しいものを次のA〜Dから一つ選び、その記号を書きなさい。

2024年度 岩手県 ① (2)

A いじめ防止教育、SOSの出し方教育を含む自殺予防教育、薬物乱用防止教育、情報モラル教育、非行防止教室等が該当します。

B 日々の教職員の児童生徒への挨拶、声かけ、励まし、賞賛、対話、及び、授業や行事等を通した個と集団への働きかけが大切になります。

C ある時期に成績が急落する、遅刻・早退・欠席が増える、身だしなみに変化が生じたりする児童生徒に対して、いじめや不登校、自殺などの深刻な事態に至らないように迅速に対応します。

D いじめアンケートのような質問紙に基づくスクリーニングテストや、SCやスクールソーシャル

ワーカーを交えたスクリーニング会議によって気になる児童生徒を早期に見いだして、指導・援助につなげます。

解答 B

解説 B：『生徒指導提要』（2022年12月）の「第Ⅰ部　生徒指導の基本的な進め方」「第1章　生徒指導の基礎」「1.2　生徒指導の構造」「1.2.2　発達支持的生徒指導」を参照。
A・D：「課題予防的生徒指導」の内容。『生徒指導提要』（2022年12月）の「第Ⅰ部　生徒指導の基本的な進め方」「第1章　生徒指導の基礎」「1.2　生徒指導の構造」「1.2.3　課題予防的生徒指導：課題未然防止教育」を参照。C：「課題予防的生徒指導」の内容。『生徒指導提要』（2022年12月）の「第Ⅰ部　生徒指導の基本的な進め方」「第1章　生徒指導の基礎」「1.2　生徒指導の構造」「1.2.4　課題予防的生徒指導：課題早期発見対応」を参照。

---

31 次の文章は、「生徒指導提要」（令和4年12月改訂）の一部抜粋である。①～③に入る語句として正しいものを、下のア～エからそれぞれ一つずつ選び、記号で答えよ。

2024年度　鹿児島県　22

　全ての児童生徒を対象にした、人を傷つけない言語表現の学習、情報モラル教育、法教育といった（　①　）は、児童生徒の実態と合ったものであれば、いじめの抑止効果を持つことが期待されます。また、課題予防的生徒指導（課題早期発見対応）や（　②　）を通して、起こった事象を特定の児童生徒の課題として留めずに、学級・ホームルーム、学年、学校、家庭、地域の課題として視点を広げて捉えることによって、全ての児童生徒に通じる指導の在り方が見えてきます。

　このように、（　①　）や課題予防的生徒指導（課題未然防止教育）の在り方を改善していくことが、生徒指導上の諸課題の未然防止や再発防止につながり、課題早期発見対応や（　②　）を広い視点から捉え直すことが、（　①　）につながるという円環的な関係にあると言えます。その意味からも、これからの生徒指導においては、特に（　③　）（プロアクティブ）な生徒指導の創意工夫が一層必要になると考えられます。

ア　困難課題対応的生徒指導　　イ　発達支持的生徒指導　　ウ　即応的・継続的
エ　常態的・先行的

解答 ①－イ　②－ア　③－エ

解説 『生徒指導提要』（2022年12月）の「第Ⅰ部　生徒指導の基本的な進め方」「第1章　生徒指導の基礎」「1.2　生徒指導の構造」「1.2.5　困難課題対応的生徒指導」を参照。

---

32 次は、生徒指導提要（令和4年12月　文部科学省）「第1章　生徒指導の基礎」の「1.3.2　集団指導と個別指導」の一部である。空欄　1　～　3　にあてはまることばを、下のア～クからそれぞれ一つ選べ。

2024年度　山梨県　10

(1) 集団指導

　集団指導では、社会の一員としての自覚と責任、他者との協調性、集団の目標達成に貢献する態度の育成を図ります。児童生徒は役割分担の過程で、各役割の重要性を学びながら、協調性を身に付けることができます。自らも集団の形成者であることを自覚し、互いが支え合う社会の仕組みを理解す

223

るとともに、集団において、自分が大切な存在であることを実感します。指導においては、あらゆる場面において、児童生徒が人として平等な立場で互いに理解し信頼した上で、集団の目標に向かって励まし合いながら成長できる集団をつくることが大切です。そのために、教職員には、一人一人の児童生徒が

① 安心して生活できる
② 個性を発揮できる
③ 自己 [1] の機会を持てる
④ 集団に貢献できる役割を持てる
⑤ 達成感・[2]感を持つことができる
⑥ 集団での存在感を実感できる
⑦ 他の児童生徒と好ましい人間関係を築ける
⑧ 自己肯定感・自己 [3]感を培うことができる
⑨ 自己実現の喜びを味わうことができる

ことを基盤とした集団づくりを行うように工夫することが求められます。

ア 満足　イ 成就　ウ 有用　エ 幸福
オ 判断　カ 決定　キ 主張　ク 習熟

解答 1—カ 2—イ 3—ウ
解説 『生徒指導提要』（2022年12月）の「第Ⅰ部 生徒指導の基本的な進め方」「第1章 生徒指導の基礎」「1.3 生徒指導の方法」「1.3.2 集団指導と個別指導」「(1) 集団指導」を参照。

33 次の問いの答えとして最も適当なものを、下の①〜⑤から1つずつ選び、番号で答えなさい。
2024年度 熊本県 ⑦ (3)

「生徒指導提要（令和4年12月文部科学省）」で示されている、「チーム支援において、当該児童生徒の課題に関連する問題状況や緊急対応を要する危機の程度等の情報を収集・分析・共有し、課題解決に有効な支援仮説を立て、支援目標や方法を決定するための資料を提供するプロセス」のことを何と言うか。

① アセスメント　② カウンセリング　③ コンサルテーション
④ コーディネーション　⑤ プリベンション

解答 ①
解説 『生徒指導提要』（2022年12月）の「第Ⅰ部 生徒指導の基本的な進め方」「第1章 生徒指導の基礎」「1.3 生徒指導の方法」「1.3.4 チーム支援による組織的対応」「(1) チーム支援の特色」「脚注 ＊13」を参照。

34 令和4年12月に示された「生徒指導提要」では、「児童の権利に関する条約」に留意するよう記載されている。この条約の4つの原則として適切でないものを、次のア〜エから1つ選びなさい。
2024年度 兵庫県 問44

ア 児童の最善の利益
イ 気候変動に具体的な対策を講じる義務

ウ　生命・生存・発達に対する権利
エ　意見を表明する権利

解答 イ

解説 イ：「気候変動に具体的な対策を講じる義務」ではなく、「差別の禁止」である。『生徒指導提要』（2022年12月）の「第Ⅰ部　生徒指導の基本的な進め方」「第1章　生徒指導の基礎」「1.5　生徒指導の取組上の留意点」「1.5.1　児童生徒の権利の理解」を参照。
児童の権利に関する条約（児童の権利条約）では、第2条「差別の禁止」、第3条「児童の最善の利益」、第6条「生命・生存・発達に対する権利」、第12条「意見を表明する権利」を参照。

第2章　生徒指導と教育課程

1　「生徒指導提要」（令和4年12月　文部科学省）「第2章　2.1　児童生徒の発達を支える教育課程」で示されている内容について、次の　　　内の文の記号に当てはまる語句の組合せを、下の選択肢から1つ選び、番号で答えなさい。

2024年度　宮崎県　3　(3)

学級・ホームルーム経営は、年度当初の出会いから始まる（　ア　）づくりを通して、学級・ホームルーム集団を、共に認め・励まし合い・支え合う集団にしていくことを目指します。これは、児童生徒の（　イ　）をつくり、失敗や間違いを通して皆で考え、支え合い、創造する集団、つまり、生徒指導の（　ウ　）集団を育てることでもあります。その際に、児童生徒の発達を支えるという視点が重要になります。なぜなら、児童生徒は、それぞれが直面する課題を解決することによって自己実現し、（　エ　）を育んでいくからです。

1　ア：生活　　イ：人間関係　　ウ：学習　　エ：自己指導能力
2　ア：仲間　　イ：居場所　　ウ：学習　　エ：未来を生き抜く力
3　ア：友達　　イ：居場所　　ウ：学習　　エ：未来を生き抜く力
4　ア：生活　　イ：居場所　　ウ：実践　　エ：自己指導能力
5　ア：仲間　　イ：人間関係　　ウ：実践　　エ：問題解決能力

解答 4

解説 『生徒指導提要』（2022年12月）の「第Ⅰ部　生徒指導の基本的な進め方」「第2章　生徒指導と教育課程」「2.1　児童生徒の発達を支える教育課程」「2.1.3　学級・ホームルーム経営と生徒指導」を参照。

第3章　チーム学校による生徒指導体制

1　「生徒指導提要（令和4年12月　文部科学省）について、問いに答えなさい。

2024年度　静岡県　8　(3)

チーム学校を実現するための視点が書かれた次の文のうち、誤っているものを以下のア～オから一つ選び、記号で答えなさい。

> ア　心理や福祉等の専門スタッフを学校の教育活動の中に位置付け、教員と専門スタッフとの連携・協働の体制を充実させる。
>
> イ　副校長の配置や、教頭の複数配置、事務長の配置など、校長の権限を適切に分担する体制や校長の判断を補佐する体制の整備によって、管理職もチームとして取り組む。
>
> ウ　教員が持てる力を発揮できるように、校務分掌や校内委員会の持ち方、業務の内容や進め方の見直し、教職員のメンタルヘルス対策等に取り組む。
>
> エ　教職員が絶えず自らの生徒指導実践を振り返り、教職員同士で相互に意見を交わし、学び合うことのできる同僚関係が不可欠である。
>
> オ　情報の収集と伝達を円滑に進めるためのネットワークを学校の内外につくるには、管理職を頂点としたトップダウンのピラミッド型組織をつくることが求められている。

解答　オ

解説　オ：「第３章　チーム学校による生徒指導体制」「3.1　チーム学校における学校組織」「3.1.2　チーム学校として機能する学校組織」「③　管理職を中心に、ミドルリーダーが機能するネットワークをつくる」を参照。正しくは「トップダウンのピラミッド型組織」ではなく、「情報の収集と伝達を円滑に進めるためのネットワークを学校の内外につくることが求められています」と示されている。
ア～ウ：「第３章　チーム学校による生徒指導体制」「3.1　チーム学校における学校組織」「3.1.2　チーム学校として機能する学校組織」を参照。エ：「第１章　生徒指導の基礎」「1.4　生徒指導の基盤」「1.4.1　教職員集団の同僚性」「(1)　教職員の受容的・支持的・相互扶助的な人間関係」を参照。『生徒指導提要』（2022年12月）の「第Ⅰ部　生徒指導の基本的な進め方」「第３章　チーム学校による生徒指導体制」「3.1　チーム学校における学校組織」「3.1.1　チーム学校とは」及び「3.1.2　チーム学校として機能する学校組織」「③　管理職を中心に、ミドルリーダーが機能するネットワークをつくる」を参照。なお、この項は「チームとしての学校の在り方と今後の改善方策について（答申）」（2015年12月　中央教育審議会）を基に執筆されており、併せて確認しておこう。

2 　「生徒指導提要」（令和４年12月　文部科学省）「第３章　3.1　チーム学校における学校組織」で示されている内容について、誤っているものを、次の選択肢から１つ選び、番号で答えなさい。

2024年度　宮崎県　3　(4)

1　OECD による国際教員指導環境調査（TALIS）2018調査結果において、調査参加国中、日本の教員の１週間当たり勤務時間が最長であることが明らかになった。

2　学校における「働き方改革」を実現し、教員の負担の軽減を図りつつ、生徒指導の充実を図ることは、「令和の日本型学校教育」を支えるための重要な要件となっている。

3　教職員がそれぞれの力を発揮し、伸ばしていくことがてきるようにするために、人材育成の充実や業務改善の取組を進めることが重要な課題となっている。

4　児童生徒の抱える問題や課題が複雑化・多様化するなかで、教員のみならず地域の様々な思いやりのある大人が、教員とともに学校内で連携・協働する体制を形作ることが求められている。

5　「チームとしての学校」が機能するためには、校長のリーダーシップが必要であり、トップダウンのピラミッド型組織による生徒指導体制を強化していくことが求められる。

解答　5

解説　5：「トップダウンのピラミッド型組織による生徒指導体制を強化していく」ではなく、「学校のマネジメント機能をこれまで以上に強化していくこと」が求められている。『生徒指導提要』（2022年12月）の「第Ⅰ部　生徒指導の基本的な進め方」「第３章　チーム学校による生徒指導体制」「3.1　チーム学校における学校組織」「3.1.2　チーム学校として機能する学校組織」を参照。

1〜4：「生徒指導提要」（2022年12月）の「第Ⅰ部　生徒指導の基本的な進め方」「第3章　チーム学校による生徒指導体制」「3.1　チーム学校における学校組織」「3.1.1　チーム学校とは」及び「3.1.2　チーム学校として機能する学校組織」を参照。

3　次の文は、「生徒指導提要」（令和4年　文部科学省）の第3章「チーム学校による生徒指導体制」の一部である。これを読んで、問1、問2に答えなさい。

2024年度　北海道　第20問

（前略）日本は、諸外国に比して、学校内の専門職として教員が占める割合が　1　国です。そのことによる利点も多くありますが、児童生徒の抱える問題や課題が　2　しているなかで、教員の専門性をもって全ての問題や課題に対応することが、児童生徒の最善の利益の保障や達成につながるとは必ずしも言えない状況になっています。したがって、多様な専門職、あるいは、専門職という枠組みにとらわれない地域の様々な「思いやりのある大人」が、教員とともに学校内で連携・協働する体制を形作ることが求められています。（後略）

問1　空欄1、空欄2に当てはまる適切な語句の組合せを選びなさい。

　　ア　1－高い　2－複雑化・多様化
　　イ　1－高い　2－明確化・具体化
　　ウ　1－高い　2－単純化・画一化
　　エ　1－低い　2－複雑化・多様化
　　オ　1－低い　2－明確化・具体化

問2　下線部について、「生徒指導提要」（令和4年　文部科学省）に示されている内容として、適切なものの組合せを選びなさい。

　　①　トップダウンのピラミッド型組織により、情報の収集と伝達を円滑に進めるためのネットワークを学校の内外につくることが求められる。

　　②　同僚の教職員間で継続的に振り返りを行うことで自身の認知や行動の特性を自覚することができ、幅広い他者との協働が可能になる。

　　③　一人で仕事をこなさなくてはという思い込みを捨てて組織で関わることで、児童生徒理解も対応も柔軟できめ細かいものになる。

　　④　学校と警察等との連携は、刑罰法令に抵触する行為に対処する困難課題対応的生徒指導上の連携にとどまらず、不良行為に対する課題予防的生徒指導上の連携も挙げられる。

　　⑤　生徒指導の方針・基準については、児童生徒や保護者、地域の人々の合意形成を図ることなく、児童生徒の実態をよく知る学校がその責任において作成する。

　　ア　①②③　　イ　①②⑤　　ウ　①④⑤　　エ　②③④　　オ　③①⑤

解答　問1　ア　問2　エ

解説　「生徒指導提要」（2022年12月）の「第Ⅰ部　生徒指導の基本的な進め方」「第3章　チーム学校による生徒指導体制」を参照。問1：「3.1　チーム学校における学校組織」「3.1.1　チーム学校とは」を参照。問2：②「3.1　チーム学校における学校組織」「3.1.2　チーム学校として機能する学校組織」「(4)　同僚間での継続的な振り返り（リフレクション）を大切にする」を参照。③「3.1　チーム学校における学校組織」「3.1.2　チーム学校として機能する学校組織」「(1)　一人で抱え込まない」を参照。④「3.7　学校・家庭・関係機関等との連携・協働」「3.7.3　学校と関係機関との連携・協働」「(2)　学校と警察・司法」「①　警察」を参照。

①「3.1　チーム学校における学校組織」「3.1.2　チーム学校として機能する学校組織」「(3)　管理職を中心に、ミドルリーダーが機能するネットワークをつくる」を参照。正しくは「トップダウンのピラミッド型組織ではなく、情報の収集と伝達を円滑に

進めるためのネットワークを学校の内外につくることが求められます」と示されている。⑤「3.2　生徒指導体制」「3.2.2　学年・校務分掌を横断する生徒指導体制」「(1)　生徒指導の方針・基準の明確化・具体化」を参照。正しくは「方針・基準の作成に当たっては、学校や児童生徒の実態把握に基づいて目標設定を行うとともに、児童生徒や保護者、地域の人々の声にできる限り耳を傾けて合意形成を図ることが重要です」と示されている。

4　「生徒指導提要」（令和4年12月改訂文部科学省）で校則の運用・見直しについての説明として**誤りを含む**ものを、次の1～4のうちから1つ選びなさい。

2024年度　宮城県　第4問

1　校則に基づく指導に当たっては、校則を守らせることばかりにこだわらず、何のために設けたきまりであるのか児童生徒が理解できるよう指導することが望まれる。
2　校則に違反した場合には、内省を促すことまではせず、行為を正すことに目的を焦点化して指導することが望まれる。
3　校則の見直しをする場合には、児童生徒や保護者などと確認したり議論したりする機会を設けて進めていくことが望まれる。
4　校則を策定したり、見直したりする場合には、どのような手続きを踏むことになるのか、その過程について示しておくことが望まれる。

解答　2

解説　『生徒指導提要』（2022年12月）の「第Ⅰ部　生徒指導の基本的な進め方」「第3章　チーム学校による生徒指導体制」「3.6　生徒指導に関する法制度等の運用体制」「3.6.1　校則の運用・見直し」を参照。
2：「(2)　校則の運用」を参照。正しくは「校則に違反した場合には、行為を正すための指導にとどまるのではなく、違反に至る背景など児童生徒の個別の事情や状況を把握しながら、内省を促すような指導となるよう留意しなければなりません」と示されている。1：「(2)　校則の運用」を参照。3・4：「(3)　校則の見直し」を参照。

5　次の①～⑤の文は、「生徒指導提要」（令和4年12月　文部科学省）の「校則の運用・見直し」の内容について述べたものである。内容が正しければ○、誤っていれば×とすると、○×を正しく組み合わせているものはどれか、下の**ア～オ**から1つ選びなさい。

2024年度　京都府　4

①　児童生徒が遵守すべき学習上、生活上の規律として定められる校則は、児童生徒が健全な学校生活を送り、よりよく成長・発達していくために設けられるものである。
②　校則の在り方は、特に法令上は規定されていない。
③　校則の制定に当たっては、少数派の意見を採用することなく、児童生徒個人の能力や自主性を伸ばすものとなるように配慮することが必要である。
④　校則の内容については、外部の人間が参照できることは好ましくないので、学校のホームページ等で公開してはいけない。
⑤　児童生徒がそれぞれのきまりの意義を理解し、主体的に校則を遵守するようになるために、制定した背景等についても示しておくことが適切であると考えられる。

	①	②	③	④	⑤
ア	○	×	×	○	○
イ	×	×	○	×	○
ウ	○	×	○	×	×
エ	×	○	×	○	×
オ	○	○	×	×	○

解答 オ

解説 『生徒指導提要』（2022年12月）の「第Ⅰ部　生徒指導の基本的な進め方」「第3章　チーム学校による生徒指導体制」「3.6　生徒指導に関する法制度等の運用体制」「3.6.1　校則の運用・見直し」を参照。
①・②「(1)　校則の意義・位置付け」を参照。③「(1)　校則の意義・位置付け」を参照。「少数派の意見を採用することなく」ではなく「少数派の意見も尊重しつつ」。④「(2)　校則の運用」を参照。正しくは「校則の内容について、普段から学校内外の関係者が参照できるように学校のホームページ等に公開しておくことや、児童生徒がそれぞれのきまりの意義を理解し、主体的に校則を遵守するようになるために、制定した背景等についても示しておくことが適切である」と示されている。

第4章　いじめ

1　次の文は、「生徒指導提要」（令和4年12月　文部科学省）の「第Ⅱ部　個別の課題に対する生徒指導　第4章　いじめ　4.2　いじめの防止等の対策のための組織と計画」の一部である。文中の（　A　）〜（　D　）にあてはまる語句の組合せとして正しいものを、下の1〜5の中から1つ選べ。

2024年度　和歌山県　問7

　いじめへの対応に当たっては、学校いじめ対策組織を起点として、教職員全員の共通理解を図り、学校全体で総合的ないじめ対策を行うことが求められます。そのためには、教職員一人一人が、いじめの情報を学校いじめ対策組織に報告・共有する義務があることを、改めて認識する必要があります。

　学校いじめ対策組織が、いじめの未然防止、早期発見、事実確認、事案への対処等を的確に進めるためには、管理職の（　A　）の下、生徒指導主事などを中心として（　B　）な指導・相談体制を構築することが不可欠です。

　組織の構成メンバーは、校長、副校長や教頭、（　C　）、生徒指導主事、教務主任、学年主任、養護教諭、教育相談コーディネーター、特別支援教育コーディネーターなどから、学校の規模や実態に応じて決定します。さらに、心理や福祉の専門家であるSCやSSW、弁護士、（　D　）、警察官経験者などの外部専門家を加えることで、多角的な視点からの状況の評価や幅広い対応が可能になります。

	A	B	C	D
1	指揮	集中的	指導教諭	医師
2	指揮	協働的	主幹教諭	社会福祉士
3	リーダーシップ	集中的	主幹教諭	社会福祉士
4	リーダーシップ	協働的	主幹教諭	医師
5	リーダーシップ	集中的	指導教諭	社会福祉士

解答 4

解説 『生徒指導提要』（2022年12月）の「第Ⅱ部　個別の課題に対する生徒指導」「第４章　いじめ」「4.2　いじめの防止等の対策のための組織と計画」「4.2.1　組織の設置」「(1)　組織の構成」を参照。

2　「生徒指導提要」（令和４年12月　文部科学省）「第４章　4.2　いじめの防止等の対策のための組織と計画」で示されている内容について、誤っているものを、次の選択肢から１つ選び、番号で答えなさい。

2024年度　宮崎県　3　(5)

1　学校いじめ対策組織は、学校のいじめ防止基本方針に基づく年間指導計画の作成・実行の中核的役割を果たす。
2　教職員一人一人が、いじめの情報を学校いじめ対策組織に報告・共有する義務がある。
3　生徒指導部や生徒指導委員会などの既存組織を、学校いじめ対策組織と位置付けることは認められていないため、それらとは別に学校いじめ対策組織を置く必要がある。
4　学校いじめ対策組織がいじめの未然防止などを的確に進めるためには、管理職のリーダーシップの下、生徒指導主事などを中心として協働的な指導・相談体制を構築することが不可欠である。
5　学校いじめ対策組織の構成メンバーには、管理職をはじめとした様々な教職員のみならず、弁護士や医師、警察官経験者などの外部専門家を加えることもできる。

解答 3

解説 『生徒指導提要』（2022年12月）の「第Ⅱ部　個別の課題に対する生徒指導」「第４章　いじめ」「4.2　いじめの防止等の対策のための組織と計画」を参照。3：「4.2.1　組織の設置」「(1)　組織の構成」を参照。正しくは「生徒指導部や生徒指導委員会などの既存組織を活用して法に基づく組織として機能させることも可能ですが、学校いじめ対策組織としての会議であるという自覚の下で協議したり、年間計画に位置付けて定例会議として開催したりする必要があります」と示されている。
1：「4.2.2　組織の役割」の①を参照。2・4・5：「4.2.1　組織の設置」「(1)　組織の構成」を参照。

3　「生徒指導提要（令和４年12月　文部科学省）」では、いじめ防止につながる発達支持的生徒指導について、次のとおり述べられている。文中の（　①　）〜（　④　）に入る語句を以下の**ア〜ク**から一つずつ選び、記号で答えなさい。ただし、同じ番号の（　　）には同じ語句が入る。

2024年度　静岡県　9

児童生徒が、「（　①　）の大切さとともに（　②　）の大切さを認めること」ができる人権（　③　）を身に付けるように働きかけるためには、教職員が、一人一人の児童生徒が大切にされることを目指す人権教育と生徒指導は密接な関係にあり、いじめ防止につながる相乗的な効果を持つものであることを意識することが必要です。

また、市民性を育む教育を行うことも重要です。いじめ防止につながるという視点からは、発達段階に応じた法教育を通じて、「誰もが法によって守られている」、「法を守ることによって社会の安全が保たれる」という意識を高めるとともに、学校に市民社会のルールを持ち込むことも必要です。その際、児童生徒のみならず、教職員も保護者も、学校に関係する地域の人々も、市民社会のルールを尊重することが求められます。

児童生徒が「多様性を認め、人権（　④　）をしない人」へと育つためには、学校や学級が、人権

が尊重され、安心して過ごせる場となることが必要です。こうした学校・学級の雰囲気を経験することによって、児童生徒の人権（ ③ ）や共生（ ③ ）は養われます。

| ア 自分　イ 侵害　ウ 社会　エ 他の人 |
| オ 人間　カ 相手　キ 感覚　ク 差別 |

解答 ①－ア　②－エ　③－キ　④－イ
解説 『生徒指導提要』（2022年12月）の「第Ⅱ部　個別の課題に対する生徒指導」「第4章　いじめ」「4.3　いじめに関する生徒指導の重層的支援構造」「4.3.1　いじめ防止につながる発達支持的生徒指導」を参照。

---

4 次のA〜Dの文のうち、「生徒指導提要」（令和4年12月　文部科学省）の「第Ⅱ部　個別の課題に対する生徒指導　第4章　いじめ　4.3　いじめに関する生徒指導の重層的支援構造　4.3.1　いじめ防止につながる発達支持的生徒指導」に示された内容として正しいものを○、誤っているものを×としたとき、正しい組合せを、下の1〜5の中から1つ選べ。

2024年度　和歌山県　問3

A．発達段階に応じた法教育を通じて、児童生徒の中に「誰もが法によって守られている」、「法を守ることによって社会の安全が保たれる」という意識を高めるとともに、学校に市民社会のルールを持ち込む。

B．児童生徒がいじめの問題を自分のこととして捉え、考え、議論することにより、いじめに対して正面から向き合うことができるような実践的な取組を充実させる。

C．児童生徒が困ったときや悩みがあるときに、隠して耐えるのではなく、弱音を吐いたり、人に頼ったりすることができる学校や学級の雰囲気を醸成する。

D．教室に、様々な異なる考えや意見を出し合える自由な雰囲気を確保し、児童生徒がお互いの違いを理解し、「いろいろな人がいた方がよい」と思えるように働きかける。

	A	B	C	D
1	○	×	○	○
2	○	×	×	○
3	○	○	○	×
4	×	×	○	○
5	×	○	×	×

解答 1
解説 A：『生徒指導提要』（2022年12月）の「第Ⅱ部　個別の課題に対する生徒指導」「第4章　いじめ」「4.3　いじめに関する生徒指導の重層的支援構造」「4.3.1　いじめ防止につながる発達支持的生徒指導」を参照。
B：「4.3.2　いじめの未然防止教育」「(1)　いじめる心理から考える未然防止教育の取組」の内容。C：「4.3.1　いじめ防止につながる発達支持的生徒指導」「(4)　「困った、助けて」と言えるように適切な援助希求を促す」を参照。D：「4.3.1　いじめ防止につながる発達支持的生徒指導」「①　「多様性に配慮し、均質化のみに走らない」学校つくりを目指す」を参照。

第5章 暴力行為

<u>1</u> 次の文は、「生徒指導提要」（令和4年12月文部科学省）「第5章 暴力行為」「5.2 学校の組織体制と計画」の一部を抜粋したものである。文中の（ ア ）～（ エ ）に当てはまる語句の正しい組合せを選びなさい。

2024年度 福岡県 問30

> 　児童生徒の起こす暴力行為の背景には、その児童生徒を取り巻く家庭、学校、社会環境などの様々な要因があります。したがって、それらの要因を多面的かつ客観的に理解した上で指導を行わなければなりません。また、むやみに指導を行うのではなく、児童生徒の（ ア ）を育て、児童生徒が自らの行為を反省し、以後同様な行為を繰り返さないような視点に立った（ イ ）を行うことが重要です。
> 　このような（ ウ ）生徒指導を進めていくためには、一人一人の教職員に深い児童生徒理解力が求められるとともに、学校全体で育成を目指す児童生徒像や指導の考え方を共有し、関係機関との適切な連携の下、（ エ ）指導体制を構築することが必要です。

	ア	イ	ウ	エ
①	自己有用感	教育相談	課題予防的	全校的な
②	自己有用感	働きかけ	課題予防的	全校的な
③	自己指導能力	働きかけ	発達支持的	全校的な
④	自己指導能力	教育相談	課題予防的	包括的な
⑤	自己指導能力	働きかけ	発達支持的	包括的な

解答 ③

解説 『生徒指導提要』（2022年12月）の「第Ⅱ部 個別の課題に対する生徒指導」「第5章 暴力行為」「5.2 学校の組織体制と計画」「5.2.1 全校的な指導体制の必要性」を参照。

<u>2</u> 次の文章は、生徒指導提要（令和4年12月文部科学省）の一部を抜粋したものである。 1 にあてはまる語を、それぞれ次の①から⑤までの中から一つずつ選び、記号で答えよ。また、 2 については、文章の下線部「暴力行為が発生した場合」に速やかに必要とされる対応として**不適切なもの**を、①から⑤までの中から一つ選び、記号で答えよ。

2024年度 沖縄県 午前 11

　<u>暴力行為が発生した場合</u>、第一に暴力行為の被害を受けた児童生徒等の手当てと周囲の児童生徒等の安全確保を行う必要があります。状況によっては 1 にすぐに通報しなければなりません。
　暴力行為に及んだ児童生徒が興奮していて、他の児童生徒等に更に危害を加えそうな場合には、他の児童生徒等を安全な場所に避難させることも必要です。

1 ① 設置者 ② 教育長 ③ 児童相談所
④ 救急や警察 ⑤ 家庭裁判所

2 ① 早急に校長等の管理職の指示を仰ぐ。

② 保健室で手当をする。

③ 暴力行為に及んだ児童生徒・被害を受けた児童生徒等・目撃した児童生徒等から聴き取りをする。

④ 関係する保護者へ連絡をする。

⑤ 暴力行為の現場を後片付けする。

解答 1—④　2—⑤

解説 2：「暴力行為の現場を後片付けする」ではなく、「暴力行為の現場の保全と記録などを行わなければなりません」である。『生徒指導提要』（2022年12月）の「第Ⅱ部　個別の課題に対する生徒指導」「第5章　暴力行為」「5.3　暴力行為に関する生徒指導の重層的支援構造」「5.3.4　暴力行為が発生した場合の対応」を参照。

第7章　児童虐待

1 「生徒指導提要（令和4年12月　文部科学省）に示されている「児童虐待の定義」として正しいものを〇、誤っているものを×とした場合、その組合せとして適切な組合せを①〜④から選び、番号で答えよ。

2024年度　神戸市 【15】

ア　身体的虐待とは、児童の身体に外傷が生じるような暴行であり、暴行の有無を外傷があることによってのみ判断する。

イ　性的虐待とは、児童にわいせつな行為をすること又は児童をしてわいせつな行為をさせることであり、子供を児童ポルノの被写体にすることなども含む。

ウ　ネグレクトとは、児童の心身の正常な発達を妨げるような著しい減食又は長時間の放置、兄弟姉妹など同居人が行う暴力などの虐待行為を保護者が止めないことや、自宅に子供だけを残して長期に渡って外出をすることや車中に放置することなども該当する。

エ　心理的虐待とは、児童に対する直接的な著しい暴言又は著しく拒絶的な対応によって、児童に著しい心理的外傷を与えることである。

① ア 〇　イ ×　ウ ×　エ 〇
② ア ×　イ 〇　ウ 〇　エ ×
③ ア ×　イ 〇　ウ ×　エ 〇
④ ア 〇　イ ×　ウ 〇　エ ×

解答 ②

解説 『生徒指導提要』（2022年12月）の「第Ⅱ部　個別の課題に対する生徒指導」「第7章　児童虐待」「7.1　児童福祉法・児童虐待の防止等に関する法律等」「7.1.2　児童虐待の定義」を参照。併せて、児童虐待の防止等に関する法律第2条「児童虐待の定義」の規定も参照。

ア：「(1)　身体的虐待」を参照。同提要では「また外傷のないものを含むため、けがの有無とは別に、暴行の可能性の有無で判断することが必要」と示されている。イ：「(2)　性的虐待」を参照。ウ：「(3)　ネグレクト」を参照。エ：「(4)　心理的虐待」を参照。同提要では「子供への拒否的な態度や暴言だけでなく、家庭における配偶者間の暴力、つまりDV（Domestic Violence）がある場合などが例示されており、子供の心の傷になるものが広く含まれます」と示されている。

第10章　不登校

1　　次の文章は、「生徒指導提要」（令和４年12月文部科学省）の「第10章　不登校」の抜粋である。
（　ａ　）〜（　ｃ　）にあてはまる語句の組み合わせとして正しいものを、①〜⑥の中から一つ選び
なさい。

2024年度　三重県（１次・午後）　2

> 　　不登校は「何らかの（　ａ　）的、情緒的、身体的あるいは社会的要因・背景により、登校し
> ない、あるいはしたくともできない状況にあるため年間（　ｂ　）日以上欠席した者のうち、病
> 気や（　ｃ　）的な理由による者を除いたもの」と定義されています。

	（　ａ　）	（　ｂ　）	（　ｃ　）
①	発達	60	経済
②	心理	30	発達
③	発達	30	心理
④	心理	60	発達
⑤	心理	30	経済
⑥	発達	60	心理

解答　⑤

解説　『生徒指導提要』（2022年12月）の「第Ⅱ部　個別の課題に対する生徒指導」「第10章　不登校」「10.1　不登校に関する関連法規・
基本指針」「10.1.1　不登校に関する基本指針の変遷」を参照。

2　　下の文は、「生徒指導提要」（令和４年12月改訂　文部科学省）の「第10章　不登校」の一部で
ある。文中の（　ａ　）〜（　ｄ　）に当てはまる語句の正しい組合せはどれか。□□内の１〜６
から１つ選べ。

2024年度　奈良県　14

　　不登校は「何らかの心理的、情緒的、身体的あるいは社会的要因・背景により、登校しない、ある
いはしたくともできない状況にあるため年間（　ａ　）以上欠席した者のうち、病気や経済的な理由
による者を除いたもの」と定義されています。

　　不登校が注目され始めたのは昭和30年代半ばで、当初は学校に行けない児童生徒の状態は「（　ｂ　）」
と呼ばれていました。ところが、その後、学校に行けない児童生徒が増加し、教育問題として注目さ
れ始め、呼称は「（　ｃ　）」へと変化しました。

　　（略）

　　一方、その後も不登校の数が増え続けると同時に、不登校の原因や状態像も多様化していくなかで、
神経症的な不登校に対しては「待つこと」も必要であるが、ただ「待つ」のみではなく、不登校の児
童生徒がどのような状態にあり、どのような支援を必要としているのかを見極め、個々の状況に応じ

た適切な働きかけや関わりを持つことの重要性が指摘されるようになりました。

（略）

その後、さらに不登校の数が増加すると同時に、背景要因もますます多様化・複雑化していきました。そうした状況に対応するため、（略）平成28年には「（　d　）」が成立しました。

1　a－30日　b－登校嫌悪症　c－学校忌避　d－子ども・子育て支援法
2　a－30日　b－学校恐怖症　c－登校拒否
　　d－義務教育の段階における普通教育に相当する教育の機会の確保等に関する法律
3　a－30日　b－学校恐怖症　c－登校拒否　d－子ども・子育て支援法
4　a－28日　b－登校嫌悪症　c－学校忌避
　　d－義務教育の段階における普通教育に相当する教育の機会の確保等に関する法律
5　a－28日　b－登校嫌悪症　c－学校忌避　d－子ども・子育て支援法
6　a－28日　b－学校恐怖症　c－登校拒否
　　d－義務教育の段階における普通教育に相当する教育の機会の確保等に関する法律

解答 2

解説 『生徒指導提要』（2022年12月）の「第Ⅱ部　個別の課題に対する生徒指導」「第10章　不登校」「10.1　不登校に関する関連法規・基本指針」「10.1.1　不登校に関する基本指針の変遷」を参照。

3　次の文は、生徒指導提要（令和４年12月文部科学省）の一部である。a～eに最も適する語句を下の①～④から１つずつ選びなさい。

2024年度　青森県　③

　不登校児童生徒への支援の目標は、将来、児童生徒が精神的にも経済的にも自立し、（　a　）を送れるような、社会的自立を果たすことです。そのため、不登校児童生徒への支援においては、学校に登校するという結果のみを目標とするのではなく、児童生徒が（　b　）を主体的に捉え、社会的自立を目指せるように支援を行うことが求められます。

　このことは、「児童生徒一人一人の個性の発見と（　c　）の伸長と社会的資質・能力の発達を支えると同時に、自己の幸福追求と社会に受け入れられる自己実現を支える」という生徒指導の目的そのものと重なるものであると言えます。

　人が社会で充実した人生を歩んでいくためには、自分と関わる人たちとの関係性を保ちながら、自らの意志と判断で主体的に社会に参画していくことができるようになることが重要です。そのため、ここでいう社会的自立は、依存しないことや支援を受けないということではなく、適切に他者に依存したり、自らが必要な支援を求めたりしながら、社会の中で自己実現していくという意味であると捉えることができます。

　したがって、不登校で苦しんでいる児童生徒への支援の第一歩は、将来の社会的自立に向けて、現在の生活の中で、「傷ついた（　d　）を回復する」、「コミュニケーション力や（　e　）を身に付ける」、「人に上手にSOSを出せる」ようになることを身近で支えることに他なりません。その上で、社会的自立に至る多様な過程を個々の状況に応じてたどることができるように支援することが、次の目標になると考えられます。

235

a	①幸せな生活	②豊かな人生	③自由な暮らし	④明るい未来
b	①自らの夢	②自らの将来	③自らの進路	④自らの人生
c	①生きる力	②よさや可能性	③学力や才能	④特性
d	①自己有用感	②自負心	③克己心	④自己肯定感
e	①自己管理能力	②社会形成能力	③レジリエンス	④ソーシャルスキル

解答 a—②　b—③　c—②　d—④　e—④

解説 『生徒指導提要』（2022年12月）の「第Ⅱ部　個別の課題に対する生徒指導」「第10章　不登校」「10.1　不登校に関する関連法規・基本指針」「10.1.4　支援の目標」を参照。

4　「生徒指導提要」（令和4年12月　文部科学省）「第10章　10.3　不登校に関する生徒指導の重層的支援構造」で示されている内容について、誤っているものを、次の選択肢から1つ選び、番号で答えなさい。

2024年度　宮崎県　3　(6)

1　年度当初に教職員間で研修を行い、不登校児童生徒への学校復帰の方法に関して、その支援のフローチャートを作成・共有し、学校に登校させることを目標とする。

2　ケース会議において、BPSモデルに基づき、不登校児童生徒の生物学的要因・心理学的要因・社会的要因に注目した多面的なアセスメントを行う。

3　不登校児童生徒が学校に戻りたいと思った際の通過点として、別室登校を行えるよう、教職員の配置や学習機会の整備など、組織的に別室を運営する。

4　児童生徒に欠席が続いたときは、電話だけでなく、教職員自身が家庭訪問を行う。

5　学校内の支援だけでは十分ではないケースで、関係機関や不登校特例校、夜間中学など、児童生徒を多様な学びの場につなぐ。

解答 1

解説 『生徒指導提要』（2022年12月）の「第Ⅱ部　個別の課題に対する生徒指導」「第10章　不登校」「10.3　不登校に関する生徒指導の重層的支援構造」を参照。1：当該部分に記載なし。なお、「10.1　不登校に関する関連法規・基本指針」「10.1.4　支援の目標」には、「不登校児童生徒への支援においては、学校に登校するという結果のみを目標とするのではなく、児童生徒が自らの進路を主体的に捉え、社会的自立を目指せるように支援を行うことが求められ」ると示されている。2：「10.3.4　不登校児童生徒支援としての困難課題対応的生徒指導」「(1)　ケース会議による具体的な対応の決定」を参照。なお、BPSモデル（Bio-Psycho-Social Model）とは、児童生徒の課題を、生物学的要因、心理学的要因、社会的要因の3つの観点から検討するもの。3：「10.3.4　不登校児童生徒支援としての困難課題対応的生徒指導」「(2)　校内における支援」を参照。4：「10.3.4　不登校児童生徒支援としての困難課題対応的生徒指導」「(3)　家庭訪問の実施」を参照。5：「10.3.4　不登校児童生徒支援としての困難課題対応的生徒指導」「(4)　校外の関係機関等との連携」を参照。

第12章　性に関する課題

1　「生徒指導提要」（令和4年12月　文部科学省）「第12章　12.4　『性的マイノリティ』に関する課題と対応」で示されている内容について、誤っているものを、次の選択肢から1つ選び、番号で答えなさい。

2024年度　宮崎県　3　(7)

1　いわゆる「性的マイノリティ」は、LGBTの四つのカテゴリーに限定されるものではなく、身体的性、性的指向、性自認等の様々な次元の要素の組み合わせによって、多様な性的指向・性自認をもつ人々が存在する。

2　生物学的な性と性別に関する自己意識を指す性自認と、恋愛対象が誰であるかを示す性的指向は異なる概念であり、対応に当たって混同しないことが必要である。

3　「性的マイノリティ」とされる児童生徒が有する違和感は、成長に従い減ずることも含めて、変動があり得るものとされる。

4　「性的マイノリティ」とされる児童生徒には、自身のそうした状態を秘匿しておきたい場合があることから、支援に当たっては学校内の教職員のみで「支援チーム」をつくることを原則とし、プライバシーの保護に努めることが大切である。

5　学校においては、「性的マイノリティ」とされる児童生徒への配慮と、他の児童生徒への配慮との均衡を取りながら、支援を進めることが重要である。

解答　4

解説　『生徒指導提要』（2022年12月）の「第Ⅱ部　個別の課題に対する生徒指導」「第12章　性に関する課題」「12.4　『性的マイノリティ』に関する課題と対応」を参照。4：「12.4.1　『性的マイノリティ』に関する理解と学校における対応」の②及び③を参照。「性的マイノリティ」とされる児童生徒に対する「支援チーム」について、正しくは「当該児童生徒の支援は、最初に相談（入学などに当たって児童生徒の保護者からなされた相談を含む。）を受けた者だけで抱え込むことなく、組織的に取り組むことが重要であり、学校内外の連携に基づく『支援チーム』をつくり、ケース会議などのチーム支援会議を適時開催しながら対応を進めるようにします」と示されている。

1・2：「12.4　『性的マイノリティ』に関する課題と対応」を参照。3・5：「12.4.1　『性的マイノリティ』に関する理解と学校における対応」の④を参照。

第13章　多様な背景を持つ児童生徒への生徒指導

1　次の各文章は、「生徒指導提要（令和4年12月）」の「第Ⅱ部　13章　多様な背景を持つ児童生徒への生徒指導　13.1　発達障害に関する理解と対応」の一部抜粋である。文章中の空欄（　①　）～（　⑥　）にあてはまる語句を、あとのア～ソの中からそれぞれ一つずつ選び、記号で答えなさい。

2024年度　山形県　【No. 9】

平成28年4月に「障害を理由とする差別の解消の推進に関する法律」（いわゆる「障害者差別解消法」）が施行されました。この法律では、障害を理由とする「不当な差別的な取扱い」の禁止と障害者への「（　①　）の提供」が求められています。

237

　発達障害のある児童生徒への（　①　）については、学習上又は生活上の困難を改善・克服するための配慮として、読み書きや計算、記憶などの学習面の特性による困難さ、及び不注意や多動性、衝動性など行動面の特性による困難さ、対人関係や、（　②　）に関する特性による困難さに対する個別的な配慮が必要になります。

　「障害のある子供の教育支援の手引～子供たち一人一人の教育的ニーズを踏まえた学びの充実に向けて～（令和3年6月30日改訂）」では、発達障害も含め教育的ニーズの内容を（　③　）ごとに具体化し、就学先となる学校や（　④　）を判断する際に重視すべき事項等が整理されています。

　発達障害は、生まれつきの（　⑤　）の違いにより、対人関係や社会性、行動面や情緒面、学習面に特徴がある状態です。学習活動において困難さを抱えるものもあれば、容易に取り組めるものもあります。

　学校が連携する関係機関としては、教育委員会の巡回相談員や専門家チーム、（　⑥　）を有する特別支援学校、療育機関や発達障害者支援センター等があり、発達上の課題の分析や検査による評価を基にした指導や助言を行っています。

ア　センター的機能　　イ　二次的な問題　　ウ　教科　　エ　福祉サービス
オ　健康状態　　カ　教育的ニーズ　　キ　性格　　ク　個別の支援
ケ　コミュニケーション　　コ　合理的配慮　　サ　脳の働き方　　シ　就労先
ス　学びの場　　セ　障害種　　ソ　特別な器具

解答　①—コ　②—ケ　③—セ　④—ス　⑤—サ　⑥—ア

解説　『生徒指導提要』（2022年12月）の「第Ⅱ部　個別の課題に対する指導」「第13章　多様な背景を持つ児童生徒への生徒指導」「13.1 発達障害に関する理解と対応」を参照。
①・②：「13.1.1　障害者差別解消法と合理的配慮」を参照。③・④：「13.1.2　発達障害に関する理解」を参照。⑤：「13.1.3 発達障害に関する課題」を参照。⑥：「13.1.5　関係機関との連携」を参照。

【資料編】　文部科学省「令和４年度　児童生徒の問題行動・不登校等生徒指導上の諸課題に関する調査結果について」（2023年10月）

令和４年度　児童生徒の問題行動・不登校等生徒指導上の諸課題に関する調査結果の概要

Ⅰ　調査の趣旨

　　児童生徒の問題行動等について，全国の状況を調査・分析することにより，教育現場における生徒指導上の取組のより一層の充実に資するものとするとともに，その実態把握を行うことにより，児童生徒の問題行動等の未然防止，早期発見・早期対応に，また，不登校児童生徒への適切な支援につなげていくもの。

　　さらに，本調査結果を踏まえ，教育委員会をはじめとする学校の設置者，私立学校主管部局等における問題行動等への取組や，不登校への支援等の一層の充実に資するもの。

Ⅱ　調査対象期間　　令和４年度間

Ⅲ　調査項目（調査対象）

①いじめ	国公私立小・中・高・特別支援学校， 都道府県教育委員会，市町村教育委員会
②暴力行為	国公私立小・中・高等学校
③出席停止	市町村教育委員会
④小・中学校の長期欠席（不登校等）	国公私立小・中学校， 都道府県教育委員会，市町村教育委員会
⑤高等学校の長期欠席（不登校等）	国公私立高等学校
⑥高等学校中途退学等	国公私立高等学校
⑦自殺	国公私立小・中・高等学校
⑧教育相談	都道府県・市町村教育委員会

いじめの状況について

〔調査結果のポイント〕

○小・中・高等学校及び特別支援学校におけるいじめの認知件数は681,948件（前年度615,351件）であり，前年度に比べ66,597件（10.8％）増加。児童生徒1,000人当たりの認知件数は53.3件（前年度47.7件）。

○新型コロナウイルス感染症の流行が始まった令和２年度は全国一斉休校など教育活動が制限されたことにより全校種で大幅な減少となったが，令和３年度は新型コロナウイルス感染症流行前の令和元年度並みとなり，令和４年度では再び増加傾向となり過去最多となった。

○令和４年度は新型コロナウイルス感染症の影響が続き，感染を予防しながらの生活となったが，部活動や学校行事などの様々な活動が再開されたことにより接触機会が増加するとともに，いじめ防止対策推進法におけるいじめの定義やいじめの積極的な認知に対する理解が広がったことや，アンケートや教育相談の充実などによる生徒に対する見取りの精緻化，SNS等のネット上のいじめについての積極的な認知などで，いじめの認知件数が増加したと考えられる。

○年度末時点でのいじめの解消状況については，525,773件（77.1％）（前年度493,154件〈80.1％〉）となっており，早期発見・早期対応ができた件数は多くなったが，比率は低下した。これは，安易にいじめを解消したとせず，丁寧な対応を行っている一方，SNS等のネット上のいじめなど，見えづらい事案が増加したことなどが考えられる。

○いじめの重大事態の件数は923件（前年度706件）であり，前年度に比べ217件（30.7％）増加し過去最多となった。増加の要因として，いじめ防止対策推進法の理解が進んだことによる積極的な認定や保護者の意向を尊重した対応がなされている一方，学校としてのいじめの認知や組織的な対応に課題があったことが考えられる。なお，いじめの重大事態のうち，357件（前年度310件）（38.7％〈前年度43.9％〉）は，重大事態として把握する以前にはいじめとして認知していなかった。前年度と比較して，認知していなかった比率は低下したが，未だ学校としていじめの認知に課題がある。

○いじめの積極的認知により，早期に対応することで，重大事態に至る前に未然防止することが重要であるが，いじめ防止対策推進法に基づき，取り上げるべきものは適切に取り上げなければならない。

◇いじめの認知件数の推移　　　　　　　　　　　　　◇いじめの解消状況の推移
　　　　　　　　　　　　　　　　　　　　　　　　　　（各年度末時点）

年度	平成26	27	28	29	30	令和元	2	3	4
小学校	122,734	151,692	237,256	317,121	425,844	484,545	420,897	500,562	551,944
	18.6	23.2	36.5	49.1	66.0	75.8	66.5	79.9	89.1
中学校	52,971	59,502	71,309	80,424	97,704	106,524	80,877	97,937	111,404
	15.0	17.1	20.8	24.0	29.8	32.8	24.9	30.0	34.3
高等学校	11,404	12,664	12,874	14,789	17,709	18,352	13,126	14,157	15,568
	3.2	3.6	3.7	4.3	5.2	5.4	4.0	4.4	4.9
特別支援学校	963	1,274	1,704	2,044	2,676	3,075	2,263	2,695	3,032
	7.3	9.4	12.4	14.5	19.0	21.7	15.9	18.4	20.7
合計	188,072	225,132	323,143	414,378	543,933	612,496	517,163	615,351	681,948
	13.7	16.5	23.8	30.9	40.9	46.5	39.7	47.7	53.3

※上段：認知件数，下段：1,000人当たりの認知件数。

◆小・中・高等学校及び特別支援学校におけるいじめの**認知件数は681,948件**（前年度615,351件）であり，前年度に比べ66,597件（10.8％）増加している。

◆児童生徒1,000人当たりの認知件数は53.3件（前年度47.7件）である。

◆年度末時点でのいじめの状況について，**解消しているものは525,773件（77.1％）**であった。

◇いじめを認知した学校数の割合

全学校

いじめを認知した学校数
29,842 校／36,366 校
１校当たりの認知件数
18.8 件（前年度 16.8 件）

82.1%

前年度より
＋2.2%

　「平成26年度児童生徒の問題行動等生徒指導上の諸問題に関する調査結果について」（平成27年12月22日付け児童生徒課長通知）にて，下記のとおり通知しており，各学校においていじめの認知への取組が行われた。

【通知より抜粋】

　いじめを認知していない学校…（略）…にあっては真にいじめを根絶できている場合も存在するであろうが，解消に向けた対策が何らとられることなく放置されたいじめが多数潜在する場合もあると懸念している。特に，…いじめの認知件数が零であった学校においては，当該事実を児童生徒や保護者向けに公表し，検証を仰ぐことで，認知漏れがないかを確認すること。

◇学校種別の状況

小学校

90.1%

前年度より
＋2.0%

いじめを認知した学校数
17,420 校／19,339 校
１校当たりの認知件数
28.5 件（前年度 25.7 件）

中学校

85.1%

前年度より
＋1.9%

いじめを認知した学校数
8,723 校／10,247 校
１校当たりの認知件数
10.9 件（前年度 9.5 件）

高等学校

57.2%

前年度より
−4.1%

いじめを認知した学校数
3,207 校／5,611 校
１校当たりの認知件数
2.8 件（前年度 2.5 件）

特別支援学校

42.1%

前年度より
−0.6%

いじめを認知した学校数
492 校／1,169 校
１校当たりの認知件数
2.6 件（前年度 2.3 件）

◇学年別　いじめの認知件数

※各学年の認知件数には，
特別支援学校小学部・中学部・高等部の
認知件数を含む。

	小学校1年	2年	3年	4年	5年	6年	中学校1年	2年	3年	高等学校1年	2年	3年	4年
■ 令和2年度	81,787	84,354	78,629	71,385	59,901	45,240	42,999	25,987	12,397	6,887	4,814	2,732	51
□ 令和3年度	96,142	100,976	94,781	84,125	71,991	53,016	51,293	32,190	15,041	7,418	5,238	3,062	78
▨ 令和4年度	104,111	110,042	104,532	93,749	79,720	60,357	58,068	35,743	18,235	8,350	5,724	3,263	54

◆学年別いじめ認知件数は，全学年で前年度と比較して増加している。

◇いじめの解消の状況

全学校

※年度末現在の状況。

	全学校	
解消しているもの（日常的に観察継続中）	525,773件	77.1%
解消に向けて取組中	155,229件	22.8%
認知から3か月以上経過	48,948件	7.2%
認知から3か月経過していない	106,281件	15.6%
その他	946件	0.1%
計	681,948件	

●**いじめの防止等のための基本的な方針**

　「解消している」状態とは，少なくとも次の2つの要件が満たされている必要がある。ただし，これらの要件が満たされる場合であっても，必要に応じ，他の事情も勘案して判断するものとする。

①**いじめに係る行為が止んでいること**

　　被害者に対する心理的又は物理的な影響を与える行為（インターネットを通じて行われるものを含む。）が止んでいる状態が相当の期間継続していること。この相当の期間とは，少なくとも3か月を目安とする。ただし，いじめの被害の重大性等からさらに長期の期間が必要であると判断される場合は，この目安にかかわらず，学校の設置者又は学校いじめ対策組織の判断により，より長期の期間を設定するものとする。

②**被害児童生徒が心身の苦痛を感じていないこと**

　　いじめに係る行為が止んでいるかどうかを判断する時点において，被害児童生徒がいじめの行為により心身の苦痛を感じていないと認められること。被害児童生徒本人及びその保護者に対し，心身の苦痛を感じていないかどうかを面談等により確認する。

◇いじめ解消の学校種別の状況

	小学校		中学校		高等学校		特別支援学校	
解消しているもの （日常的に観察継続中）	426,635件	77.3%	84,725件	76.1%	12,113件	77.8%	2,300件	75.9%
解消に向けて取組中	124,878件	22.6%	26,487件	23.8%	3,146件	20.2%	718件	23.7%
認知から3か月以上経過	37,113件	6.7%	9,824件	8.8%	1,687件	10.8%	324件	10.7%
認知から3か月経過して いない	87,765件	15.9%	16,663件	15.0%	1,459件	9.4%	394件	13.0%
その他	431件	0.1%	192件	0.2%	309件	2.0%	14件	0.5%
計	551,944件		111,404件		15,568件		3,032件	

いじめの態様別状況について

◇いじめの態様別状況

◆小・中学校及び特別支援学校においては，「冷やかしやからかい，悪口や脅し文句，嫌なことを言われる」が最も多く，続いて「軽くぶつかられたり，遊ぶふりをして叩かれたり，蹴られたりする」が多い。

◆高等学校においては，「冷やかしやからかい，悪口や脅し文句，嫌なことを言われる」が最も多く，続いて「パソコンや携帯電話等で，ひぼう・中傷や嫌なことをされる」が多くなっている。

◆「パソコンや携帯電話等で，ひぼう・中傷や嫌なことをされる」の件数は，全体で23,920件で，引き続き増加傾向にある。
平成27年度：9,187件，平成28年度：10,779件，平成29年度：12,632件，平成30年度：16,334件，令和元年度：17,924件，令和2年度：18,870件，令和3年度：21,900件

いじめの重大事態について

◇いじめ防止対策推進法第28条第1項に規定する「重大事態」の発生件数

令和4年度	小学校	中学校	高等学校	特別支援学校	合計
重大事態発生校数（校）	363	337	141	3	844
重大事態発生件数（件）	390	374	156	3	923
うち，第1号	162	187	96	3	448
生命	25	36	15	0	76
身体	33	38	14	1	86
精神	84	104	57	2	247
金品等	20	9	10	0	39
うち，第2号	279	247	91	0	617

※いじめ防止対策推進法第28条第1項において，学校の設置者又は学校は，重大事態に対処するために調査を行うものとすると規定されており，当該調査を行った件数を把握したもの。

※1件の重大事態が第1号及び第2号の両方に該当する場合は，それぞれの項目に計上されている。

※法第28条第1項に規定する「重大事態」とは，

第1号「いじめにより当該学校に在籍する児童等の生命，心身又は財産に**重大な被害が生じた疑いがあると認めるとき**」

第2号「いじめにより当該学校に在籍する児童等が**相当の期間学校を欠席することを余儀なくされている疑いがあると認めるとき**」

である。

◆重大事態の発生件数は，923件（前年度706件）。

　うち，法第28条第1項第1号に規定するものは448件（前年度350件），同項第2号に規定するものは617件（前年度429件）である。

◆文部科学省では，いじめ防止対策推進法第28条第1項のいじめの重大事態への対応について，学校の設置者及び学校における法，基本方針等に則った適切な調査の実施に資するため，「いじめの重大事態の調査に関するガイドライン」を平成29年3月に策定している。

◇「重大事態」の発生件数

第１号かつ第２号
142
(15.4%)

（件）

第１号
306
(33.2%)

第２号
475
(51.5%)

◇第１号事案における重大な被害の態様

金品等
39
(8.7%)

生命
76
(17.0%)

（件）

身体
86
(19.2%)

精神
247
(55.1%)

◇第１号事案における調査状況

（件）

調査中の件数
142
(31.7%)

調査の結果，いじめが確認されたもの
285
(63.6%)

調査の結果，いじめが確認されなかったもの
21
(4.7%)

◇第２号事案における調査状況

（件）

調査中の件数
223
(36.1%)

調査の結果，いじめが確認されたもの
357
(57.9%)

調査の結果，いじめが確認されなかったもの
37
(6.0%)

①重大事態における１号事案の件数は48.5%。

（１件の重大事態が第１号・第２号の両方に該当する場合には，それぞれの項目に計上）

②重大事態における被害の態様としては，精神的苦痛によるものが最も多く，全体の55.1%を占めており，次いで身体，生命，金品等の順となっている。

③第１号事案の重大事態調査により，「いじめが確認されたもの」の割合は，63.6%，第２号事案においては，57.9%であった。「いじめが確認されなかったもの」の割合は第１号事案においては4.7%，第２号事案においては6.0%であった。調査中の割合は，それぞれ，31.7%，36.1%であった。

◇「重大事態」について，重大な被害を把握する以前のいじめの対応状況

（件）

いじめとして認知していなかった
357
(38.7%)

いじめに該当し得るトラブル等の情報がなかった
206
(22.3%)

解消に向けて取組中だった
506
(54.8%)

いじめに該当し得るトラブル等の情報があった
151
(16.4%)

解消したと判断していた
60
(6.5%)

いじめとして認知していた
566
(61.3%)

◇「重大事態」の調査主体別件数

検討中
20
(2.2%)

当該学校の設置者
（当該学校以外）
181
(19.6%)

当該学校
722
(78.2%)

①「重大事態」のうち，61.3%は既にいじめとして認知をしていた。

②重大事態調査の調査主体のうち，78.2%は当該学校が占めている。

暴力行為の状況について

〔調査結果のポイント〕

○小・中・高等学校における暴力行為の発生件数は95,426件（前年度76,441件）であり，前年度から18,985件（24.8%）増加。児童生徒1,000人当たりの発生件数は7.5件（前年度6.0件）。

○令和2年度は全国一斉休校など教育活動が制限されたことにより全校種で暴力行為の減少がみられたが，令和3年度は新型コロナウイルス感染症流行前の令和元年度並みとなり，令和4年度では再び増加傾向となり過去最多となった。

○部活動や学校行事などの様々な活動が再開されたことにより接触機会が増加し，いじめの認知に伴うものや生徒に対する見取りの精緻化によって把握が増えたことなどが，暴力行為の発生件数の増加の一因となったと考えられる。

◇暴力行為発生件数の推移

年度	平成26	27	28	29	30	令和元	2	3	4
小学校	11,472	17,078	22,841	28,315	36,536	43,614	41,056	48,138	61,455
	1.7	2.6	3.5	4.4	5.7	6.8	6.5	7.7	9.9
中学校	35,683	33,073	30,148	28,702	29,320	28,518	21,293	24,450	29,699
	10.1	9.5	8.8	8.5	8.9	8.8	6.6	7.5	9.2
高等学校	7,091	6,655	6,455	6,308	7,084	6,655	3,852	3,853	4,272
	2.0	1.9	1.8	1.8	2.1	2.0	1.2	1.2	1.3
計	54,246	56,806	59,444	63,325	72,940	78,787	66,201	76,441	95,426
	4.0	4.2	4.4	4.8	5.5	6.1	5.1	6.0	7.5

※上段は発生件数，下段は1,000人当たりの発生件数。

　本調査においては，「**当該暴力行為によってけががあるかないかといったことや，けがによる病院の診断書，被害者による警察への被害届の有無などにかかわらず**」，暴力行為に該当するものをすべて対象とすることとしている。

◇1,000人当たりの暴力行為発生件数

◆小・中・高等学校における**暴力行為の発生件数は95,426件**（前年度76,441件）であり，前年度から18,985件（24.8%）増加している。

◆児童生徒1,000人当たりの発生件数は7.5件（前年度6.0件）である。

◇暴力行為の種類別推移

◆小学校における暴力行為発生件数は，**前年度に比べ13,317件（27.7%）増加**し，過去最多となった。中学校は前年度に比べ5,249件（21.5%）増加した。

◆形態別では，小・中・高等学校において，最も割合の高い生徒間暴力が増加した。

◆高等学校は前年度に比べ419件（10.9%）増加した。

◇学年別加害児童生徒数

	小学校 1年	2年	3年	4年	5年	6年	中学校 1年	2年	3年	高等学校 1年	2年	3年	4年
■ 令和2年度	4,646	5,039	5,399	5,742	5,933	5,524	9,427	6,923	4,074	1,957	1,622	935	27
□ 令和3年度	5,280	6,079	6,260	6,233	6,666	5,814	10,668	8,201	4,513	1,831	1,562	906	26
□ 令和4年度	6,569	7,718	7,641	7,780	8,292	7,539	13,028	9,472	5,416	2,223	1,720	983	28

小・中学校における長期欠席について

〔調査結果のポイント〕

○新型コロナウイルス感染症による影響を踏まえ，令和2年度と同様に，「児童・生徒指導要録」の「欠席日数」欄及び「出席停止・忌引き等の日数」欄の合計の日数により，年度間に30日以上登校しなかった児童生徒について調査。また「新型コロナウイルスの感染回避」を理由とする長期欠席を引き続き調査した。

○小・中学校における長期欠席者数は460,648人（前年度413,750人），高等学校における長期欠席者数は122,771人（前年度118,232人）となった。

○「病気」により30日以上登校しなかった児童生徒数は，小学校31,955人（前年度22,307人），中学校43,642人（前年度34,652人），高等学校30,976人（前年度22,864人）と大幅に増加した。増加の背景としては，新型コロナウイルス感染症対策として，発熱や咽頭痛，咳等の普段と異なる症状がある場合などには登校しないことの周知・呼び掛けが徹底されたことが考えられる。

○「新型コロナウイルスの感染回避」により30日以上登校しなかった児童生徒数は，小学校16,155人（前年度42,963人），中学校7,505人（前年度16,353人），高等学校9,256人（前年度12,388人）となり大幅に減少した。減少の背景としては，ワクチン接種の普及を含め，新型コロナウイルス感染症への慣れや学校における感染症対策の成果などが考えられる。

○「その他」により30日以上登校しなかった児童生徒数は，小学校43,438人（前年度34,100人），中学校

18,869人（前年度18,416人），高等学校21,621人（前年度31,610人）であり，小学校・中学校は増加，高等学校は減少した。増加の背景としては，新型コロナウイルス感染症の罹患等による出席停止の増加など，その他様々な要因による複合的な計上が考えられる。

◇小・中学校における長期欠席者数の推移

年度			平成26	27	28	29	30	令和元	2	3	4
小学校	病気		18,981	19,946	20,325	21,480	23,340	20,955	18,539	22,307	31,955
	経済的理由		25	18	12	9	15	11	13	7	16
	不登校		25,864	27,583	30,448	35,032	44,841	53,350	63,350	81,498	105,112
	新型コロナウイルスの感染回避		***	***	***	***	***	***	14,238	42,963	16,155
	その他		12,992	15,544	16,308	15,997	15,837	15,773	17,606	34,100	43,438
	計		57,862	63,091	67,093	72,518	84,033	90,089	113,746	180,875	196,676
中学校	病気		18,870	21,118	22,488	23,882	26,284	25,779	25,888	34,652	43,642
	経済的理由		39	31	17	18	9	19	20	12	20
	不登校		97,033	98,408	103,235	108,999	119,687	127,922	132,777	163,442	193,936
	新型コロナウイルスの感染回避		***	***	***	***	***	***	6,667	16,353	7,505
	その他		11,247	12,250	13,460	11,623	10,026	9,016	8,649	18,416	18,869
	計		127,189	131,807	139,200	144,522	156,006	162,736	174,001	232,875	263,972
計	病気		37,851	41,064	42,813	45,362	49,624	46,734	44,427	56,959	75,597
	経済的理由		64	49	29	27	24	30	33	19	36
	不登校		122,897	125,991	133,683	144,031	164,528	181,272	196,127	244,940	299,048
	新型コロナウイルスの感染回避		***	***	***	***	***	***	20,905	59,316	23,660
	その他		24,239	27,794	29,768	27,620	25,863	24,789	26,255	52,516	62,307
	計		185,051	194,898	206,293	217,040	240,039	252,825	287,747	413,750	460,648

※令和元年度調査までは，年度間に30日以上欠席した児童生徒について調査。

※令和２年度調査から「児童・生徒指導要録」の「欠席日数」欄及び「出席停止・忌引き等の日数」欄の合計の日数により，年度間に30日以上登校しなかった児童生徒について調査。

※令和２年度調査から長期欠席の理由に「新型コロナウイルスの感染回避」を追加。

◆小・中学校における長期欠席者数は460,648人（前年度413,750人）。

◆このうち不登校によるものは**299,048人**（前年度244,940人），新型コロナウイルスの感染回避によるものは**23,660人**（前年度59,316人）となっている。

◇不登校児童生徒数の推移

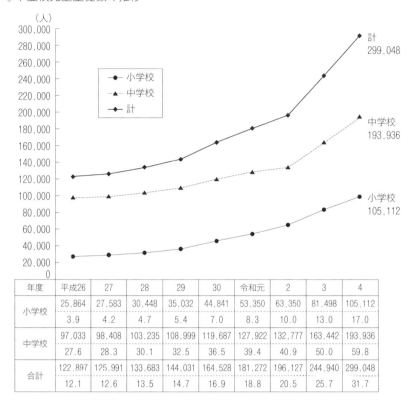

（人）

年度	平成26	27	28	29	30	令和元	2	3	4
小学校	25,864	27,583	30,448	35,032	44,841	53,350	63,350	81,498	105,112
	3.9	4.2	4.7	5.4	7.0	8.3	10.0	13.0	17.0
中学校	97,033	98,408	103,235	108,999	119,687	127,922	132,777	163,442	193,936
	27.6	28.3	30.1	32.5	36.5	39.4	40.9	50.0	59.8
合計	122,897	125,991	133,683	144,031	164,528	181,272	196,127	244,940	299,048
	12.1	12.6	13.5	14.7	16.9	18.8	20.5	25.7	31.7

※上段：不登校児童生徒数，下段：1,000人当たりの不登校児童生徒数。

◆小・中学校における長期欠席者のうち，不登校児童生徒数は299,048人（前年度244,940人）であり，児童生徒1,000人当たりの不登校児童生徒数は31.7人（前年度25.7人）。不登校児童生徒数は10年連続で増加し，過去最多となっている。

◇不登校児童生徒の欠席期間別実人数

区分	欠席日数30〜89日の者		欠席日数90日以上で出席日数11日以上の者		欠席日数90日以上で出席日数1〜10日の者		欠席日数90日以上で出席日数0日の者		不登校児童生徒数
小学校	58,218	55.4%	38,865	37.0%	5,119	4.9%	2,910	2.8 %	105,112
中学校	75,161	38.8%	94,837	48.9%	17,234	8.9%	6,704	3.5 %	193,936
合計	133,379	44.6%	133,702	44.7%	22,353	7.5%	9,614	3.2 %	299,048

◆不登校児童生徒のうち90日以上欠席した者は165,669人（55.4%）であった。

◇学年別不登校児童生徒数

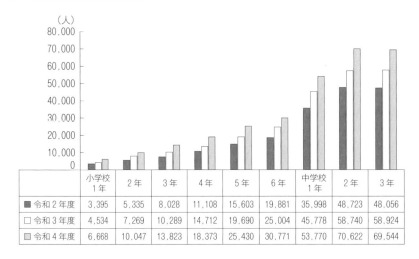

	小学校1年	2年	3年	4年	5年	6年	中学校1年	2年	3年
■ 令和2年度	3,395	5,335	8,028	11,108	15,603	19,881	35,998	48,723	48,056
□ 令和3年度	4,534	7,269	10,289	14,712	19,690	25,004	45,778	58,740	58,924
▨ 令和4年度	6,668	10,047	13,823	18,373	25,430	30,771	53,770	70,622	69,544

◇不登校の要因

〔国公私立〕小学校・中学校

令和4年度	不登校児童生徒数	学校に係る状況								家庭に係る状況			本人に係る状況		左記に該当なし
		いじめ	いじめを除く友人関係をめぐる問題	教職員との関係をめぐる状況	学業の不振	進路に係る不安	クラブ活動・部活動等への不適応	学校のきまり等をめぐる問題	入学・転編入学・進級時の不適応	家庭の生活環境の急激な変化	親子の関わり方	家庭内の不和	生活リズムの乱れ・あそび・非行	無気力・不安	
小学校	105,112	318	6,912	1,901	3,376	277	30	786	1,914	3,379	12,746	1,599	13,209	53,472	5,193
		0.3%	6.6%	1.8%	3.2%	0.3%	0.0%	0.7%	1.8%	3.2%	12.1%	1.5%	12.6%	50.9%	4.9%
中学校	193,936	356	20,598	1,706	11,169	1,837	839	1,315	7,389	4,343	9,441	3,232	20,790	101,300	9,621
		0.2%	10.6%	0.9%	5.8%	0.9%	0.4%	0.7%	3.8%	2.2%	4.9%	1.7%	10.7%	52.2%	5.0%
合計	299,048	674	27,510	3,607	14,545	2,114	869	2,101	9,303	7,722	22,187	4,831	33,999	154,772	14,814
		0.2%	9.2%	1.2%	4.9%	0.7%	0.3%	0.7%	3.1%	2.6%	7.4%	1.6%	11.4%	51.8%	5.0%

※「長期欠席者の状況」で「不登校」と回答した児童生徒全員につき，主たる要因一つを選択。

※下段は，不登校児童生徒数に対する割合。

◇学校内外で相談・指導等を受けた児童生徒の状況

年度	平成30	令和元	2	3	4
学校外で相談・指導を受けた	56,090	64,877	73,527	88,322	103,339
うち「教育支援センター」	19,754	21,695	21,436	25,209	25,292
うち「民間団体，民間施設」	4,635	6,328	7,066	9,129	12,089
学校内で相談・指導を受けた	79,621	85,869	92,626	110,908	131,141

※学校内外の複数の機関で相談・指導等を受けた児童生徒がいるので，内数と合計は一致しない。

◆学校内外の機関等で相談・指導等を受けた不登校児童生徒は約18万5千人（前年度約15万6千人）で，不登校児童生徒に占める割合は61.8％（前年度63.7％）である。

◇不登校児童生徒が学校内外で相談・指導等を受けた状況

◇学校内外の機関等で相談・指導等を受けていない不登校児童生徒（※）のうち，90日以上の者

（人）

学校内外で相談・指導を
受けていない児童生徒
114,217
（38.2%）

うち欠席日数
90日以上
59,232（19.8%）

うち欠席日数
90日未満
54,985（18.4%）

学校内外で相談・指導
を受けた児童生徒
184,831
（61.8%）

※学校内外の機関等は，教育支援センター，児童相談所，病院，養護教諭，スクールカウンセラー等の
　相談員等を指し，上記の学校内外の機関等で相談・指導等を受けていない不登校児童生徒には，担任
　等の教職員が相談・指導をしている児童生徒を含む。

◆学校内外の機関等で相談・指導等を受けていない<u>不登校児童生徒のうち，欠席日数が90日以上の者は</u>
<u>59,232名であり，不登校児童生徒全体の19.8%となった。</u>

◇学校外の機関等で相談・指導等を受け，指導要　　　◇自宅における ICT 等を活用した学習活動を
　録上出席扱いとした児童生徒数　　　　　　　　　　指導要録上出席扱いとした児童生徒数

※学校外の機関等で相談・指導等を受け，指導要録上出席扱いとした児童生徒と自宅における ICT 等を
　活用した学習活動を指導要録上出席扱いとした児童生徒は重複もあり得る。

◆学校外の機関等で相談・指導等を受け，指導要録上出席扱いとした児童生徒数は，32,623人である。
◆不登校児童生徒のうち，自宅における ICT 等を活用した学習活動を指導要録上出席扱いとした児童生
　徒数は10,409人である。

高等学校における長期欠席について

〔調査結果のポイント〕

○新型コロナウイルス感染症による影響を踏まえ，令和２年度と同様に，「児童・生徒指導要録」の「欠席日数」欄及び「出席停止・忌引き等の日数」欄の合計の日数により，年度間に30日以上登校しなかった児童生徒について調査。また「新型コロナウイルスの感染回避」を理由とする長期欠席を引き続き調査した。

○高等学校における長期欠席者数は122,771人（前年度118,232人）となった。

○「病気」により30日以上登校しなかった生徒数は，30,976人（前年度22,864人）と大幅に増加した。増加の背景としては，新型コロナウイルス感染症対策として，発熱や咽頭痛，咳等の普段と異なる症状がある場合などには登校しないことの周知・呼び掛けが徹底されたことが考えられる。

○「新型コロナウイルスの感染回避」により30日以上登校しなかった生徒数は，9,256人（前年度12,388人）となり大幅に減少した。減少の背景としては，ワクチン接種の普及を含め，新型コロナウイルス感染症への慣れや学校における感染症対策の成果などが考えられる。

○「その他」により30日以上登校しなかった生徒数は，21,621人（前年度31,610人）であり，小学校・中学校は増加，高等学校は減少した。増加の背景としては，新型コロナウイルス感染症の罹患等による出席停止の増加など，その他様々な要因による複合的な計上が考えられる。

◇高等学校における長期欠席者数の推移

年度	平成26	27	28	29	30	令和元	2	3	4
病気	12,821	14,266	14,394	15,632	15,812	16,358	16,521	22,864	30,976
経済的理由	2,044	1,606	1,263	1,036	764	644	429	385	343
不登校	53,156	49,563	48,565	49,643	52,723	50,100	43,051	50,985	60,575
新型コロナウイルスの感染回避	＊＊＊	＊＊＊	＊＊＊	＊＊＊	＊＊＊	＊＊＊	9,382	12,388	9,256
その他	12,592	13,922	15,169	14,002	11,453	9,673	11,144	31,610	21,621
計	80,613	79,357	79,391	80,313	80,752	76,775	80,527	118,232	122,771

※令和元年度調査までは，年度間に30日以上欠席した生徒について調査。

※令和２年度調査から「生徒指導要録」の「欠席日数」欄及び「出席停止・忌引き等の日数」欄の合計の日数により，年度間に30日以上登校しなかった生徒について調査。

※令和２年度調査から長期欠席の理由に「新型コロナウイルスの感染回避」を追加。

◆高等学校における長期欠席者数は122,771人（前年度118,232人）。

◆このうち不登校によるものは60,575人（前年度50,985人），新型コロナウイルスの感染回避によるものは9,256人（前年度12,388人）となっている。

◇不登校生徒数の推移

年度	平成26	27	28	29	30	令和元	2	3	4
不登校生徒数	53,156	49,563	48,565	49,643	52,723	50,100	43,051	50,985	60,575
1,000人当たりの 不登校生徒数	15.9	14.9	14.6	15.1	16.3	15.8	13.9	16.9	20.4

◆高等学校における不登校生徒数は60,575人（前年度：50,985人）であり，1,000人当たりの不登校生徒数は，20.4人（前年度：16.9人）である。

◇不登校生徒の欠席期間別実人数

区分	欠席日数30～89日の者		欠席日数90日以上で 出席日数11日以上の者		欠席日数90日以上で 出席日数1～10日の者		欠席日数90日以上で 出席日数0日の者		不登校 児童生徒数
国公私立計	50,145	82.8%	8,590	14.2%	1,373	2.3%	467	0.8%	60,575

※出席日数については，学校に登校した日数であり，例えば自宅においてICT等を活用した学習活動を指導要録上出席扱いとした場合など，出席扱いとした日数は含まない。

◆90日以上欠席した者は，不登校生徒数の17.2%である。

	国公私立計	不登校生徒数に対する割合
不登校生徒のうち中途退学に至った者	10,492	17.3%
不登校生徒のうち原級留置に至った者	3,374	5.6%

高等学校における中途退学の状況について

〔調査結果のポイント〕

○高等学校における中途退学者数は43,401人（前年度38,928人）であり，中途退学率は1.4%（前年度1.2%）。

○中途退学の主な理由として，進路変更によるものが最も多く，19,055人（前年度17,219人）となっており，割合は43.9%（前年度44.2%）となっている。

○中途退学者数は，平成25年度以降減少傾向にあるが，令和3年度に続き令和4年度も増加となった。

◇高等学校における中途退学者数及び中途退学率の推移

年度	平成26	27	28	29	30	令和元	2	3	4
中途退学者数	53,391	49,263	47,249	46,802	48,594	42,882	34,965	38,928	43,401
中途退学率	1.5%	1.4%	1.4%	1.3%	1.4%	1.3%	1.1%	1.2%	1.4%

※中途退学率は，在籍数に占める中途退学者数の割合。

◇事由別中途退学者数

	学業不振	学校生活・学業不適応	進路変更	病気・けが・死亡	経済的理由	家庭の事情	問題行動等	その他
令和2年度	2,029	10,662	15,087	1,650	509	1,402	991	2,635
	5.8%	30.5%	43.1%	4.7%	1.5%	4.0%	2.8%	7.5%
令和3年度	2,560	11,855	17,219	1,919	532	1,478	954	2,411
	6.6%	30.5%	44.2%	4.9%	1.4%	3.8%	2.5%	6.2%
令和4年度	2,600	14,253	19,055	2,107	617	1,424	1,196	2,149
	6.0%	32.8%	43.9%	4.9%	1.4%	3.3%	2.8%	5.0%

※中途退学者1人につき主たる理由を一つ選択したもの。

※上段：人数，下段：中途退学者に対する割合。

自殺の状況について

〔調査結果のポイント〕

○小・中・高等学校から報告のあった自殺した児童生徒数は411人（前年度368人）。

○調査開始以来過去最多であった令和２年度より令和３年度には減少したものの，令和４年度は増加となった。

○令和４年度調査より，「自殺した児童生徒が置かれていた状況」について，新たに「教職員による体罰，不適切指導」の項目を追加した（２人が計上）。

○児童生徒の自殺が後を絶たないことは，極めて憂慮すべき状況である。

◇児童生徒の自殺の推移

	小学校	中学校	高等学校	合計
令和２年度	7	103	305	415
令和３年度	8	109	251	368
令和４年度	19	123	269	411

◇自殺した児童生徒が置かれていた状況

(人)

	小学校	中学校	高等学校	合計
家庭不和	2	20	21	43
進路問題	0	18	19	37
父母等の叱責	1	22	11	34
友人関係（いじめを除く）	1	14	17	32
精神障害	2	6	18	26
学業等不振	0	19	3	22
えん世	0	6	8	14
病弱等による悲観	0	5	7	12
恋愛関係での悩み	0	3	6	9
いじめの問題	1	4	0	5
教職員による体罰，不適切指導	1	0	1	2
教職員との関係での悩み（体罰，不適切指導を除く）	0	0	1	1
不明	14	72	169	255
その他	1	7	15	23

〔参考〕

○家庭不和：父母や兄弟等との関係がうまくいかずに悩んでいた，など。

○父母等の叱責：父母等から叱られ落ち込んでいた，など。

○学業等不振：成績が以前と比べて大幅に落ち込んでいた，授業や部活動についていけず悩んでいた，など。

○進路問題：卒業後の進路について悩んでいた，受験や就職試験に失敗した，面接で志望校への受験が困難である旨を告げられた，など。

○教職員との関係での悩み：学級担任との関係がうまくいかずに悩んでいた，教職員から厳しく叱責を受けていた，など。

○友人関係での悩み（いじめを除く）：友人とけんかをし，その後，関係がうまくいかずに悩んでいた，クラスになじむことができずに悩んでいた，など。

○いじめの問題：いじめられ，つらい思いをしていた，保護者から自殺した児童生徒に対していじめがあったのではないかとの訴えがあった，自殺した児童生徒に対するいじめがあったと他の児童生徒が証言していた，など。

○病弱等による悲観：病気や病弱であることについて悩んでいた，など。

○えん世：世の中を嫌なもの，価値のないものと思って悩んでいた，など。

○異性問題：異性問題について悩んでいた，など。

○精神障害：精神障害で専門家による治療を受けていた，など。

○不明：周囲から見ても普段の生活の様子と変わらず，特に悩みを抱えている様子も見られなかった，など。

> **教育相談 《略》**

259

【文部科学省の対策】

　調査結果からは，令和３年度に引き続き，新型コロナウイルス感染症によって学校や家庭における生活や環境が大きく変化し，子供たちの行動等にも大きな影響を与えていることがうかがえる。人と人との距離が広がる中，不安や悩みを相談できない子供たちがいる可能性があること，子供たちの不安や悩みが従来とは異なる形で現れたり，一人で抱え込んだりする可能性があることも考慮する必要があり，引き続き周囲の大人が子供たちのSOSの早期発見に努め，組織的対応を行い，外部の関係機関等に繋げて対処していくことが重要である。

　このため，共通する施策として，個々の児童生徒の状況に応じた必要な支援や，スクールカウンセラー，スクールソーシャルワーカー，関係機関との連携，アウトリーチ機能の強化による教育相談体制の充実を推進する。また，１人１台端末を活用した心や体調の変化の早期発見を推進する。ほか，未然防止と早期発見・早期対応の取組や家庭・地域社会等の理解を得て地域ぐるみで取組を推進する。

　これらを踏まえ，令和６年度概算要求を計上し，下記の取組を実施する。

①　いじめについては，いじめ防止対策推進法等に基づき，積極的認知や組織的対応の徹底，いじめ重大事態調査の適切な実施を推進する。また，こども家庭庁とも連携しつつ，関係省庁を構成員とする「いじめ防止対策に関する関係省庁連絡会議」，有識者による「いじめ防止対策協議会」等を通じて，取組の検証・いじめ防止対策の強化を図る。

　　なお，こども家庭庁においては，令和３年度概算要求において，地域におけるいじめ防止対策の体制構築を推進するため，「首長部局からのアプローチによるいじめ解消の仕組みづくりに向けた手法の開発・実証」や，いじめの重大事態について自治体や学校の設置者からの要請に応じて，第三者性の確保の観点から委員の人選に関する助言等を行う「いじめ調査アドバイザー」の活用等のために必要な経費を計上しており，こども家庭庁をはじめとする関係省庁とも連携し，社会総がかりでのいじめ防止対策を進めていく。

②　不登校については，2023年３月に発表した「誰一人取り残されない学びの保障に向けた不登校対策（COCOLOプラン）」を踏まえた令和６年度概算要求を行い，不登校の児童生徒全ての学びの場を確保し，学びたいと思った時に学べる環境を整えること，心の小さなSOSを見逃さず，「チーム学校」で支援すること，学校の風土の「見える化」を通して，学校を「みんなが安心して学べる」場所にすることを着実に推進する。また，不登校の要因に関する実態調査を行い，令和５年度の本調査における不登校の要因において，「無気力・不安」を主たる要因とした児童生徒に関し，学校が把握する状況を計上する調査項目を新たに設けるなど，調査内容の見直しを図る。

③　自殺対策については，2023年６月に政府において取りまとめた「こどもの自殺対策緊急対策強化プラン」に基づき，１人１台端末等を活用した「心の健康観察」による自殺リスク等の早期把握やSOSの出し方に関する教育を含む自殺予防教育の充実等を図る。

▨読者の皆さんへ──お願い──

　時事通信出版局教育事業部では，本書をより充実させ，これから教員を目指す人の受験対策に資するため，各県の教員採用試験の試験内容に関する情報を求めています。

①受験都道府県市名と小・中・高・養・特の別
②論文・作文のテーマ，制限時間，字数
③面接試験の形式，時間，質問内容
④実技試験の実施内容
⑤適性検査の種類，内容，時間
⑥受験の全般的な感想，後輩へのアドバイス

　ご提出にあたっては，形式，用紙などいっさい問いませんので，下記の住所またはメールアドレスにお送りください。また，下記のサイトの入力フォームからもお送りいただけます。

◆〒104-8178　東京都中央区銀座5-15-8
時事通信ビル8 F
時事通信出版局　教育事業部　教員試験係
workbook@book.jiji.com
◆時事通信出版局　教員採用試験対策サイト
https://book.jiji.com/research/

〈Pass Line 突破シリーズ⑧〉

生徒指導提要パスライン

発行日	2024年1月15日
編　集	時事通信出版局
発行人	花野井眞郎
発行所	株式会社　時事通信出版局
発　売	株式会社　時事通信社
	〒104-8178　東京都中央区銀座5-15-8
	販売に関する問い合わせ　電話　03-5565-2155
	内容に関する問い合わせ　電話　03-5565-2164
印刷所	株式会社　太平印刷社

Printed in Japan　　　　ⒸJijitsushinshuppankyoku
ISBN978-4-7887-1939-2 C2337

教員採用試験合格に向けて筆記試験対策はこれで万全!!

@じぶんゼミ

合格に必要な教材＋情報をすべて集めた

合格ワンパック講座

開講コース	教職教養/一般教養/小学校全科/中高国語/中高社会 中高英語/中高保健体育/特別支援教育/養護教諭

おうちでコツコツ、「じぶん」でコツコツ。セルフ・マネジメント型の講座です。

合格ワンパック講座 学習の流れ

STEP1　主テキストで知識の整理とインプット
採用試験の頻出事項を分かりやすくまとめた、参考書＆問題集で徹底的に知識の定着を図ります。

STEP2　主テキストと完全にリンクした「フォローアップテスト」にチャレンジ
主テキスト（全10章）の各章に準拠した「フォローアップテスト」は、各章につき30題で成績分析付き（総問題数300題）。各章の学習が終わるたびに解けば、章ごとの模試を受けるように実力チェックが可能です。答案を提出すると、弱点領域がひと目で分かる成績分析票と「弱点補強テスト」をセットでお届けします。

STEP3　「弱点補強テスト」や過去問演習でさらなる実力アップ
「フォローアップテスト」の成績分析票と一緒に届く「弱点補強テスト」は間違いやすいポイントをまとめたもの。各章のフォローアップテストを提出すれば、さらに10題の問題演習ができます（総問題数100題）。

全国模試で実力チェック
受講コースに該当する教科の第3回（2024年1月）・第5回（2024年3月）模試をご自宅で受験できます。

自治体対策も万全
志望自治体（3つまで）の過去問が教職教養・一般教養各コースは3年分、専門教養コースは5年分付きます。
出題分析をする、問題演習をする… など、試験直前までフル活用できます。

最新情報は雑誌＆SNSで
毎月届く月刊誌「教員養成セミナー」とtwitter「The 教師塾（@the_kyoushijuku）」で情報収集も完璧。

■@じぶんゼミについての詳しい内容は https://book.jiji.com/ をご覧ください。
■パンフレットのご請求は下記あてにご連絡ください。

時事通信出版局　教育事業部
〒104-8178　東京都中央区銀座5-15-8　時事通信ビル　tel.03-5565-2165